本书受到"浙江省高校人文社科重点研究基地
（浙江工商大学应用经济学）项目"出版资助

杨文进◎著

生态市场经济论

Ecological Market Economy

中国社会科学出版社

图书在版编目（CIP）数据

生态市场经济论/杨文进著. —北京：中国社会科学出版社，2016.2
ISBN 978 – 7 – 5161 – 7551 – 4

Ⅰ.①生…　Ⅱ.①杨…　Ⅲ.①生态经济—市场经济—研究—中国　Ⅳ.①F123.9

中国版本图书馆 CIP 数据核字（2016）第 018076 号

出 版 人	赵剑英
责任编辑	侯苗苗
特约编辑	沈晓雷
责任校对	魏晶晶
责任印制	王　超
出　　　版	中国社会科学出版社
社　　　址	北京鼓楼西大街甲 158 号
邮　　　编	100720
网　　　址	http：//www. csspw. cn
发 行 部	010 – 84083685
门 市 部	010 – 84029450
经　　　销	新华书店及其他书店
印　　　刷	北京君升印刷有限公司
装　　　订	廊坊市广阳区广增装订厂
版　　　次	2016 年 2 月第 1 版
印　　　次	2016 年 2 月第 1 次印刷
开　　　本	710 × 1000　1/16
印　　　张	20.5
插　　　页	2
字　　　数	346 千字
定　　　价	76.00 元

凡购买中国社会科学出版社图书，如有质量问题请与本社营销中心联系调换
电话：010 – 84083683

目　录

第一章　导论

生态市场经济虽然是一种早已存在的客观事实，但对它的研究却仍然是个空白。作为这方面研究的开拓之作，确定研究的主要内容，是导论的首要任务。

第一节　市场经济向生态市场经济的转换是当代社会变革最显著的标志

市场经济是工业革命以来占主导地位的基本经济制度。但随着 20 世纪后半叶人文关怀、自然关怀、可持续发展、环境保护、消费者权益、绿色经济（消费）、低碳经济等运动的兴起，市场经济也在发生明显的蜕变，即向生态市场经济转换。我国虽然进入市场经济不久，但在世界经济一体化以及国内生态环境与社会环境恶化的要求下，也促使我国在自觉或不自觉的过程中发生这种转换。

一　生态市场经济的含义

"生态"一词的本义，系指自然界食物链中的能量转换关系，反映物种间的依存和制约关系。反映到社会科学中来，其含义已转化为系统内各部分之间的相互协调与和谐共生，核心就是系统内各部分之间的"和谐"。具体来说，主要反映两部分内容，一是人与自然的和谐关系，二是人与人的和谐关系，两种关系在实际当中是相互依存和制约的。因为人与自然的关系既是人与人关系的基础同时也是其映衬，在一个人与自然关系紧张对立的社会，生存困难，为争夺有限的生存空间，必然发生激烈的人际斗争，历史上每次大的战争或内部斗争无不是人与自然关系紧张的结果。在一个对同类都不友善的社会，必然难以对"异类"的"自然"友善，所以说，人与自然和人与人之间的关系是同一事物的两个方面。与此对应，"生态文明"反映的则是人类在自然关怀与人文关怀伦理指导下，通过体现这种思想的制度安排，合理利用生态环境来满足自身需求的能力。[①]

根据社会科学"生态"与"生态文明"的内涵，我们将"生态市场经济"理解为"在生态文明指导下，通过市场方式来实现自身目标的一种经济制度"。这种目标，既包含人与自然和人与人之间关系的和谐，也包括人类满足自身三种需要（即物质需要、精神需要与生态需要）[②]之间的和谐统一。

作为一种配置资源的经济模式，首先，生态市场经济是一种文明，即生态文明（其中包含了社会文明）的体现。也就是说，它以生态伦理为自己的行动指南，追求人与自然和人与人之间的和谐共赢为目标，是人文关怀与自然关怀的有机统一，其在生态市场经济中的集中体现就是"公平"与"仁爱"。其次，生态市场经济是一种特殊的制度安排。这种制度是以生态文明为指导，以确定社会内部成员之间的权力、地位、义务和组织方式等，以保证生态文明目标的实现。再次，生态市场经济是一种行为规范，决定交易过程的办事规则。如要求所有行为主体具有强烈的保护环境、尊重劳工、关爱社会等社会责任意识，同时交易过程诚实守信，按规则办事等。又次，生态市场经济是一种特殊的资源配置方式。作为市场经济，它虽然也以价值为标准、价格为工具、利润为目标、市场需求为取向、优胜劣汰等作为自己的资源配置方式，但与市场经济不一样的是，它有自己更为特殊的能够反映人文关怀与自然关怀的价值衡量标准，有承载特殊伦理道德的行为主体，有反映这些内容的特殊的制度安排，有实现这些目标的特殊的市场机制等，从而能够保证资源配置的结果符合自己的伦理价值。最后，生态市场经济是实现生态文明目标的作用手段。如同任何人类文明与制度安排都有自己的特定目标一样，生态市场经济自然也有自己的作用目标，也就是人与自然和人与人之间关系的和谐统一，在此过程

---

①　据刘思华考证，"生态文明"概念在我国最早是由叶谦吉教授于1987年"全国生态农业问题讨论会"提出的。对此概念的内涵，国内理论界尚未达成共识。哲学界更多地将其理解为人与人和人与自然和谐关系的统一（余昌谋，2000），但在可持续发展经济学与生态经济学领域，则更多地将其局限于人与自然关系的和谐方面（刘思华，2003）。本书对生态文明的定义，是根据文明具有"伦理、制度安排与能力"三者内容的统一进行的。

②　刘思华曾提出人类需要由四方面构成，即物质需要、精神需要、生态需要与社会需要。笔者也曾在多部著作中持四种需要的观点，但将社会需要作为精神需要也是可以的。

中，特别要满足人类三种需要，即物质需要、精神需要与生态需要的统一，以实现人类的最大福利目标。当前人类需要中的一个突出矛盾，就是物质需要满足过度（人类物质生产的绝大部分都不是为了满足生理性需要，而是为了满足社会性需要，如社会地位、个性爱好等），生态需要满足则严重不足，市场经济向生态市场经济转换的目标之一，就是纠正几种需要之间的严重失衡，以实现人类的更大福利。生态市场经济实现这个目标的具体手段，就是其特定的市场价值或价格标准及其市场机制。

显然，生态市场经济是随着人类社会经济发展和文明程度不断提高而产生的一种追求人与人和人与自然之间和谐相处的经济形态。它反映人类从原来追求征服自然、奴役万物，同时在内部追求不断扩大的差异甚至在你死我活的争斗过程中，逐渐转向自然关怀与人文关怀相统一，以实现人类社会可持续发展的一种蜕变。这也就是说，虽然生态市场经济的运行基础仍然是市场机制，但它体现了一种新的文明、新的制度、新的行为规范等，从而是一种发生了脱胎换骨蜕变的市场经济。在这种新的市场经济中，人们在为实现自身利益的同时，将更加关注生态环境、社会和他人的利益，在一定程度上，甚至愿意为了生态和社会利益而牺牲部分个人利益，以实现人类社会的可持续发展目标。

二 为什么是生态市场经济而不是绿色市场经济

我们知道，"绿色"概念是 20 世纪 90 年代以来比较流行的术语，如"绿色生产"、"绿色消费"、"绿色营销"、"绿色产品"等概念已成为当今世界的流行术语，同时成为人们在再生产各环节的行为指南。由此为什么在市场经济发生质变时，不使用绿色市场经济概念而要使用生态市场经济概念来反映这种质变呢？原因是"绿色"与"生态"所蕴含的意义不同。

上面讲到，现代意义上的"生态"内涵，不仅包含了"自然关怀"的内容，而且也包含了"人文关怀"的内容，是"利己"与"利他"的有机统一，反映这种内容的"生态市场经济"则是人与自然之间和谐与人与人之间和谐的统一，或者说是社会、环境、人口与经济和谐的统一，所以它能够有效地反映当代社会本质的变迁。一般来说，狭义的"绿色"仅仅指在再生产过程中不污染环境的同时对人的健康有利的行为，或者说仅仅是一种"自利"行为；广义的"绿色"虽然包含人与自然之间和谐，或者说"生态关怀"的全部内容，但却缺乏"生态"所具有的"人文关怀"内容。所以从内涵与范围上看,"绿色"属于"生态"内容中的一部分,即是个更狭义的范畴,因而"生态市场经济"这个概念能够更好地反映当今市场经济的本质,这就是我们为什么使用"生态"而不使用时下更流行的"绿色"来反映市场经济质变的主要原因。

三 市场经济向生态市场经济蜕变是世界变革最显著的标志

要特别指出的是,生态市场经济既不是离现实遥远的理论蓝图,更不是海市蜃楼,它早已存在并正在不断深化,影响你我并改变世界。因此,生态市场经济对市场经济的取代,更准确地说,市场经济向生态市场经济的蜕变,已经成为当代世界变革最显著的标志之一。

自20世纪中叶以来,在人文关怀和自然关怀等伦理的影响下,劳工保护、种族和性别平等、消费者权益、环境保护、动物权益、企业社会责任、可持续发展、绿色生产与消费、低碳经济等运动在世界各地风起云涌,尤其是20世纪80年代兴起并快速席卷全球的可持续发展运动和进入新千年以来的"低碳经济"行动,更是影响深远。这些运动并不仅仅是一种思潮,更是影响社会政治经济的实际行动。这些行动需要实践的载体,按经济学的说法,就是需要具体的资源配置来落实。在当今社会,占主导地位的资源配置方式是市场经济,这是人类社会长期实践证明最有效的资源配置方式,尚无其他有效的资源配置方式能替代它。由此,这些体现生态文明和社会文明内容的各种运动,只能通过市场经济来实现自己的目标。也就是说,无论哪种反映人文关怀与自然关怀的行动,都必须以市场经济作为自己实践的手段,而要通过市场经济来达到自己的目标。那么它们就必然将自己的意志(通过制度安排等方式)施加于市场经济中,使它的资源配置向着符合自己目标的方向前进,市场经济也就在此过程中发生蜕变并逐渐转换为生态市场经济。

市场经济向着生态市场经济蜕变的表现,在当今世界,尤其是发达国家是非常明显的。在主体行为中,人文关怀与自然关怀的社会责任,如保护生态环境、雇员平等的权利与机会、保护劳工和残障人员的合法权益、节约资源、社区建设、人力资源、产品的再生产符合伦理要求等,已成为整个社会共同的行为规范。是否具有这样的意识并付诸行动,对生产者来说,已成为进入市场的基本条件,人们对商品的选择及其支付的价格水平,也是根据生产者是否承担了与社会伦理相一致的社会责任来决定的。当今,承担环境、消费者、人力资源、员工安全与健康、产品安全、慈善与政治捐赠和其他等方面的社会责任已经成为企业行为准则的一部分。在制度安排上，不仅确定了对人的"仁爱"，如制定了严格的劳动者保护、强制雇用伤残人员的规定及其奖罚制度、禁止各种形式的种族和性别歧视等，而且将这种"仁爱"扩展到动物，如规定各种饲养动物的养护密度不能高于某些标准（英国甚至规定饲养的猪必须有在室外活动的时间和空间），饲养，甚至宰杀过程都必须符合"人道"精神。对涉及环境保护、人身安全、社会公共道德等方面的再生产过程中的每个环节都进行了严格的规定等，并且绝大部分都通过市场机制得以体现，如主体与产品的准入制度及其标准必须符合共同的价值标准。这种价值标准在市场需求方面也得到市场确认，如那些符合标准生产的（同质量）产品更受消费者偏爱，并且愿意支付更高的价格；而那些即使价格低廉但不符合社会伦理与生态文明要求的产品，如恶劣条件下饲养的动物产品、以破坏环境为代价生产的产品、以童工为主体生产的产品等，则受到普遍的抵制。同时，无论是生产者还是消费者，尤其是大企业被要求承担起利他的环境保护和社会公益等方面的社会责任。

这种关爱弱者、呵护环境、勇于承担社会责任的充满人文关怀与自然关怀的市场经济，与人们传统理念的那种企业只是追求利润的机器，消费者则是追求自身利益最大化的行为主体，每个行为主体都是完全追求自身利益最大化的自利者，市场则完全是一个冷冰冰甚至你死我活的为达目的而不择手段的竞技场。结果不仅导致日益严重的两极分化和社会对抗，而且带来严重的生态环境灾难的市场经济是截然不同的。它说明市场经济已经发生质的蜕变，由造成社会对立与生态环境破坏的传统市场经济，转换为促进社会和谐与环境保护的生态市场经济，由此人们将自身利益与社会利益，甚至世界利益更加紧密地联系起来，以使"地球飞船"能够航行得更远。

市场经济对社会经济环境的作用发生的这种转变说明，市场经济作为一种配置资源的手段，其本身对社会和环境的影响是中性的，具体的作用结果取决于社会施加其上的伦理标准和制度安排。传统市场经济之所以对社会和生态环境造成不利影响，是传统伦理和制度安排的结果。如传统伦理认为，世界万物都是供人类驱使的，生态环境和公共资源是没有价值的，市场规则是丛林法则在人类社会的表现，金钱是万能的等，由此造成生态环境的严重破坏、资源的耗竭、严重的两极分化等一系列社会问题和生态灾难。但也正是这些问题和灾难，促使社会对此进行深刻的反思，由此才会发生 20 世纪中叶以来的包括伦理、制度等方面的社会变革，促使传统的市场经济向当今的生态市场经济转变。当人类社会将反映人与人和人与自然和谐的伦理与制度施加其上时，它自然会向着人文关怀与自然关怀的方向前进。正因为这样，所以我们特别强调社会伦理价值及反映其要求的制度安排的作用。

　　如同任何重大的变革都有其特殊的时代背景一样，市场经济向生态市场经济的转换也是这样。前面讲到，人与人的关系与人与自然的关系之间是密切相关的。随着战后经济的持续增长，社会财富如雨后春笋般涌现，人口数量与土地或粮食供给之间的关系得到缓和，因此财富的分配和人文关怀开始逐渐被社会重视。为此 20 世纪 60 年代由民权运动领袖马丁·路德·金领导的反种族歧视运动才可能取得成功；劳动者权益、消费者权益才会被重视而上升为国家法律；使用童工与性别歧视等一系列不平等的现象才会逐渐得到纠正。这种倾向，还从发达国家向发展中国家扩散，由此引发了第三世界国家争独立、争主权、争发展、争人权的运动。当"爱人"成为社会的主流伦理意识后，在人与人和人与自然之间紧密的相关联系作用下，必然会逐渐拓展到"爱物"。与此同时，发达国家虽然在 20 世纪 60 年代解决了人口数量与土地的矛盾，但在传统观念下以牺牲生态环境和过度消耗资源来换取经济增长的做法却带来了日益严重的生态环境问题，同时还导致资源供给的短缺，由此促使整个社会关注环境问题。正是在这种背景下，美国生物学家卡森发表的《寂静的春天》，才会引起社会极大的关注并唤起了遍及整个西方世界的环保运动，同时也促使人们重新反思人与自然的关系，现代生态文明理论正是在这种背景下产生并对当代社会产生重大影响的；20 世纪 70 年代"罗马俱乐部"关于经济增长与资源供给的报告，不仅指出资源供给的有限性，同时也指出环境容量的有限性，促使人们思考经济增长与资源环境容量的关系；"地球飞船"之说的产生，则不仅促使人们重新审视各国内部人们之间的关系，而且考虑不同国家之间，尤其是南北之间的相互关系，由此引申出 20 世纪 80 年代产生并很快得到世界普遍响应的可持续发展运动；新千年之交，碳排放导致的"温室效应"更是引起世界各国的普遍关注，减少碳排放以保护地球正成为各国的共同行动。正是在这些思潮和运动的推动下，自然关怀成为一种共同的伦理和行为选择。由于全球的生态系统是一个整体，各部分之间相互关联，每个国家的生态安全都依赖于全球生态系统整体性的完好，因此对环境的关注，必然会促使发达国家人民对落后国家人民生活状况的关注。正是在这种背景下，南北对话、发展援助等也日益加强，可持续发展强调的共同参与发展就充分反映了这种联系。应该承认，南北之间的鸿沟仍然巨大，国家间的竞争也十分激烈。但应该看到的是，与冷战前相比，当今世界国际经济关系要缓和得多，发达国家对发展中国家的援助在增加，民间援助增长得更加明显。这些，都反映发达国家的人文关怀与自然关怀正由内部向外部拓展。

伦理价值及其行为规范的转变，必然会带来制度的变革。在任何时代，满足生存和发展需要的经济活动都是人类社会最核心和最基础的部分。伦理和制度的转换必然集中体现在经济领域，现代人类经济活动最有效的载体是市场经济，那么市场经济必然会最明显地体现这种变化，由此带来市场经济脱胎换骨的蜕变，即由传统的"野蛮与黑色"的市场经济向现代的"文明与绿色"的市场经济转换。正因为这样，所以我们说，市场经济向生态市场经济转换是当代世界变革最显著的标志之一。更重要的是，不管接受与否，生态市场经济在一些国家（主要是发达国家）已经是个客观事实，在另一些国家则正在快速成长，它是一个人与自然关系决定的不可抗拒的世界历史潮流。

四 生态市场经济改变世界

伦理价值与行为规范的变革改变着市场经济，市场经济的变革则改变着世界。因为经济活动是人类社会最主要的工作，经济活动是由市场经济来实施的，所以市场经济向生态市场经济的蜕变，必然会对人类社会产生重大影响。

伦理决定市场经济的方向，市场经济则通过经济利益而将其凝固为社会大众的行为准则。因为任何一种代表社会前进方向的主导性伦理，首先都是由少数人提出并由统治阶级加以推行的，社会大众对新伦理的接受往往是通过经济活动的利益选择实现的，即做符合新伦理规范的选择能够得到较好的利益；反之则会受到处罚。即如当今符合人道标准饲养的动物，不仅被市场接受，而且价格水平更高；反之则不仅被市场拒绝，而且会受到严重的经济处罚。在华人占主流的新加坡，许多陋习被改掉，并不完全是舆论宣传的结果，而是市场利益选择的结果。如吐一口痰的市场成本是数百新加坡元甚至一定时间的牢狱之灾。我国新交通规则实施后，违规数量大幅度下降，是因为违反规则的市场成本大幅度提高的结果。我们知道，对成年人来说，数百次的宣传教育的效果，远赶不上一次经济重罚。当今，尤其是在 20 世纪 80—90 年代，中国人的环保意识、劳动保护意识等的提高，既不是我们主动的伦理改变，也不是人们的觉悟升华，而是由国外对我国许多违反基本伦理与环境标准产品的贸易制裁唤醒的，是市场的利益选择迫使我们改变伦理和行为规范的。所以，市场经济向生态市场经济的转换，必将改变整个世界。

正如伦理对社会的作用是支配性的，但却须通过制度安排来实现一样，市场经济转换为生态市场经济对世界的改变，也是通过制度和市场机制的变革实现的。与规范性伦理不同，制度具有一定的强制性，正是这种强制性，才可能将最初由少数人主导的伦理最终转化为整个社会公认的价值规范。市场经济通过有形与无形制度形成的体现生态文明的行为规范，来保证资源配置符合自己的要求。生态市场经济制度确定的市场准入，就明确要求所有的行为主体都须具有公认的符合社会伦理与环境保护的行为准则，如不破坏生态环境、不售卖假货、承认雇员与顾客所享有的社会伦理和法律规定的各种权利、不进行种族与性别的歧视、企业达到一定规模须雇用一定比例的残疾人员、尊重动物的基本权利、不为违反社会伦理道德的活动提供便利（如金融机构不得向损害环境的企业活动提供资金等方面的便利）等，加之相应的奖励惩罚制度，必然会促使人们的行为符合这些规范要求，否则将无法在市场竞争中生存。如在社会责任的伦理感召与压力下，较大的企业定期发布社会责任报告并接受社会监督已经形成惯例，为此不仅对自身各方面的社会责任情况进行检查，而且对主要合作伙伴或供货商进行是否有雇用童工、劳动工资与工作条件是否达标、是否有破坏环境和虐待动物的行为等进行伦理审查，那些违反基本行为规范的厂商，即使在产品质量和价格方面具有明显优势，也会被排除。正是在这种有形和无形的行为规范制度下，迫使人们从传统的行为规范转换到生态文明下的行为规范，以在市场经济活动中取得更大的利益。这说明，在生态市场经济中，每个人都将更加关注自身行为与社会利益的关系，由此必将改变传统市场经济体制下那种冷冰冰的人与人和人与自然之间的对立关系，使世界变得更加温馨和谐。

行为规范的改变对社会的影响是十分巨大的，有一个事实可以很好地说明这一点。在我国虽然早就实施了野生动物保护，但由于整个社会的行为规范没有改变，因此吃野味的传统不仅没有改变，反而随着野生动物的稀少以及饲养肉食的食品安全而更加为人推崇，甚至成为人们炫耀的对象。然而在今天，随着社会环保意识的加强和生态伦理文明程度的提高，它已作为一种社会耻辱而成为社会谴责的对象，因此即使有人敢冒天下之大不韪而吃保护动物，也必须像小偷一样行事。①

如果说伦理制度等规范行为还具有不可选择的较大强制性，因而还难以成为人们的自觉选择的话，那么生态市场经济的价格体系及其作用机制则具有吸引人们自觉改变行为规范的强大动力。正如亚当·斯密揭示的，不同的社会制度或生产关系有不同的价值标准（亚当·斯密，1981）。为了实现自己的价值目标，必然会有区别于传统市场经济的价格体系及其作用手段。这种价格体系及其机制的一个重要特征，就是充分反映生态文明的人文关怀与自然关怀。具体表现就是公共性生态环境和自然资源是有价值的，如各国的碳排放总量是受限的，超额排放须支付代价，污染物的排放是要付费的，符合环境保护和伦理要求的产品的价格水平更高且更受市场欢迎，各种违反环境保护标准和伦理的行为不仅受到市场禁入的制裁，而且受到经济上的重罚；② 不同环保和伦理标准生产的产品价格与市场接受程度是完全不同的。正是这种价格体系的利益引导，才保证了由伦理规范和制度引导的资源配置符合生态市场经济的要求。只有行为选择与利益的一致性能够很好地相结合时，与此相一致的伦理才能在社会上确立自己的主导地位。

一种与经济利益选择相一致的新的伦理一旦确立自己的主导地位，那么它对与其相悖的行为就具有排斥性，其社会影响就会渗透到生活的各个方面而使其发生脱胎换骨的变化。这种变化早已发生并正在深化。与二三十年前相比，在环境保护、基本人权、劳动保护、动物权利、企业责任、社会保障、市场选择、贫富差距态度等方面，可以说发生了质的改变，由

---

① 实际上，环保和保护动物意识的提高，在此环境下成长的新一代人在这方面的表现要明显优于他们的父辈，他们中的绝大部分人对破坏生态环境、捕杀和吃野生动物持否定态度，很多大人都是在他们的影响下改变这方面的行为的。笔者也经历了这种过程。

② 根据各种标准制定的市场禁入与经济处罚，都属于价格体系中的一部分并供人们选择。交通规则中各种对违反规则的处罚也属于市场经济价格体系的组成部分。只不过在这里，它属于（代表社会公共利益）卖方垄断。在生态市场经济中，这种由代表社会公共利益所形成的卖方垄断比传统的市场经济更为普遍和严格，这是调整人们行为使其更加符合生态市场经济伦理所必需的。

此还引发了各国经济格局的重大变化，如环境问题、基本人权、贫富问题等已上升为各国，尤其是发达国家的最重要的政治议题。在基本伦理变化的背景下，财富回归社会已成为越来越多富翁的选择，裸捐现象也越来越普遍。生态市场经济的出现，不仅改变着各国内部的政治经济生态，而且改变着国际经济政治关系和南北关系，全球生态问题及其相关的社会经济问题已取代原来的政治军事问题而成为当今世界关注的焦点。这种情况说明，随着生态市场经济的产生，人类社会已经发生翻天覆地的变化，人类社会正进入一个崭新的时代。

五 我国向生态市场经济转换的必然性

市场经济向生态市场经济的转换虽然首先发生在西方发达国家，但作为一种代表人类进步并体现人与环境相互适应的新型经济形态，在"地球村"与国际经济一体化日益加强的形势下，必然会向世界拓展。在这种形势下，无论是从国家利益，还是从我国的生态环境和社会环境及其社会责任等方面看，加快向生态市场经济的推进都是我们必然的选择。

虽然与发达国家相比，我国进入市场经济的时间很短，各方面的建设都还不成熟，如主体行为规范与市场准入等方面的建设还极不完善，缺乏诚信、售卖假货、坑骗消费者，甚至出售有毒商品而谋财害命的案件也不时发生，政府行为则更不规范，政策朝令夕改使企业无所适从，等等。西方至今仍然不承认我国是完全市场经济等就充分说明了这一点，因此还需要一个完善的过程，但世界经济发展的趋势却又迫使我们必须在尚不完备的市场经济条件下直接向生态市场经济过渡。这意味着与发达国家市场经济较自然地、逐渐地过渡到生态市场经济相比，我国的这种转换具有明显的强制性和跳跃性，这有几方面的原因。一是在国际经济关系中，规则历来都是由强者制定的，弱者是没有多少还价余地的。中国如果要融入西方发达国家主导的世界经济体系并取得自己的利益，就必须遵从已经形成的市场准入和规范，否则就会被排斥在外，闭关自守显然更是得不偿失。二是我国的内部环境压迫的结果，其来自生态环境与社会环境两个方面。虽然我国的经济发展水平还不高，但生态环境却遭到极其严重的破坏。有人说环境危机已经成为我国的头号隐患，资源的破坏和浪费也极其严重，人与自然的紧张关系几乎可以说到了极点，空气污染、水污染、食品污染、许多珍贵物种在眼前灭绝等，说明我国已经不能继续在原来的道路上行进下去。正是在这种背景下，我国政府从 20 世纪 90 年代开始分别提出了要实施可持续发展战略、发展绿色经济、实施循环经济、建设美丽中国等一系列旨在缓和人与自然紧张关系的政策，就充分反映我国必须进行发展方式的变更。在人与自然关系日益紧张的同时，社会内部的紧张关系也在日益加强，如两极分化日益明显，基尼系数（官方公布的是 0.474，研究机构得出的是超过 0.6，而且还不完全包括灰色收入和各种福利）几乎是全世界主要国家中最高的，这种两极分化或二元化的趋势体现在社会的每个方面：劳资关系、官民关系日益紧张，腐败严重且长期得不到有效遏制；由于户籍等方面的限制，数亿农民工和失地农民生活在农村与城市的夹缝中而不知魂归何处，他们将是社会动荡的最大隐患。正是在这种日益紧张的社会关系中，建立"和谐社会"才会被政府作为当前最重要的工作。建设生态市场经济，则是解决这些问题最有效的手段。三是我国的社会责任要求所致。我国是个具有五千年文明历史的大国，是安理会常任理事国，对世界和平与生态安全等负有重大的国际义务，同时正实施和平崛起战略。正因为这样，所以我国政府在经济发展水平尚较落后的 1992 年就向世界庄重宣布我国将全面实施可持续发展战略，并在工业化任务尚十分繁重的新旧千年相交之际，积极参与防止"温室效应"加强的碳减排行动，在全国实施强制性的碳减排，同时积极参与维护世界和平的任务。这些，决定了我国必须积极地推进体现世界发展潮流的生态市场经济建设任务。所以，无论从哪个方面看，都要求我国积极推进生态市场经济体系建设。

我们知道，随着经济的发展，自 20 世纪 90 年代，我国先后开始实施可持续发展、推行绿色经济和循环经济、科学发展观、和谐社会、低碳经济、美丽中国等战略或政策，虽然取得一定成效，但距目标却仍遥远。原因之一就是没有在经济体制及其调节机制上，也就是没有在具体的资源配置上得到落实。上面讲到，人类社会是利益社会，要使各项政策得到有效实施，就必须在利益安排上进行调整，为此就必须通过具体的资源配置，也就是市场经济的体制安排来落实。然而在实施各项政策和战略时，在许多方面我们却缺乏这种市场制度安排，致使许多方面难以有效地达到目标。这也就是说，市场经济体制是各种政策和战略的实施载体，如果各项政策不能落实到市场经济中来，就难以实现自己的目标。自然，如果要通过市场经济制度来实现自己的目标，就必须对市场经济制度加以改造，将自己的伦理价值与政策目标等施加于市场经济制度内。所以，可持续发展、绿色经济、循环经济、科学发展观、低碳经济、美丽中国等建设目标要得到有效实现，就必须将自己的伦理和目标施加于市场经济制度上，这也就是生态市场经济制度的建设。反过来也说明，只有加强生态市场经济的建设，我国正实施的各项事业才能得到实现。离开了经济利益及其实现机制的安排，任何行为目标都会落空。

由于我国尚未完成市场经济的建设，却又要进行更高级的生态市场经济建设，意味着我国同时要进行两种制度的建设，这一方面增加了难度，另一方面则又使我国可以在一定程度上进行制度建设的跳跃。虽然生态市场经济是比市场经济更高级的一种形态，但本质上仍然是市场经济，因此两者在许多方面有共同的地方，如在行为规范方面的诚信、契约精神、遵守交易规则、守法、承担最基本的社会责任等方面，都是市场经济最基本的行为要求，所以在进行生态市场经济建设的过程中，不妨碍市场经济制度的建设，这本身也是生态市场经济建设的需要。

加强生态市场经济建设，最主要的是伦理与行为规范建设。即应以生态文明为指导，加强以人文关怀和自然关怀为核心的伦理建设。基本伦理建设的缺失可以说是我国改革开放以来最大的失误，对权力和金钱的过度崇拜使整个社会失去了方向，带来两极分化和社会对立日趋严重、生态环境日益恶化等一系列严重的社会弊端，所以加强以人文关怀和自然关怀为核心的伦理建设，是我国建设生态市场经济最核心也是最艰巨的任务。以此为基础，结合市场准入制度的建设，加强主体的行为规范，也是我国建设生态市场经济极其艰巨的任务。主体行为规范的缺失，是我国改革开放以来市场经济制度建设中一直未能有效解决的问题，缺乏诚信和契约精神，交易过程不遵章守法，缺乏社会责任等成为一个社会普遍现象，几乎任何人都对交易对象持怀疑态度，致使社会交易成本居高不下，假冒伪劣产品泛滥成灾。在这方面，应该提高市场准入门槛，加大对违反生态市场经济行为准则的处罚力度。在一个缺乏共同行为规范和守法传统的社会，要在一个较短时期内建立起有效的法制和共同的行为规范体制，除了宣传教育和示范引导，加强对违规与违法的惩罚力度是最有效的手段。我国现行法制建设中的一个最大弊端，就是对经济领域的违法或违规的惩罚力度太小，造成违法收益远远大于成本，致使违法现象普遍。要改变这种现象，就必须让违法成本不仅远远高于收益，甚至要高到无限大。要使行为规范和制度得到遵守，就必须有充分反映生态文明要求并引导资源配置的市场价值标准及其市场机制，这种价值标准一方面能够通过反映生态文明伦理的制度安排及其行为主体的市场活动建立，另一方面则必须依靠政府的引导甚至干预来建立，如通过对符合伦理要求的产品进行财政补贴，对不符合伦理要求的产品征收重税等。这种行为并不破坏市场机制的作用，因为这只是建立价格标准而并不干预市场在此基础上的交易行为。在现代市场经济中，几乎每种商品的价格都受到政府行为的干预，其中的税收等是最重要的体现。上面讲到，任何社会制度要通过市场经济来实现自己的行为目标，都要将自己的意识施加于市场经济中，其中对价格标准的干预是最重要的内容。通过对价格标准及其交易行为的干预，就能够有效地将人们对利益追求的努力目标引导到符合生态市场经济要求的轨道中来，从而有效地推进生态市场经济制度建设。

第二节　方法与内容

作为一个从未被人涉足的领域，确定研究对象的方法与内容，是本门学科的重要任务之一。

一　方法

所谓方法，也就是看待研究对象的视角，或者说从何种角度来看待研究对象。视角不同，对同一对象的认识也就不同。正如对同一的社会主体——人类生产活动，社会学、哲学等学科的认识就不同于经济学一样。

生态市场经济作为一种边缘交叉科学，从性质上看，它应该属于生态经济学范畴。自然，作为理论经济学范畴也是成立的。作为交叉学科，生态经济学传统上被认为是生态系统与经济系统的有机复合，因此在方法上要采用生态学方法与经济学方法相结合的方式，也就是从两个不同角度来看待生态经济系统。然而，这种复合方法是不符合科学研究方法的。因为，学科的成立在于逻辑的一致性，为此前提假设必须是一元的，即研究对象的性质必须是单一或绝对的，如非黑即白，不允许又黑又白，这样逻辑才能顺利地推进，由此学科体系才能建立，所以任何学科的研究都不能采用复合的方法。我们知道，一门学科在理论上是否成立的重要标志，除了是否有特定的研究对象、方法和范畴等外，最主要的就是其体系是否能够经得起（形式）逻辑的检验。理论的力量来自逻辑的无懈可击，逻辑的一致则只能建立在前提假设的单一性基础上，这样在推论中才能保证方向的正确性，或者说不会出现岔路口而不知何往的困惑，① 假说的单一性则建立在从一个单一的视角看待被观察的对象，所以前提假设的一元性是保证理论能够成立的必要条件。我们知道，在我国，传统生态经济学的产生已有几十年的历史，是我国改革开放后最早产生的一门新兴学科，然而至今不仅仍然没有建立起科学的理论体系，而且还面临衰亡的结局，重要原因就是其采用生态与经济复合的方法，即从多角度来研究自己的对象，这意味着它是以多重性假设为自己的逻辑起点，由此必然造成逻辑推导无法前进而难以建立起科学的理论体系，由此产生今天的这种结果也就并不意外。

要避免这种结果，就必须采用单一方法或前提假设，但作为一门边缘交叉科学，又必须兼顾"生态"与"经济"的双重性质，如何解决这方面的矛盾，不仅是生态经济学长期未有效解决的问题，也几乎是在我国产生的一切边缘交叉科学的共同现象。为解决这个矛盾，本书采用从"生态"角度，也就是从事物间的普遍联系（依存与制约）、食物链的能量转化等角度来看待生态经济系统，然后用经济学的一般分析方法为工具，即以价值为手段，以投入产出或成本收益之比较的角度来分析生态市场经济系统，这样就能够保证充分反映生态市场经济的本质，同时又能够保证理论体系逻辑的一致性。

虽然同一切经济学一样，采用的是同样的价值分析方法，但由于视角的不同，不同学科间的价值标准却是不完全相同的，如在传统经济学中，不给具体行为人带来市场价格的生态环境是不具有价值的，一些关系生态环境平衡的物种灭绝也不在其考虑之列，其他各种非市场活动但对人们福利影响巨大的内容，如和谐的社会关系等更是不能进入其理论体系内。与此相反，生态市场经济的价值生产及其标准，是根据生态市场经济的要求，即体现人文关怀与自然关怀的内容来确定价值标准的，也就是说，是从人的最大福利，而不是从市场的最大货币交易来确定价值标准的，所以它对同一资源配置结果的评价结论是不同于传统价值体系的。那些目前不能通过市场交易，但对人们福利具有重大影响的行为，如改善空气、水质

---

① 马克思的理论之所以引起人们不断的争论，就是因为前提假设的二重性，即价值既是"劳动的凝结"同时又是"生产关系"，而这两者的性质相互间却是截然对立的，所以产生了严重的逻辑混乱。

量的环境保护活动，将进入生态市场经济的价值计量体系。

虽然在实际过程中，空气质量、水生态、绿色景观等生态环境产品的具体价值评价因各种原因还难以操作，各国试行的绿色国民经济核算工作也还得不到社会的公认，但理论是实践的引导者，只要确定了前进的方向，具体的路径总是可以在实践中不断得到解决的。

二 主要内容

我们认为，生态市场经济是随着社会经济发展而自然产生的一种经济模式，是伴随可持续发展运动、生态环境保护运动等而产生的，它的产生，标志着一个新时代的开始。

为了揭示这种新的模型，我们系统地分析了生态市场经济的构成、本质、主要内容与运行机制。在此基础上，分析了如何加强生态市场经济的能力建设以及如何促进我国的生态市场经济建设。

本书正文由第二章至第八章组成。在结构上，遵循先确定研究范围、主要内容，然后进行部分分析，最后是对策分析的逻辑安排，以保证逻辑的严谨。

第二章"生态市场经济内涵与本质"，首先分析了市场经济的本质与内涵，这是因为生态市场经济本质上仍然是市场经济，所以只有首先了解市场经济的本质等内容，才能正确认识生态市场经济的本质。我们证明了市场经济不仅是一种有效配置资源的模式，而且是一种真正惠及大众和实现和谐社会目标的制度。只有以市场经济为基础，生态市场经济的目标才能实现。在此基础上，系统分析了生态市场经济的本质与内容，指出生态市场经济是生态经济学与可持续发展的有效实现形式，同时，生态市场经济的出现及其深化，是社会正在发生重大变革的标志。本章同时分析了市场经济与生态市场经济、生态市场经济与和谐经济的相互关系。

第三章"生态市场经济系统"，将从总体上把握生态市场经济的本质与主要内容。从本质上看，社会科学研究的主体对象都是相同的，即人类社会关系。不同的是各自的特殊视角，为了从总体上把握研究对象的性质，所以从对社会生产系统的分析开始。为此，本章首先分析了社会生产系统的构成及其本质。然后以社会生产系统为基础，从生态经济的视角来认识该系统的经济学内容，指出社会生产系统转换为生态市场经济系统后所发生的变化，指出传统经济发展为什么要转换到可持续发展。为了使我们的特殊视角具有社会意义，我们分析了反映生态市场经济本质的价值理论的内容，包括生态市场经济的价值本质、价值源泉及其价值交换与分配等内容，由此为生态市场经济的分析提出理论基础。第四节分析了生态市场经济系统中的三种创新，即技术创新、制度创新与生态创新的内容及其相互关系。第五节分析了四种需要，即物质需要、精神需要、社会需要与生态需要的内容及其相互关系。最后一节分析了生态市场经济的四种文明，即物质文明、精神文明、制度文明与生态文明的内容及其相互关系。

第四章"生态市场经济的内部运动"，分析生态市场经济系统内部的影响因素及其正常运行的基本条件，这些条件是不同于传统市场经济的。首先分析了影响生态市场经济发展的主要因素，如传统三要素、制度、技术、社会条件、产品分析等对经济发展的影响；然后分析系统内各因素或部分之间的关系；最后从资源、环境、人口与社会等相统一的角度，分析了生态市场经济再生产正常进行的条件。

第五章"生态市场经济的资源配置要求"，主要是从满足于生态经济学与可持续发展要求的角度，分析生态市场经济特有的资源配置内容。为此，首先分析了生态市场经济在资源配置上与传统资源配置的区别，满足生态市场经济资源配置要求的基本特点等内容。系统地分析了生态市场经济再生产过程中各环节的资源配置要求及其实现条件，同时分析了生态市场经济结构协调的内容。指出在结构方面，应该充分发挥市场机制的作用，尽可能减弱政府在这方面的功能。

第六章"生态市场经济的实现方式"，主要分析如何在客观现实环境下实现生态市场经济的基本目标。为此，首先分析了生态市场经济的消费模式，认为消费模式的转变是实现可持续发展目标的前提条件，因为消费是目的，只有消费模式转换，为其服务的生产方式才能发生根本的变化。提出从目前的以物质消费为主的消费模式转换到以较少消耗非人力资源的精神文化产品、生态产品为主的可持续消费模式，是实现生态市场经济目标的关键。以此为前提，分析了市场经济在资源配置上的作用及其局限，提出了如何完善市场机制和发挥政府作用的建议等。同时分析了市场经济条件下的循环经济内容，提出了与传统不同的观点。分析了生态市场经济对和谐经济的作用机制。

第七章"生态市场经济的能力建设"，主要分析生态市场经济能力建设的主要内容以及该如何加强这些能力，提出可持续收入增长状况是反映一个社会可持续能力建设最主要的指标，而福利深化则是提高生态市场经济能力最重要的途径，同时提出了衡量市场经济建设能力的评价标准。

第八章"促进我国生态市场经济建设"，从我国的国内、国外环境以及建设和谐社会、实现可持续发展目标等方面分析了我国加强生态市场经济建设的必要性和紧迫性，并且根据我国的实际情况，从多角度提出该如何加强我国的生态市场经济建设。

虽然尽了最大努力，但由于这是一个全新的领域，对它的认识还存在不足，同时受时间、精力与水平等方面的限制，因此在各方面都有可能存在不足，这需要在今后的研究中继续完善。同时希望学界同仁对其中的问题提出宝贵的批评意见，以推进这方面的研究。

第二章 生态市场经济内涵与本质

对研究对象内涵的确定，是任何学科研究的前提条件，所以我们对生态市场经济的研究，也从对其内涵的确定开始。

第一节 市场经济的内涵与本质

生态市场经济是一种特殊的市场经济，其本质仍然是市场经济。更主要的是，市场经济是当今世界各国共同选择的一种经济体制，因此对任何经济体制或模式的分析，都不能脱离这种当前占支配地位的制度。所以，要认识生态市场经济，就必须首先认识市场经济。

一 市场经济

所谓市场经济，就是整个社会的资源配置，如生产、交换、分配和消费等的实现都是通过市场交易来完成的，无论是要素还是产品，都是以商品的形式实现自己的功能。

任何社会的生产都是通过不同要素间的结合来实现的，要素的不同结合方式成为划分不同社会经济制度最重要的标志。市场经济不同于传统经济方式的地方，就是它的整个资源配置都是通过市场交换方式来实现的。如商品经济的产品实现虽然依赖于市场完成，但它的基本要素，其中尤其是劳动与土地却不是通过市场配置实现的。市场经济作为商品经济的发展的高级形态，不仅产品成为商品，而且要素也成为商品，整个社会再生产的一切活动都通过市场交换实现。

劳动成为商品被认为是市场经济区别于商品经济最主要的标志。但要特别注意的是，劳动成为商品的条件却并不完全是马克思所说并在我国流传甚广的"人身自由"和"一无所有"。无疑，人身自由是劳动力成为今天意义上劳动力商品的必要条件，否则人们就无法支配自己的劳动力并使其成为商品。但劳动力一无所有却并不是拥有人身自由的人成为劳动力商品的充分条件，如在古代，无论中外都有大量有人身自由且一无所有的自由民，他们都没有普遍地作为劳动力商品出现，大部分是充当盲流，或者成为农奴甚至奴隶；在当今，拥有相当资产的人，如我国城市化过程中进城的农民等，甚至一些继承了巨额资产的人，也都出现在劳动力商品市场，都说明一无所有不是劳动力成为商品的充分条件。劳动力普遍成为商品的条件是社会生产方式的变化，即随着社会生产分工协作的加强，生产单位由以家庭为主转换为以社会化的企业为主，同时在此过程中，劳动力成为商品所获得的利益要大于他们作为独立商品生产者的利益。在这里，社会化生产方式的出现是劳动力成为商品的必要条件，而充当劳动力商品能够获得比作为独立商品生产者更大的利益，则是劳动力成为商品的充分条件。改革开放以来城市化过程中进城的农民工，都是拥有一定生产资料的所有者，促使他们放弃土地等生产资料和独立商品生产者地位而转为产业工人的，是后者能够为他们带来更大的利益。利益比较是人们在不同行业和不同行为者之间转换的最主要原因。人类社会是个利益博弈群体，对相对优势利益①的追逐，永远是人们努力的不息动力。

虽然要素间的不同组合方式决定了社会经济形态，但何种要素在其中起支配地位，则不仅决定着社会的本质，而且决定着社会经济的发展方向。

以传统耕地和牧场为主导生产要素的社会，由于土地面积的固定性，使得社会积累受到极大限制。或者说除了部分耕地质量的改善外，积累最主要的就是各种非生产性的对象，如宫殿和庙宇，社会经济发展的成果最主要的表现就是人口数量的增长，这种结果则会带来人均土地面积的不断减少。在不同要素供求之间的非均衡关系下，地租占总产品的比例会不断提高，因此在一个王朝能够允许的发展范围内，以土地占有为基础的统治阶级与被统治经济之间在产品分配上的两极分化会不断加强，"朱门酒肉臭，路有冻死骨"的景象会出现在每个王朝的后期。为此，人与自然之间日益尖锐的矛盾会表现为人与人之间的矛盾，最终，无论是自然选择

---

① 虽然经济学将稀缺作为最基本的前提假设并以如何缓解其程度作为奋斗目标，但实际上，人类从进入"文明"那天起就基本解决了绝对稀缺问题，因为文明是从讲究精美开始的，这只有在解决了数量问题后才会产生，所以人类文明以来的稀缺不是绝对稀缺，而是相对稀缺，即追求社会差别的优势地位所产生的稀缺，这种稀缺，是经济学永远不能解决的。

（瘟疫等）还是社会选择（造反与社会动荡），马尔萨斯周期都会不断地在这种社会反复地出现。

以生产手段为载体并以资本形式表现为主导的市场经济，摆脱了土地对社会积累的束缚，使得社会积累能够以无限扩大的形式实现。由于人们积累资本的目的如马克思所说的那样不是为了个人的消费，而是为了获得更多的形式上的价值符号。由此使得这种经济形态的发展成果一定会惠及全社会的所有成员，也就是带来整个社会的共同富裕。

在对现实社会和对生态环境破坏与资源浪费的批判方面，市场经济都会成为众矢之的的。然而，不管我们是否愿意，市场经济都是今后相当长时期伴随我们的基本经济制度；更主要的是，市场经济的本质，决定了它是我们实现和谐生态经济建设目标的重要手段。

二　市场经济本质

市场经济显然存在诸多弊端，但优势却更明显。经历史长期自然选择的经济制度，总是优于空想而人为塑造的经济制度。社会主义计划经济的实践结果就证明了这一点。

要利用市场经济来促进和谐生态经济建设，就必须对市场经济的本质及其主要功能有正确的认识。

（一）市场经济是一种文化

市场经济从形式上说，是分工协作条件下的一种社会联系形式，但在本质上讲，它却是一种资源配置制度，是一种文化。

我们知道，从历史看，市场经济的产生与文艺复兴运动是紧密相连的。文艺复兴运动的一个重要内容，就是要破除封建社会那种以出身和职业（行业协会）来确定人的基本身份的封建制度，建立人人平等、以能力大小来确定人们在社会中地位的制度。市场经济的本质在很大程度上就反映了这种要求。

作为一种文化，市场经济是那种强调机会公平的文化价值的制度体现。这种公平体现在以下几个方面：

（1）人们或供求双方在市场上是以（法律上）平等的地位出现的，无论是作为要素还是消费者，双方在市场上公平地达成交易。

（2）人们的行为特征具有普遍性的行为模式，即追求具有同一性的货币，或者说在市场经济中，货币成为具有普遍性的商品。一切经济活动只需追求货币，从而将不同的行为特征协调成具有普遍性的行为模式，并以人们所得货币的多少作为衡量效率大小的标准。

（3）不同性质的资源该如何配置，是以货币衡量的价格高低来决定的，从而市场经济中的一切活动都服从于成本与效益的比较，并以取得最大的净效益为标准。虽然这种以货币为标准的公平，不可避免地会产生排斥性，即无钱就被排斥在商品和劳务的消费之外，并且市场机制本身可能无法有效地解决这个问题，需要另外一种公平理论或政治途径来解决，但市场经济仍然是目前在资源配置上最有效率的一种制度。

（4）资源配置效率的衡量标准是统一和公平的，也就是看各自获得利润的大小或利润率的高低，这有效地解决了资源该如何配置的问题。

（5）从人与社会的关系上说，人们在货币上的公平是实现其他公平的条件之一。如果人们在货币上的公平都不能实现，那么其他方面的公平则更无实现的可能。现代社会的政治民主，就是通过经济民主才得以逐步实现的。自然，经济民主与政治民主的结合，才能实现真正的民主，但经济民主总是政治民主的基础。政治民主，不仅会反过来加强机会公平的力量，而且是实现产品分配结果公平的重要条件。所以，市场经济是一种实现机会公平与结果公平的重要力量。

需要指出的一点是，市场经济作为一种文化，是以强调机会公平为价值标准的，但核心却是强调效率优先的。正是这一点，使它成为人类有史以来资源配置效率方面最高的一种制度，使财富不断以梦幻般的速度再生产出来，人类的物质生活水平得以不断提高。我们知道，根据历史唯物主义原理，判断一种社会制度是否优越的标准，就是看它在何种程度上促进生产力发展。根据这个标准，市场经济无疑是一种至今最优越的社会经济制度。

（二）市场经济是一种制度

制度是指由一定的社会文化和自然条件等因素组成的，决定社会内部成员之间权力、地位、义务和组织方式等相互关系的法律体系和社会规范的总和。从这方面看，上面讲到的文化也属于制度的内容。

作为一种制度，市场经济确定了参与市场过程的行为主体的资格，即能够承担自身行为后果的独立法人、交易过程的行为规范、市场组织方式等。

要实现市场主体的独立法人资格，显然需要相应的体制和法律保障。即如上面讲到的，市场交易的行为主体必须是在法律上独立平等的；为保障行为主体能够对自己的行为后果承担责任，就需要各自具有独立的"产权"，从而需要完善的财产制度和法律保障；市场是建立在不同社会分工商品生产者的交换行为或交换契约之上的。这些交易赖以顺利进行的基本条件，除了产权明确外，还需要规范并得到有效执行的市场行为准则及规范；市场经济是一个不同利益主体之间的竞争场所，要使这种竞争有效，就需要一套公认并能得到有效实施的竞争规则，为此就需要组织与权力加以维护，等等。所以说，市场经济是一种涉及经济活动所有领域的一整套法律制度和行为规范。这套制度的核心，就是上面所讲市场经济文化的"公平"与"自由"。

市场经济最明显的地方，就是它是一套竞争制度，这套制度保证人们在相对公平——市场交易——的基础上进行。它破除了人们之间传统上的身份和职业限制，竞争的形式是商品（质量、品种、特色等）和价格。由此为人们之间以能力为基础的竞争提供了最充分的舞台，促使人们不断地进行各种创新而推动社会经济的发展。

（三）市场经济是一套行为规范

作为制度的一部分，市场经济的行为规范不仅是一套市场交易过程的行为规范，也是一种现代文明社会为人处世的行为规范。它要求人们诚实守信，按规则办事。这是市场竞争规则强加于人们的。因为不按规则办事，不诚实守信，就会被排斥于交易过程之外而遭到市场的惩罚。①

在当前我国的经济交往中，有这样一种现象：做生意时，人们喜欢与西方发达国家的人打交道；在与国内商人交往时，则喜欢与经济发达地区的商人交往，不喜欢与经济欠发达地区的人们做生意。原因是前者办事有章可循，同时更讲究诚信，用于应酬和彼此之间钩心斗角的耗费较少。这并非说经济发达地区的人们天生更有诚信，而是市场经济对不诚信人们惩罚的血的教训，迫使人们在经济交往中要诚实守信。我国近些年发生的一些著名企业在顷刻之间崩塌的事件，如南京冠生园食品有限公司、河北三

---

① 中山大学的孙洛平教授在分析产业聚集为什么会降低交易费用时解释道，因为在一个聚集区内，尤其是通过血缘和邻里关系建立的专业化协作村社时，如果某个人不诚实守信，那么这个信息很快就会传遍整个区域，由此人们将断绝与他的交往。而在专业化协作的区域关系中，其专业知识和社会资本等，只有在这个特定区域才有价值，离开了这个区域的专业化分工协作，这些价值将荡然无存，所以不守信的成本极其高昂，任何人都不敢越雷池。参见孙洛平《竞争力与企业规模无关的形成机制》（《经济研究》2004 年第 3 期）等有关产业组织理论的论著。

鹿集团等因不诚信而倒闭等，给人们以深刻教训。市场经济是一种奖励诚信而淘汰欺诈行为的制度。个别的投机取巧，或许能得一时之利，但最终会因失信而失败。

中国古语云："没有规矩，不成方圆。"规则是提高效率，降低交易成本的有效手段。制度创新中的一项重要内容，就是不断地改进或完善规则，以提高效率和降低交易成本。一套行之有效的行为规范，能够极大地降低交易成本，推动经济增长。当前我国经济面临的一个严峻问题，就是人们的行为还不规范，致使企业的各种应酬活动太多，交易成本高昂；政府行为的不规范，更是加剧了这种状况。

（四）市场经济是一种资源配置方式

显然，市场经济表现最明显的，就是它是一种不同于其他经济模式的资源配置方式。它是以价值为标准、价格为工具、货币为目标、市场需求为取向、优胜劣汰为手段的资源配置方式。

我们知道，商品经济与市场经济不完全相同的地方，是前者的产品以商品形式出现，或者说生产是为满足社会需要，但资源的配置并不完全依赖于市场。如封建庄园或农奴制庄园的产品是以市场为导向的，但要素，如劳动力和土地等并不是以市场为导向，这就可能使资源不能得到最有效的利用，同时也不能充分发挥每个劳动力的潜能，因此可能极大地扭曲资源的配置。我国改革开放初期时的情况就是这样，如发展商品经济，但不允许基本要素成为商品，由此使整个社会的资源配置被严重扭曲。市场经济则不仅产品完全为市场生产，而且整个生产所需的资源或要素也完全来自市场，而要使要素成为市场自由流通的成分，要素（所有者）就必须是完全自由的主体，这就要求彻底废除强加在劳动力等要素身上的一切障碍，使他们能够根据市场供求情况自由流动，以实现资源的最佳配置。正因为这样，所以我们说，市场经济是人类有史以来最民主和自由的资源配置方式，自然也是效率最高的资源配置方式。市场经济与民主制度是相互依赖和相互促进的。

以价值或货币为标准，并以利润最大化为目标，就使整个社会和个人资源配置的衡量标准变得简单，极大地提高资源配置决策和执行的效率（与此形成鲜明对比的是政府决策，因为它要兼顾政治、国家和社会安全、公平、环境保护等不同目标，因而找不到一个客观的资源配置衡量标准，致使决策过程复杂而效率低下），可有效地提高一定资源配置基础上的产出水平。

以无差异的货币利润为资源配置目标，将使竞争变得普遍化和激烈化，尤其是在整个资本主义社会的有效需求一定①而技术进步又不断加快时，有效需求与产品供给之间的矛盾将日益尖锐，为争夺有限的有效需求，不仅各厂商间会展开你死我活的竞争，而且各行业间也会展开争夺投资机会等方面的竞争（正是在它们之间的竞争中，会产生出反映资本主义一般生产关系的平均利润率）。在这种竞争中，会产生明显的优胜劣汰效果，推动整个社会的资源配置不断向优化的方向运动。正是在这种激烈的竞争机制作用下，使得资本主义产生以来，以不到 50 年创造的财富总量就要大于人类之前创造财富的总和的速度扩张，社会进步速度快得让人感到眼花缭乱。

（五）市场经济是一种惠及大众的经济

受总需求由资本主义一般生产关系决定而增长有限，产品供给规模则在竞争机制作用下不断加快的矛盾机制作用下，市场经济中一个最明显的特征，就是价格水平的不断下降。② 如以劳动价格为参照对象，那么可以说，资本主义产生以来的一切商品价格都是不断下降的，以单位劳动所交换到的基本消费品来衡量，后者的价格下降了数十倍。这反过来也就说明，普通大众的生活水平上升了数十倍。

实际上，在市场经济的竞争机制作用下，任何商品，不管其价格曾经如何昂贵，奢侈程度多高，只要能用资本主义生产方式生产，也就是能够逐渐被标准化和批量化大规模生产，最终都会成为普通老百姓的日常消费品。曾经比黄金昂贵而作为拿破仑皇冠的金属铝、曾因刚发明生产出来而比高档轿车贵的电冰箱等，无不最终进入普通百姓家。如今价格还十分昂贵的大颗粒钻石和天然红宝石等，如果技术取得突破而能够被大规模工厂化生产，它们最终也会成为极其普通的商品。

正是在市场经济这种惠及社会大众的作用机制下，当今西方社会的贫

---

① 对行业或每一种产品的需求，是由社会在一定收入或支出总量基础上的支出结构所决定的。而对整个社会总产品的需求，则由该社会的有效需求决定，这种有效需求是受资本主义一般生产关系决定的，也就是总（要素）成本加上一个反映资本主义一般生产关系的平均利润率。对此的详细分析，请参见拙著《政治经济学批判导论》（中国财政经济出版社 2006 年版）。

② 一般的价格水平，指的是商品，而且主要是零售商品的价格指数，一般不包括基本要素价格，因而是个相对指标。

穷已经不是传统意义上生理需求的贫穷，而是生产关系贫穷。生产关系意义上的贫穷，则是市场经济所不能解决的。因为保持生产关系意义上的贫富差距，是市场经济的动力源泉，这个差异消失了，市场经济也就失去了存在的价值。也正是在这个方面，我们说市场经济也存在着缺陷，需要外部力量对它（的后果）进行矫正，由此才会产生后面讲到的社会中心在实现和谐生态经济目标方面的作用。

（六）市场经济是实现社会和谐的重要手段

市场经济不仅是一种惠及大众的经济模式，而且也是实现社会和谐的重要手段。

要实现社会经济和谐，一个重要条件就是自由与民主，市场经济就是它们在经济上得以实现的体制。在市场经济中，劳动力不仅作为要素有充分的选择自由，实现自己利益的最大化，而且作为消费者也有充分的选择自由；同时商品的供给也是自由的，① 由此消费者和生产者，都能够较好地实现自己的利益。所以，市场经济是实现社会经济和谐的重要手段。

自然，市场经济也不是十全十美的，在各方面也存在着程度不同的缺陷。如会产生生态经济的基本矛盾；在自由与民主上，只是法权上的自由与民主，而对不同劳动能力和拥有不同资源禀赋的人来说，实际上的平等与自由是不存在的；优胜劣汰机制，对那些竞争中失败的人来说，结果是十分残酷的；受内在矛盾的支配，市场经济因总供求和结构失衡引起的周期性危机，不仅导致资源的巨大浪费，而且会带来巨大的社会痛苦，甚至引起社会动荡；因巨大的交易成本，市场经济并不能有效地解决存在明显外部影响对资源配置的干扰作用；市场经济的成果虽然会惠及社会大众，但对不同劳动能力和自然禀赋的人来说是十分不同的，不可避免地会造成一定程度的两极分化，最终影响社会经济和谐等弊端。尽管如此，但如果取消了市场机制，即如传统社会主义国家那样建立起计划经济，则会因为动力机制的消失而产生更严重的后果，如会导致经济僵化、生产与需要脱节、技术进步缓慢、严重的官僚主义等。因为市场经济是通过价值规律与基本矛盾的矛盾关系来调节资源配置的，没有了基本矛盾这个矛盾对立面，价值规律不仅无从发挥作用，而且没有存在的依据，也就会随基本矛

---

① 在我国的计划经济时期，在给定的货币工资和社会政策允许的范围内，人们也有选择的自由；但在可供选择的商品中，却没有供给的自由，以至于一些最普遍的商品，如肥皂、粮、煤油、手表等严重供给不足，需要票证才能购买到。

盾的消失而消失；更主要的是，虽然从形式上看，基本矛盾是产生市场经济各种问题的主要原因，但它却是推动经济发展和资源在更高层次上配置的革命力量，它是制度创新和技术创新的动力源泉，而价值规律则是保守的力量，它是维持事物稳定，从而是阻碍经济在更高层次上配置的因素。所以从本质上看，基本矛盾更符合生产力发展的要求。因为人类社会发展的动力，来自人类对物质经济利益永不满足的追求，市场经济基本矛盾就是实现这种要求的一种表现形式或手段，所以没有了基本矛盾的作用，生产力的发展就会因动力的消失而停滞。至于市场经济在此过程中产生的矛盾，则必须通过一定的政治程序来加以解决，其中有许多问题需要通过政治对市场机制的调节来实现。

三　资本的本质及其作用

所谓市场经济，其实质就是资本支配的经济。因众所周知的原因，"资本"这个范畴在我国的主流意识形态中带有明显的贬义。实际上，这种认识是不客观的，如果资本的性质果真如我国传统认识的那样，那么就无法解释资本主义产生以来人类社会所发生的翻天覆地的变化。如民主制度和多元化社会的普遍建立、生产力的突飞猛进、制度变革的日新月异、生活水平的极大提高、人均寿命的日益延长等。所以，只有正确认识资本的性质，我们才能真正认识市场经济的本质及其作用，进而明确生态市场经济的内涵。

（一）资本含义所蕴含的一般意义

"资本就是能够带来未来收益的价值"。这个概念虽然是各学派共同接受的（有差异的是关于"未来收益"的性质），但这个概念中所隐含的真实内容却并不为人们所了解。其实，在这个看似简单的概念中，却隐含了资本主义的一切秘密。

"资本就是能够带来未来收益的价值"，决定了资本在本质上必然是贪婪的。这正如托·约·登宁所指出的那样："一旦有适当的利润，资本就胆大起来；如果有10%的利润，它就保证到处被使用；有20%的利润，它就活跃起来；有50%的利润，它就铤而走险；为了100%的利润，它就敢践踏一切人间法律；有300%以上的利润，它就敢犯任何罪行，甚至冒绞首的危险。"①

---

① 引自马克思著《资本论》第1卷，人民出版社1975年版，第829页注（250）。

　　资本的贪婪，一方面会如马克思在《资本论》中揭示的那样，不仅产生资本主义社会劳资关系的严重对立，出现部分人的贫困化现象，而且产生资本内部严重的对立。这些对立，会造成社会再生产比例关系的破坏而引发严重的经济危机等，同时在生态经济基本矛盾①的作用下，会产生严重的人与自然的对立，威胁人类社会的持续发展等。可以说，当代人类面临的一切危机，几乎都可以归结到资本贪婪的本性上面。另一方面，则会促使资本开发一切可能为资本带来利润的资源，推动资本疆域的不断拓展，促使社会政治经济等各方面发生翻天覆地的变化。资本的这种作用，正如马克思在《共产党宣言》中所指出的那样："资产阶级在它不到一百年的阶级统治中所创造的生产力，比过去一切世代创造的全部生产力还要多，还要大。……过去哪一个世纪能够料想到有这样的生产力潜伏在社会劳动里呢?"② 自那以来，在资本贪婪本性的驱使下，资本主义更是以不到50年创造的财富总和超过之前一切世代的总和的速度扩张。贪婪的资本在促进社会经济发展方面的作用，使得最富有想象力的科幻作家，也无法准确地预测20年后的世界变化。可以说，人类社会自资本主义产生以来的一切进步，绝大部分都可以归结为资本贪婪本性的结果。这种情况，证明了黑格尔阐述而马克思极其赞同的，是"恶"而不是"善"，才是推动历史进步的主要力量的正确性。

　　资本的目的是增殖"价值"，更具体地说就是得到"货币剩余"，这是资本主义区别于它之前各种以"物质财富剩余"为目标的社会制度最重要的标志。货币作为一种代表财富的符号，决定了人们对它的需求和占有欲望是无穷的。正是这种无穷的欲望，才产生了资本无限的贪婪，由此推动资本无止境的扩张，使得社会财富以不断扩大的形式再生产出来；但由于个人对具体财富的消费是相对有限的，因此会产生对货币财富无限追求的欲望与对物质消费相对有限的能力之间的矛盾（资本集中所产生的资本家阶级数量的减少，更是会加强这种矛盾），决定了资本主义的发展过程必然是一个（如后面讲到的）对资本与资本家阶级不断异化的过程，即资本家阶级不断追求货币财富所进行的资本积累，只是让他们得到权力、荣誉、地位，而整个社会得到绝大部分产品的结果。这种结果的表现

---

① 生态经济基本矛盾，是指生态环境的公共性与对它利用所产生利益的个人性之间的矛盾。

② 马克思、恩格斯：《共产党宣言》单行本，人民出版社1949年版，第28—29页。

形式，就是整个社会普通劳动者的日益富裕化，资本与资本家阶级本身则会在此过程中不断地被异化。

"资本是获得未来收益的价值"，说明资本的价值量是不确定的，各单个资本的价值由它获得未来收益的能力决定，这种性质决定了资本（的支配权）必须集中在有能力的人身上。因为，如果没有能力，那么在激烈的竞争过程中，巨大的财富很可能在顷刻间化为乌有。所以，资本的性质，决定了资本主义的权力和财富等，必须集中在有能力的人身上。也就是说，资本主义是以能力"公平"为基础的竞争社会，它不问人们的具体出身，只要有能力，即可获得权力和财富的机会，因此为一切有能力的人的发展提供了施展才能的公平竞争舞台。与此相反，那些没有能力但因出身而继承了巨大财富的人，如果要保住这些财富，就必须退出权力、荣誉与地位的舞台，将它们交到那些有能力的人手中，自己则成为单纯的食利者。资本的这种特点，成为整个资本主义制度最核心的基础。无论政治制度（竞选等）还是经济制度（资本市场等），都是建立在以能力竞争为核心内容的基础上。不同社会形态的区别，本质上就是竞争制度的区别。在传统阶级社会中，虽然统治阶级也会不断地从各阶层网罗精英人才，以巩固自己的统治基础。但人们在社会中的地位和权力，基本由他们各自的血缘关系决定，竞争只能在人们所处阶级或阶层内部进行极其有限的环境中进行，这是导致传统阶级社会变迁和经济增长缓慢的重要原因。资本主义社会是以冲破这种制度的限制而产生和发展的，建立起了在法律上人人平等，而权力由有能力的人支配这些与资本性质相一致的社会竞争规则。这种制度，必然促使人们竭尽全力地进行以提高能力和施展能力为主要内容的竞争，由此产生了人类社会有史以来最为激烈的竞争。其后果，则是社会进步日新月异，阶级成员间的交流日益频繁。

（二）利润的来源

我们知道，以劳动价值论为基础的理论认为利润来自对劳动（者）的扣除，[①] 西方主流经济学则认为利润来自资本自身的贡献等，但这些理论都无法做到逻辑上的一致，尤其无法做到微观与宏观的一致。

微观或厂商剩余的解释是比较容易的，也就是来自企业对信息等技术

---

① 从严格的逻辑关系说，劳动价值论只能用于原始社会末期的商品交换，而不能用来分析资本主义经济，尤其不能用于货币经济分析。这方面的详细证明，参见拙著《政治经济学批判导论》（中国财政经济出版社 2006 年版）。

性资源的垄断性占有，如信息的非对称、经营能力和生产条件的差异等。① 因为在微观（研究领域），在竞争性社会关系中，劳动、土地和一般的生产资料对所有厂商来说是同质的，所以各种产生劳动生产率差异的因素一定来自非同质的竞争性因素。我们将这些因素统称为"特定信息"，它们一般来自对原有生产方式变革所取得的垄断性知识。资本主义的竞争关系，使新技术的获得者不会轻易将其无偿地转让给他人，而是会利用它来获得更多的利润。当人们用这种垄断性技术服务于利润目标时，同时也就产生了资本主义（柳欣，2003）。自然，资本虽然通过信息垄断和组织生产而获得了剩余，但也承担了其中的风险。因为各种商品的价格是不稳定的，在此过程中，如果产量因效率提高而增加，但价格水平下降更快，那么资本不仅得不到利润，而且会亏损，所以在这里，资本是一种以信用为基础的价值预付，微观剩余则来自信息不完全（包括各种技术性因素）而产生的生产方式创新。获得这种剩余，成为企业不断创新的主要动力。

与在假设社会与行业总需求给定条件下，厂商间的相对剩余量由技术性条件产生的劳动生产率差异不同，社会剩余与劳动生产率等技术性因素完全无关，只取决于社会总有效需求（资本的总收入）与预付资本（资本的总成本）的关系。

之所以这样，是因为市场经济条件下的资本家阶级，如马克思揭示的那样，生产目的不是产品剩余或使用价值，② 而是价值或货币剩余，这是资本主义区别于以前社会最重大的地方之一。由于资本主义社会的整个收支都建立在货币核算和货币信用的基础上，因此这里要回答的问题，就是整体资本如何才能从流通中取出大于投入其中的货币量。③ 我们知道，一

---

① 如果将马克思的成本加平均利润等于西方主流经济学的成本，那么对微观利润的解释，两者就基本相同。

② 实际财富剩余的来源是比较好解释的，也就是来自社会生产中分工协作的系统效应。分工协作之所以会产生出"1+1>2"的系统效应，一方面如斯密所说的那样，是劳动过程简单、节省时间和熟练程度提高的结果；另一方面就是分工协作极大地放大了人的脑量的结果。

③ 马克思在《资本论》第2卷中用了相当的篇幅，从货币量的角度来解释利润是如何实现的，只是受价值总量等于价格总量思想的限制。因此总是假定为使利润实现预付（资本家阶级用于消费和投资支出）的货币量，始终等于剩余价值总量。不过要注意的是，马克思虽然总是以均衡为研究的出发点，但马克思那里的均衡却又是资本主义的特例，所以，实际情况必然是预付量不等于实际量。正是在马克思的这个基础上，波兰经济学家卡莱斯基得到"工人阶级花费他们所得到的，而资本家阶级得到他们所花费的"结论。

般情况下，消费倾向是小于 1 的。也就是说，整个资本作为要素报酬支付的总成本，是不可能通过要素所有者的消费支出而得到完全弥补的，所以在与劳动等要素所有者的货币收支关系中，整个资本一定处在收不抵支的亏损局面。显然，如果不与劳动等要素结合，就生产不出与利润相对应的社会新增财富来，自然也不能无中生有地带来利润，而资本价值的保存与增殖都依赖于利润。由此，就产生了这样一个悖论：要获得利润，资本就必须雇佣劳动等生产要素，但资本又永远不可能从它们的雇佣者身上获得利润。这是因为，资本家阶级的生产目的不是产品剩余而是货币剩余，因此无论一定货币或成本投入基础上得到的产品总量增加了多少，或者技术进步中的劳动生产率提高速度有多快，如果不能从流通中取得更多的货币剩余，那么资本和资本家阶级都会在此过程中被消灭。有时，一个行业或整个社会的技术进步从而使产品增长的速度越快，对该行业或整个资本家阶级来说就可能越不利，因为这时的有效需求问题就越严重。所以在这里，解释货币剩余，即资本家阶级如何从流通中得到比他们作为总成本预付的资本更大的货币量的来源，成为说明资本主义利润来源的重要依据。

我们知道，历史上重商学派关于"货币是（资本主义）唯一的财富，而对外贸易则是财富（增殖）的唯一源泉"的观点曾长期受到人们的批评甚至嘲笑，可实际上，这却是资本主义产生以来唯一正确反映了资本主义财富本质和利润来源的观点。因为对于不是以产品剩余而是以价值剩余为目标的资本家阶级来说，货币必然是他们眼中唯一的财富（马克思也反复强调这点）；而对于以黄金为货币，同时本国又不主要出产黄金的英国来说，获得大于成本预付的货币量的唯一来源就是贸易出超，所以对他们来说，形成"对外贸易是财富（货币）增殖的唯一源泉"的观念也就再顺理成章不过了。这个观点，在今天仍然有效。

假设工资等要素收入全部用于消费支出，原有货币供应量全部作为借贷资本供应给企业作为预付资本，且预付资本等于全部要素收入，那么从不同角度看，利润可以有以下几个来源。

一是来自新增的货币供给量。假设所有商品交易都通过货币交易完成，那么从总量关系看，整个资本的总收支可以用下式表示：

$$R + \pi (= QP) = M_0 (1 + \alpha) V$$

式中，R 代表总成本（即要素收入）；π 代表利润；M_0 代表初始货币供应量；α 代表货币量增长率；V 代表货币流通速度，这里假设货币流通速度不变。

由　$R = M_0 V$

得到　$\pi = \alpha M_0 V$

也就是说，利润量等于新增的货币供给量。

二是来自新增的有效需求。从总供求的关系看，整个资本的总支出关系可以用下式表示：

$$R + \pi = C + I + (G - T) + NX$$

式中，C 代表消费；I 代表投资；（G – T）代表政府净支出；NX 代表净出口。

由　$R = C$

得到　$\pi = I + (G - T) + NX$

假设政府收支与进出口都平衡，那么利润就等于投资（包括资本家阶级的消费）。正是在这个基础上，卡莱斯基得到"工人阶级花费他们所得到的，而资本家阶级得到他们所花费的"结论。

假设政府收支平衡且抽象投资，那么利润就完全来自净出口。这也正是重商学派的结论。正是在这个意义上，我们说重商学派的观点在今天仍然有效。

我们知道，从总量关系上看，上面两种不同角度的利润来源，不过是同一事实的不同表述，因为两个方程式是恒等的，即 $C + I + (G - T) + NX = M_0(1 + \alpha)V$。正是在这个意义上，马克思和凯恩斯所强调的"有效需求"与重商学派所重视的"新增货币供给"，对资本家阶级来说，是性命攸关的。

显然，假设要素收入并不全部用于消费支出，而是有部分用于储蓄，不仅没改变，而且会加强上面的结论。如在第二种利润来源中，利润来自新增有效需求与要素收入储蓄之差额。

（三）资本积累的真正含义

利润主要来自新增投资，新增投资则来源于资本积累，资本积累因此成为利润的主要源泉。由此也就可以理解，为什么马克思笔下的资本家阶级会成为积累资本的机器。在此基础上，则可推导出资本积累的社会后果。

资本积累，就是储蓄并转化为投资的行为。储蓄意味着人们将所获收入的一部分留存下来；投资则是将储蓄转化为资本的行为。虽然投资是以获得更多的未来收入为目标，但从它的最终流向或结果看，则是交由要素所有者花费。因为投资就是购买要素进行资本品生产的过程，所以资本积累的实质就是储蓄者将该收入交由要素所有者花费的过程。如果像马克思那样，假设劳动为唯一要素，积累完全由资本家阶级或企业承担，那么资本积累的实质，就是资本家阶级将其获得的收入交由工人阶级花费的过程，最终结果必然是工人阶级的富裕化。

实际上，从马克思那里也可以得到资本积累的结果一定是工人阶级富裕化的结论。因为在马克思那里，资本家阶级的主要任务是资本积累而不是消费，"因为只要假定动机不是发财致富本身，而是享受，资本主义就从根本上被废除了"。[①] 而积累是要转化为不断增加的产品供给的，资本家阶级又不以这些产品的消费为目标，那么它们必然是被工人阶级消费掉的。马克思本人也认为投资主要是由工人阶级消费的，如他说："因此，古典政治经济学强调指出，积累的最富有特征的地方是，靠纯产品维持生活的人应该是生产劳动者，而不是非生产劳动者，这是完全正确的。""资本积累同工资率之间的关系，不外是转化为资本的无酬劳动和为推动追加资本所必需的有酬追加劳动之间的关系。"[②] 所以结论一定是工人阶级的富裕化。正是针对马克思理论中的这种逻辑结论与其形式上所表述的"资本积累会导致工人阶级贫困化"结论之间的不一致，琼·罗宾逊正确地指出："假如资本家完全是按照马克思所描述的那样生活着，并把全部剥削真正用来投资的话，那就不需要社会主义了。社会主义最强有力的根据是马歇尔所强调的作为私有财富来源之一的归食利者占有利润。马克思所强调的作为积累来源的企业利润，倒是资本主义的最强有力的根据。"[③] 在这种"今天的利润，须由昨天的利润积累转化而成的投资来实现"的过程中，虽然资本家得到一个越来越大的资本所有权，但资本积累或投资的实际成果——日益增长的社会产品，却是由全体社会成员所享有的。这种结果，正是上面所强调的，资本的性质，决定了资本积累的结果只是让资本家阶级得到权力、荣誉和地位等，但社会大众将得到绝大部分产品的结论。

---

① 马克思：《资本论》第 2 卷，人民出版社 1975 年版，第 137 页。
② 马克思：《资本论》第 1 卷，中国社会科学出版社 1983 年版，第 619、657 页。
③ 琼·罗宾逊：《马克思、马歇尔和凯恩斯》，北京大学经济系资料室译，商务印书馆 1963 年版，第 24 页。

在这样的机制下，劳动的日益短缺将不可避免。资本主义的发展过程就是一个不断解决劳动短缺但又导致劳动更为短缺的过程，如为解决资本主义刚产生时的劳动短缺而进行了"圈地运动"，即使用暴力把农村劳动力转化为城市雇用工人；这种方式仍然不能满足资本对劳动力的需求时，迫使妇女成为雇用劳动力也就成为资本的不二选择；当其仍然不能满足资本的需要时，童工的出现也就不可避免；在国内劳动力被充分利用后还不能满足资本的需要时，进口奴隶或从海外输入劳动力也就成为资本扩大自己权力的主要方式；所有这些方式还满足不了资本的需求时，输出资本到那些劳动力资源相对丰富的地区，则是资本维持自身价值的最后选择。所以，资本主义的发展过程，就是一个不断解决但却又日益加强的劳动力短缺的过程。由此才会出现资本主义发达的地区，一定是劳动力短缺的地区；劳动力过剩的地方，则一定是资本主义不发达地区的现象。①

资本家阶级之所以成为成本积累的机器，并非因为他们天生是守财奴，而是资本性质和资本主义制度作用的必然结果。

上面讲到，对个体来说，资本获得利润的方式，就是相对其他资本获得生产过程中具有优势的"垄断性信息"，或者说创新技术或规模经济等，实现的基础就是不断扩大的资本积累，正如马克思所说，"竞争斗争是通过使商品便宜来进行的。在其他条件不变时，商品的便宜取决于劳动生产率，而劳动生产率又取决于企业的规模。因此，大资本战胜小资本"。② 所以在资本主义，为获得更多利润和能在激烈竞争中生存下去而进行的资本积累，会成为"竞争使资本主义生产的内在规律作为外在的强制规律支配着每一个资本家。竞争使资本家只有扩大资本才能保存资本，而他扩大资本只能靠累进的积累"。③ 由此使得每个资本家都成为积累的机器。

显然，所有资本家在获得更多利润的内在欲望与强大外在压力下所进行的资本积累竞赛的结合，必然会转化为资本家阶级的集体意识，这正如马克思所说："资本家只是作为人格化的资本才受到尊敬。作为这样一种

---

① 当前发达资本主义国家的失业是制度性（自愿）失业，即较高程度社会保障制度的结果。在这些地区本国公民失业"日益严重"之时，发展中国家的劳动者却竭尽全力地涌入这些地区，就充分说明了其失业的性质。

② 马克思：《资本论》第1卷，中国社会科学出版社1983年版，第664页。

③ 同上书，第623页。

人，他同货币贮藏者一样，为盲目地追求抽象财富即价值的欲望所支配。但是，在货币贮藏者那里，这表现为个人的狂热，在资本家那里，这却表现为社会机构的作用，而资本家不过是这个社会机构中的一个齿轮罢了。"① 正是这种机制，产生了资本家阶级的历史使命——不断地积累资本。然而，令人难以置信的是，正是这种机制，使得资本家阶级整体在无意识中达到了自己的利润目标。因为上面讲到，宏观方面，资本获得利润的前提是雇用工人，但货币收支关系却又决定了它永远不可能从工人身上获得利润，利润必须来自新增的有效需求，这种新增的有效需求只能来自投资或投资与要素收入储蓄的差额。这也就是说，积累不仅是单个资本获得利润和保存资本的必要条件，而且是整个资本家阶级获得利润和保存的必要条件。所以，只有不断地积累，才能实现一定的利润目标。

积累作为利润来源的机制一旦确定，那么资本积累对资本家阶级来说就会形成一种身不由己的棘轮效应。因为每一个时期所积累的资本（中的大部分），虽然会形成同期的新增利润，但却会转化为下一期的存量资本并形成新增成本，同时工资收入与消费支出的绝对差额也会扩大，所以取得一定利润所需的资本积累也会更大，由此会迫使资本家阶级进行强度更大的资本积累。资本积累既来自利润同时又是利润的源泉。这种相互关系，是促使资本家阶级成为积累机器的重要原因。

资本积累还是解决资本主义有效需求的重要条件。这不仅因为从形式上看，要素所有者的消费倾向小于1，使得企业在与他们之间的收支关系上出现亏损，所以需要通过资本积累（投资）来弥补该缺口并获得一定的利润（凯恩斯就是从这个方面来分析资本主义有效需求不足及其解决方法的），而且资本主义还存在着一个生产目的与手段之间所产生的有效需求缺口，即目的是利润，手段则是最能提高劳动生产率的标准化和批量化生产，可其生产的产品却只是满足工人阶级等社会普遍大众的需要，但支付给他们的收入却又购买不了全部的产品（其中部分是利润和资本折旧等），由此产生严重的有效需求问题而使资本家阶级的利润目标难以实现的矛盾，解决这个矛盾的主要方法（另一方法是价格水平下降）就是资本积累，即增加社会大众的购买力。所以说，资本积累是解决资本主义社会中有效需求不足的最主要手段。

---

① 马克思：《资本论》第 1 卷，中国社会科学出版社 1983 年版，第 622 页。

资本积累虽然（部分或大部分）解决了有效需求，并保证了一定的资本利润，但资本积累的最终成果却是被资本利用的对象——要素所有者（最主要的是工人阶级）所享有，所以我们说，资本积累的结果只是让资本家阶级获得权力、荣誉和地位等，而社会大众则获得全部产品的这么一种结果。正是在这种机制下，资本主义才会不断地为新社会的产生准备条件。

自然，资本积累会导致社会普遍富裕化和劳动短缺的机制，也是有条件的，也就是必须保持国内产业间和产业内的高度竞争，同时不形成庞大的食利阶层，不出现高度垄断基础上的资本输出。如果出现高度垄断，积累的资本就无处可用，就必然会被大量输出，因此也就不可能形成对国内劳动的需求，所以也就不会出现整个社会的富裕化。同样，如果形成一个庞大的食利阶层，资本利润产生的有效需求就不会转化为工人的新增收入，而是被食利者所消耗，所以也不会产生工人阶级的富裕化。如果国内产业的资本品对国外产品形成巨大依赖，那么资本积累中的相当部分也不会转化为国内的要素收入，因此也会损害该机制的作用效果。

（四）劳资关系由资本关系决定

人们对资本认识的贬义，很大程度上来自传统观念对劳资关系的认识。传统上，普遍认为劳资关系不仅是对立的，甚至是你死我活的；改革开放以来发生的许多事件，如"黑窑工事件"等更是加强了这种认识，然而这种认识并不客观。这不仅如上面分析的那样，资本积累的结果是工人阶级富裕化而不是贫困化①，而且更主要的是，劳资关系是矛盾统一体，虽然相互斗争，却又相互依存。协作与斗争的比重，则是由资本关系，即各资本之间斗争的激烈程度决定的。

显然，各经济主体自利的本性，决定了不同层次的劳资双方会在产品分配上展开激烈的竞争。但他们之间的竞争程度，或者说资本会在多大程度上损害劳动的利益，却不主要是由资本与劳动的关系决定，而是由各资本之间的竞争程度决定的。由此我们看到，凡是资本竞争程度高的领域（或行业或国家），如我国的传统纺织、一般加工、商业零售等行业，劳资关系是极其紧张的；而资本之间竞争程度低的领域，如垄断性行业，或在各行业具有明显竞争优势的企业，如美国信息领域的微软、谷歌等，劳

———————

① 改革开放之前，我国人民的生活水平是极其低下的，却被告知应该感到很满足，因为世界上还有3/4的人生活在远不如我们的资本主义社会中；改革开放后，却又被告知，西方发达国家工人的生活水平相当于我国当时的省部级干部。

资关系往往比较融洽。一个国家的劳资关系紧张，一定是该国高度开放而处在竞争激烈的国际环境中，并且处在国际分工体系的中低端，或者说处在国际分工价值链的末梢，因此处在利益分配极其不利的环境中。这是因为，虽然资本是贪婪逐利的，但没有哪个企业家愿意生活在劳资严重对立，从而自身的人身安全也没有基本保障的环境中；更重要的是，严重的劳资对立，会使企业在竞争中处于极其不利的地位，而良好的劳资关系则是企业盈利和持续发展的重要条件。由此我们看到，只要条件允许，企业都会尽可能地满足员工的合理要求。那些垄断性企业和处在行业领先地位而具有较高盈利水平的企业，对员工的关照可以说是无微不至的。只有那些处在竞争激烈而盈利低微行业的企业，才会迫不得已地通过压低工人工资，或降低劳动保障，或提高劳动强度来维持生存。如果它们（相对其他企业）改善劳资关系，就可能会被无情的市场竞争所淘汰。① 所以，为了生存，在没有其他更好方法的基础上，只能通过牺牲工人利益来获得企业的生存。我国目前许多行业的低工资和不良的劳动待遇，不仅来自国内企业间的过度竞争，而且来自激烈的国际竞争。在市场经济中，真正你死我活的，是资本家阶级内部的竞争，如各企业都想置其竞争对手于死地，只要有可能，就绝不想给对方东山再起的机会，如我国家电销售行业的"苏宁"与"国美"之间的关系，就是这方面的典型代表。

　　不过要注意的是，虽然各产业间和产业内的竞争越激烈，它们各自内部的劳资关系就越紧张，但整个社会的劳资关系却有可能趋向融洽，虽然这个过程是通过违背各资本的愿望实现的。这是因为，竞争越激烈，整个社会的资本积累力量就越大，各单个资本就越需要通过扩大资本积累来提高竞争力。由此产生的对新增要素的巨大需求，必然会转化为要素价格的不断上升，为此会迫使各资本不断地提高工人的工资水平和各种待遇。如我们看到，随着我国的资本积累进行到一定程度，劳动供给由过剩转为目前的相对短缺，各企业不得不进行以提高工资水平和福利待遇为主要内容的劳动争夺。所以说，一个社会的商业竞争程度越强，各单位内部的劳资关系越紧张，整个社会的劳资关系却越可能趋向缓和。由此，我们才说资本积累的结果一定是整个社会关系的改善。也正是在这一点上，资本与资

---

　　① 马克思在《资本论》第 1 卷 "绝对剩余价值生产" 篇中，用了相当大的篇幅来描写各资本家（如面包作坊、纺织工厂和成衣作坊等）如何被迫不断地延长劳动时间的情况。

本主义表现出了它的矛盾性。这种矛盾性，促使资本与资本主义不断地异化，由此为新社会的产生开辟道路。

与此相反，人为宽松的宏观性劳动保护政策，却可能带来日益不利的微观性劳动关系，并最终导致日益紧张的宏观性劳资关系。经济学原理已经证明，许多名为保护劳动者利益的政策，其实际结果却可能是严重损害劳动者利益的，如将最低工资提高到企业的承受能力范围外，不仅会导致部分人无法就业，而且在高昂的成本压力下，企业必然会想方设法地加强对劳动的利用而使微观领域的劳动关系恶化，其社会结果，必然是宏观性劳资关系矛盾的加强。

（五）资本的异化

在资本主义竞争机制作用下，原来归资本家阶级所有的利润不断地向工资转化，工人阶级因此在实际产品分配中比例不断上升的事实说明，在资本主义社会内部，虽然如马克思分析的那样包含了使劳动异化的机制，但更包含了使资本异化的机制。

资本是生产关系，量值由所获利润的大小决定，这种机制注定了资本积累和技术创新会成为资本家摆脱不了的枷锁。然而，整个社会资本积累和技术创新的速度越快，资本积累产生的"棘轮效应"就越大，日益增加的产品供给与由资本主义生产关系决定的有效需求之间的矛盾就越大，劳动供给与资本积累之间的矛盾就越尖锐，存量资本的贬值就越迅速，实际的产品分配就会日益向劳动者倾斜，资本就越会在对利润的追逐过程中被利润抛弃（杨文进，2007）。这种结果，使得资本家阶级成为单纯的积累机器并最终决定了资本家阶级的历史使命，即"资本家只有作为人格化的资本执行职能，他才有历史的价值，才有历史存在权和社会意义。只有以这样的身份，他本身的暂时性才包含在资本主义生产方式的暂时必然性中。……他狂热地追求积累，无情地、无休止地迫使人们为生产而生产，因而本能地推动人们发展那些唯一能为新的、更高级的社会创造基础的生产力和物质条件"。①

在阶级社会，由于人们追求的是生产关系中的相对优势地位，因此判断资本主义生产关系变化的重要依据，就是一定量的资本能够支配的劳动（量）是增加还是减少。从上面的分析中知道，随着资本积累的不断加速

---

① 马克思：《资本论》第1卷，中国社会科学出版社1983年版，第622页。

和劳动的日益短缺，尤其是经济发展达到一定水平后的人口增长速度下降，一定量资本所能支配的劳动是不断减少的，由此说明资本在社会中的相对地位是不断下降或异化的。① 如果说这种异化的力量，在资本主义的中早期，通过资本在空间上的拓展而得到部分缓解的话，那么随着资本主义在空间上扩展的完成而必然会不断地加强。如当今，在全球各地都已难找到独立于资本主义市场经济的净土，所有地区都已经被卷入到资本主义市场经济的洪流中。这种结果虽然是资本主义的一个巨大胜利，但同时也标志着资本主义开疆拓土的时代已经结束，由此资本的异化也就真正开始了。当今，不仅每单位资本支配的劳动力在不断减少，而且劳动时间也在不断缩短。这些都表明，资本对劳动的支配是不断下降的，由此资本在生产关系中的相对地位是不断恶化的。

在该过程中，导致资本权力下降的另一个重要原因，就是在经济发展过程中，资本内部的各种权力日益分化。不仅各种宏观权力和剩余中一个不断扩大的比例被转移到国家手中，而且在微观领域，在资本的控制权和支配权一定要掌握在有能力的人手中的资本主义竞争规律支配下，各种权力也日益转移到各级职能经理手中，传统的资本所有者则转化成单纯的食利阶层。相对于传统的资本家来说，追求自身利益最大化的职业经理，不仅更注重企业的长期稳定发展，而且在对待劳工的各种福利要求方面也会更加宽容。随着劳工相对收入和地位的上升，他们的身份也会发生相对变化，不仅在与资本的关系中会处在相对有利的地位，而且因收入增加所产生的储蓄能力提高，使他们也成为资本的供给者或资本所有者。因此出现劳动者与资本所有者身份的二重性，这也使得资本与劳动的关系变得复杂，传统的阶级界限因此变得模糊。这些内容，都说明资本和资本主义在经济发展过程中正不断地被异化。

由历史和资本机制决定的"资产阶级除非使生产工具，从而使生产关系，从而使全部社会生产关系不断地革命化，否则就不能生存下去"的作用机制作用，会迫使资本家阶级身不由己地在这个道路上狂奔不已，其创造的"生产的不断变革，一切社会关系不停的动荡，永远的不安全和变动"，不仅会将社会的物质文明和精神文明不断地推向新的高度，而且会促使资本和资本主义不断地向否定自身的方向前进。当这种过程的质

———————————

① 当前各资本主义国家实行的累进税和遗产税，更是加强了这种机制。

变达到一定阶段时，资本及其对立面就会在此过程中被消灭，新的社会也就产生。因为"一句话，压迫者和被压迫者，始终处于相对对立的地位，进行不断的，有时隐蔽有时公开的斗争，而每一次斗争的结局都是整个社会受到革命改造或者斗争的各阶级同归于尽"。[1] 这种情况说明，资本和资本主义最终将被自己的成就所埋葬。这也正是马克思揭示的资本和资本家阶级应有的历史地位。

（六）启示

从上面对资本性质及其作用的分析中，可以得到以下有意义的启示。

（1）如果要充分利用资本推动技术进步和社会经济发展的积极作用，就必须打破一些阻碍资本之间相互竞争的制度障碍，即必须反垄断，为资本竞争创造充分的条件。只有在充分竞争的条件下，资本积累的结果才可能产生上面分析的促进社会大众富裕化等积极成果。而在垄断的条件下，资本积累不仅难以达到这样的结果，而且可能导致日益严重的两极分化，20世纪以来南美洲一些国家的情况就是这样。

（2）尽可能地阻止资本的大量输出和国内庞大食利阶级或阶层的出现。资本积累促进劳动短缺和改善社会福利的前提是在国内不断地再投资，资本输出，资本积累的这种结果就不起作用。所以，除非为获取对国内经济发展至关重要的资源和技术等，必须尽量地防止资本大量输出，尤其是要防止转移资产等性质的资本输出。同样，如果国内形成一个日益庞大的食利阶级，那么社会财富的大部分就会被他们非生产性地消耗，就不可能通过资本积累再转移为劳动者的收入。所以，要像防止资本输出一样，防止食利阶级的出现。为此，应建立力度较大的遗产税和高消费税等制度。

（3）不应限制人们获得财富的权力，但应限制人们消费财富的方式。也就是说，不要过于追求财富分配上的公平，但要建立消费（结果）上的相对公平。要防止那些拥有巨大财富的人，将财富用于个人的消费，尤其是炫富性的奢侈性消费上，而应通过合理的制度（包括文化和宗教等）安排，将它们用到资本积累上。我国在这方面的制度安排，显然存在着不合理的方面。如对资本积累及其使用的限制太多（垄断性行业过多过滥），而对奢侈性消费的限制却极其不足，结果导致大量的社会财富被消

---

① 马克思、恩格斯：《共产党宣言》单行本，人民出版社1949年版，第24、27页。

耗其中，不仅阻碍了经济发展，而且产生严重的社会对立。在这方面，日本模式值得我国借鉴。

（4）在劳资关系上，宏观方面应给予资本相对宽裕的环境，微观上则应保持资本间的高度竞争。除了事关安全和基本人权方面的利益，宏观方面应尽可能少地介入那些应该由市场调节的劳资关系领域。政府保护劳动者的最好办法，就是保持资本间的高度竞争和不断强化资本积累的作用机制。

（5）保持合理的货币供给增长速度。无论是合理的资本利润，还是一定的经济增长和资本积累，都只有建立在一定量货币供给增长的基础上。

四　市场经济的作用

市场经济就是资本支配的经济，那么资本的本质及其作用也就是市场经济的本质与作用。

显然，作为体现资本意志的市场经济，资本的利弊都会在它身上体现。

就弊端来说，市场经济会在一定范围内造成两极分化，尤其是技术进步作用下会导致不同质量劳动力之间在各方面差距的扩大；其市场基本矛盾会造成局部生产的无政府状态；在生态基本矛盾的作用下，它也会在一定范围内导致生态环境的破坏等。

但如同任何事物都是一分为二的一样，市场经济更有它的优势，否则它也就不会在与其他经济形态的竞争中取得胜利并支配人类近现代以来的发展，更不会创造出如马克思所说的梦幻般的生产力和社会财富。

市场经济促进社会进步的动力，主要来自亚当·斯密所说的"看不见的手"。这只"手"在每个人为自身利益努力的同时，也在促进整个社会的利益。实际上，在市场经济"看不见的手"和市场机制的作用下，科学技术进步所产生的绝大部分成果都是归整个社会所享有的。这是因为，在整个社会有效需求和每个行业的有效需求都由资本主义一般生产关系决定的前提下，一个社会的经济增长和行业的总收入都是与技术进步无关的，因此整个社会和各种行业的技术进步速度越快，那么所有厂商的产品的市场实现就越困难，价格水平下降的速度也就越快。所以在资本主义，在市场竞争和有效需求由生产关系决定的机制下，相对于劳动价格来说，一切商品的价格水平都是下降的，由此才会出现工人生活水平的不断改善和整个社会的富裕化。

市场经济的技术进步和劳动生产率的不断提高，是通过如熊彼特所说的创造性的毁灭方式实现的，也即厂商间的竞争。在劳动生产率不断提高的作用下，不断地造成商品供给的市场过剩，由此将那些低于平均劳动生产率或高于社会平均成本的厂商，更严格地说是将那些低于社会平均利润率的厂商淘汰出局。这个过程，虽然会造成一定资料的浪费，但却为新技术和生产方式的发展开辟了道路。这也就是说，一些部门产能的周期性过剩，是不需要人为调节的，市场机制本身会将它们调节到合乎社会需要的程度，人为的调节反而会阻碍这个过程。

长期以来，人们一直认为市场机制会导致资源配置的无政府状态而扰乱宏观经济运动，这是对市场经济本质及其调节机制的严重误解。实际上，微观领域内的资源配置越无序，也就是各行业之间的比例结构越失衡，厂商之间的行为越不协调，那么宏观领域的经济运行就越稳定。这是因为，微观领域各厂商之间和各行业之间的行为越不协调，那么它们彼此之间的不协调的行为就会相互抵消，由此宏观经济的运行也就越稳定。实际情况也证明了这一点。如为了克服所谓的市场经济在资源配置上的无政府缺陷，计划经济实施了严格的各部门之间协调发展的政策，实际的结果却是宏观经济运行的大起大落，稳定性远远低于同期的市场经济国家。这说明，市场经济是一种能够有效调节比例结构并保持宏观经济运行稳定的经济模式。

以资本支配的市场经济，其生产组织者追求的是货币利润，而货币利润只有通过商品的生产才能实现，为此，市场经济生产组织者对利润的不懈追求，其结果一定会带来整个社会的富裕化。这是资本主义市场经济不同于它之前各种社会形态和生产方式最根本的地方。也就是说，市场经济的自身演进一定会不断地造福于社会大众。在它之前的一切阶级社会，其经济形态的演进结果都是不断加剧的两极分化，最终每个王朝的统治阶级都在由此引起的社会自然矛盾中被消灭。同历史上产生的一切阶级社会都会在历史演进中消亡一样，但不同于传统阶级社会的社会是被其弊端所摧毁，资本主义则是被它的成就所摧毁，但这种摧毁不是如传统社会那样被暴力革命所致，而是在自身不知不觉的变化中自然过渡的。也正如马克思所说的资本家阶级"……因而本能地推动人们发展那些唯一能为新的、更高级的社会创造基础的生产力和物质条件"。所以，从社会进步和人民福利的角度看，市场经济是一种真正意义上的和谐经济。

第二节 生态市场经济的内涵与本质

从本质上说，生态市场经济也是市场经济，只不过是一种特殊意义上的市场经济。更准确地说，是一种强加了人类特种意识形态和法律制度的市场经济。

一 生态市场经济的内涵

显然，不管市场经济前面被冠以什么样的限制词或前缀，其本质上都是市场经济，都不改变市场经济运行机制和作用方式。但既然被冠以了特定的前缀，那么这种市场经济就不是完全的自发的市场经济，而是带有某种特定内容，从而在本质和运行机制等各方面有自己的特殊性。这正如不同社会体制下的市场经济，如美国、英国、法国和我国的市场经济不完全相同一样。

从理论上说，生态市场经济最主要的内涵，包含两方面的内容，一是它是在生态文明指导下的一种经济组织形式，二是它在整个再生产过程中必须遵循生态学的基本要求。

（一）生态市场经济是生态文明指导下的经济组织形式

任何的社会生产都是在一定的社会伦理指导下进行的，生态市场经济不同于其他形式市场经济的地方，就是它是在生态文明指导下进行的。

1. 生态文明的内涵

所谓"生态文明"，就是"社会在正确认识人与自然关系基础上，通过一定的制度安排使生态环境满足人类对各种产品需要的持续能力"。人既是物质、精神和社会的，更是生态的。由此也就自然会产生相应的物质需要、精神需要与生态需求，所以社会在客观认识人与自然关系基础上，满足人类在这些方面需要的能力，也就是该社会的生态文明。

前面讲到，当今社会对生态以及生态文明的理解，是一种包含了人文关怀与自然关怀的现代文明。这种文明显然是一种较为广义的文明，包含了社会文明与政治文明等内容。在我国的生态经济学与可持续发展经济学中，生态文明的含义的广度要狭义得多，被作为与社会文明、政治文明相并列的一种文明，将其含义局限在人与自然关系方面。由于人们对社会文明与政治文明的含义的认识较为成熟，因此下面对生态文明的分析是狭义上的。

　　现代意义上的（狭义）的生态文明的产生，是由于当今人类对生态环境的影响能力空前强大。因此生态环境满足人类对其产品需要的程度，不仅取决于生态环境对生态产品的再生产能力，而且取决于人类对生态环境的态度，或者说对生态环境的保护与创新能力。这可能是更为主要的，由此才会出现生态文明这个范畴。因为，"文明"是人类社会的特有范畴，所以作为文明范畴的"生态文明"，自然也属于人类社会的范畴，它的文明程度也就是人类的文明程度。生态文明的具体内容，包括在人类长期作用下所形成的生态环境现状、生态环境生产和再生产可满足人类需要的生态产品的能力、人类对生态环境的态度和认识程度、人类对生态环境的保护措施和投资力度、生态环境的变化趋势等内容。

　　（1）生态文明是一种世界观。从生态文明所包含的人类对自身及其与自然关系的态度的内容看，生态文明首先是一种世界观，是人类伦理价值的一个组成部分。它一方面反映人与自然的关系，即人类如何看待和对待自然；另一方面反映人与人之间的关系。笔者曾反复强调，人与自然的关系，是人与人之间关系的映衬，同时，人与自然的关系也在一定程度上决定了人与人之间的关系。当人与自然关系紧张，如一定的自然资源和生态环境承载不了已有的人口数量时，就会产生人与人之间关系的对抗。历史上这种对抗，不仅引起社会内部周期性的剧烈动荡，而且促使一个社会向外扩张。人类历史上参战国家和涉及人口最多的发生在 20 世纪上半叶的两次世界大战也是因此引起的；当今发生在许多国家之间的冲突与战争等，有许多也是因为人与自然关系紧张，如水资源短缺造成不同国家之间在这上面分配不均所产生的。所以，生态文明不仅仅是人与自然的关系，而且是人与人之间关系的反映。在一个人与人之间关系紧张的社会，是不可能真正建立起人与自然之间关系和谐的生态文明来的。同样，在一个人与自然关系紧张的社会，也是建立不起人与人之间关系和谐的精神文明与制度文明来的。

　　不同内容的生态文明，反映了人类对自身及其与自然关系认识的不同。以基督教为基础的资本主义生态文明，是建立在人与自然对立，或者说凌驾于自然之上。自然只是被人类利用的对象，与此对应的则是人与人之间的激烈竞争。正是这种生态文明观，导致了资本主义产生以来生态环境的日益恶化，其结果不仅严重阻碍经济的持续发展，而且严重威胁人类自身的生存。与此相反，建立在可持续发展和生态学基础上的生态文明，虽然仍然是以人类为中心，但却不是人类凌驾于自然，而是人与自然和谐相处、相互协调、共同发展的一种新型文明。为实现这种文明，不仅要求人类改变对自然的认识，认识到人与其他生物处于同一个生命之网中。其中任何一个网结的破坏，都可能导致整个生命之网的瓦解，因此人类要实现自己的利益，就必须尊重并且保护其他生命的利益；而且要求改变人类对人与人之间关系的认识，认识到人类不仅是一个整体，而且所有的人都只是"地球飞船"上的乘客，要驶向并到达理想的彼岸，需要所有人的同舟共济。部分人的不合作甚至破坏，都有可能会导致"地球飞船"的毁灭，所以必须建立起"公平、公正和共同参与"的社会新秩序。

　　（2）生态文明是一种制度安排。这正如物质文明和精神文明都包含有实现这种文明的制度安排一样。如果仅仅有一种观念而没有相应的制度安排，生态文明是不可能得到实现的。这正如人类很早就产生了各种不同形式的理想社会，如中国古代的"大同"、"小康"社会，西方古代的"理想国"、"乌托邦"等，但由于没有形成相应的制度安排，因此它们只是一种理想甚至是空想，不能真正成为实际的社会文明。一种文明要得到实现并成为一个社会占主流的伦理价值和意识形态，就必须在制度上得到落实。现代或较高级的反映可持续发展和生态学要求的生态文明的制度安排，① 包含了各种保护生态环境、满足人类生态需要和实现"人口—经济—社会—生态"协调发展的制度安排。如保护野生动物和生物多样性的法律与制度；保护环境的法律和制度；节约自然资源的法律和制度；满足人类生态需要的法律和制度；协调人与人之间关系，实现公平、公正与共同参与的法律与制度，等等。从某种程度上可以说，相对于人们对自身与自然关系的认识来说，人类社会在这方面的实际制度安排，更能反映该社会的生态文明程度。虽然说一个社会在某个方面的制度安排，总是建立在该社会对一定事物认识的基础上，因此"认识"决定了制度安排，但实际上却是制度安排决定或体现了一个社会在这方面具有普遍性的认识。因为一定的观念要上升到制度安排，必须符合占统治地位集团和阶级的意

---

　　① 作为一种反映人与自然关系认识的生态文明，对任何社会或任何发展阶段的社会来说，有差别的只是文明程度的高低，而不存在有没有生态文明的问题，即它是一种程度问题，而不是有无问题。

愿与利益，否则是不可能成为社会主流的伦理价值与意识形态的。这正如上面讲到的各种"理想社会"在这方面的情况一样，它们只是一种社会思潮。只有当一种社会观念在制度上得到体现和实践时，它才会真正成为社会的主流意识形态和伦理价值。在许多情况下，对相当部分的人来说，一种观念往往是由一定的制度安排强加于他们头上的，这正如新加坡市民良好的环境卫生意识，是由政府所推行的高额罚款等一系列强制性制度安排所形成的，我国企业目前日益增强的环保意识也是由政府所强制推行的环境保护政策的结果。所以说，制度安排在生态文明中占有更重要的地位。我国与西方发达国家之间在这方面的差别也反映了这点。

（3）生态文明是一种生态创新和满足社会对生态产品需要的能力。生态创新，是指一个社会通过努力不断改变生态环境状况，使它更符合人类持续发展需要的这么一种过程，或者说是为了满足人类社会持续发展及其产生的对生态产品不断增长的需要。在尊重和认识自然生态规律，并建立起人与自然和谐相处的新型关系基础上，通过对现有各种社会关系和技术手段的创新，不断提高生态系统的生态产品和生产能力，同时做到人类社会经济发展与生态环境和生态资本相互促进的这么一种过程。

任何社会的进步都体现在其满足社会成员的需要能力的进步上，生态文明也同样如此。但要注意的是，这种满足人类对生态产品需要的能力，并不是人类对自然界的一种单纯的索取，而是一种在协调人与自然关系的过程中，不断地进行生态创新，加强生态环境的资本存量和再生产能力的一个过程。如果是单纯地索取，那么这种能力就只能在极短的时间内存在，一旦生态环境被索取过度而生产力下降，那么不管人类在这方面的索取手段如何强大，其满足人们生态需要的能力都会下降。这正如当海洋渔业资源被过度捕捞时，捕捞能力越大，人类得到的渔业资源（在一个稍长的时期）就越少一样。所以生态文明的生产能力，是一个社会加强生态环境建设的能力，是加强生态环境对生态产品再生产的能力，是促使人类与自然相互促进共同发展的能力。它同时也说明，生态文明不是一种单纯的自然界对人类生态产品的供给能力，而是包含人类有意识地、主动地调节和改造自然，使它符合人类长期利益需要的能力。所以说，生态文明不仅包含良好的生态环境意识和制度安排，而且包含人类有较强的协调人与自然关系，满足人类对生态产品需要的能力，实现人类与生态环境相互促进的目标。从这方面看，虽然在一些具有良好生态环境的封闭社会中，人们有良好的生态环境意识和制度安排，并且人们的生态需要得到较大满足，但由于他们只是被动地适应自然，本身缺乏主动协调人与自然关系的手段，因此这些社会算不上生态文明高度发达的社会，只能算是生态文明良好的社会。

不过要注意的是，协调手段的强弱本身并不代表生态文明程度的高低。这正如当今人类具有历史上最强的协调人与自然关系的手段，但由于我们并没有有效地利用这种手段，甚至利用这种手段来破坏自然，因此使得我们面临有史以来最严峻的生态危机。这说明，生态文明虽然与科学技术的发展水平等因素有密切关系，但科学技术手段和单纯的生产力并不代表生态文明本身，它取决于我们如何利用这种手段，正是在这种意义上，我们说生态意识和生态制度安排，是比手段本身更重要的生态文明内容。所以说，生态意识、生态制度与生态手段的有机统一，才真正形成生态文明。

2. 生态市场经济是生态文明统辖下的经济组织形式

作为生态文明指导下的市场经济，那么市场经济首先要遵循生态文明的价值伦理或世界观。人只是生态系统中的一个有机组成部分，它的生存发展都依存于生态系统的完整性，在利用自然造福人类的过程中必须充分敬畏自然、尊重自然、关爱自然，尊重一切生命形态；在人与人之间的关系上，必须树立"地球飞船"的观念，彼此之间必须相关尊重、协作与友爱。更重要的是，要把这些观念贯穿在市场经济组织的方方面面，每种资源的价值量必须充分反映它们在生态系统中的功能。

生态文明的内容要在实践中得到有效实现，就必须通过一定的制度来保证。作为生态文明统辖下的经济组织形式，生态市场经济的制度必须充分体现生态文明的制度要求，也就是在市场机制组织的资源配置的每个方面都由反映生态文明的制度安排来保证。如通过一定的制度安排，使人们在生产过程中以保护生态环境获得的利益大于损害生态环境的利益，同时通过制度来保证社会共同富裕的实现等。

任何一种更高级的文明都必须更好地满足全体人民的各种需要，生态市场经济也同样如此。为满足生态学的能量转换规律要求，生态市场经济虽然要限制自然资源的数量利用并有效地保护生态环境，但它却不是一种无增长的经济，更不是一种低效率的经济。人的需求是无止境的，满足不断增长的各种需求同样是生态市场经济的目标。不过与以往那种以不断扩大对资源消耗和环境破坏来追求增长的生产方式不同，生态市场经济必须在严格限制对自然资源利用并使生态环境不断改善的基础上实现经济增长。要做到这点，一方面必须不断地提高资源利用效率的技术进步速度，同时通过生态创新的方式来提高可再生资源的能源转化效率，以使在生态环境允许的最优生产边界内的物质产品总量最大化；另一方面则是通达调整生产与消费结构，如由当前的物质生产与消费为主的经济，转换到以生态产品与精神文化产品生产与消费为主的经济体系，这样不仅能够实现资源的有效利用，而且能够保证经济的无限增长。更主要的是，这能够给人类带来更大的福利满足。

（二）生态市场经济是生态经济的实现形态

既然是生态性质的市场经济，那么它就必须服从生态学对人类社会的一般要求。所谓生态学原理，就是人类社会生产必须服从食物链的依存转化规律，资源的消耗不能超越自然界的更新和技术替代限制，废弃物的排放不能超过自然界的净化能力，生命之网的完整性不能被破坏，等等。这种情况反映到市场经济中来，也就是人类在再生产过程中，人口数量必须被限制在维持一定生活水平基础上的生态系统承受能力，生态环境和自然资源的价值必须能够得到充分的反映，以保证资源环境的可持续性。

从理论上说，生态市场经济就是生态经济在当前制度上的一种实现形态。所谓"生态经济"① 就是整个国民经济的生态化。所谓国民经济的生态化，是指以生态学和经济学基本原理来共同组织整个经济活动，以达到最优的资源配置。这个定义虽然简单，但其中蕴含的内容却十分丰富。首先，作为食物链中的一环，人类与其攫取的食物和各种自然资源的数量，必须保持在一定范围内，因而人口数量的控制也必须严格保持在自然界的容量限制范围内。如果超过这个限制，最终会遭到自然界的猛烈报复。这正如北极地区的狐兔，如果发生爆炸式的增长，最终会因食物不足而发生普遍性的营养不良而导致大量死亡，需要多年才能恢复到正常数量。其次，作为生命之网中的一环，人的整个生存和发展，不仅要服从食物链的

---

① "百度百科"中对"生态经济"，有这样几种定义："指在生态系统承载能力范围内，运用生态经济学原理和系统工程方法改变生产和消费方式，挖掘一切可以利用的资源潜力，发展一些经济发达、生态高效的产业，建设体制合理、社会和谐的文化以及生态健康、景观适宜的环境。""生态经济是实现经济腾飞与环境保护、物质文明与精神文明、自然生态与人类生态的高度统一和可持续发展的经济。""生态经济，'社会—经济—自然'复合生态系统，既包括物质代谢关系、能量转换关系及信息反馈关系，又包括结构、功能和过程的关系，具有生产、生活、供给、接纳、控制和缓冲功能。"

层次规律，而且与整个生命系统的完好程度息息相关。不能像有些科学家单纯从食物链角度出发，认为人类如果直接从藻类中获取食物，那么地球对人口数量的承载能力能够达到1000亿。显然，在这之前，人类赖以生存的生命之网早就瓦解了（地球上的生命系统仍然会存在，但适合人类生存的生态系统将不复存在，这正如恐龙灭绝时的生态系统瓦解导致恐龙灭绝，但生命系统仍然在延续一样。因此有科学家认为，人类活动是不能左右生命系统的）。为此，人类必须善待被利用的其他生命及其整个环境，保持生态系统的良好状态，以实现人与自然的和谐目标。这说明，不仅被人类直接利用的自然资源有价值，而且整个生态系统也有价值，价值还是无限大的。再次，在组织经济活动中，必须像生态系统的物质循环那样做到资源的充分利用——自然生态系统没有废弃物，使各种资源不仅做到循环利用，而且不对自然界造成损害，如有可能还必须不断地改善（已被人类严重破坏的）生态系统。最后，整个经济活动必须满足人类经济利益所要求的收益大于成本的原则，也就是所进行的经济活动必须增进人类的利益。同一切生物一样，人类所从事的一切有目的的活动，最终目的是为了满足自己的利益需要。这种利益需要的满足及满足的程度，在当今是通过货币计量的成本与收益，并以收益是否大于成本来表示的，只有当收益大于成本时，人们或人类才能从中得到一定的利益；如果收益小于成本，则表示人们从事的活动是得不偿失的。作为利用生态学原理来组织的生产，且自然界没有废弃物，那么生态经济必然是最有效率的经济组织方式。只不过在这里，生态经济计算成本与收益的核算体系和计价标准，与传统经济（学）是不同的。在生态经济这里，它的价值理论是生态经济价值理论或可持续发展价值理论。这种价值理论的特点，一是将整个自然界或生态系统纳入价值计量和核算体系，即一切能够增进人类利益的来源或源泉都具有价值，因此自然资源和生态系统必然是有价值的；二是它不是从个人利益，而是从人类作为一个整体的利益来看待价值的，那些可增进个人利益但会损害整体经济的行为，不仅不被看作是增加价值的活动，反而被认为是一种减少社会价值的活动。生态环境的价值，通过两种方式来体现，一是作为生产要素进入生产系统，其价值通过生态资本形式得到反映；二是满足人类物质与精神文化需求的生态产品作为消费品进入经济系统，其价值通过生态消费得到反映。

自然，要实现生态经济的目标，还需要一系列社会政治经济制度等方面的变革，它不仅是一种生产组织方式，更是一种社会制度和文化，没有后者的变革，生态经济目标是不可能实现的。①

二　生态市场经济提出的标志

从市场经济到生态市场经济，其含义显然不是名词的改变，或者仅仅是将生态学的内容纳入到市场经济那么简单。生态市场经济的提出，意味着人类社会在市场经济的利用上发生了重大的变革，它不再任由市场经济功能的自我发挥，而是必须将它纳入反映当代人类社会意识的轨道内，以实现人类社会的最大福利。因此它标志着哲学、伦理道德、社会学、发展观、社会需要、经济学等各方面内容的深刻变革。

（一）从哲学的角度看，生态市场经济的提出，意味着人类改变传统的人与自然对立的发展观念，转变为人与自然和谐相处、协调发展的人类社会发展观

之所以如此，是因为人类在长期的发展实践中，尤其是工业革命以来对生态环境破坏所产生的严重后果中认识到，人类虽然是地球的主宰，但却同其他生物一样，只是生命之网中的一个环节，其生存和发展状况完全依赖于其他生物和环境的完好程度。人类如果为了一时之利而牺牲生态环境，将会遭到它的严惩，甚至可能导致人类自身的毁灭。这正如人类当今虽然享受着空前的物质福利和（狭义的）精神福利，但由于这是以生态环境的破坏为代价实现的，因此人类面临的存亡威胁也同样是空前的。而人类作为一个物种来说的最大福利，也就是物种的持续生存和发展。这种为一时之利而牺牲整个物种生存的做法显然是得不偿失的。这迫使人类重新审视人与自然的关系和传统的发展观，由此产生反映可持续发展与和谐社会思想要求的市场经济思想和行动。

随着生态环境破坏程度的日益严重和动植物灭绝速度的加快，人类加强了对人与动植物之间关系的争论，有人坚持人类中心主义，有人则坚持平等关系，甚至出现了生态中心主义。实际上，只要是从人的角度来看待这个问题，无论何种思想，都避免不了人类中心主义的倾向。这正如生态学中的环境，总是指以某种主体为中心的环境，而环境所包含的因素，也总是随所指的主体而决定的。这也就是说，离开了主体的环境是没有内容的，同时也是毫无意义的一样。既然是从人的角度来考察生态环境以及人

———————

① 在福利经济学中，福利与幸福往往是等同的。

与其他动植物之间的关系，就避免不了人类中心主义这种倾向。所以，核心问题不是人是否处于"中心"，而是如何理解"人"及"人的本质"。理解不同，得到的人与自然关系的认识也就不同。

我们知道，在基督教或西方传统哲学中，人是上帝的儿子，是地球的主宰，人类周围的一切都是被人类利用的，正是这种人类中心主义的哲学催生了以物欲为中心的资本主义。而资本主义产生的工业革命，则极大地强化了人类对自然的利用强度，使得数十亿年逐渐进化而成的生态系统在资本主义产生以来的短短数百年间遭到近乎毁灭性的破坏。然而，人与自然的关系毕竟不是资本主义伦理中的那种对立关系，生态环境被破坏而产生的人类生存危机，迫使西方哲学重新审视人与自然的关系。人与自然的平等观念，甚至生态中心主义的产生，就是这种审视的部分结果。然而，这种审视虽然是种进步，但却又是矫枉过正的。因为离开人类这个主体来谈论环境或其他物种将是毫无意义的。设想没有了人类，那么无论地球上的动植物的生存状况如何完善，对我们人类来说都是毫无意义的。所以说，人类中心主义本身并没有错，错误的是将人与自然完全对立起来。

与以人类中心主义的西方传统哲学不同，以中国道教为代表的东方哲学，以及崇拜鬼神和自然力量的南美洲和非洲等原始部落的图腾崇拜，将人与自然看作是和谐统一的关系，"天人合一"是这种思想的集中反映。这种思想，强调人的活动必须顺应自然（"无为"即"顺应自然"，是这种思想的集中体现），因为人来源于自然并统一于自然，如老子讲："故道大、天大、地大、人亦大。域中有四大，而人居其中焉。"就反映了人虽然是万物的中心，但却不是凌驾于自然的，而是与自然相统一的。这是因为，从道家朴素的哲学观出发，他们认为人与自然是同根共祖的。如老子讲："道生一、一生二、二生三、三生万物"（《老子》第42章），人与自然，都是源于"道"，因此才会产生："人法地，地法天，天法道，道法自然"（《老子》第25章）。"四大"居中的人，只有尊重自然规律，与自然和谐相处，才能达到"甘其食，服其美，安其居，乐其俗"的境界。

这种情况说明，在对待人与自然关系的问题上，关键不是是否将人类作为中心来看待，而是如何看待"人"及其本质。如果像我国古代哲学那样认识人，即使人被看作是高于其他物种的中心，人类仍然不能够恣意地对待自然，而必须像保护自己的眼睛一样珍惜自然，与自然和谐相处，人类因此才能够得到真正的幸福。我们知道，虽然通过所谓"技术进步"，在以生态环境损害为代价的过程中，人类使自己的物质需要得到空前的满足，甚至使人的寿命得到明显的延长，这似乎证明人类可以独立或相对独立于生态环境而存在。然而在这种表象的后面，却是人类日益明显的生存危机，真正反映人类持续生存或再生产能力的一些指标，如男性每日生产的精子数量或每毫升精液的精子数量及活动率、不育的女性比例、以健康状况和体质衡量的人种质量的下降等，都昭示人类极其可怕的前景，以至于在人口数量空前增加的同时，竟出现了"保留人种"的呼声。这正说明了人的生态本性。这种本性要求人类在再生产过程中，不仅必须得到营养学家和经济学家所强调的"卡路里"和"蛋白质"等营养物质，而且要求保持其生态性良好状态的生态环境，使人的内生态能够与外生态保持稳定的均衡关系。

（二）从社会学的角度看，生态市场经济思想及其实践的产生，意味着人类社会的社会道德伦理正在发生重大的变化

这种伦理道德的变化不仅表现在人与动植物之间的关系上，更主要表现在人与人之间的关系上。因为人与自然的关系，不过是人与人之间关系的反映，所以人与自然之间相互关系的变化，只是人与人之间关系变化的一种表现形式。与传统那种注重个人或家庭或集团等自身利益的伦理价值不同，可持续发展的伦理价值，要求人们像关心自己利益一样关心他人的利益，甚至以他人的利益高于自己的利益为价值选择，并且在实际行动中，不以追求与他人之间利益的差别为目标。富裕人们应以关心如何使穷人达到自己一样富裕为基本的价值选择，其中包括减少自己的收入或财富的方式。这是因为，要使具有公共性特征的生态环境和自然资源做到可持续性，从而实现人类作为一个物种生存与发展的可持续性，就必须做到可持续发展要求的全体人民在各方面，尤其是利益分配方面的公平与公正，即公正与公平是实现可持续发展的前提条件。要做到人们在各方面的公平，就不能像在资本主义生产关系中那样，以追求差别性的利益优势为目标，而应以追求公平与公正为目标。这就要求人们以"利他"作为伦理道德的基础选择，才有可能实现代内公平与代际公平的统一，可持续发展也能够真正实现。

（三）从社会制度方面看，生态市场经济标志着人类基本社会制度的变化

从表面看，生态市场经济的主要内容是自然资源与生态环境保护方面

的，但其基本内容却是制度和文化的变革。因为，人类的行为方式是由一定的制度安排（制度安排则主要是由文化或价值伦理决定的）决定的，在资本主义发展方式下，人们以牺牲生态环境和消耗大量自然资源的方式来满足自己一定的需要，是一定制度安排的结果；当今人们要改变发展方式，在保护生态环境和自然资源的基础上来满足自己的需要。同样是一定制度安排的结果，而制度变革才是可持续发展中最核心的内容。制度安排决定了人们以什么样的方式来满足自己的需要，如人们经常提到的产品经济与市场经济这两种不同的经济体制，由于（激励）制度的不同，导致了二者实现利益方式的不同，因此决定了二者发展方式的不同。市场经济的制度安排，是通过市场竞争，以满足社会需要而获得利润的这种形式来实现人们的利益，所以它能促进技术的不断进步和劳动生产率的提高；产品经济的制度安排，则是鼓励人们以追求数量扩张方式来实现自己的利益，结果它导致了有增长但无发展的结果。在不同文化从而制度安排不同的国家与地区之间，如中国与日本，由于各自对生态环境和自然资源的文化和制度不同，使得各自人民在这方面的行动也迥异，结果使两国间生态环境的质量明显不同。可持续发展思想的提出，意味着长期被视为推动经济发展和人类福利提高的资本主义制度，已不适应新条件下的人类社会发展，必须被代表人类新曙光的更高级的人类社会制度所替代。

生态市场经济要求改变人类社会原来以经济增长为目标的单一倾向，转向追求社会、经济、环境、人口之间相互协调的综合发展。单纯的经济增长，虽然给人类带来了空前丰富的物质福利，但却因两极分化而产生了严重的社会对抗、自然资源被严重消耗和浪费、生态环境严重恶化、人口与资源的比例关系严重失调等一系列严重的社会问题。不仅使传统的经济增长难以持续，而且威胁着人类的持续生存，由此促使人类对传统的发展方式进行反思，由追求单纯的经济发展，转向追求各方面协调发展，以实现人类社会的最大福利。这种促使人类对传统世界观进行的深刻反思，必然产生出反映生态市场经济要求与生态市场经济、可持续发展及和谐社会要求相适应的新的世界观。这种转变，不仅反映了人类对人与自然关系的重新认识，而且在对世界的认识上，也由原来以简单的、形而上学的眼光看世界，转变成以普遍联系和辩证的观点看世界。其表现就在于，在发展观上由原来单纯的经济发展，转变成社会各方面的协调发展。

（四）从需要的角度看，由原来单纯地追求物质享受，转向追求物质需要、精神需要、生态需要与社会需要相互协调，而且生态需要优先的选择

所谓生态需要，是指人类为了获得包括维持生存和满足发展需要等方面内容在内的最大福利需要而产生的对生态产品的需求。生态需要的本质，是维系人的内在平衡及其与生存环境之间的平衡，保证人类的持续生存，以实现人类的最大福利。虽然从形式上看，经济发展方式转变的原因，是经济发展与自然资源供给之间的矛盾，但最根本的原因，却是生态需要或者说生态产品供给与人类持续生存要求之间的矛盾。因为当今人类面临的最主要问题，并不是一些维持生存的基本物质产品得不到满足，而是保持人类持续生存的生态需要得不到满足，环境的破坏、动植物物种的大量减少、自然生态系统中一些食物链的断裂等，威胁的并不是当代人的福利，而是人类的持续生存。如就一些生态指标，如寿命的长短等来衡量，当代人的生态福利应该得到极大的改善，但它的代价却很可能是人类持续生存能力的丧失。同时就单纯的主要经济性资源来说，通过价格的调节和技术进步，人类总是有足够的智慧找到更丰裕的资源来替代短缺的资源，同时对大部分经济发展水平达到一定程度后的国家来说，满足生存所需的物质需要早已得到解决，因此生态需要必然会成为这些社会关注的焦点。但是构成生态需要的许多内容却不是当今的技术和金钱能够解决的，如物种的减少、环境破坏产生的生命之网的瓦解等都不是当今的技术和价格能够解决的，这使得当今人类在得到空前的物质与精神享受的同时，却也面临同样空前的生存危机，因生态需要得不到基本满足而造成的内在失衡也空前突出，良好的生态环境正成为越来越多人可望而不可即的奢侈品等，都充分说明了这点。当代世界各地出现的环境保护主义运动，甚至生物中心主义，说到底并不是人的利己本质发生了根本的变化，而是生态环境的破坏严重威胁到人的持续生存。人虽然通过"文明进步"脱离了动植物界，但却改变不了仍然只是生命之网上的一个环节的生态本性。这正如目前一些动植物的灭绝，并不直接影响到我们人类各种直接需要的满足，在短期内甚至会增加我们人类物质需要的满足，如在畜牧地区大型食肉动物的减少或灭绝，将增加肉类的供应，但每一次这样的报道都会引起人类灵魂的震撼。其原因不仅在于这些物种的灭绝会瓦解生命之网，在混沌原理的作用下，我们不知道这会对人类的长期生存产生什么样的未知影

响。更主要的原因在于，人是自然的产物，人的灵魂源于自然，因此只有在自然中才能得到真正的安宁与幸福。人类灵魂归宿自然界的任何骚动，轻则会引起人类灵魂的不安，重则会导致人类的毁灭。因为作为生态系统的一个有机组成部分，人自身这个系统的内外都是与构成其环境的整个生态系统紧密相连的。除了一些人类有形的感官，如眼、鼻、耳、口等能够感觉到的环境变化的影响外，还有许多我们外部感官不能直接感觉，而是由我们身体内部的无形感官才能感觉的环境变化。如微生态系统变化产生的流感病毒引起的人的感冒，大气中一些元素的增减引起的人的身体或精神的变化等，如气候的变化会引起人身体内部生态系统的变化，等等。这些变化不仅会影响人的身体，而且会影响人的精神甚至生命。中国古代哲学中朴实的"天人合一"思想，是这种人与环境关系的真实反映。它反映了生态系统的任何变化，都会影响人本身这个生态系统，要实现人的幸福，就一定要维持人类生存的生态系统的完好性。所以，人对环境观念的变化，仍然是人类自私思想的体现。设想某一天，生态环境实现了根本的好转，各种濒危野生动植物恢复到非常丰富的地步，人类肯定是要对它们加以利用，以满足自己在各方面的需要的。所以说，对生态需要满足的追求，是可持续发展的重要内容之一。

（五）从经济学方面看，意味着经济理论的质变

生态市场经济的要求与实践，意味着在经济理论和实践中，意味着整体理性人将在整个资源配置上起支配地位，个人理性必须服从整体理性（需要相应的制度安排），资源配置的最优化是以满足人类持续生存和发展为最大目标，因此经济总量的增长必须始终限制在生态环境能够满足自身良性循环的范围内，由此人类对经济总量由传统的数量扩张转变为质量的提升，由以对资源的消耗转向资源的节约和保护，由过度追求物欲而转向在满足基本生存要求基础上的人的全面发展上来，以实现人类社会的最大福利。

第三节 市场经济与生态市场经济的关系

虽然上面讲到，从理论上看，生态市场经济与市场经济之间存在着质的区别，但在实际中，二者之间的界限却并不是泾渭分明的。

一　市场经济的生态性

虽然传统上市场经济被认为是破坏生态环境的元凶，但如上面讲到的那样，正如传统上人们认为市场经济会导致两极分化和工人阶级贫困化的认识是错误的一样，市场经济在本质上并不是反生态的。

（一）传统黑色经济的历史原因

历史告诉我们，在中世纪向资本主义转换的过程中，由于中世纪长期注重精神文化产品的生产和消费，相对压抑物质产品的生产和消费，同时转换过程中人口因鼠疫流行而出现大量死亡，因此生态环境良好，生态需要得到较充分的满足。从需求理论知道，当一种需要被充分满足时，它的边际效用和边际价值是很低的，而那些未满足或处于严重短缺状态的产品的边际效用则是很高的。由此也就必然导致整个社会对自然资源和生态环境的评价值很低，而对一定量以物质生产为主的经济发展的评价则很高。在这种不同价值评价结果的基础上，作为理性的人和社会，为取得最大利益，必然会产生以生态环境和自然资源的牺牲来换取经济发展的对策和行为。① 这种情况，出现在一切经济发展水平较低和生态环境较好的社会。这也就是人们常说的经济发展过程中的"先污染，后治理"。这种做法常被人们批评为一种不理性的结果，因为从整个成本收益的角度看，它是一种代价更为昂贵的行为。然而，这种批评忽视了这样一个事实，即不同时期的"等量货币"是不具有可比性的。因为价值是一种主观范畴，一定量货币对人的价值，是由它给人带来的福利决定的，而福利是一种主观心理感受，这种心理感受是由特定时期的需要程度来决定的。当人在沙漠中饥渴难耐面临死亡威胁时，一杯水的价值可能是无穷大的，甚至会大于皇冠。在物质财富匮乏而生态环境良好时，价值财富或一定量货币的价值是很大的，而一定量生态环境的价值则是很小的。这时人们用价值小的生态环境换取价值大的经济财富的做法，显然是非常理性的；当经济发展达到较高水平后，一定量货币价值的边际效用会下降到较低的程度，而在此过程中显得短缺的生态环境的边际效用和边际价值则会明显增加，这时用边

---

① 这种情况说明，"价值"不是一个客观范畴，对个人而言，它是一个带有明显主观色彩的"范畴"，如某种物品，不同行为偏好的人对它的评估价是十分不同的；从整个社会看，价值则是一个生产关系范畴，一定量"物品"的价值大小，是与特定的生产关系性质密切相连的，如某企业股票价值的大小，是由企业内部的分配关系和其利益与社会—般利润率的关系决定的，在现代社会价格昂贵的钻石，在原始部落社会却几乎不值钱。

际效用小的经济财富来换取边际效用大的生态财富，也同样是人类的理性
行为。这种做法，虽然从一个较长时期的货币流量来看，先污染后治理付
出的货币成本要更大或得到的货币净收入更少，但两个时期的等量货币效
用对人们来说是十分不同的，以较小效用的货币换取较大效用的货币，对
人类来说显然是一种理性行为。只不过在此过程中，受一系列机制的作
用，这种行为的后果会严重矫枉过正，同时生态环境的变化又具有很强的
滞后性，当人们发现效用变化改变而调整自身的行为时，也许已经太迟
了。当今人类面临的很多问题，就是该机制作用的结果。

　　一定的资源配置方式，是根据一定时期人们的行为和制度安排来决定
的。作为与资本主义一同产生的市场经济，自然是根据资本主义的制度安
排来进行相应的资源配置的，并以较优的形式来实现的。市场经济对资源
的配置结果，很大程度上取决于初始的配置条件，也就是各种要素和商品
的市场价格、各种产权的界定范围及其清晰程度等。自然，各种商品和要
素的价格，取决于人们和社会对它们各自的评价值。资本主义产生以来的
实际资源配置结果，之所以会产生自然资源的过度耗费和生态环境的严重
破坏，是因为它们价格太低的结果。在不同要素之间相互（一定程度的）
替代性作用下，促使整个社会在生产中以它们来替代价格相对较高的基本
要素，如劳动和物质资本等，以取得"最优"的资源配置结果。这说明，
市场经济对资源配置的结果，只是对社会主流意识的一种反映。

　　根据经济伦理学理论，一个社会对自然资源和生态环境的定价，是该
社会对人类代际关系的伦理反映。较低甚至没有市场价格的自然资源和生
态环境（经济上的另一表现就是对资源价值给了一个较高的贴现率，反
映当前的利用价值要大于以后的利用价值），反映人类对当代人利益的重
视远远高于子孙后代。这也正是资本主义伦理价值的重要反映。资本主义
是一个追求物欲、及时行乐的社会。这种伦理文化，虽然极大地促进了经
济发展，使人们物质福利达到空前的水平，但也使人类面临同样水平的生
存危机。

　　正是在这种社会意识和制度的支配下，市场经济的实践导致了严重的
生态后果。资本主义市场经济产生以来，追赶数量不断扩张的增长，对资
源的消耗远远超过地球资源的供给能力。由此，罗马俱乐部早在 1972 年
的报告《增长的极限》中就提出，人类如果不改变自己对资源的利用方
式，经济的发展将很快走向终结。如 1901—1997 年，全世界采出的矿物

原料价值增长了近 10 倍，其中后 20 年为前 50 年的 1.6 倍。根据对 50 个国家的统计表明，人均国民生产总值与人均能耗呈正相关关系，人均国民生产总值低于 1000 美元时，人均能耗在 1500 公斤标准煤以下，人均国民生产总值达 4000 美元时，人均能耗在 10000 公斤标准煤以上。目前人类所需能源的 97% 来自不可再生的矿物能源，其中石油、天然气又占 61.2%。一个世纪以来，人类对矿物能源的消耗一直呈指数增长，油气储量日趋枯竭。据有关资料表明，1992 年探明的石油储量为 1368 亿吨，第 13 届世界石油大会预测全球石油总资源量为 3000 亿吨以上，按 1992 年世界石油生产量 300 亿桶（1 吨原油约等于 7.35 桶）计算，只能维持 46 年，如果按 2000 年需求量计算，只能维持到 2015 年，按 2010 年需求量计算，已有资源量即使全部转变为探明储量，也只能维持到 2035 年，天然气只能维持 66 年。因此，到 21 世纪中叶，地球上的油气资源将告枯竭。有资料表明，除了煤炭资源按目前的开采量可以维持 288 年外，其他大部分重要资源会在近几十年内枯竭。

全球的森林资源正不断减少，地球上的森林面积曾多达 76 亿公顷，现在仅剩 26 亿公顷，如果以目前砍伐速度计算，人类的“肺叶”——热带雨林 75 年后将从地球上消失。森林是陆地生态系统中最复杂最重要的部分，它的绿色是地球上一切生命的象征，是自然界物质和能量交换最重要的枢纽，然而这个关系人类命运的资源，却正遭受毁灭性的破坏。据联合国粮农组织统计，地球上每分钟有 20000 平方米森林被毁灭。1950 年以来，全世界森林已损失了一半，到 2000 年，将只剩下 0.21 亿平方千米，到 2020 年，将下降到 0.18 亿平方千米，人均森林面积已由 1975 年的 6800 平方米下降到 2000 年的 3300 平方米，人均木材蓄积量将由 80 立方米下降到 40 立方米。在森林遭到严重破坏的同时，同森林一样保护地球表面的草地，也因农业的侵蚀和过度放牧而遭到严重破坏。如在 1970—1985 年，亚洲的可耕地和永久性耕地的总面积增加了 3.3%，而永久性放牧地总面积却下降了 2.8%。用于放牧的土地面积减少最多的是撒哈拉南部非洲半干旱地区，其因人口增加而使耕地延伸至草地的缘故，在过去的 50 年里，在撒哈拉沙漠南缘，就有 65 万平方公里的富饶土地变成了沙漠。过度放牧也同样导致了草地的退化、沙化等生态问题。如我国的内蒙古地区、青海地区和新疆地区的许多草场，就因过度放牧而严重退化。

　　森林和草场的破坏，导致了全球性的土地沙化和退化，使生产能力持续下降。土地是人类生息繁衍的摇篮，然而由于工业革命以来人口的快速增加和对土地的不合理使用，已造成土地资源的严重浪费和生产力的下降，使得土地资源面临有史以来最严峻的形势。如水土流失已成为一个世界性的问题，几乎没有得到任何有效遏制。世界耕地的表土流失量每年约为 240 亿吨，土壤过度流失，造成土层变薄、土地生产能力下降。同时，土地沙漠化的范围和强度在不断扩大和加强。如从 19 世纪末到现在，荒漠和干旱区的土地面积由 0.11 亿平方千米增加到 0.26 亿平方千米。联合国估计每年有 21 万平方公里农田，由于沙漠化而变得完全无用或近于无用的状态，每年损失的畜牧业产量价值达 260 亿美元。耕作方式不当，以及草原的过度放牧、毁林开荒等，不仅使良田受到侵蚀、有机质含量逐年下降，而且水土流失加重、土地荒漠化不断扩展。据有关资料显示，有史以来，由于人类活动的影响，全球已损失 20 亿公顷土地，比现有的全部耕地还要多。目前，全球沙漠化面积已达 40 多亿公顷，并且沙漠化还在以每年 600 万公顷的速度扩展，吞噬着森林、田野和村庄，影响着 100 多个国家，全世界还有 35% 以上的土地面积正处在沙漠化的直接威胁之下，其中以亚洲、非洲和南美洲尤甚。全世界土地自然退化现象也极其严重，它每年至少使 1.5 万平方公里的农田降低生产力。在许多国家，尤其是发展中国家，耕地明显不足。目前，全世界人均耕地约 2800 平方米，亚洲人均耕地只有 1500 平方米，且全部可耕地的 82% 以上已投入耕种。土地资源的不足，特别是可耕地的减少，将严重影响世界的粮食供应。世界资源研究所指出，粮食下降从 20 世纪 70 年代始于非洲，80 年代初期则扩展到拉丁美洲，80 年代后期又扩展到整个世界。进入 90 年代后，由于农田和地球环境状况的继续恶化，使产量仍在下降，粮价大幅度提高，发展中国家人均粮食配给水平持续下降，结果造成成千上万的人死于严重的营养不良。

　　水资源短缺，可以说已成为或将成为制约世界经济发展的最重要因素。虽然地球表面的 71% 被水覆盖，但淡水资源却只占 2%，而可供人类直接利用的则更少，不到 1%，而且其分布不均，并因人类的活动而遭到严重的污染，同时人类社会因经济发展和生活水平提高对它的需求却在不断增长。据中国环境科学院在 20 世纪 90 年代进行的一项预测表明，到 2000 年，全世界用水量将以 3%—5% 速度增长，届时全球将有 63 个国家缺水。进入 20 世纪后，因社会经济迅速发展，全球淡水资源的耗用量剧增，其中农业用水量增加了 7 倍，工业用水量增加了 20 倍，不仅在大部分国家出现了缺水和严重缺水的状况，造成世界上有 20 多亿人口饮水困难，而且随着现代工业和大城市的发展，工业废水量和生活污水量也急剧增加。全世界每年污水量已达 4000 多亿立方米，造成 55000 多亿立方米水体（占全球总径流量的 14%）的污染，现在世界上约有 10 亿以上的人口，不得不饮用被污染的水。

此外，海洋资源遭到严重破坏，其主要表现在对渔业资源捕捞过度，一些种类濒临灭绝，海洋遭到污染。一些海洋，尤其是近海或大陆架污染严重等。

更严重的是，人类对自然资源的肆意掠夺，造成了严重的生态灾难。世界上现存的生物，据保守估计约有 1000 万种，乐观估计则为 3700 万种，但科学家所确认的仅有 140 万—170 万种。由于人类对森林的大量砍伐造成森林面积的急剧减少、污染等，已造成空前的生态灾难。世界上绝大多数野生动植物依赖森林，如世界鸟类物种的 30% 依赖于热带雨林，非洲鸟类物种中的 65% 生存在森林中。森林的丧失，意味着这些地区的物种也将不复存在。对印度、马来西亚和热带非洲的研究证明了这点。研究发现，印度、马来西亚地区失去了 68%，热带非洲失去了 65% 的原始野生生物的生存环境。由于野生生物生存环境的变化，在世界范围内，生物物种正以前所未有的速度消失，估计每年有数千种动植物灭绝。世界野生生物基金会已发出警告，1988 年世界已有 1200 种动物濒临灭绝，估计到 2000 年将灭绝的物种中，将有 1/2—1/3 是由于热带森林退化造成的。鸟类和哺乳类动物灭绝速度的加快，更说明人类所面临挑战的严重性。国际自然资源保护同盟发表的调查材料指出，从 100 万年前到现在，平均每 50 年就有 1 种鸟类灭绝。而最近 100 年来，平均每年就灭绝 1 种，哺乳动物灭绝的速度则更快，在热带森林，平均每天至少灭绝 1 个物种，该所根据精确估计认为，每天正在损失 100 个物种。最近又有 15000 种著名物种濒于灭绝。由于物种灭绝是一个不可逆转的过程，而物种之间犹如一张复杂的网，生物链仅是其中最直接的表现之一。因此人们越来越担心的是，一小部分关键物种的消失可能会造成整个生态系统的崩溃，最终导致人类自身的毁灭。这种担心并不是毫无根据的。许多事例和理论都说明了这点。

　　近几十年内，为追求物质生活水平的不断提高而产生的持续增长的能源需求，不仅导致现有技术条件下的能源供应难以持续，而且造成了严重的大气污染和日益明显的"温室效应"；日益增长的滥用化肥和农药现象，给环境造成沉重的代价。水体的富营养化成为一种世界性现象，不仅使许多水源不适于饮用和做他用，而且导致许多物种的灭绝，破坏原有的生态平衡；过量的农药使用，不仅通过食物链的作用，严重影响了人类自身的健康，而且破坏了生态平衡。如使大量的鸟类灭绝和减少，许多捕食害虫的昆虫消失，而大量的具有抗药性的害虫却在全世界迅速蔓延，有些甚至可以抵抗最新的农药，它们的种类和危害成倍增长，严重影响了有关地区的农业生产率，它对水资源和鱼类的危害更是严重。工业废弃物每年超过 4 亿吨，严重地污染了环境；不断增加的粮食生产、放牧和水产养殖，不断侵占野生动植物的栖息地，使越来越多的野生动植物因此而灭绝或处于灭绝边缘。如科学研究发现，物种的平均自生存时间约为 500 万年，在过去 2 亿年中，平均每 1.11 年灭绝 1 种物种，而现今由于人类引起的灭绝速度要高出数百倍，甚至数千倍；目前地球上生长的物种约在 500 万—3000 万，其中约一半生活在热带湿润地带。但由于人类的活动，热带森林，包括湿润林和干燥林都在以使人惊恐的速度消失，每年大约有 760 万—1000 万公顷的森林被消灭，并且每年还有 1000 万公顷被严重破坏，其结果是物种正以前所未有的速度走向灭绝。据估计，如果热带雨林以目前的速度消失，到 20 世纪末人类就要把 100 万甚至更多的动植物物种消灭，它们中的大多数将在科学家有机会去研究它们之前消灭。海洋每年要接受几十亿吨的垃圾和不可计数的污水，大量的农药和化肥，各种有毒或有害的废物，包括放射性废物，通过河流和小溪带来 200 亿吨的悬浮物和不可溶解的盐类，每年还有大约 350 万吨石油被排放到海洋中，同时一些国家还在海上倾倒或焚烧有毒或有害废物。到 1983 年，所有 OECD 国家（有资料）已在世界海洋（大部分在北海和北大西洋）倾倒了 9 万吨放射性废物。这些污染物，对海洋造成了程度不同的污染和损害，各种工业和生活废物对陆地危害的程度就更严重，严重地污染了环境。环境污染，不仅破坏了生态资源和生态平衡，而且严重影响了人类自身的福利，不仅人的身体因此受到损害，而且身心受到前所未有的压力，如人们时常要担心饮用水、食品，甚至衣着和居住环境是否受到污染，因呼吸（程度不等的）污染空气是否会引发各种疾病，身体是否会受到各种放射性污染，等等，人们生活在前所未有的环境压力下。

　　生态环境恶化和人为造成的资源短缺，如水污染而造成的水资源短缺等，造成的经济损失是十分巨大的，每年高达数千亿美元，间接损失更是不可计数。如许多物种的消失，对人类未来的影响可能是灾难性的，甚至是毁灭性的。现代人虽然享受到了前人所想象不到的物质文明，但人类作为一个物种所面临的生存危机也是空前的。人们知道，对于一个物种来说，在生存竞争中，种族的繁衍是人类的最大福利。但就当前人类所面临的形势来说，我们将难以对此问题做出客观的判断，即工业革命以来，人类的福利是否得到了提高。

　　正是针对这种情况，赫尔曼·戴利指出，当代人类社会经济活动中自然界中的存在已由工业革命前的一个"空"的世界变成了"满"的世界，即人类的活动已扩展到了自然界所允许的边界，并且超过了达到人类最大福利的最优状态，经济拓展所带来的是负效益。① 正是这种状况，不断地促使人类对资本主义生产方式的反思并不断深化，如从 20 世纪 60 年代一般的环境保护到 90 年代的可持续发展的世界性潮流，反映人类必须在发展方式上进行彻底的变化。

　　这种情况说明，当前人类面临的问题，是资本主义伦理价值存在的严重问题，所以，需要改变的是这种伦理价值和相应的社会制度。

　　我们知道，市场经济有效配置资源的前提条件，一是明确的产权界定，二是交易费用（明显）低于收益。然而在现实中，这两项条件在存在明显外部性的领域是难以满足的，这时，市场经济主导的资源配置效果就可能远离最优状态。资本主义产生以来，生态环境被严重破坏，就与这个机制有密切关系。因为生态环境具有公共性特点，具体产权难以界定或者界定的成本太高，而在再生产活动中，公共环境与私人成本之间又具有明显的替代关系，因此也就不可避免地会产生生态环境利用中的基本矛盾，即生态环境的公共性要求其所生利益的社会性，与人们利用它所得利益的私人性之间的矛盾，会促使人们竞相利用公共性生态环境来替代私人资源，由此导致生态环境被破坏的后果。正是在该机制的作用下，生态环境遭到严重的破坏。有时，即使产权能够界定，但界定的成本太高，也会

---

　　① 赫尔曼·E. 戴利：《超越增长——可持续发展的经济学》，诸大建等译，上海译文出版社 2001 年版，第 37—62 页。

导致资源配置的扭曲。当某个小产权主体在与大产权主体的交易中利益明显受损，如购买的价值不大的产品有质量等问题（如购买一个价值 10 元的商品出现质量问题时，到所购商品部门投诉，交通和时间就可能超过10 元；如果还需要反复多次交涉时，成本也就更加高昂），或者是小块农田受大产权主体污染时，维权时所产生的高额交易费用，会促使他们采取忍气吞声的做法。在法律明显禁止公共场所吸烟前，大部分被动吸烟的人对那些抽烟人都是采取怒目而视但无可奈何的态度，也是因为维权的成本远远超过维权的利益，这种态度是在现有制度安排下的最佳选择。这种情况说明，市场机制本身是无法有效解决这种交易成本高昂的外部性的，它需要市场之外的选择来矫正。

但是，市场机制尽管有许多缺陷，但它仍然是一种有效配置资源的制度。历史上，人们在发现市场制度缺陷的基础上，曾设想以消除了市场经济基本矛盾经济基础的计划经济来取代市场经济。然而，计划经济虽然避免了市场经济的缺陷，但却产生了更为严重的缺陷。如资源配置的效率更低，官僚主义及其腐败，不仅使人们失去了机会和货币上的公平，而且失去了结果的公平，劳动积极性丧失，最终使计划经济在与市场经济的竞争中败落下来，不得不回到市场经济道路上来，即证明了市场经济仍然是当代条件下在资源配置方面最有效率的一种制度。这种情况说明了，市场经济虽然会产生许多从伦理道德标准来看的弊端，但却证明了历史的进步主要是靠"恶"而非"善"推动的这一历史唯物主义原理。和谐生态经济要实现自己的目标也离不开这一原理。因为市场经济的"恶"，来自人们的利己心，这种利己心虽然会造成人们之间的争斗，会产生现实社会中的各种弊端，但它却是推动社会和进步的动力，它是"物竞天择，适者生存"这一生物原则在人类社会的反映。如果该争斗消失了，人类社会就会因动力的丧失而衰亡。在事物的矛盾性中，善与恶作为矛盾的统一体，是相互依存的，人们不可能做到在消除矛盾一面的同时而保留矛盾的另一面，两者是共存亡的。传统计划经济曾经这么做过，如它要消除市场经济的基本矛盾，而保留其价值规律（或者说计划），结果只能以失败告终。

（二）市场经济的生态性

上面讲到，市场经济会导致什么样的结果，并不是市场经济本身的必然性所致，而是一定社会选择的结果。一定的社会选择，则是特定历史时期社会主要矛盾和客观社会需要的产物，市场经济的资源配置只是反映这种需要。当社会需要变化时，市场经济必然会对此做出积极反应。

　　一定需要的满足程度，是与该商品的供给量密切相关的。随着供给量的变化，一定量商品给个人和社会的满足或效用是会发生变化的。当物质需要在供给不断增加而得到日益提高的满足时，一定量商品的市场价值必然会下降；在此过程中，随着生态环境的日益恶化，生态产品的供给会日益短缺，生活水平提高所要求的生活质量提高更是会加强这种短缺状况，由此一定量生态产品的市场价格会不断上升，物质产品与生态产品这种非均衡的变化必然会反映到市场经济的资源配置上来。这也就是说，虽然在历史进程中，在一定的社会经济条件下，市场经济会导致资源的浪费和生态环境的破坏，但市场经济却又是节约资源和解决生态环境的重要手段。就一般性（私人）资源来说，市场机制总是能较好地解决它的供求平衡的。这是因为，随着资源供求的变化，资源价格也会发生相应的变化，市场因此会调节它的供求。如当某种资源短缺时，价格会不断上升，这种上升会促使人们更加有效地利用它、减少浪费等，同时会促进它的生产，并会促使替代品的开发与生产，从而缓解该产品的短缺程度。实践证明，凡是受市场机制调节的资源，都不存在绝对意义上的短缺。世界上凡是严重短缺的资源，都是那些不受市场调节或市场调节能力弱的资源，如我国的水资源等。所以要解决资源的短缺，最终还需要靠市场机制来解决。虽然市场经济不能解决所有的资源问题，但在现有条件下，市场机制仍然是解决资源问题最有效的方式之一。在现有的各种可供选择的机制中，在节约资源和提高资源的利用效率上，还没有哪种机制能像市场机制这样有效率。正因为这样，所以我们说，建设"资源节约型社会"的核心，就是要充分发挥市场机制的作用。

　　虽然因历史等原因，市场经济在与生态环境的关系上总是处于敌对状态，但这主要发生在产权不能明确界定或者界定成本太高的（公共）领域，而在那些能够明确产权或者产权界定成本较低的（私人）范围内，市场经济与生态环境的关系是可以相互融洽的。这也就是说，在现代社会，市场经济是可以成为推动生态经济和绿色经济发展的重要手段，而且在实际过程中，市场经济也总是在发挥这种作用。在19世纪中期，这样的情况就开始出现，如马克思就曾描写，由于（富人）物质需求和（生态）享受需求的相对变化，一些地主将牧场或农田改造为狩猎林地，这在某种程度上也就是当今所说的生态经济或绿色经济（的一种）。在当今社会那些产权界定明确的领域，市场经济就在推动生态经济方面发挥了积极作用。如随着社会意识的变化，即由注重单纯的物质享受转向注重健康和绿色，对生态需要的满足更加强烈，市场机制对此就做出了明确和积极的反应。如绿色或有机产品的价格不断提高，使得生态生产变得越来越有利可图。那些严格按照生态方式生产的各种农产品的市场价格，是普通农产品价格的数倍，而且往往还供不应求；农民自然放养的土鸡，不仅是工厂化饲料喂养鸡价格的多倍，而且在城市难以寻觅。[①] 正是在反映社会意识转变的市场机制的作用下，绿色消费的意识不断深入人心，从而使生态生产的市场竞争力日益提高。绿色生产、流通和消费等日益普及，传统的黑色生产和消费则日益失去赖以生存的市场。

　　随着人们对生态需要满足的不断提高，市场经济也对此做出了积极的反应。如原来物质匮乏和粮食短缺时，在市场机制的作用下，人们在山区坡地、草原等地进行垦荒，大量毁林、毁草，进行农业耕作，同时在生产中大量使用农药化肥等，致使水土严重流失、环境恶化；[②] 随着人们在物质需要满足方面程度的提高，社会对生态需要的需求日益强烈，生态产品的价格不断提高，市场机制转而鼓励人们加强生态产品的供给，适当减少边际效益日益下降的普通农产品的生产。因此退耕还林、退耕还草，建设自然保护区、生态旅游区和农家休闲乐园的情况发生在世界各地，生态环境状况日益改善。

　　实际上，只要产权界定，市场经济往往就是保护生态环境的最有效武器。对 40 岁以上的人来说，有一个情况应该是记忆犹新的，即在我国的山地林权改革前，这些权益都是集体或国家的，但利用它们所获得的利益却往往是私人的，因此出现严重的生态环境基本矛盾。在这个矛盾的作用下，我国"大跃进"前还满是森林的山地，遭到毁灭性的破坏，森林覆盖率和森林质量不断下降。高考恢复后，笔者从赣南赴南昌上学，穿越40 多年前森林密布的整个著名游击区，然而数百公里道路两旁的山地上，除了少量稀疏的小老头式的松树外，几乎全是荒芜的裸露红壤。然而，林权改革后的 90 年代末，笔者返家再经此路，两旁已是郁郁葱葱，基本见

---

① 暑期，笔者在江西宜春温汤镇写作本书期间得知，到镇周围农民家购买土鸡的价格是每斤 50 元，而镇上农贸市场上以饲料喂养的鸡的价格是每斤 6 元。

② 20 世纪 80 年代末，面对日益恶化的生态环境，当在广播电视中听到"洪湖水浪打浪"时，一些朋友在一起聊天开玩笑时讲到，如果再闹革命，将再没有打游击的环境了。

不到裸露的红壤。最惊奇的是，20世纪90年代初，笔者到山西运城参会考察，黄土高原地区水土严重流失、沟壑纵横苍凉雄浑的景象一直萦绕脑海。2009年暑假携家人赴陕北旅游，曾希望重见当年的苍凉雄浑之美，但让笔者既失望又惊喜的是，因道路两旁树林遮挡和整个地区良好的森林覆盖，已看不到当年黄土裸露、水土流失的景象，自然也没有了苍凉雄浑之美，但良好的水土保持则让笔者感到无限欣慰。这种现象，显然是市场经济和产权明确作用下的绿色经济结果。这说明，要使市场经济有效地发挥作用，就必须建立起产权清晰、利益明确、职责分明的所有制制度、产品分配制度等。要使市场机制能够有效地促进绿色经济和生态经济的发展，需要对那些在人们之间或区域之间能够明晰产权的自然资源和生态环境的产权清晰化。如我国草地、林地、耕地的产权可直接分配到户；一些矿藏资源也可通过以拍卖的方式将产权售给个人或企业。因为个人或小团体与产权的利益关系要比大团体的利益关系紧密，从而产权应尽量落实到与利益关系更密切的利益主体，如矿藏资源由国家统一所有，不如由矿藏所在地政府所有，更能提高矿藏资源的利用效率。目前各地政府纵容人们从事小矿产的开采，就是因为矿藏本身不是地方政府所有，但采矿所产生的利益却主要归地方所有。由此遭受的损失则由国家承担，所以会促使地方政府容忍甚至鼓励人们从事这种行动。如果矿藏所有权归所在地政府，相信他们绝对不会允许这种没有规划和组织的采矿行为发生。在产权明确的前提下，市场经济不是生态经济和绿色经济的敌人，而是它们的同盟军。

资源的有效配置，尤其是生态经济和绿色经济生产，不仅需要产权明确，而且需要产权规模达到一定程度，否则仍难以实现资源的优化配置。如上面讲到的，小产权在与大产权之间发生利益矛盾时，因高昂的交易成本而总是处于不利地位。所以，产权明确还不是实现资源优化配置和绿色经济的充分条件，同时还要求每个经济主体的产权规模达到一定程度，这样才能使外部影响内部化，才能实现资源的优化配置。环境保护、资源优化配置都只能建立在产权规模较大的基础上。我国农村生态环境的恶化，除了土地产权不明确（经营权实际上也不稳定）外，产权或经营权规模小是更主要的原因。因为在这种小规模产权基础上，人们保护生态环境的努力是得不到补偿的。如某个人希望通过生物方式，如青蛙来防止虫害，因而在自己的农田中保护青蛙，但害虫与青蛙都是会运动的，如果周围农田的人们不采取这种做法，这个人的努力是不会有任何结果的，所以产权规模是决定可持续经济发展的重要条件之一。这一点在环境和资源保护方面更为突出。虽然这并不是说产权规模越大越好，在资源优化配置方面，任何产权都有其合理界限，较大程度地偏离这个界限，会降低资源配置效果。

产权规模是市场经济有效配置资源和发展绿色经济的重要条件，但市场机制并不完全受制于产权，它本身也有一定的调节产权规模和形式的能力，以保证资源优化配置的实现。如在那些外部影响明显的领域，市场经济可通过产权的购买或出售等形式来完成产权的并购重组，改变产权规模，来实现将外部经济（或不经济）内部化。如小造纸企业本身是无力负担污染排放物的治理的，通过兼并重组或许多小企业将排放物集中处理，就可达到排放要求；农业生产中通过兼并重组，扩大生产经营规模，就能够将传统农药防止病虫害转化为生态防止方法；组织农业生产合作社，进行统一的生产经营，也能够有效地解决产权规模小与绿色生产不协调的矛盾。在实现中，为实现绿色生产所进行的产权变更，基本都是在市场机制作用下进行和完成的。离开了市场机制，将无法确定绿色生产的合理规模界限，绿色生态生产也就无法正常进行。

市场经济与绿色生态生产相融合的一个重要途径，就是市场经济推动的技术进步会不断地改变绿色生产的条件和范围，使原来的黑色生产转换为绿色生产。如水泥生产中会产生大量的粉尘排放，对生态环境是十分有害的，总是导致企业与周围各利益主体的严重冲突。但随着粉尘回收技术的不断进步，使得粉尘回收的效益远远超过回收成本，这样的冲突也就缓和下来了。随着技术的进步和市场价格的提高，一些原来严重污染环境和损害人民健康的有毒重金属排放的回收，不仅做到了外部不经济的内部化，而且成为所在企业提高效益的明显手段。

市场经济的一个最明显的功能，就是它有不断推动技术进步的动力机制。随着技术的进步，生产过程中的成本收益关系将会发生改变，一些原来外部不经济的生产方式可能转变为内部经济生产方式；一些原来内部不经济的生产方式，也可能转化为内部与外部都经济的方式（如植树造林等）。前面讲到，尽管技术进步也给人类带来副作用，但人类社会发展过程中的问题，最终还是要靠生态文明和可持续发展指导下的技术进步来解决，而最能促进技术进步的作用机制就是市场经济。传统经济发展过程中一切不符合和谐生态经济的问题，最终还是要靠市场经济中的技术进步机制来解决。所以，市场经济与和谐生态经济之间存在着天然融洽的一面。正是在市场机制的作用下，近几十年来，有关提高资源利用效率、环境保护、绿色生产的技术层出不穷，并以越来越快的速度发展。

市场经济另一项促进绿色生产的功能，就是它会根据社会意识和需求变化而不断地调整价格关系，使整个社会的资源配置重心不断向符合生态需要和绿色生产的方向发展。如上面讲到的那样，随着近些年来生态意识和绿色消费观念的不断加强，市场及时地对物质产品与生态产品、传统产品与绿色产品的价格关系进行了调整，使利益分配的重心日益向后者倾斜，由此引导整个社会的资源配置重心发生相应的变化。没有市场经济对这种利益关系的及时调整，绿色生产和绿色消费不会如此方兴未艾。利益调节的杠杆作用，要比其他手段更加有效。

所以说，市场经济本身并不是绿色经济和生态经济的天然敌人。作为社会意识和制度安排的结果，它不过是反映这种意识和制度罢了。当社会意识转向可持续发展和生态和谐经济时，作为社会意识和制度反映的市场经济，必然会对此做出积极的贡献。当今世界，市场经济就在各个方面积极地促进绿色和谐生产。

二　市场经济到生态市场经济

需要特别指出的是，虽然强调市场经济具有促进生态经济的重要功能，但却不否定市场经济在这些方面的一些消极途径。如上面讲到的，当存在产权交叉而界限难以明确界定，尤其是利益冲突各方之间的产权规模不对称时，高昂的交易费用将使市场机制难以有效地配置资源；一些无法界定私人影响的公共产权，不可避免地会促使一些人利用这个特点而采取损人利己的行为，也就是会产生生态环境基本矛盾，因此严重扭曲资源配置效果。这种情况也就是人们常提到的"公地的悲剧"现象。这些现象在很大程度上，是市场机制自身所无法解决的，或者说任由市场机制发挥作用，将不可避免地导致公共资源的严重浪费和生态环境破坏。实际上，也正是在这种机制的作用下，致使公共资源被严重浪费，生态环境不断被破坏。要避免这种情况的普遍发生，就需要社会中心或政府的调节。这也就是说，市场经济到生态市场经济的转换，不是一种完全自然的过程（它是一种客观趋势，但如果自发进行，其过程太漫长，而且成本太高），它需要社会中心或政府将生态文明和生态经济的伦理与制度强加于它上面。

市场经济的资源配置是由微观经济主体来实现的，经济主体的经济行为是由反映一定社会伦理及其体现的制度决定的，因此要使市场经济转换到生态市场经济，就必须加强生态伦理与制度的建设，将它们落实在市场经济的每个方面，如主体行为的规范约束、符合生态经济要求的市场准入制度、奖罚制度等。

前面讲到，市场经济的资源配置效果，取决于其配置资源时的初始条件，其中最主要的是产权的确定和各种要素与产品价格的初步确定。其中有些方面是市场经济自身无法确定的，如公共产权与私权的范围界限、公共资源和生态环境的初始价格（在传统自由经济中，它们是没有价格的）等。要避免市场生态经济基本矛盾作用的发挥，就需要政府在这方面积极介入，如根据社会伦理意识和社会需要的紧迫性等，在私人产权活动会影响或损害公共产权利益时，明确一定量私人活动的公共产品损害价值，如根据生态环境和公共性自然资源的社会机会成本或重置成本来确定其价格，以税收和计量收费等形式将其计入人们在资源配置的收入与成本中，由此改变资源配置的初始条件，从而改变市场经济的资源配置结果。这种方式，也就是通过政府调节，将原来的外部不经济内部化。对一些社会价值或成本非常大的资源，如濒危动植物和会造成环境严重破坏的生产，则可通过它们使用成本或市场价格无限大的方式，也就是直接严禁对这些资源的商业性利用等来防止。

这些情况说明，市场机制在绿色生产方面存在的许多缺陷，是可以通过对市场机制的调节，或者说通过政府改变资源配置的初始条件来解决的。相反，如果离开了对市场机制的能动利用，将难以克服市场经济在绿色生产方面的缺陷。这正如人们曾希望计划经济能克服市场经济的缺陷，然而实践却证明，无论在哪个方面，计划经济的效果都远逊于市场经济。

在利用市场机制实现绿色生产方面，除了直接对市场机制的某些参数进行人为的调整外，还可通过对市场机制作用的资源配置进行社会性引导。如通过舆论宣传，鼓励人们消费绿色产品，建立起破坏环境有罪意识的伦理来实现资源的优化配置。这是因为，市场经济的资源配置是由社会需求，其中主要是消费需求决定的，消费需求则由心理行为决定，人们一定时间的心理行为则受到社会意识、政策、时尚、舆论等的影响，所以社会可以通过对人们意识的影响来引导资源配置的方向和结构，并使其符合和谐生态经济建设的要求。如我国近些年来，对绿色产品和环境保护的宣传，就提高了人们的环境保护意识，促进了绿色产业的发展等；在西北地区进行的生态农业的宣传和示范，对当地的生态环境保护和经济发展起到了极为重要的作用。所以说，市场机制的完善，需要社会意识、舆论、政策等的引导和调节。

要指出的一点是，虽然市场机制在绿色生产方面的许多缺陷可通过市场机制本身来解决，但并不是所有的缺陷都可通过这种方式解决。如环境和资源价值的评估、公共产权的界定等，这些只有通过一定的政治程序才能够解决。同时还要特别注意的是，虽然通过对市场机制的调节，可以克服许多弊端，但同时也会造成市场机制许多优点的丧失或减少。这是因为在对立统一规律中，人们不可能在取消矛盾一面的同时而保留矛盾的另一面，人们对市场机制缺陷克服的程度有多大，很可能对其优势的削弱也就有多大。所以在实际过程中，必须根据社会实际情况对此进行相对抉择，以取得最大的社会利益。这种情况，决定了人类社会永远不会成为一个完美的社会，人类只能在旧问题的解决与新问题的产生中生存与发展。

第四节　生态市场经济与和谐经济

上面讲到，生态市场经济本质上是可持续发展与和谐社会在经济制度方面的体现，因而生态市场经济本质上就是一种和谐社会有机组成部分，是一种反映人与自然和人与人之间相互融洽的和谐经济。

一　和谐经济

和谐经济是和谐社会的一个有机组成部分。从字面理解，"和谐社会"，是"和"与"谐"相统一的社会。"和"者，口中衔禾，意指有饭吃，推而广之就是丰衣足食；"谐"者，人皆可言，也就是广开言路的民主制度，两者的结合，也就是丰衣足食而政治民主的社会。

社会和谐，是一切社会的共同愿望，而建立和谐社会，更是人类社会产生以来所不懈追求的目标。历史上的各种理想社会，如中国道家的"小国寡民"社会；儒家的"大同""小康"社会；康伯内拉的"太阳城"；莫尔的"乌托邦"；马克思的"共产主义"社会等，核心内容都是社会和谐，其中最典型的"大同"社会的"大道之行也，天下为公，选贤与能，讲信修睦。故人不独亲其亲，不独子其子，使老有所终，壮有所用，幼有所长，鳏、寡、孤、独、废疾者皆有所养，男有分，女有归，货恶其弃于地也，不必藏于己，力恶其出于身者，不必为己；是故谋闭而不兴，盗窃乱贼而不作，故外户而不闭，是谓大同"。就对和谐社会做了详细的论述，其中包含了人类社会政治、经济、伦理、法律等各方面的和谐。

刘思华教授提出和谐社会包含 4 个方面的内容：人与自然的和谐、人与人的和谐、人与社会的和谐、人自身的和谐，其中人与自然的和谐是后三者的基础。因为"按照生态经济可持续发展的观点，自然界是人类生存与发展的基础，生态环境是经济社会发展的基础，这是人类文明发展的普遍规律。因此，现代人类生存与经济社会发展必须以自然生态为基础，必须以良性循环的生态系统与生态资源持久、稳定的供给能力为基础，使现代人类生存与经济社会发展绝对建立在生态基础之上。正是在这个意义上看，人与自然的生态和谐是社会和谐的基础条件，生态和谐是构建社会主义和谐社会的基础"。刘思华将"人与自然的和谐"定义为"社会生产力与自然生产力相和谐、社会经济系统与自然生态系统相和谐、自然的人化与人的自然化相和谐、人的身外自然与人自身自然相和谐，尤其是人类经济活动的需求增长与生态系统供给能力相适应，社会生产和生活排放废物量与生态系统净化能力及环境容量相适应，实现自然生态系统和社会经济系统的良性循环，真正形成人与自然共同生息与和谐、协调发展"。"人与人的和谐关系"，就是通常所说的人际关系的和谐。其中的核心是利益和谐。"人与社会的和谐"，是"个人依赖社会与社会约束个人相适应，个人自由与社会认同相适应，个人利益与需要的满足和整体社会利益与需要的实现相适应，人的能力发挥与社会、公平、公正相适应；各社会阶层在共同利益的基础上实现劳动合作和利益共享相适应，人民和政府之间的权力平等和利益分享相适应"。"人自身的和谐"，则是"人的身心健康即心态和谐，它包括生理和谐、心理和谐以及生理与心理和谐，这既是人的各种器官、功能的完好程度，又是人与各类物理、生物、社会和自然环境的协同进化和谐关系。因此，人自身必须和谐发展，首先要有健康的人身，应该实现人的有机身体和无机身体的和谐发展；还必须要有健全的人格，正确的世界观、人生观、价值观和发展观，能正确处理个性和谐与自然、他人、社会的和谐关系，真正融入自然和社会，推动人、自然、社会之间的和谐发展"。①

很显然，和谐社会的建设是一个复杂的系统工程，涉及政治、经济、伦理道德、宗教信仰、文化、生态环境等方面的协同建设。其具体内容，就是要做到上面讲到的"民主法治、公平正义、诚信友爱、充满活力、安定有序、共同富裕、人与自然和谐相处"，是一个各种关系相对和谐但又充满活力的系统。这里，笔者将"和谐社会"定义为"和谐社会是一种以占社会绝大多数成员的社会群体（即中产阶级占人口的绝大部分）为主导，以社会公正和兼爱为伦理导向，政治上实行民主法制，但弱势群体的利益及其诉求能够得到尊重，阶级或阶层之间的交流及人员流动是充分开放的，阶级或阶层之间的政治经济斗争能够在平和的环境中进行；其制度设计，能够保证人们各尽所能，人们在社会中的相对地位与社会福利等由他们的能力大小决定，但人们之间能够相互尊重，老弱病残等丧失劳动能力的人能够获得保障且人格得到尊重；它不仅能够激发人们的爱心，而且能够有效地将人们的利己行为转化为促进整个社会福利和共同富裕的利他结果，社会给所有人提供了改善命运的希望和机会；尊重自然规律，正视自身在自然界地位，具有深厚生态关怀的这么一种社会，因而是一种包含政治和谐、经济和谐、生态和谐、社会和谐、国际关系程度等和谐相统一的社会形态"。

"和谐经济"是"和谐社会"的一个有机组成部分，不过，两者间又不完全是大系统与小系统的关系，而是视角不同的结果。如整个人类社会，从全视角的角度看，是人类社会的再生产过程，是一个社会系统，但从经济利益的角度看，则是个经济系统。

最早对"和谐经济"进行系统分析的，是法国经济学家弗雷德里克·巴斯夏。他在《经济和谐论》巨著中，详细分析了和谐社会的内涵及其实现方式等，核心思想就是"彼此必然和谐的利益，应由自由来解决；相互必然对抗的利益，而需借助强制来解决。对于前者，不加干预即可；对于后者，则必须加以阻挠"。他认为，自由和由社会普遍规律支配的社会必然带来社会利益的和谐，而自由基础上的"利益法则"则具有和谐性、宽慰性、宗教性和可行性等。在产权确定的基础上，自由竞争和商品交换，能够使财富的生产具有强烈的放大效应，由此"在孤立状态中，

---

① 刘思华：《生态经济学视角下的和谐社会》，《大连日报》2005年11月21日。

我们的需要大于能力，在社会状态中，我们的能力大于需要"，同时在
"孤立状态中，富裕的人们互不相容，通过交换，富裕的人们互相帮助"，
以至于"每个人的幸福能增进全体的幸福，全体的幸福能增进每个人的
幸福"。"随着资本的增长，资本从总产品中绝对提取额增加了，而它的
相对份额降低了。相反，劳动从中提取的绝对额和相对份额都增加了"。
这是因为"价值是社会产权，产生于努力和阻碍。随着障碍的减少，努
力、价值或产权领域也随着减少。给予每一次满足之后，产权总是向后退
缩，而共同体则不断前进"（指技术进步的成果，在竞争中绝大部分被外
部化——引者注）。因此"社会每一成员获得满足的总和远远高于他通过
自身努力所能得到的总和"。协作和竞争，能够使每个人做到"各尽所
能"。最终巴斯夏得出"我们看到在占有和自由两个原则中孕育着一切社
会和谐，而社会的不和谐则是与其对立的另外两个原则——掠夺和压
迫——发展的结果。占有和自由表明了同一思想的两个方面。从经济角度
讲，自由与生活活动有关，占有与产品有关。既然价值属人类行为，因此
可以说，自由导致并包含着占有。压迫对掠夺者来说也一样。总之，自由
是和谐原则，压迫则是不和谐原则，这两种力量的争斗构成了全部人类历
史"。[①] 也许巴斯夏对如何实现和谐经济的论述过于极端，不被其他学派
或带有左倾色彩的经济学家所接受。但他却是第一个系统分析和谐经济内
涵及其实现途径的经济学家，而且在许多方面，尤其是实现途径方面，至
今未有人超越。

　　自 2005 年提出建设和谐社会以来，我国理论界就开始了对和谐经济
的研究，但大部分研究都局限于对和谐经济内涵、主要内容的解释及与其
他因素关系的分析上。

　　由于仅仅是从经济学的角度来看待和谐经济，而经济学则又是从人的
经济利益，并且将人看作是利己的，因此和谐经济的内容也就比较单纯而
较容易界定。[②]

---

　　① 巴斯夏：《经济和谐论》，许明龙译，中国社会科学出版社 1995 年版，第 35、41、100、
118、120、212、231、313 页。

　　② 巴斯夏指出："政治经济学的主题是人。但是，政治经济学并不研究人的一切。宗教感
情、父爱和母爱、孝心、爱情、友谊、爱国心、慈爱、礼貌等，凡是涉及人的同情心的和富有感
染力的领域都属于伦理学，它留给姐妹学科政治经济学的只是个人利益这个冷冰冰的领域。"
（《经济和谐论》第 69 页）

我们认为，和谐经济具有以下特征。

和谐经济是一种能够充分发挥每个人积极性，也就是能够做到各尽所能的经济。这意味着和谐经济是一种充满活力，能够持续增长的经济。我们知道，追求经济的持续发展，是当今各种社会形态和发展模式的共同目标，而要实现持续发展的目标，就必须有足够的动力机制，而让每个人能够充分发挥自己的能力，将是和谐经济实现经济持续增长最主要的动力保证。

和谐经济是一种社会共同富裕的分享经济。只有共同富裕（不是平均富裕），各方面的经济关系才能和谐。

和谐经济的共同富裕是靠市场机制实现的，而不是靠行政干预或社会中心的再分配实现的。如果是靠强制力量实现，那么那些被强制剥夺的人，就会产生强烈的反社会行为，和谐也就无法产生。只有靠经济过程中的内在机制实现，人们能够安于现状，和谐才有可能。这也就是说，和谐经济中存在着这么一种机制，每个人追求自身利益的行为最终会导致整个社会的共同富裕；同时它能保证富裕的人的所得收入不被用于个人消费，而是将其转化为推动经济发展和社会共同富裕的行为。由此和谐经济，将是一种虽然存在一定程度的收入分配差距，但消费结果相对公平的社会，从而不存在明显的仇富心理。

和谐经济是一个充分竞争但又相互协作的经济。只有竞争，才有活力，经济发展才有持续的动力保证；有协作，才会产生整体（生产力）的放大功能。虽然受技术因素的影响，一定程度的垄断将不可避免，但社会会充分保证竞争的活力，将垄断局限在尽可能小的程度。在这个社会中，人们的选择将能够充分地反映其偏好，由此取得一定资源配置基础上尽可能大的个人福利和社会福利。①

和谐经济是一个内部经济效果不断外部化，而外部不经济日益内部化的经济体系。这意味着，为了保证充分的动力机制，和谐经济中的产权虽然是清晰的，但随着社会经济的发展，产权的范围及其力量却是不断被弱

---

① 在各种政论和理论文章中，经常看到"社会福利的最大化"的用语，实际上，该词只具有政论意义而没有任何的理论意义。因为一个社会是由不同利益诉求、价值偏好的人们所组成，他们对一定量资源配置带来的福利评价是不相同的，而福利作为个人的主观感受，是不能相互加总成一个无差异的总量的，所以在社会内部，是得不到"社会福利最大化"的评价标准和结论的。

化的，它们产生的利益将不断地转化为公共利益，这也就是巴斯夏所说的"共同体的不断扩大"。显然，在外部不经济日益内部化和内部经济外部化的过程中，人与人之间的经济利益关系和人与自然的关系将日益和谐。

和谐经济是人的四种需要，即物质需要、精神需要、生态需要和社会需要得到满足并相对协调的经济体系。人类从事生产的目的是为了满足自己的消费需要，消费是目的，是动力。这正如巴斯夏所说："因此，不管从何种角度看，消费是政治经济学的最终目标，善与恶，道德与不道德，和谐与不和谐，一切均在消费者身上化解，因为他代表整个人类。"① 而资本主义是一种消费需求极端畸形的社会，主要重视物质需要，忽视精神需要，基本不考虑生态需要的一种社会，因而是难以持续，要被更高级的社会形态所取代。注重人的生态需要和各种需要的平衡，是可持续发展与和谐经济区别于其他经济形态的重要标志，也是实现人与自然和谐的重要保证。不注重人的生态需要，也就不会注重保证生态环境，由此人与自然的和谐也就不可能实现。

和谐经济不仅是一种注重资本积累的经济，而且也是一种注重三种资本（物质资本、知识资本与生态资本。人力资本、社会资本等包含在知识资本中）积累相互协调的经济。从后面的分析中看到，资本积累是市场机制保证人们，尤其是富裕的人将自身的利己行为转化为社会共同富裕的重要途径，是促使内部经济不断外部化的最重要机制，也是保证收入分配差距转化为消费公平的必由之路。高度充分的竞争机制则是促进资本积累的制度保证。在注重资本积累的同时，还必须加强三种资本积累之间的协调。可持续发展思想与和谐社会的提出，主要原因之一就是在物质资本和知识资本日益积累的同时，生态资本却被大量消耗，以致最终威胁人的持续生存和发展。所以，三种资本积累的协调，是可持续发展与和谐经济实现的重要保证。

和谐经济能够促进和谐社会的建设。虽然经济学研究的仅仅是个人利益这个冷冰冰的领域，并不直接涉及"宗教感情、父爱和母爱、孝心、爱情、友谊、爱国心、慈爱、礼貌等"这些"涉及人的同情心的和富有感染力的领域"，但作为和谐社会的一个有机组成部分，它应该能够有力地促进社会和谐。由于在当代社会，经济活动成为整个社会活动最重要的

---

① 巴斯夏：《经济和谐论》，许明龙译，中国社会科学出版社 1995 年版，第 331 页。

部分，它是否和谐成为整个社会是否和谐的基础。正所谓"仓廪实而知礼节，衣食足而知荣辱"，因此和谐经济必须能够促进和谐社会的建设。

根据以上特征，我们将"和谐经济"定义为：和谐经济是一种所有人都能够各尽所能而充满活力，既充分竞争又相互协助，具有促使人们的利己行为转化为促进整个社会共同富裕的强大作用机制。因此具有将内部经济外部化和外部不经济内部化的能力，能够不断地推进资本积累并保证不同资本积累间的平衡，能够使人的四种需要得到均衡满足而实现福利最大化，能够推进和谐社会建设的经济形态。

二　生态市场经济的和谐经济本质

作为和谐社会与和谐经济的体现，生态市场经济显然应该在各方面都反映其内在要求。

知识经济的内在规定是让各行为主体充分发挥自主性，通过竞争与协作使个人获得更大利益的同时增进整个社会的福利。虽然我们讲到，要实现资源的优化配置，社会中心就必须对各微观主体的行为加以约束，同时在资源配置的每个环节都施加可持续发展与和谐社会要求的各种伦理制度等，但这并不是反对个人选择的自由。因为这些限制是在符合社会最大多数人利益，尤其是人类作为一种物种利益最大化——持续生存与发展的基础上，经过社会所有成员充分协商的基础上实施的。这正如巴斯夏所指出的那样，充分发挥人们的自主性却并不排除在自发的市场调节无效或低效的领域实施社会调节一样。为了人类作为整体的最大利益，社会中心必须将反映可持续发展或生态经济与和谐社会的伦理制度施加在生态市场经济资源配置的每个方面。我们知道，所谓自由，就是每个人的行为不对社会和他人造成不利影响基础上的行为选择，只有这样，社会才能保证正常运行的秩序。

我们知道，资源环境具有公共产品性质，是生态产品的主要供给来源，生态市场经济对生态环境和资源的保护，或者说在这方面对人们的行为加以一定的限制，也就是满足人们对生态产品需要的最大努力，是和谐经济要求的共同富裕分享经济的最佳体现。

生态市场经济区别于传统经济最明显的地方之一，就是它更加注重生态环境的保护与投资，或者说对生态资本的投资。传统经济发展方式难以持续的重要原因就是生态资本在整个资本结构中处于极其短缺的程度，生态市场经济的重要内容之一就是要加强这方面的建设，使三种资本相互协调，以取得一定投入基础上的最大产出，实现人类的最大福利。

　　生态市场经济作为一种注重环境保护的经济制度，必然要求将生产过程中对环境和他人造成外部不经济的生产方式内部化，同时为鼓励生态资本与生态产品的建设，也必须会加强那些对生态环境和社会带来利益的行为内部化，以实现资源配置的最优化。

　　为了让承载人类的这个"地球飞船"在茫茫宇宙中能够更长久地存在，就需要所有的成员同舟共济，实现这个条件的保证就是产品分配的相对公平。作为体现可持续发展与和谐经济要求的生态市场经济，其对共同产品属性的生态资本和生态产品建设的加强，就是这方面最明显的体现之一。在市场化的产品方面，如上面所讲的，只要发挥市场机制的功能，那么市场制度和资本积累的演进，必然会带来整个社会的共同富裕。自然，为了保障老弱病残人员和低质量劳动力的需要，一定形式的社会再分配也是必不可少的。

　　所以，无论从哪个方面看，生态市场经济本质上都是和谐经济的最佳实现形式。

第三章 生态市场经济系统

生态市场经济是一个系统，不同的角度呈现不同的内容，对这些内容的分析，是我们对生态市场经济进行系统分析的前提。

第一节 社会生产系统

任何社会科学研究的对象，都是人类社会的再生产系统，只是研究目的不一样，产生了它们视角的差异。生态市场经济系统，也就是从一个特殊视角看待的社会生产系统或生产力系统，为了正确认识生态市场经济系统，首先需要客观地认识社会生产系统。

一 生产力要素

任何系统都是由一定的要素构成的，生产力系统或社会生产系统是由生产力要素构成的。[①]

（一）生产力要素性质

从事物的性质讲，生产力要素就是构成生产力不可分解的基本元素。就这个特点来说，可持续发展系统的构成要素是劳动力、劳动资料、劳动对象和生产条件。生产条件包括生态环境和社会环境。从宏观方面看，社会生产条件只有生态环境；从微观方面看，社会环境才属于生产条件。因为社会环境是由四要素组成的产物，所以它不属于要素，而是由传统三要素组成的成果或子系统。整个生产力系统就是由这四要素，在生产力系统的不同层次内，根据生产力的内在要求，按不同的方式组合而成的。

---

① 由于传统经济学将生产力要素与生产要素相区别，因此这里也沿用这种划分。实际上，从性质上分，生产要素正确的叫法应该是经济要素。在西方主流经济学中，生产力要素与生产要素在性质上是相混淆的，如它们将资本理解为机器设备和厂房等，而实际上，资本仅仅是一种特殊的生产关系，即特殊制度安排下的债权债务关系和剩余获取关系，机器设备等只是投入品（参见杨文进《政治经济学批判导论：体系与内容的重建》，中国财政经济出版社 2006 年版）。

虽然在西方经济理论中，劳动对象包括土地或各种在人类作用力下的自然资源，如矿藏、森林等，那些未在人类劳动直接作用下的自然资源和生态环境则不属于生产力或经济系统的范围。人们知道，生态环境和社会环境对生产力的作用是非常显著的。人类的生存环境，不仅对现有生产能力的发挥状况具有巨大的影响，而且决定着该社会的生存和生产力的发展状况。如在农业生产中，除生产环境外的其他三要素的质量都很好，但如果环境条件很差，如大气或者水资源污染严重，即使劳动者很努力，仍不可能取得好的收成；工业生产过程中这种情况同样明显。这说明，劳动力、劳动工具和劳动对象效率的发挥，依赖于它们存在的环境质量的好坏。好的环境，能使一定量其他生产要素得到更有效的发挥并取得更多的产出；差的环境，则不仅会降低一定量其他生产要素的产出，而且会使这些生产要素本身遭到严重损害，如环境被污染，会使劳动者的身体遭到严重损害，劳动工具被严重锈蚀等。同时，这种理论是将自然作为人的对立物来看待的，如把自然作为人类改造的对象，即使那些属于生产力范围的矿藏、森林和耕地等这些自然资源也是如此。

生产条件，有微观与宏观、有形与无形之分。宏观生产条件中最主要的是生态环境（包括自然资源），在某种程度上也包括一定的社会基本制度等传统上被认为是上层建筑的内容。微观生产条件，则不仅包括生态环境和一定的社会环境，也包括由传统三要素组成的因素，如厂房等各种生产条件；对企业个别劳动者来说，企业生产过程中的一切都是生产条件。这也就是说，微观生产条件与宏观生产条件是有很大区别的，由传统三要素构成的内容不属于宏观生产条件，但其中的相当部分属于微观生产条件。①

---

① 在传统经济理论中，是不区分宏观生产要素与微观生产要素的，而两者之间是存在本质区别的。如各种投入品，从宏观上看属于中间品，但却是厂商的实际投入或生产要素。同时，传统经济理论也没有很好地区分生产（力）要素与经济要素。生产要素的划分是从各要素在生产中的地位或作用来进行的，而经济要素则是根据其在人们经济利益关系中的地位或作用来进行的。西方经济学中的生产要素，即劳动、资本与土地，实际上是经济要素，因为它们是根据人们之间的利益关系来划分的。从这种关系看，那些作为中间品对待的投入品虽然不属于宏观生产要素，但却是实实在在的微观生产要素。因为它们价格的高低，关系到买卖双方的利益，如投入品价格高，将使生产者受益，使用者受损，所以从利益关系看，它们属于生产要素。实际上，在微观分析中，不仅单个厂商在传统三要素使用中所占的比例很低，而且在行业中也是如此，因此在成本效益分析中可以完全忽视它们的影响，即可以假设它们的价格及供给量是不变的；只有投入品由于有专用性而会随着行业供求的变化而改变，因此会显著地影响厂商和行业的成本效益，所以在厂商分析中，应将它放在最重要的地位。然而实际情况却是，西方微观经济学中几乎没有它的身影，由此可见该理论的缺陷。

传统生产力理论，由于没有把劳动生产条件包含在生产要素中，不仅使这种生产力理论及建立在这种理论基础之上的经济理论，无法解释许多生产问题和经济问题。例如，在不同的环境下，为何相同的生产资料和劳动支出会有不同的生产效率等一系列问题，而且促使人们在生产过程中以破坏生产条件（如生态环境等）来取得狭隘的生产利益，以致在传统生产力得到空前发展的同时，人类却面临有史以来最严重的生存危机，生产力的持续发展能力也不断被削弱等，就充分说明了传统生产力理论或经济发展理论的不足。

虽然传统上不属于生产力范围的自然界是生产力的组成部分，但并不是全部自然界都是生产力的组成部分，整个自然界是一个比生产力系统更大的巨系统，生产力系统只是它内部的一个子系统，因此只有部分生态环境成为人类生产力系统的组成部分，那些不直接作为生产力系统的生态环境，如外太空以及人类影响力所不及的生态环境等，尚不成为生产力系统的组成部分。这种情况说明，虽然生态环境是一个比生产力更大的系统，后者只是它的一个组成部分，但从生产力系统的角度看，（那些直接影响的）生态环境又只是它的组成部分，因而是它的一个子系统，这决定了两者之间是相互影响和相互决定的。

（二）四要素间的转换遵从热力学第二定律

四要素间在生产过程中的能量转换并不是守恒的，它遵循热力学第二定律，即有用的能量通过消耗，最终会形成无用的能量。这也就是说，在给定的四要素间，并不能维持一种循环不断的简单再生产。这是因为在四要素之间的能量转换中，有相当部分能量会在这种转换中被消耗而不能被人类再利用，虽然这部分能量会被环境所吸收（大部分能量通过向外太空的耗散而维持生态环境的相对平衡），但它改变的环境却不是使环境由此积累能量而转化为能推动可持续发展的新要素，而是会在不同程度上使环境的质量恶化，阻碍生产力发展。这种情况在以石化能源为主要能量来源的工业生产时代更为突出。在这种非守恒的能量转化中，要维持再生产的正常进行，就必须不断地有新的能源和物资来补充。这个来源就是自然界。它不仅包括我们所讲的生产条件，而且包括整个地球和人类活动所能涉及的太空。在生产过程中，正是因为人类能够不断地从自然界中取得新的能量和物质，同时又不断地向自然界放出（对人类无用或不能被人类利用的）无用的能量和物质，才保证了社会再生产能正常进行。如果设想将来的某一天出现这种情况：人类在生产过程中消耗的能量和各种有用物质，大于从自然界所能得到的能量和有用物质，那么生产力这台推动人类进步的发动机，将会由于得不到所需的能量和资源而逐渐衰退下去，人类也会在此过程中衰落甚至消亡。这也就是说，如果人类的技术进步速度，赶不上生产力对自然界中人类已掌握利用的各种有用资源消耗的更新速度，同时人类又不能从其他星球取得补充资源供应或向这些星球移民，那么人类最终会因自己的成果埋葬自己。在这种条件下，以消耗化石能源和矿藏物质为代表的生产力发展速度越快，人类的毁灭过程也就会越早到来。自然，目前距这一天还很遥远，大自然经过几十亿年积累的有效能量，还能维持人类相当长一段时间的发展。但这种情况也说明，如果人类不能将自己的行动与自然界的生态活动相协调，那么人类将因自己的"成果"而给自身造成巨大的痛苦。

生产条件中的生态环境，从大的方面讲，也就是整个自然界。在这里，它既是生产要素之一，是社会生产力的组成部分，又是整个生产力的载体，或者说生产力系统只是它的一个子系统。因为人类本身就是生态巨系统中的一个组成部分，人类的活动也始终被限制在生态系统中，所以由人组成的生产力系统只能是自然系统中的一部分。自然界不仅为人类提供生产与生活必不可少的原料和一些消费品，而且还是补充生产力发展所需物质和能量的源泉。这正如威廉·配第所讲的"劳动是财富之父，土地是财富之母"一样，同时它还是生产力系统释放无用能量和废物的场所。但自然界并不是一个永无止境的自然资源宝库和垃圾场，人类活动的范围或对自然界破坏的程度，一旦超过自然界恢复的能力极限，它就会反过来报复人类，最终会强制限制生产力的作用范围和能力。古丝绸之路的毁灭，两河流域文明的消失等，都是这种情况的结果。这说明，人虽然是自然界的宠儿，但不管人在自然界中取得什么样的成就，他都是自然巨系统中的一个有机组成部分，受到其规律的严格制约。所以在这里，自然界不仅是人类的劳动对象，而且是生产力和人类赖以生存的空间和基础。这个基础如果被破坏，社会经济的持续发展和人类的生存就难以维持。今天，随着人类活动能力的增强，自然界中人的烙印也越来越深，也就是说，人的活动及其劳动成果，越来越融进自然界中。如地球表面的植被，有越来越多的部分是人工栽培的，如农田中的庄稼，山区和平原中的树林，海洋耕种面积也在以越来越快的速度增加，大气、水资源等也同样日益受到人类活动的影响，因此，今天的自然界是一个人与自然相融合的世界。这一方面说明，自然界的状况及其变化越来越受到人类活动的影响或者由其决定；另一方面则说明，曾养育人类的自然界，在人类长期无知的活动中，正变得越来越脆弱，这反过来也使得人类在自身的科学技术水平不断提高，改造自然力量不断加强的同时，生存危机也越来越严重，因此，转变生产方式和发展方式就显得尤为重要。正是在这种背景下，与自然相融合的可持续发展观念被提出来，以取代传统的人与自然相对抗的发展观。

虽然从抽象的观点看，生产力只有四要素，但每一要素都是成系统的，正是这种生产力要素系统间的结合才组成了系统的生产力。生产力各要素内部不仅是成系统的，而且在系统内部还根据质量、数量、空间与时序的结合要求，进行有机的排列。

二　社会生产系统

生产力四要素系统间的有机结合，就组成了生产力系统或社会生产系统。除了由自然界自然更新提供的部分生产要素外，生产力必须再生产出构成它的所有要素。这也就是说，生产力不仅是协调人与自然关系的力量，而且是更新人类自身及协调人类之间关系的力量，是它们的有机统一。

（一）生产力要素到生产力系统的转变是一种质的飞跃

从系统论知道，系统虽然由要素组成，但其功能却不等同于要素系统的功能。即在这里，当四要素系统发生结合而形成经济发展或可持续发展系统时，其性质会发生质的变化，复杂性也会极大地加强。如在此过程中，不仅会产生出能生产出产品的生产能力及相应的劳动方式和生产方式，而且会产生出复杂的生产关系，同时还会产生出经济制度、管理体制、文化和社会意识形态、维持生产和生活秩序的法律等各种传统上属于上层建筑的内容。这是因为，由于生存环境的缘故，人的产生及维持生存的生产活动，从一开始就是一种社会过程，为了维持这种社会性，就必须有一定的社会组织方式和维持这种方式存在的文化或意识形态、制度等内容。自然，这个过程是逐渐由简单到复杂的，如它由原始社会简单的社会组织形式和生产方式，逐渐发展到今天这种高度复杂的社会组织形式和生产方式。这种过程犹如细胞分裂一样，它在不断产生出新因素或子系统的同时，也使整个系统日益复杂，并且使许多目前称为上层建筑的内容，如维护社会再生产过程正常进行和协调人际关系的法律、经济体制以及相应的制度、社会文化和意识形态等不断从中产生出来，并成为生产力系统的有机组成部分。正由于生产力或经济系统的这种性质，才会在今天发展出像制度经济学、政治经济学等这样的经济学科来。

（二）生产力系统的组成

生产力系统的组成，可以根据不同的分类标准进行分类。如可根据社会再生产的过程对它进行分类；也可根据不同产品性质的生产对它进行分类，如物质生产、精神生产和生态生产等；还可根据其功能来对它进行分类组合，这里就是以这种标准对它进行分类的，因此将它抽象为图3－1。图中线条既表示各子系统的联系，又表示它们之间能量（包括产品和信息）的交换及转换关系。

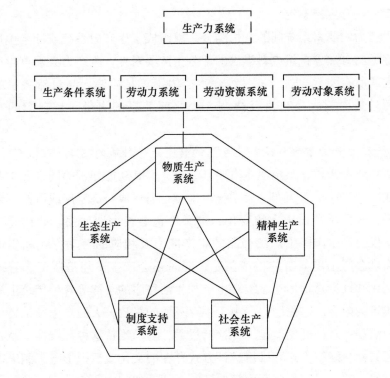

图3－1　生产力系统图

"物质生产系统"，系生产该社会所需物质产品的部门，主要目的是满足人类对物质产品的需求，即物质需要。从消费层次理论知道，物质需求是人类的最基本需要，只有这个需要基本满足后，其他的需要才会被重视而得到发展，所以它是整个社会生产系统的基础。

"精神生产系统"，系生产该社会所需精神文化产品的部门，主要目的是满足人类精神所需。由于精神文化产品消费的满足，同时又是人的能力提高的过程（人力资本或知识资本积累的过程）。在整个生产力系统的构成要素中，劳动力是最具有创造性的，所以该系统的生产能力或对社会需要的满足能力，是反映该社会生产力发展状况或可持续能力的最重要指标。

"生态生产系统"，指生产生态产品的部门，主要满足社会对生态产品的需要，同时包括对生态环境的修复、改善等。由于生态产品的供给能力依赖于整个生态环境的完好状态，因此它的生产能力，反映社会生态环境的完好程度，反映每个时期人类对人与自然关系的认识及其态度。

"社会生产系统"，指生产社会产品的部门，主要满足人类对社会产品的需要。人类之所以会产生各种社会性需要，是因为人的本质是社会性的，因此必然会产生相应的对社会性产品的需要。如家庭的需要、社会集团交往的需要、社会政治活动的需要等，所以社会需要也是人类需要的一个重要组成部分。社会需要与精神需要之间是密切相关的，存在着高度的重叠。社会生产系统，还包括社会对经济发展过程中各种干扰的处理能力，使社会经济发展保持稳定的能力。

"制度支持系统"，指对整个系统提供制度供给，保证整个系统协调的部门。

在实际过程中，它们之间是相互依存又相互制约的，从协同论可知，只有同时处理好彼此之间的关系，使它们之间保持相互的协调，社会生产才能真正实现，如果某一系统与其他系统之间出现失衡现象，如生态生产系统不能满足经济发展对环境资源的消耗和废弃物的排放，那么整个系统就会因此而萎缩。

显然，生产力要素要组合成现实和优化的生产力或可持续发展系统，就必须按照一定的要素进行组合。如质量组合要求、数量组合要求、空间组合要求和时间组合要求等。

为了保证生产力系统的正常运动，生产力系统的各部分之间就必须不断地进行能量和物质交换，同时在向生产力系统提供部分能量和物质，以及向自然界排放无用的能量和物质时，它必须不断地从自然界得到等于或大于在此过程中消耗的能量与物质。这说明，人类社会生产维持再生产的一个重要条件，是不断地与自然界进行能量与物质交换，并使这种交换保持在二者都能承受的范围内。如果自然系统受到破坏，不能有效地吸纳可持续发展在运动中排出的废物和向生产力系统提供所需的补充能源和物质，社会生产系统就会走向衰退。所以，良好的自然环境不仅是可持续发展的基础，而且是生产力系统中的一个重要组成部分。

生产力是一个既具有一定的相对稳定性，但又经常变化的系统实体。随着生产力的发展，会不断有新的子系统从原来的系统中分离出来，犹如细胞分裂一样。生产力越发展，这种情况越普遍。因为系统与系统之间的相互运动及渗透，会引起生产力各要素和系统之间的不断重新组合，产生出新的系统，这正如物种间的杂交会产生出新的物种一样。随着科学技术的不断进步，这种情况会不断加快，所以对待生产力系统要用动态的观点去看，否则我们就不能解释一些新情况的产生，更无法认清其本质。可持续发展系统作为社会和自然巨系统中的一个子系统，还具有很强的开放性。它会不断地与周围环境，如环境系统、政治系统等系统进行能量交换，并相互渗透和相互影响。正是这种特点，才使社会生产系统能够在运动中不断发展。

要注意的是，正是生产力系统内部结构及组合要求等方面的变化，才导致一个社会的生产关系及其相应的社会制度等方面的不断变化。没有生产力系统内由生产技术决定的生产组合方面的变化，社会生产关系和社会制度也不会变化。这说明，生产力系统内部包含了劳动方式、生产方式、生产关系和大部分上层建筑等内容，生产力是这些因素存在的基础。正是生产力系统包含了这些内容，这些因素才会明显地影响生产力或经济的发展。

（三）生产力系统的性质

虽然上面提到，生态市场经济系统就是特定角度的生产力系统，但却不是一般意义上，即我们传统理解的生产力系统。这是因为，虽然构成系统的要素是相同的，但由于人类对它的认识不同，因此，它们各自的目的和性质也是截然不同的，所以，不能将两者等量齐观。

传统上，我们将生产力作为人类征服与改造自然的力量，同时将在伦理价值和社会政策上追求有差异的生产关系作为生产力发展的动力，因此，生产力系统被构造成有巨大生产关系差异的系统，其结果不仅在人与自然之间严重对立的基础上，导致生态环境的严重破坏，而且导致严重的社会对抗而阻碍社会的持续发展。在这样的社会基础上，可以说，生产力水平越发展，人类社会的可持续发展就越没有保障。这正如工业革命以来，以传统标准衡量的社会生产力得到空前发展，人民享有的物质生活水平也达到前人无法想象的程度，但人类社会却面临同样空前的生存危机。由此迫使人类不得不进行包括哲学、伦理价值观在内的社会发展方式的转变。

与传统的生产力发展观不同，生态市场经济的发展观是将人类的持续生存与发展作为首要目标，而这种持续生存与发展的能力，在很大程度上决定于人类与自然的和谐程度，因此生态市场经济不像传统生产力那样，将人类征服与改造自然的能力作为衡量生产力的发展水平，而是将人类与自然的和谐程度，在适应自然的过程中满足人类需要的能力，作为衡量人类社会发展的水平。这也就是说，生态市场经济基础上的社会生产力，就是人类协调自身与自然的关系，满足人类持续生存和发展的能力。这正如第二章分析的那样，为了达到这个目标，人类就必须在各方面改变自己的伦理价值、生产关系、生活方式和上层建筑等各种观念和制度。为了做到自然资源和生态环境的可持续性，就必须做到人类社会内部在各方面的公正与公平。因为人与自然的关系，只是人与人之间关系的反映，只有在各种生产关系相对平等的基础上，人们才可能不为一己之私利而滥用自然资源和破坏生态环境，生态环境的可持续目标才能实现。所以要实现人类社会的可持续发展目标，就必须改变传统的以追求生产关系差异的动力机制，生产力系统就必须由多层次生产关系形成的宝塔形系统，向平面型系统转换。与这种转换相适应，社会生产关系、分配制度、资源配置方式及其优化标准、上层建筑等一系列与人类社会发展有关的因素与制度都必须进行相应的变革。

这种情况说明，生态市场经济系统并不是一种单纯的生产力，而是包括生产关系、生产方式和绝大部分上层建筑等内容在内的综合性系统。也就是说，生产力、生产关系、生产方式与上层建筑是同体的，而不是像传统认为的那样，生产力只是生产方式中的一个组成部分，并且生产力与生产关系是异体的，生产力只是生产方式的一部分，同时与上层建筑没有直接的关系。如果像后者描述的那样，生产关系和上层建筑就不能直接作用于生产力，只能通过间接的方式影响生产力，这与现实的生产关系和上层建筑直接作用于生产力的事实形成鲜明对比。正是由于这种因素都包含在生产力系统中，它们的改革才会对生产力的发展起着巨大的作用。同时也正由于生产力具有的这些因素或内容，因此才使它不仅反映了人与自然的关系，而且反映了人与社会的关系，从而具有社会性，并成为社会系统中的一个子系统，与其他系统发生直接的相互关系。

第二节　生态市场经济系统

当从人类经济利益关系并且以满足人类社会持续发展的角度来看待生产力系统时，它就转变成了生态市场经济系统。

一　生态市场经济的组成要素

既然生态市场经济系统（以下简称经济系统）就是特定形式的生产力系统，那么二者的组成要素就是一致的。但由于经济系统毕竟是特定形式的生产力系统，因此它会在一些具体方面拥有自己的特殊性，这种特殊性会使生产力系统"转换成"生态市场经济系统后，在许多方面发生变化，要素方面的转换就体现了这点。

由于经济系统是从人们之间的利益关系看待的生产力系统，从而对经济要素的认识也是从人们之间的物质利益角度去看待各生产力要素是不是经济要素的。传统上，生产要素是否成为经济要素，是根据它能否给当代特定的人或集团带来经济利益。只有当一种物品或投入能给其所有者带来经济利益时，才被认为是经济要素，否则即使它对生产力的组成和发展的作用很大，仍不能成为经济要素。这正如生产条件和劳动对象中的一些自然要素，如空气、水、原始森林等是生产力的重要成分，也是人类进行经济活动所不可缺少的。但因为它们不能给特定的人或集团带来经济利益，所以不能成为经济要素而进入经济学的分析范围，同时也不能进入实际的社会分配范围。由于生态市场经济系统是从人类长期生存和发展这个全人类最高福利的角度去看待经济运动的，因此判断各种生产要素是不是经济要素，不仅要看它是不是给特定的人或利益集团带来经济利益，而且要看它是否能增进全人类共同的经济利益。

从人类社会的经济利益方面看，组成经济系统的要素，除了传统上的劳动力或劳动力商品、资本与土地这三要素外，还包括自然环境和生态资源。因为它们不仅对当代人的利益至关重要，而且对后代人的利益也是同样重要的，所以也属于经济要素。在实际过程中，由于当今的生产未完全把生态资源的价值反映在产品价值中，因此人们从消费中得到的福利，是远远大于实际的以市场价格反映的福利的（但它是以牺牲后人的利益为代价的），同时也说明社会实际的生产成本要远远大于以货币计量的财务成本。在此，传统土地与生态资源的区分，主要是前者作为直接的劳动对象而存在的，并且可给特定的人或集团带来经济利益，而后者则不是作为直接的劳动对象，而是作为人类生存和生产的条件而存在，并且一般不给特定的人或集团带来额外的经济利益，而是给所有人带来利益。

与此相似，经济要素还包括社会资本。前面讲到，生产力四要素一旦相结合，就会发生质的变化，会产生出社会生产组织方式、经济管理体制、生产关系、调节经济关系等方面的法律等社会生产形态来，这些内容对生产力的发展和价值生产起着重大的作用。这正如我国改革开放以来，仅仅由于进行了这方面的改革，就使得我国的社会财富如雨后春笋般涌现出来，就充分说明了社会资本的重要性。虽然现在关于社会资本的含义及其具体内容还不十分清晰，但社会资本的存在及其作用，却是得到大部分经济学家和社会学者的认同。社会资本的性质，同生态环境资本或环境资本一样，不是给特定的人带来特殊利益，而是给所有人带来利益的公共性资本。对社会资本的揭示，将能够较好地说明制度改变对经济发展的作用，解释不同国家间的经济发展为什么不同的原因。

从微观的角度看（包括地区和行业等），经济要素还包括各种由其他部门生产的中间品。因为它们数量和价格的变化，会明显影响供求双方的利益分配，所以也属于微观性经济要素的范畴。中间品的这种特点，是产生市场经济矛盾的一个主要原因。因为生产社会化所产生的各部门之间的联系，使社会所有部门和个人形成了一个利益共同体。要取得最大的共同利益，要求各部门和各个人之间相互协作和共同行动，但市场经济以商品交换为纽带的联系方式却使这点成为不可能（其原因，一是协调的成本太高或者就是在现有的技术条件下根本做不到，二是会导致动力机制的丧失）。因为市场交换或商品买卖的本质也就是供求双方的利益竞争，如果商品的价格提高了，它意味着商品的卖者受益而买者受损，所以商品交换使得原来的利益共同体变成了利益斗争体。这虽然使传统的经济发展获得了巨大的永不停息的动力，但却使（静态的）资源的优化配置和最大的社会福利成为不可能，同时还使得资源和环境的可持续性成为不可能——

动力机制与资源环境的可持续性是难以同时兼得的。如何解决这方面的矛盾，成为对当代人类智慧的最大考验。

由于对要素性质的判断标准不一样，因此生产力要素与经济要素之间并不是完全对应的。如经济系统中的资本与土地，就与生产力系统中的劳动工具与劳动对象不完全一致；生产力中的劳动对象，在经济系统中则成了资本与土地。同时，经济系统中的资本，不仅包括全部的劳动工具和那些以货币购买的劳动对象或各种原料性投入品，而且从厂商或资本的角度看，已被厂商购买而处于生产过程中的劳动力也属于资本的范畴，更广泛地讲，甚至具有经济价值的自然资源，如空气、水源、各种矿藏等，也属于资本（生态资本）的范畴。在这里，将经济要素分为劳动、资本、土地（包括自然资源）、环境资本、社会资本五要素，[①] 一是以不同的利益集团或不同人们之间的收入来源为标准划分的，二是以全人类的共同利益为标准划分的，但从生产组织者的角度看，这一切都属于资本的范畴。不过在此，为了分析方便，仍把它们相对分离开来。即在这里，将劳动力、土地与生态资源从资本中相对独立出来。

二　生态市场经济系统的构成及其内部关系

五种要素系统根据生态经济要求的有机结合，就组成了生态市场经济系统（如果从中抽象环境资本系统，它则成了传统的经济系统）。生态市场经济系统，从其范围来说，也就是生产力系统。但由于它是从特定的角度看待生产力系统或可持续发展系统，所以相对于生产力系统来说有它自己的特殊性。

生态市场经济系统的内部构成，可以从不同的角度去认识。这里从这几个方面来看其构成：一是从产品的服务范围看，可分为基础性产业部门与非基础性产业部门；二是从各部门之间的投入产出的关系看，可分为以纵向联系为主的部门和以横向联系为主的经济结构关系，这种划分也可叫作以生产过程细化性分工和以职能分工的经济结构关系；三是从产品的服务对象看，可分为投资品生产部门与非投资品生产部门；四是从财富积累的形式看，可分为人力资本、物质资本、精神资本、生态资本与社会资本等生产部门；五是从不同的功能角度看，可分为生产力系统中的那 5 个部分，因此可以将图 3-1 抽象后转化为生态市场经济系统图；六是从社会

---

① 后文中，将会把这五种要素归并为三种资本，即物质资本、生态资本与知识资本。

需要看，可分为物质产品、精神产品、生态产品、社会性产品等生产部门。在经济系统中，各部门之间不断地进行着价值与使用价值的交换，这种交换是经济系统得以维持和发展的基础。本书对可持续经济发展系统的分析，将主要从资本积累和社会需要角度进行。

在现代经济中，与个人利益直接相关的经济活动及其价值与使用价值间的转换，是通过以货币为媒介的交换来进行的。货币的出现，使商品与货币分为相互对立的两极。这种两极性，使它改变了物物交换中那种交换者之间商品间的对称运动，它使经济系统的运动表现为相互对立而方向相反的货币运动与商品运动。在市场经济中，这种性质的反方向运动，反映了生产什么与需要什么各自是由不同的因素决定的。如需要什么产品，是由市场需求行为决定的，而生产什么则是由厂商行为决定的。一般来说，生产什么，主要是由已有的生产结构决定，它在短期内是不容易改变的，从而是刚性很强的；需要什么则是由人们的消费行为决定的，这种行为是随时可改变的，因而具有高度弹性。这种弹性程度的巨大差异，意味着在实际过程中，不仅供求总量间很容易出现不一致，而且供给结构与需求结构之间更容易出现不一致。这种不一致，是导致经济运行不稳定的最主要因素。

生态市场经济系统的内部运动，不仅是实物、价值、价格等范畴的相互作用及其变动，而且还包含了经济体制和制度、人与自然的关系、人们之间的经济关系和生产关系、生产方式与劳动方式、社会经济意识和文化等各种因素的相互作用和变动，经济系统的运动，是这些因素相互作用及其运动的有机统一。

三　生态市场经济系统的性质

作为一种特殊形态的经济系统，生态市场经济系统显然包含了经济系统的一般内容，如生产关系、上层建筑等方面的内容。在此，不对这些一般性内容进行分析，只分析其所具有的特殊性。

生态市场经济系统的特有性质，就是它包含了人与自然的关系，这种关系是人类内部关系的基础。因为，当自然资源非常丰富，可直接满足人类的大部分需要欲望时，就不会产生人们之间的利益矛盾关系。人们之间的关系也一定是平等和民主的，正是由于自然资源不能直接满足人的需要欲望，才会产生人们对自然资源的争夺，并在此基础上产生国家、民族、利益集团等利益矛盾主体，从而产生出阶级、阶层等这些社会利益矛盾的范畴来。这正如今天人们认识到的，在一个利益矛盾冲突严重，或者说两极分化的社会，是不可能有效地保护生态环境和自然资源的。因为在这种社会中，一方面那些社会下层的人们，为了温饱和生存，在没有其他谋生方式的情况下，必然会转向并加强对公共性自然资源和生态环境的掠夺，从而破坏生态环境和自然资源。这说明，贫困是生态环境和自然资源的最大破坏因素；另一方面各利益团体或个人，为了在竞争中获得更大的利益，会竞相利用公共性的自然资源和生态环境，其结果必然会导致自然资源和生态环境出现"公地的悲剧"式的结局。所以说，在利益竞争的社会，是不可能做到资源和环境的可持续发展的。这说明，人类要协调好与自然的关系，首先必须调整好人类自身的内部关系。正因为这一点，所以生态市场经济理论才把处理好社会公正、实现代内公平和代际公平作为其重要组成部分。人与环境关系的调整，必然会导致人类内部各种关系的调整，导致制度的变革，甚至会导致社会形态和政治制度的变革。

生态市场经济系统将生态环境和公共性自然资源作为其有机组成部分和要素看待，说明协调好人与自然的关系，从而协调好经济发展与生态环境和自然资源持续利用的关系，是实现其目的的重要组成部分，而不是像传统经济学那样，将二者作为对立面来看待。这种改变，必然会导致人类动力方向的变化。如在传统人与自然关系的认识观下，人们实现自己利益的主要方式之一，就是加强对自然资源的掠夺和向生态环境排放废弃物，而在可持续发展的观念与制度安排下，人们实现自己利益的主要方式将是有效地保护生态环境，提高自然资源的利用效率等。

四　经济发展到可持续经济发展

从市场经济到生态市场经济，意味着人类社会由对经济发展的追赶转换到对可持续发展的追求。虽然从量上看两者都是经济总量的一个持续增长过程，但实际内容却存在着本质的区别。生态市场经济追求的是整个社会（经济）系统的持续进化过程，是系统整体和各子系统的质变及量变过程。

前面曾指出，生态市场经济本质上就是可持续经济发展在当前的社会组织形式。所谓"可持续经济发展"，就是在一定资源基础上取得尽可能多的当代人经济福利的同时，能保证后代人所得到的经济福利不小于当代人所享受的经济福利水平；或者是在一定资源基础上，取得尽可能大的当前收入，并能保证以后的收入不减少且能持续增长。①

　　从历史发展的角度看，一个社会的经济发展是从不发达而逐渐过渡到发达的（这里的发达与不发达是相对的，即它相对于不同历史时期而言），但经济发达却并不一定导致经济的持续增长或发展，它也可能由发达而衰落。如古印加文明的衰落、两河流域文明的消亡、古罗马和古希腊文明的衰败、古丝绸之路的湮灭等，都反映了这种经济发展的非完全持续性，我国封建社会经济发展的周期性运动等也反映了这一点。对有些社会来说，受各种因素的影响，经济发展到一定程度，在相当长的时期内（该时期可能长达数千年甚至数万年）并不一定会向着更高程度发展，而是会以此为限做周期性运动。如我国秦王朝以来几千年②的经济发展，如果没有外国资本主义的冲击，很可能在非常长的时期内也过渡不到现代经济，会在专制集权体制内特有的周期中长期运动。一个社会的经济是否能在一种经济形态或生产方式的基础上得到不断的发展，并逐渐过渡到一种更高级的经济形态或生产方式，从而使经济得到持续发展，一方面取决于该社会内部各种因素的可塑性，另一方面取决于是否存在促使这些因素发生质变的外部力量。一般地说，一种社会形态的发展程度越完备或成熟，如果没有大的技术变革或外部冲击，那么该社会各种促进经济持续发展因素的可塑性就越小，或者说保守程度就越大，该社会对经济持续发展的阻碍力量就越强。如我国是世界上专制体制社会形态最完备和成熟的社会，因此尽管我国在唐宋时期经济发展就达到了传统社会内所能达到的最高水平，并在世界文明进步方面长期处于领先地位，但在各种保守力量的制约下，却不能自然地过渡到更高级的资本主义社会。一般地说，成熟度和封闭程度越高的社会，其持续能力就越强，但持续发展的能力则可能越弱。

---

　　①　在我国最早和最权威，由刘思华教授主编的《可持续发展经济学》（湖北人民出版社1997年版，第18页）一书中，将可持续经济发展或可持续发展经济定义为：可持续发展经济，应该是经济发展的生态代价与社会成本最低的经济。它由两个关键部分构成：一是资源环境持续利用达到国民生产净值的最大化；二是人类社会福利应随着时间转移不断增长，至少能做到下一代同前一代持平。

　　②　在我国历史的断代中，春秋战国被认为是奴隶社会向封建社会转换的过渡时期，统一后的秦王朝则被认为是封建社会确立统治地位的标志。而实际上，根据欧洲对历史分界的划分标准，我们历史上并不存在严格意义上的奴隶社会，同时从三皇五帝到秦王朝统一的整个时期，是一种典型的封建社会。秦王朝统一后的社会制度，则是在西欧历史中所没有的，因此历史学家无法对其进行归类，马克思也只是将其归类于内容不详的"亚细亚社会"。由于封建社会制度是过渡到典型资本主义的必要条件，由此决定了中国不可能靠自身的作用机制过渡到资本主义。

相反，开放程度越高而又处在进化的社会，其发展速度就越快，但持续性越弱。

　　从经济发展的角度看，一个社会各种关系的可塑性，一方面取决于该社会技术创新的速度及其决定的利益再分配的力量是否足够强大；另一方面取决于该社会内部各阶级之间力量对比的均衡性程度。如果各阶级之间的力量对比过于悬殊，并且在利益分配中占优势地位的阶级或集团的力量过于强大，那么阻碍经济发展的力量就会比较强大，该社会各种关系的可塑性就较弱。在这当中，二者间是相互依赖的。一个社会各阶级间的力量对比越不均衡，在利益分配中占优势地位的阶级力量越强大，该社会技术创新的力量就越小。因为在这种社会中，统治阶级为了避免因技术创新引起的利益再分配损害他们的既得利益，会极力阻碍技术的创新，所以该社会的技术创新速度就较慢。如果阶级力量对比较均衡，那么当技术创新能够给特定阶级带来超额利润时，该阶级就会保护和促进这种技术创新，而利益受损者也没有足够的力量来阻碍这种技术进步。有时为了避免自己在此过程中遭受太大的利益损失，他们甚至会加入该过程，或者会积极进行新的技术创新，以使其符合自己的利益需要。如果一个社会的技术创新速度慢，该社会内部由利益分配形成的阶级关系就容易在此过程中固定下来并得到强化，其中占优势地位的阶级就会通过政治、法律、意识形态等措施来巩固这种利益分配关系，所以其阶级关系和其他各种关系的可塑性就越小。如果技术创新速度快，其带来的创新利益就会不断破坏原有的利益分配均衡，或者说，使原技术条件下形成的利益分配关系没有足够的时间来凝固，因此该基础上社会关系的可塑性就越大，它就越有可能容忍技术的进步。所以在实际过程中，技术进步速度与各阶级间的利益关系状况是密切相关的。

　　在一个完全封闭而又没有大的自然灾害的社会，一旦某种社会形态经历较长时期，从而使该社会已有的社会关系得以凝固，那么该社会形态及相应的生产方式就可能僵化。在该生产方式内就不可能产生新的并能取代它的生产方式来，结果该生产方式就会在马尔萨斯周期中循环往复。我国的传统社会在某种程度上就具有这种特征，一些与世隔绝的原始部落社会则完全具备这种特征。在开放的经济系统中，社会形态和生产方式僵化的可能性大为减少，因为它不时受到来自外部因素的影响，这种影响会破坏一个社会已形成的平衡，促使其发生变革。

在社会发展过程中，一个社会的发展过程能否持续，不仅取决于该社会的生产关系和社会体制等方面的状况，而且还取决于该社会的生态环境和自然资源的状况，取决于它们是否具有持续再生的能力。如果这种能力被破坏了，即使该社会各方面的关系具有较大的弹性，其发展过程仍然会中断。两河流域文明和罗马文明的消亡，固然是它们社会制度和生产关系问题的原因，但与作为它们生存基础的生态环境的退化和自然资源的短缺是密不可分的。所以在经济发展过程中，协调好人与自然、经济发展与自然的关系，是保证一个社会持续生存和发展的前提。这一点在当今社会显得非常迫切。如人类在工业革命以来的两百年间，物质财富得到空前增长，人们享受到的物质福利也达到有史以来的最高水平，但由于没有注意自然资源的节约和生态环境的保护，使它们遭到严重破坏，结果也使人类面临最严峻的生存危机，经济的持续发展更是没有保障。正是这种严峻的形势，迫使人类不得不改变生产方式，从而产生出可持续经济发展及其相应的生态市场经济的思想和实践。

第三节　生态市场经济的价值理论

上面讲到，生态市场经济系统也就是特定角度看待的生产力系统，这个特定的角度就是人的利益关系。这种利益在经济学中被抽象成价值，因此要对生态市场经济系统及其运动有正确的认识，就必须建立起反映生态市场经济要求的价值理论。

一　生态市场经济价值理论的特点

由于生态市场经济是从生态学与和谐社会的要求的利益角度去认识经济运动的，因此与传统经济学的价值理论相比，它有自己的特殊性。

（一）价值的本质

要建立价值理论，[①] 首先必须回答价值的本质或属性。因为对价值生产及其范围的界定，都是建立在这个基础上。所以只有确定了价值的本

---

① 严格地说，价值理论是一定世界观在经济领域的反映。如价值是什么和由什么创造、价值该如何分配等，都取决于人们从什么角度和代表谁的利益去看待价值，不同的角度会得到性质不同的价值理论。因此价值理论无所谓科学与不科学之分，只有解释问题多少与理论内部的逻辑是否一致之分。

质，才有可能在此基础上建立起价值理论体系。虽然价值同其他许多范畴一样，是对某一现象的理论抽象，但要使这种抽象有效，就必须反映某种社会的客观现实，否则它就没有存在的理论与实践价值。

从形式上看，价值无非是经济学中特有的一种分析工具，是将经济学独立出来区别于其他学科的标志。经济学之所以要从复杂的社会再生产过程中抽象出价值这个范畴来，是因为它能够表达人类社会的某种现象，所以它所表达的这个现象就是其本质。

人们知道，经济学的研究对象是社会经济运动过程，而经济运动过程则是经济学对社会生产过程的一种抽象，是人们从价值角度看待社会生产过程的一种结果（通过这种抽象，复杂的社会生产运动表现为单纯的价值运动，经济学称其为经济运动）。因此价值的本质，也就是经济学对社会再生产过程中某种事物的抽象或特有的表述形式，这种事物的本质也就是人类的经济利益。因为人类从事生产活动的目的，就是为了满足自己一定经济利益的需要。经济学就是研究人类的这种利益活动的，而以价值来表示它的，所以价值的本质就是经济学对人类物质利益的一种抽象，或者说是人类物质利益的代表。正因为这点，所以我们说价值的本质是生产关系。一定的价值量，代表着一定量的物质利益，当这种物质利益从价值角度去看时，就成了经济利益。当人类从物质利益的角度，或者以价值的眼光去看待社会生产过程时，社会生产过程就变成了经济运动。

经济学之所以用价值来反映人类的物质利益，并以价值运动来代表社会生产运动，是因为通过价值这个范畴，在人类生产和消费的物质产品不断增多的情况下，尤其是在社会分工形成的商品经济中，在商品用商品生产的条件下，能够较好地反映人类物质利益的变化，并比较不同人们之间的利益，便于商品交换和经济核算，同时也便于经济学建立起比较严谨的理论体系。在商品经济中，商品是用（其他的）商品生产的，要比较生产过程中的效率和人们从中得到的利益，就必须有能将这些不同使用价值从而不具有直接可比性的商品，转化为具有直接可比性的内容，这就需要价值这种工具；同时在分工条件下，人们之间生产的商品是不相同的，它们满足于人类的不同需要，要使这种单一的生产与多方面需要之间的矛盾得以解决，就必须进行商品交换；要使这些具有不同使用价值的商品交换得以进行，并使不同商品生产者得到的利益与付出的代价相一致，也需要价值这个工具来帮助实现。所以说，价值是在商品生产条件下，人们为了核算生产过程中的效率和比较人们之间的利益关系而发明的一种工具（从制度经济学的角度看，这是一种减少交易费用的制度选择，选择的过程也就是制度演变或制度创新的过程）。

价值作为人类利益关系的代表，它不仅代表商品生产者（即商品供给者）之间的关系，而且代表商品需求者的利益，因而是商品供求双方利益的代表，即它必须反映供求双方的利益，并使它们达到均衡。只有使这种利益关系达到均衡的价值，才是符合资源优化配置要求的价值。因此，作为价值表现形式的价格，如果与这种要求的价值规定不一致，就会引起资源的重新配置。

显然，价值作为商品生产条件下一定物质利益的代表，作为比较不同商品生产者之间利益关系的工具，它从一开始就具有一定的社会性，代表着一定的社会生产关系。这种生产关系，一方面反映商品社会中人们之间的相互依存关系，它包括商品生产者之间的依存关系、不同要素所有者与生产组织者之间的依存关系、个人和企业与社会组织者或国家之间的依存关系等；另一方面反映了他们之间的利益分配关系。不过，由于价值将人们复杂的生产关系，抽象成了单一的无差别的数量关系，因此，它不能完全反映那些具有质的差别的生产关系，如人们在生产过程中地位高低、权力大小、承担责任不同等方面各种有差别的生产关系，所以它所反映的生产关系是不完全的。

（二）生态市场经济理论的价值理论特点

作为对物质利益的一种理论抽象，既可以从个体的角度去看待价值问题，也可以从社会的角度去看待价值问题。由于组成人类社会的各个体之间的利益是不完全一致的，如许多可增加个人利益的活动却可能导致社会利益的损失，许多可使某一集团增加利益的活动也可能会导致其他集团利益的损失，因此社会价值并不是不同个体价值的简单总和。这种情况反映，要使价值理论具有全面性，不仅必须有反映个人利益变化及其与他人利益关系的个别价值论，而且必须有反映全社会利益变化的社会价值论，同时还必须将它们有机地统一起来。只有这样，价值理论才能客观地反映人类的利益关系及其变化，从而具有较强的科学性。遗憾的是，这样的价值理论并没有出现过。长期以来，人们一直是从个人（或生产者）物质利益的角度去看待价值的，并将个人价值等同于社会价值，并没有注意到二者的本质区别，或者即使意识到它们之间的区别，如人们很早就注意到个人活动会产生外部影响，从而个人利益不等于社会利益，但却并没有由此产生建立社会价值论的想法和行动。①

与传统的价值理论是从个人利益角度去看待价值的本质及其生产和分配不同，生态市场经济的价值理论是在兼顾个人利益的基础上，主要从社会利益的角度去看待价值的本质和价值的生产与分配，并且不完全从当代人的利益去看待价值问题，而是从人类的长期利益，或者说是从人类作为一个物种持续生存这个最大福利的角度去认识价值。这意味着，生态市场经济对一项活动是否是创造价值的，不像传统经济学那样，看它是否给个人带来利益，而是看它是否会增加社会的整体利益来判断的。只有那些能增进社会整体利益的活动才是创造价值的活动；那些虽然能给个人带动经济利益，但会减少或损害社会整体利益的活动，如毒品和香烟的生产等，将被看作是无效率或负效率的不创造价值的活动。生态市场经济的价值理论，不仅要考虑当代人的利益，而且要考虑作为一个物种存在的人类的长远利益，而且把它作为人类最大的福利来对待。从这个角度出发，判断一项活动是不是创造价值或有效率，不仅应看它是否会增加当代人的整体社会福利，而且要看它是否会增加人类的长远利益。如果一项活动虽然会增加当代人的利益，如当今人类采取的以破坏生态环境来实现自己利益的做法，将被生态市场经济视为不经济或低效率。这说明，虽然价值的本质是人类的物质利益及其相互关系这一内容，几乎是所有价值理论都承认的，但生态市场经济理论与传统经济学在这方面却是存在本质区别的。与传统经济学是从个人角度去看待价值本质不同，生态市场经济的价值理论主要是从社会利益的角度去看待价值的本质及其生产和分配。从社会关系上讲，传统价值理论反映的主要是个别人或集团之间的利益关系，生态市场经济的价值理论反映的则是全人类及其内部之间的相互关系。生态市场经济价值理论的这种特点，说明它将被传统经济学忽视的外部影响完全纳入了分析过程，从而极大地拓宽了经济学的研究范围和深度。

---

　　①　在理论经济学中，价值理论一直被局限于微观领域，是解决微观资源配置的，在宏观领域是没有价值理论的位置的。如果是这样，宏观理论就无法成立，因为它无法解决异质品（即不同性质的产品）的加总问题，从而宏观经济学所研究的所谓经济总量就不存在或不成立，这样宏观经济理论的基础就被彻底动摇。所以说，没有价值理论作为理论基础的宏观经济理论是不成立的。更详细的分析，请参见拙著《论马克思的宏观经济学——马克思经济理论新解读》，中国财政经济出版社 2004 年版。

从社会角度认识价值，生态市场经济的价值理论不仅将各微观个体在价值生产中的外部影响纳入了分析范围，而且将价值生产过程中的系统效应纳入了分析范围，或者说充分考虑了价值生产的系统效应。虽然人们对分工协作的作用都给予高度的肯定，但却都没有从中得出系统的价值生产不等于各个体价值、系统价值大于个体价值之和的结论，从而不能有效地解释剩余价值的起源和解释国家、各种非直接生产的经济组织、企业在价值生产中的作用，不能从理论上有效地解释现实的产品分配等一系列问题。从系统角度来认识价值的生产及其分配，说明生态市场经济的价值理论不仅在方法上更为科学，而且与客观实际更为一致。从系统论角度来认识价值生产，意味着在对价值量的大小、剩余价值的来源、价值的分配等各方面，生态市场经济的价值理论都与传统的价值理论有重大的区别。

一定的价值理论，是以该社会一定的具有代表性的（道德伦理）价值取向，或者该学科所要解决的任务为规范性前提的。而价值理论则是经济学的重要理论基础或假设前提，价值理论的改变，必然会导致建立在其基础上的整个经济理论的重大变革。因为经济学是研究资源优化配置的理论，而资源优化配置的衡量标准则是以一定的价值理论为基础的，所以价值理论的改变，必然会导致整个经济理论的变革。

二　生态市场经济价值理论的主要内容

对价值认识的不同，必然会使生态市场经济价值理论的内容在各方面具有自己的特色，同时也与客观实际更为一致。

（一）价值的源泉

对价值源泉的分析，是要回答价值是由什么创造或生产的。

价值的本质既然是人类的物质利益，那么很显然，凡是能增进人类利益的物品和活动都具有价值，或者说都是价值的源泉。由于只有生产力或社会生产才能提供或生产出满足人类利益的产品，因此生产力是价值的真正源泉。我们知道，经济学区别于其他学科的地方，并不是其研究对象的特殊性，而是其研究方法的特殊性，这种方法也就是价值分析方法。因此，从理论上讲，价值的源泉只能是被经济学抽象的研究对象，这个对象也就是社会生产过程或生产力。

不过，如果将生产力像传统那样定义，即将它定义为人类改造自然生产物质产品，那么生产力就不是价值生产的唯一源泉。因为在满足人类需要方面，除了生产力，自然界也为人类提供了许多能满足其福利需要的产品，如它不仅为人类提供了像空气、水及其净化再生功能等这些维持生存的条件，而且还向我们提供部分物质产品，如各种野果、野菜和各种矿产品等。更重要的是，它是人类生存的基础，其状况是人类福利最重要的组成部分。如果它的质量严重恶化，人类的生存就没有保证，而人类作为一个物种来说，种族的繁衍是最大的福利；同时，自然界还是生产力的载体，是生产力得以运行的物质基础。如生产力的运行依赖于自然界向它提供各种能源和原材料，同时是生产力释放各种废物的容器。所以说，自然界或生态环境作为一个整体，以及各种能满足人类福利需要的资源都是价值的源泉，并且是最重要的源泉。这也就是说，在生态市场经济理论中，传统的生产力和自然界都是价值的源泉。由于生态市场经济中的生产力是包含了生态环境和自然资源在内的生产力，而不是传统的这种生产力，所以在这里，生产力是生产价值的唯一源泉。不过在这里，劳动、环境资源、土地和资本，只有结合在一起时，才能生产出满足人类需要的财富来，而生态和资源系统，则能在脱离其他三要素的情况下独立生产出满足人类需要的生态和资源产品来。所以就这方面讲，生态资源系统在生产满足人类需要的产品方面具有一定的独立性。

生产力也就是人类社会生产财富的劳动过程。但要注意的是，该劳动过程，系指劳动力在生产过程中利用生产力及其他要素形成现实生产力的劳动过程，而不是单纯的劳动本身。单纯的劳动本身或劳动力是不创造价值的，正如资本或土地都不独立创造价值一样。只有当它们结合在一起，形成现实的生产力，生产出满足人类需要的成果时，才能创造出价值来。这说明，价值的源泉是社会生产力，或者说价值是生产力的结果，而不是组成该过程的某种要素的单纯耗费或凝结。更明确地说，价值并不是传统上人们认为的是抽象劳动的成果或劳动的凝结，更不是单纯的资本或狭义土地的结果。如果说组成生产力的某种要素是价值的唯一源泉，否认其他要素对价值生产的贡献，那么从逻辑上讲，可以用同样的方法，认为其他某种要素是价值的唯一源泉。而原先人们坚持的某要素则不是，这不仅引起逻辑上的混乱，在理论上也难以成立，更主要的是它与实际矛盾。因为在实际中，只有生产力才能生产出满足人类需要的商品及其价值来，单纯的传统性生产要素，是不能生产出商品与价值来的。当这些要素结合成生产力时，它们各自都失去了自己的本来面目，组合成了与自己本质不同的新事物。这正如系统是由各要素或部分组成的，但系统的本质和功能，却与组成它的各部分的本质与功能是不相同的一样；同时，组成系统后的各部分的性质和功能，也与它们各自原来的性质和功能不一样。因为在系统中，它们的性质和功能要服从于系统的功能，要服从于相互的依存关系等。

价值是由生产力生产的情况说明，组成生产力的各要素都对价值的生产做出了贡献，但都不是价值的源泉本身，而只是价值生产的要素。正由于价值是生产力的结果，各要素都对价值生产做出了贡献，同时各要素在此过程中都失去了自己的本性，转化成了共同的生产力，难以确定各自的具体贡献量。因此如何在各要素间分配价值，历来是一个难以解决的矛盾，是各要素所有者之间斗争的焦点。

虽然有些价值理论，也承认自然资源的经济价值，但由于这些理论都是个别性质的，因此对这些理论来说，价值的源泉就是那些能给生产者和需求者，或者特定的人带来利益的社会生产活动和自然活动，后者如森林、矿藏的占有利用等。而那些不给特定人带来利益的活动则不是价值的源泉，即使这些活动的社会利益很大，也被排除在价值生产的范围之外，如生态环境保护活动，对人类社会有非常大的利益，但由于它们的社会性，使其不能给特定的人和利益集团带来特殊的利益，因此不是价值的源泉。与此对应，人们自然也就不把个别生产活动对环境造成的损害作为生产成本或价值耗费来对待，这是导致人们在生产过程中普遍采取外部不经济做法的主要原因之一，从而是导致生态环境遭到严重破坏的主要原因之一。同时，那些能给生产者和消费者带来一定利益，但会给社会带来巨大不利影响的活动，如毒品、烟草的生产，对环境造成巨大破坏和造成重大外部不经济的各种生产，即使这些生产及其产品消费产生的社会成本远远大于个别人们从中得到的利益，也被个别价值理论看作是价值生产的源泉。

与个别价值理论不同，生态市场经济中的价值理论，只将那些能增进全社会利益的社会生产和自然活动，看作是价值生产的源泉，个别活动是否是价值的源泉，取决于它在给个人带来利益的同时，能否增加社会整体的利益，只有那些能增加社会利益的个别活动才是价值的源泉，而那些即使能给个人或集团带来利益，但会导致社会利益减少的生产活动，不仅不是价值生产的源泉，反而是社会价值的耗费。这意味着，在生态市场经济价值理论中，一定社会生产活动所形成的社会价值总量，并不是传统价值理论中所有个体生产或所得价值量的简单相加，它还要在此基础上，加上这些生产活动所产生的外部经济这部分价值，同时减去该过程造成的外部不经济这部分价值耗费。同时，生态市场经济价值理论中，那些不给特定人带来特殊经济利益，但对人类利益关系重大，并会影响到所有人个人利益的生态环境，如空气、水及其环流系统，生命支持系统等都是价值的源泉。因为，不仅它们的产品能满足人类的利益需要，而且它们的完好状况决定着人类的生存状况和命运，而人类种族的繁衍和发展是人类的最大利益需要，所以，服务于该目标的生态环境不仅是价值的源泉，而且是其中最重要的组成部分。因为满足人类一般吃穿住行等需要的产品消耗，可通过再生产过程不断地创造出来，而生态环境和生命支持系统的破坏达到一定程度后则具有不可逆性，是人类努力所弥补和挽救不了的，其最终会否定人类本身的存在价值，所以生态环境和其中的生命支持系统是人类社会最主要的价值源泉。对它们的耗费，是社会价值的一种减少，或者说是一种重要的社会成本支出，是必须得到补偿的，如果得不到补偿，经济发展就会因基础的削弱而难以持续。

从对社会利益的贡献来看一定经济活动所创造价值的大小或判断其效率的高低，意味着生态市场经济对每一项活动所创造价值量的考察，不是像传统价值理论那样。就局部或该活动的直接影响来分析其对社会总财富的贡献，而是从再生产的全过程来考察它对人类福利的影响。如某种产品生产为社会创造的价值，不仅包括该产品的直接消费者从中所得福利的这部分价值，而且包括它消耗资源而减少的这部分负价值存量，该活动对生态环境造成的净影响所增加或减少的这部分价值，它在消费及其残留物处理过程中所造成的外部影响等方面所造成的（负）价值变化。也就是说，它不像传统价值理论那样，只是从狭隘的生产和消费来看待一定经济活动的效率和价值生产，而是从再生产全过程来看待一定经济活动的效率和价值生产。这正如一些生产活动，仅仅从直接生产过程和消费看是有效率的，如目前与人们生活密切相关的各种塑料包装产品，但从再生产的全过程看，它们却是效率极低甚至是无效率的。如它们造成的遍及城乡的白色污染，已成为令各国棘手并会贻害子孙的严重公害。它们对环境所造成的损害以及对它们的治理费用，可能要远远大于它们的市场交换价值。这意味着，生态市场经济价值理论中的资源配置优化标准，不再是看一定量生产是否给当事人带来最大的经济利益，而是看它能否给社会整体带来最大利益；同时不是看该活动是否能给当代人带来最大利益，而是看它能否给人类带来最大的长期利益。从而生态市场经济的价值理论不仅关心当代人的利益，而且关心不同代人或后代人的利益以及他们之间的利益关系。

（二）价值生产中的耗费

对个别价值生产来说，由于它是从个人或集团利益去看待价值生产的，因此只有那些涉及个人利益的生产投入才是经济要素而具有价值。这些要素也就是劳动、资本与土地（从个别生产力角度看，也就是劳动力、生产资料和能给个人带来经济利益的土地），这三要素的耗费，即补偿劳动力价值耗费的工资、资本的折旧和土地价值的减少，也就是价值生产中的成本。那些不在此范围，或者说不给特定人带来特定利益的生态环境和资源，如空气、水资源和各种生命支持系统等都不是生产过程中的耗费，因而不具有价值。自然，这些资源如果遭到破坏，也需要社会对它们进行价值补偿，但它却是不需要个人对此承担责任的。所以对个人来说，它们是没有价值的。

对生态市场经济的价值理论来说，由于它不是从个人的利益角度去看待生产力和价值生产，而是从人类整体利益的角度去看待生产力和价值生产，因此组成生产力的要素，不仅包括劳动力或劳动、资本及能给个人带来利益的那部分土地，而且还包括那些虽然不给特定人带来利益，因而不具有市场价值，但对社会生产力和人类利益关系重大的生态环境和各种资源。这说明，在生态市场经济理论中，生产力中的四要素，即劳动、资本、土地和生态环境都是具有价值的。因为从价值再生产过程看，价值是由价值生产出来的，价值分析方法就是将复杂的社会生产力抽象为单纯的价值形态，所以作为具有产品生产能力和生产力要素的资源等也是具有价值的载体。生态环境和资源具有价值，它们就会在生产中被耗损，因此对社会来说，价值生产成本不仅包括个别生产中的耗费，而且包括不属于该范围的生态环境和各种资源的损耗，同时还包括它对人类社会本身所造成的外部不经济后果。

上面讲到，生态市场经济的价值理论是从社会整体的角度来看待价值生产的，它不仅要考察个别的价值生产，而且还要考察它们组合所产生的系统功能或整体效应。在价值生产的耗费方面也同样如此，即不仅要从再生产过程来考察各单个生产的价值耗费，而且要从其整体效应来考察整个生产的价值耗费。因为单个生产，由于生产规模等相对于社会再生产来说是很小的，因此不管其生产过程会产生如何严重的外部不经济影响，其对整个生态环境和生命支持系统的负作用都是有限的。但如果大部分生产具有同样的性质，那么它们的集合对生态环境和自然资源等的影响将会是灾难性的。即在这里，许多微量的集合会产生质的变化，它使社会付出的代价要远远大于从再生产过程考察的各单个生产所付代价的总和。在这方面，价值耗费系统效应的作用，可能要大于价值生产方面的效应。在生态环境质量一定时，如果造成外部不经济的只是少数厂商的活动，由于生态环境有一定的自我修复能力，它能够容纳一定的外部不经济后果，因而其造成的生态环境价值耗费也会是有限的。但如果社会大多数厂商的生产都会产生这种外部不经济后果时，它们的集合就会严重超过生态环境的容纳能力，造成生态环境不可逆转的损害，价值耗费将可能无限大。正是这种系统效应的作用，造成了当今社会严重的生态危机，如酸雨已不是局部地区的偶然现象、土地的荒漠化日益严重、环境污染不断加剧、物种消失的速度不断加快、人类日益成为地球上的孤家寡人而面临着日益严峻的生存危机等。可以说，这一严峻现实，是促使可持续发展观及以此为基础的可持续发展经济学产生的原因。正因为这样，所以可持续发展经济学必须特别注重生产过程中这种价值耗费的系统效应。

（三）价值的分配

一个社会生产出来的价值如何在不同利益集团和不同人们之间进行分配，既取决于人们对价值生产贡献的认识，更取决于生产力要求的历史必然性。

传统价值理论，由于是从个人之间的利益关系角度看待价值的再生产，因此认为价值是由劳动、资本、（狭义的）土地这三要素组合成的生产力生产出来的，所以价值成果自然归这三要素的所有者拥有。虽然所有的人都知道，生态环境等自然条件也对此做出了重要贡献，但由于它们不能给特定的人带来经济利益，因此不被作为生产要素或价值的贡献者对待，所以不能参与价值的分配。这说明，由四要素共同生产的价值只有三要素得到了价值补偿和价值积累，而自然要素却没有得到相应的价值补偿和价值积累。由此说明人们在分配中得到的价值量，超过了他们各自对价值生产做出的贡献，即把生态环境和自然资源应得的这部分补偿和积累的价值消费掉了，其结果不可避免地会导致生态环境的恶化和资源的浪费。这反映当代人消费了应归子孙后代享有的资源和价值。

当从社会利益的角度去看待价值生产时，其组成要素是由劳动、资本、土地和自然条件这四者组成的。后者同前三者一样，是价值生产的贡献者。在价值生产过程中，它不仅做出了相应的贡献，而且同其他要素一样被（部分）消耗了。所以价值的分配，也应该对它进行补偿和积累，以使生产力发展的基础能够得以保存和发展，实现经济和社会的可持续发展。所以在生态市场经济的价值理论中，在扣除了传统价值理论中的资本和狭义土地的损耗后，新创造的价值应该被分解为四部分，即工资、地租、利息和生态环境补偿与积累价值，后者可称其为资源租金。

价值应归谁所有，不仅取决于其是不是价值生产的贡献者，而且须看它是否满足生产力的发展要求，从而是否具有历史的客观必然性。从生产力的发展要求来说，劳动参与价值分配或得到工资的合理性，在于它是保存生产力已有成果和使其得到发展的必要条件。资本得到利息也同样是这个要求的结果。如果没有利息，积累资本不能得到经济利益，人们就会将资本消费掉，人类长期积累的生产力就会因此而丧失。土地得到地租，则是保护土地这种有限资源及其肥力的需要。自然资源和生态环境得到租金，也是这个要求的结果。传统价值理论，虽然使劳动力、资本和土地的消耗得到补偿和积累，但由于它忽视了生态环境的价值补偿和积累，使它们在传统的价值体系中未得到应有的价值补偿，造成生态环境不断恶化和资源被过度消耗。结果出现生产力发展过程中一个非常矛盾的现象，即人类在非生态环境方面的生产力获得空前发展的同时，生态环境被破坏而导致的人类生存危机也空前突出，就反映了传统价值理论指导下的社会生产出现了畸形，即传统三要素组成的生产力的发展，是建立在生态环境和资源利用的不可持续性基础上的，或者说是其第四个要素的不断弱化基础上的。由于该要素是整个生产力的基础和载体，它的不断弱化，说明传统生产力这个不断膨胀的大厦是建立在一个不断削弱的基础上的，因而是会随时倒塌的。这种情况，充分反映了传统价值理论的局限性，同时也是促使市场经济理论向生态市场经济理论转化的重要原因。

生态环境应该参与价值分配，实际上反映了当今的人类活动，已超出了生态环境自我更新能力的范围，造成了生态环境的严重破坏，危及人类的生存和发展。如果不对其进行补偿，不仅经济发展难以持续，而且人类的生存也难以保证。所以生态环境和资源参与价值的分配，是人类实现自己最大福利和社会生产力发展之需要。

　　如何在价值的归属者之间进行具体的分配，是理论分析中最难解决的问题。从表面看，边际理论似乎可以解决这个问题。如在假设其他任何几要素不变的情况下，增加或减少某一要素的量，所得到的生产结果与原生产结果的差，就是该增量生产要素对生产力的贡献，从而也就是它在分配中应得到的量。但该理论只能在单一产品模型中成立，即投入的要素与生产出的产品是同一性质的，而这种单一产品模型在现实中是不存在的。在异质品模型中，该理论在逻辑上则不能成立，因为它无法解决异质品的比较问题，从而求不出各要素的边际贡献。在实际中，该理论是以价格为前提来解决其中的问题的，而价格的本质是生产关系，这与人们将资本等定义为物质性生产要素的假设相矛盾，并且是一种循环论证。如要确定价格，首先要确定资本的耗费与利润，而要确定资本的价格或价值，则又必须首先知道利润率，因此其中存在着不可调和的逻辑矛盾。

　　生产力决定生产关系，价值分配是生产关系中最重要的组成部分，因此价值分配也应该从生产力的性质及其发展要求中去寻找答案。上面讲到，各种要素参与价值分配的本质，如工资和利息等是生产力为保存已有成果并能继续发展的一种手段，那么从本质上讲，价值的分配比例也应该服从于这个目标。所以，从长期过程看，各要素间的分配比例，是各要素所得到的价值量，不仅能够补偿自己在生产力发展过程中的有形与无形损耗，而且能满足生产力发展对自己质与量的要求。自然，在实际分配中，这种要求会受到社会各种因素的影响，因此具体的分配除了由生产力的要求决定外，在长期方面还受到如马克思所讲的历史、文化、道德等因素的影响，在短期方面则受到各要素的市场供求关系和它们的所有者在市场与政治经济争斗中力量对比的影响。在这些因素的影响下，各要素在实际中所得到的分配比例是围绕生产力要求的比例而波动的。在生产力的发展过程中，由于各要素在其中的相对重要性会发生变化，因此，它们之间的分配比例也会相应地改变。随着工业经济被知识经济取代，劳动和自然生态环境在分配中的比例会不断提高。

　　要指出的一点是，即使各要素得到的分配比例与生产力的要求一致，由于各要素所有者之间的利益总是相互矛盾的，因此不管如何分配，都不会有一个让大家都满意的结果。这使得分配问题永远都是各阶级、各级层间斗争的焦点，并且是一个得不到解决的问题。

三 生态环境和公共资源价值的确定原则

由于生态环境和公共性自然资源的价值不可能通过市场机制自发地表现出来，因此如何确定其价值或价格，就成为决定资源配置效率的重要因素。

（一）生态环境和公共资源价值确定的原则取向

作为从人类整体和长期利益出发来考虑商品价值的生态市场经济理论，对商品价值的确定，是以它对人类利益贡献的大小来确定的。生态环境和公共资源的价值，同样是以它们对人类利益贡献的大小来确定。但生态环境和公共资源价值的确定，不像一般劳动产品或私人性资源等那么容易确定，它的价值确定与人类的伦理价值有密切关系。如果只考虑当代人的福利，并以这种福利最大化为目标，那么生态环境的价值是有限的，对它们价值的消耗也是可计量的。但其结果可能会导致生态环境破坏并超过使生命支持系统瓦解的阈值，最终可能导致人类自身的毁灭；如果以人类的持续生存为最大福利，那么生态环境和与此有关的自然资源的总价值就是无限大，那么在对它的使用与消耗上，就必须严格控制在它的更新范围内，并且不超过临界值。生态市场经济的价值伦理，是以人类的持续生存与发展作为社会利益最大目标的，因此它对生态环境和公共性自然资源经济价值的确定，就是认为它们的总价值是无限大的，超过临界值而使它们发生无可挽回的退化，并会导致生命支持系统崩溃的边际资源的价值也是无穷大的；在临界值范围之内的单位生态环境和资源的价值则是可计量的，它们的价值离临界值越远就越小，离临界值越近则越大。

这种情况说明，生态环境和公共性自然资源的价值，与它们的存量状况密切相关。如果人类对生态环境的利用与对公共性可再生资源的消耗，被控制在它们的更新能力范围内，不使它们发生退化，或使它们能维持简单甚至扩大的再生产，那么在社会经济核算中甚至可以不考虑它们的具体价值，或者它们的价值仅仅是作为衡量资源配置效率的标准而存在的。

虽然对生态环境和公共性资源的临界值到底在哪里目前尚不清楚，但人类目前的活动或对生态环境的破坏与对公共资源配置的消耗，已超过它们的更新能力则是确定无疑的。由于生态环境是一个有机的系统，具有非常强的不可预测性和不可逆性，因此某些局部的损失，很可能会导致整个系统的破坏，在此情况下，计量它们的价值就显得非常重要，而如何计算，则依赖于人类的价值伦理。

从生态市场经济的伦理价值出发，生态环境和公共资源的价值确定，应该服从于整个人类或者是一个国家或民族的持续生存与发展这一最大福利目标，具体生态环境和公共资源的消耗，则应从代际公平的原则来确定，以保证它们的持续利用。

（二）生态环境和公共资源的价值确定

社会伦理价值只是规定了生态环境和公共资源价值的确定原则，具体的价值确定或价格则必须根据生态环境和公共性资源的状况、经济发展的需要和资源与环境的承受能力等具体情况来确定，既不能损害生态环境，又不能阻碍经济发展和人民福利的提高，必须实现它们之间的统一。因为没有经济发展和人民福利改善的生态环境保护是不可能真正实现的，而没有生态环境质量改善的经济发展则是缺乏基础从而是不能持续的，所以两者之间必须统一。生态环境和公共资源价值的确定，必须兼顾这种统一。

由于生态环境对人类的贡献不能通过市场需求或价格得到充分反映，因此在计量生态环境的价值方面，就不能像一般商品那样由它们的市场价格来反映；在"搭便车"的作用下，也不可能通过对人们的支付意愿调查而得到，只能通过再生产它们的成本来反映。在成本方面，由于生态环境一方面具有自我更新能力，另一方面其消耗的长期后果又具有非常大的不可预测性，因此在这方面如何计算其价值，同样是一个难以解决的问题。如可更新资源的消耗，如果保持在生态环境的自我更新能力范围内，那么其成本也就不存在，或者只局限于部分保护成本的支出上。对资源使用方法或态度的不同，其成本大小也是不同的。对一定量资源的使用，如果采取保护性措施，使其保持一定的更新能力，那么其支出的成本就要远远小于那种破坏资源后再重新恢复其生产能力的做法，即保护性方式的资源使用成本，要远远小于破坏性方式的资源使用成本，如果考虑到后者产生的外部影响，这种差异更大。在此过程中，采取何种方式来计量一定量生态环境资源的价值，就显得非常重要但又十分困难。

笔者认为，生态环境与可再生性公共资源的价值，应该以它们的社会机会或重置成本来决定。这正如人类社会大量可重复生产的产品，如农产品的价格就是由它们的机会成本或重置成本来决定的一样。这样，由于生态环境与可再生性公共资源有一定的自我更新再生能力，因此只要人类对它们的利用保持在这个更新能力范围内，不使它们的质和量发生退化和减少，其社会更新成本就是零。在社会成本核算中就可不考虑它们的价值——尽管它们为人类社会做出了贡献，从价值的本质看它们具有非常大的价值，但在价值核算中可以不考虑它们，因为它的利益为所有人分享。只有在对它们的利用超过了这个范围，使它们的再生产发生退化，从而需要利用价值补偿方式对它们进行修复时，或者使人类的利益受到损害时，这种价值才会显现。

关于生态环境和各种自然资源价值或价格的计算方式，人们已经在许多方面，如森林价值的计算、环境价值的核算等方面取得了很大的进步，人们可参阅这方面的有关文献。要指出的一点是，由于生态环境和公共性自然资源的价值不可能完全市场化，因此对它们价值的计算都是建立在一定的伦理价值基础上的，建立在对代际公平和人与自然关系的理解上，所以建立符合可持续经济发展要求的伦理价值，是确定生态环境和自然资源价值的前提条件和决定性因素。

（三）价值观念和价值政策对生态市场经济的作用

这里的价值观念与价值政策，是经济学意义上的价值，而不是伦理道德中的价值，但经济学价值与伦理道德价值之间有密切的关系。伦理价值是经济学价值的社会伦理基础，经济学价值是一定伦理价值的社会反映或表现形式，价值观念与价值政策更是这方面的集中体现。

价值观念和价值政策作为一定社会伦理的反映，它对社会经济的作用是十分明显的。因为社会经济的发展方向及其结果，是受人类的经济行为和行动决定的，而人类的经济行为与运行是受经济伦理价值支配的，经济伦理价值的核心则是通过一定的价值观念与价值政策来反映和表现的，所以价值观念与价值政策对社会经济发展的作用是十分巨大的。不同的价值观念与价值政策，对经济发展的影响是不同的。如在传统生态环境和公共性资源没有价值的观念及其政策支配下，生态环境和公共性资源遭到严重破坏，不仅经济发展难以持续，而且威胁人类的生存；在现代价值观念与政策的支配下，生态环境和公共性资源进入经济核算过程，从而使人们的行为与行动发生重大变化。由原来对它们的破坏转向保护，从而使它们在经济发展过程中不断改善（在发达国家），就证明了价值观念及其政策对社会经济发展的作用。

作为价值观念的集中体现，不同的价值观念必然会产生不同的价值理论，而不同的价值理论不仅会产生不同的经济理论，更会产生不同的经济实践。传统的价值伦理，将人与自然作为对立面来看待，那么反映这种伦理价值的价值理论，也就很自然地将生态环境和公共性自然资源作为没有价值的对象来对待，从而在经济实践中鼓励人们对它们的利用；将机会公平作为社会伦理价值的核心，那么反映这种思想的价值理论，必然会将人们之间的利益竞争作为促进经济发展的动力，并会得出人们之间利益关系的斗争性，同时将价值的生产与分配局限在个别劳动上，得出个别劳动与社会劳动是对立的结论。反映生态市场经济或可持续经济发展伦理价值的价值理论则与此完全不同。作为反映人与自然和谐统一的伦理观念的价值理论，将生态环境和公共性自然资源作为经济系统的一个有机组成部分来对待，它们不仅具有价值，而且具有价值创造功能。这种功能是与它们的价值存量成正比的，所以要得到更多的资源价值，就必须保护资源和积累资源；作为反映人与人公平公正要求和共同参与相互合作的思想，生态市场经济的价值理论认为社会剩余主要是人们之间相互协作的成果，该成果的大小与人们之间合作互助的良好程度成正比，因此它不仅取决于机会的公平程度，而且取决于分配结果的公平程度和公正程度，所以生态市场经济的价值理论在鼓励人们之间进行有限竞争的同时，更鼓励人们之间的相互合作、相互协同，为建立更有效率的社会而共同努力。这种价值理论不仅符合系统论和协同性原理，与现代管理理论和管理实践更为一致，而且能够促进社会的进步和完善。

不同的价值理论会产生不同的价值政策或价值制度，而不同的价值政策则会产生不同的行为后果或不同的资源配置效果。受传统价值理论和价值政策支配的传统经济发展，将经济引导到不可持续的地步；而受生态市场经济价值理论和价值政策支配的现代经济发展，则将经济引导到可持续发展的良性循环的轨道上来。正因为价值理论具有这种作用，所以它成为经济理论的基础。

由于人的经济行为是受价值观念与价值政策支配的，不同的价值观念与价值政策必然会对经济产生不同的后果，因此利用良好的价值观念与价值政策来促进可持续经济发展的实现就显得十分重要。我国当前可持续经济发展中产生的许多问题，如生态环境的恶化、自然资源的短缺、分配中的两极分化等，都是当前各种不符合生态市场经济或可持续经济发展要求的价值观念与价值政策的结果。

一定的价值观念是由一定的社会伦理价值决定的。因此建立起反映人与自然和谐统一和人与人之间互助公正的社会伦理价值，是建立符合生态市场经济要求的价值观念和价值理论的重要内容。而符合可持续经济发展要求的价值观念则会成为推动可持续经济发展的重要手段。如通过建立生态环境和自然资源具有价值的价值观念，将会促使人们保护生态环境和珍惜自然资源；通过建立系统协作的价值理论，会促使人们之间的和衷共济，实现人们之间利己利他的平衡等。

第四节　生态市场经济系统中的三种创新

生态市场经济系统，要实现自己持续发展的目标，系统内部就必须不断地创新。只有不断地创新，才能得到发展所需的动力。这些创新主要有技术创新、制度创新和生态创新。[①]

一　技术创新的内容及其对生态市场经济的作用

技术创新，是指整个技术系统的创新和把科技成果引入生产过程所导致的生产要素的重新组合，并把它转化为能在市场上销售的商品或工艺的全过程。从经济学看，技术创新的主要目标是为了获得经济利润（主要是超额利润）。因此从本质上讲，技术创新是经济创新，是科技开发与经济发展的有效结合与协调发展。技术创新的内容说明，科学技术的进步只是技术创新的内容之一，技术创新的内容还包括生产组织或要素组织方式的创新、商品营销方式的创新等。这说明，技术创新既是生产力的质量和数量的不断变化或创新过程，同时也是社会生产关系和生产方式的变化或创新过程，而且还包含了部分上层建筑的内容，从而是整个社会财富生产过程的变革过程。

技术创新对生态市场经济功能发挥的作用是巨大的。它通过对各要素的渗透改变它们的性质，同时改变生产工艺过程和生产组织方式，提高各要素以及它们之间的综合生产力。技术创新对新产品的开发，能够不断创造出新的社会需要而推动经济增长。技术创新还是推动制度创新和生态创新的重要力量和技术保证。

二　制度创新的内容及其对可持续经济发展的作用

制度创新，是指能够使创新者获得追加利益的现存经济体制及其运行

[①]　国内首先提出三种创新与三种文明概念与理论的，是我国著名的生态经济学家和可持续发展经济学的奠基者之一的中南财经政法大学的刘思华教授。在中央提出政治文明后，他又将三种文明扩大到四种文明。

机制的变革，并产生一种更有效率制度的变迁过程。根据西方产权理论，制度创新之所以发生，是因为在原来的制度安排下，经济活动中的交易成本太高，制度创新可以降低交易费用，并使创新者获得创新利益。实际上，降低经济活动中的交易费用而获得创新利益，只是制度创新的一个方面或动力之一，另一个同样重要的原因或动力，就是如何更规范与合理合法地瓜分由于社会协作加深而不断创造出来的新的社会剩余。由于社会协作会不断地创造出新的社会剩余来，原有的制度安排不能有效地解决这部分剩余的分配问题，当这种新增的社会剩余还比较小，因制度不完善而产生的分配不均还引不起各方面过于关注的时候，那么原有制度安排还不会造成太大的冲击，从而不会对效率产生太大的不利影响；当这种利益积累到较大程度且分配不均的影响十分明显时，它对效率和制度的冲击就会十分明显，如果不对原来的制度进行变革，不仅会导致效率的下降，甚至会危及社会的稳定。这时，为了社会的持续存在和获得推动效率提高的动力，就必须进行制度的创新。因为，根据诺斯的"有效率的经济组织是增长的关键要素；西方世界兴起的原因就在于发展了一种有效率的经济组织。有效率的组织需要建立制度化的设施，并确立财产所有权，把个人的经济努力不断引向一种社会性的活动发展，使个人的收益率不断接近社会收益率"的创新理论，为了使新增的社会剩余得到合理的分配，使个人的收益率不断接近社会收益率，就必须不断地进行制度创新，以改变原有的分配制度等，否则就会降低经济系统的效率。所以，通过制度安排以更合理的方式来分配不断新增的社会剩余，也是制度创新的一个主要原因。实际上，每次大的社会变革或制度创新，都与如何分配新增的社会剩余有关。因为在旧制度的安排下，新增的社会剩余以极不合理的方式被人们瓜分，而且主要被少数人所占有。当这种剩余积累得非常大，由它引起的分配不公就会显得非常突出，对效率的阻碍也非常明显。这时能否变革这种分配制度，就成为经济能否得到持续发展和社会能否保持稳定的关键了。分配关系的变革，必然会引起巨大的社会制度的改变，所以每次大的社会变革，都与如何重新安排对社会新增剩余的分配有密切关系。这说明，降低交易费用与更合理和有效地分配社会协作不断产生的新增剩余，是制度创新的动力与原因。

　　制度创新中的制度包含的内容是非常广泛的，如价值伦理和道德是否规范、社会文化、司法制度、政治制度、社会经济形态、政策经济制度等。作为反映一个社会对人与自然之间和人与人之间的关系基本认识的伦理道德在其中起着支配性的作用。因为它支配着人的行为和行动，所以决定着制度的其他方面。生态市场经济制度创新的一个重要内容，就是它改变了传统的人与自然之间的关系和人与人之间关系的认识，从而为可持续经济发展创造了基本的前提条件。人们知道，在传统的社会价值伦理中，人与自然是对抗的，由此引导人们不断地征服自然和破坏自然。科学技术的进步主要表现为人类对自然资源攫取强度的加大，经济发展主要表现为人类消费物质产品，从而消耗资源数量的增加，其结果是人类在得到不断增加的物质福利的同时，人类自身的生存危机和经济发展的不可持续性也达到空前的程度；人与自然关系的认识，是人与人之间关系的反映，建立在人与自然对抗基础上的人与人之间的关系也必然是对抗的，或者说只有建立在人与人之间关系对抗基础上的人与自然的关系才会是对抗的。因为在人与人之间关系不平等基础上产生的贫困等，必然会对生态环境和自然资源造成极大的破坏。所以要扭转生态环境和自然资源不断恶化的趋势，就必须改变传统观念中人与自然之间和人与人之间对立关系的认识，建立起人与自然和谐相处，人与人之间相互协助、公平公正的新的伦理价值。这些正是体现可持续发展基本思想的生态市场经济的基本要求。所以生态市场经济理论的提出，意味着人类正在进行一次巨大的制度创新，尤其是伦理价值的创新。由于伦理价值是支配制度建设中其他方面内容的纲领，因此伦理价值的改革，必然会带动其他方面制度的创新。

　　行为是由一定的伦理价值决定的，而伦理价值则是建立在人们对世界的认识，即世界观和与世界观相一致的社会制度与生产关系等因素组成的基础上面的。我们知道，建立在基督教及其社会制度基础上世界观的核心内容就是人类中心主义。这种世界观将人与自然界作为一种对立物来看待，自然界中的一切东西都是被人类利用的对象。如果讲这种世界观在人类生产能力比较弱小的时代，还不会对生态环境造成致命伤害的话，那么到了资本主义时代，基督教这种人类至上的伦理价值被改造成物质享受主义后，在工业革命推动的巨大的所谓技术进步中，生态环境几乎遭到了毁灭性的破坏，自然资源被严重消耗，结果不仅经济的持续发展难以为继，而且人类自身的生存也面临空前的危机；更严重的是，这种巨大的物质享受并未给人类带来人们所祈望的幸福，甚至还将人类推向这个目标的反面。如在此过程中，它使得当今世界更加不公平，如发达国家居民消费的资源是发展中国家的 3—8 倍，一个美国人消费的粮食是非洲居民的 8 倍，煤炭是 500 倍，石油是 1000 倍，并且这种差距还在继续扩大，以致美国以占世界 6% 的人口，消费掉世界所用资源的 1/3；导致了资源的过度消耗和严重的环境污染。如自 20 世纪中叶以来，对铜、能源、肉制品、钢材、木材的人均消费量增加了 1 倍，人均水泥消费量增加了 3 倍，人均铝消费量增加了 6 倍，人均塑料消费量增加了 6 倍等；对资源过度消耗产生的各种废弃物，对环境造成了巨大损害，各种公害层出不穷。然而这种对更多的物质财富消费的追求和实际占有，却并没有给人类带来更多的幸福。人类有史以来的一切争夺与战争都与此有关，如为争夺更多资源的竞争，不仅使 20 世纪发生了人类有史以来规模最大、损失最严重、伤亡人数最多的两次世界大战，以及其他规模虽小但更频繁的地区战争，而且为达此目的而出现的工作生活节奏加快，竞争强度加剧，环境日益恶劣，社会关系紧张等一系列社会环境问题所引起的人们心情烦躁，心理疾病日益普遍等，都证明了人类幸福在此过程中的丧失。心理学的研究表明，消费与个人幸福之间的关系是极不明显的。生活在 20 世纪 90 年代的人们，比他们生活在上一个世纪之交的祖父辈平均富裕 4.5 倍，但是他们并没有比祖父们幸福 4.5 倍。更糟糕的是，闲情逸致、良好的社会关系等，似乎都在奔向富有的过程中遗失。① 这种情况正是笔者反复强调的，当代社会的稀缺并不是绝对意义上的稀缺，而是生产关系性质的稀缺，即为了证明自己比别人优越而需占有比别人更多的物质产品所产生的稀缺，这种稀缺，是不可能通过所谓的发展生产力或经济增长来解决的。虽然不排除此过程中个别人因竞争胜利或成功而得到幸福，但整个人类或社会却并不能因此而实现幸福的目标。因为在竞争性的生产关系中，一些人的成功，也就是另一些人的失败，或者说一些人相对地位的上升，也就意味着另一些人相对地位的下降，整个社会的相对生产关系并不因此而改善，所以社会不可能从中得到更多的幸福。② 所以说，单纯地排除社会生产关系变革的经济增长和科学技术进步等，并不能实现人类的幸福目标。如前面分析的那样，当前社会的生产力发展水平和人民的物质福利，超出了前辈哲人设想的任何一种理想社会的要求，也超出了几十年前最富有想象能力的科幻作

① 本段资料来自"绿色工作室"著《绿色消费》，民族出版社 1999 年版，第 242—245 页。
② 幸福作为一种心理感受，在理论上是不具有整体性的，但在一定程度上，可以通过大多数人的心理感受得到社会的幸福指标。

家的想象，但我们却并没有建立起对应的社会，更没有达到那样的幸福目标，甚至走向了该目标的反面。如当今人类的生活节奏和身心紧张程度是有史以来最高的，对人类未来的忧虑和恐惧也是空前的，就反映了这点。① 也正是这种结果，促使人们对以基督教为基础的资本主义文化和伦理价值进行反思，逐渐挣脱单纯的人与自然对立的"人类中心主义"② 的樊篱，摒弃功利主义的发展观和物质享受哲学，建立起人与自然和谐相处，尊重生命和自然的生态意识，并由此产生了在很短时间内普及全球的"可持续发展"观念。这些情况说明，加强以生态伦理为主的制度建设，是促进人类可持续发展和人类幸福的重要内容。

如果说一个社会的伦理价值支配着制度建设中的其他内容，那么个人或集团的行为及其行动却是由制度中的其他内容，如司法体系、政治制度、社会经济制度、经济体制等内容或具体的制度安排决定的，所以制度安排的好坏对生态市场经济的发展是起着决定性作用的。一个社会的人们在实践过程中是保护还是破坏生态环境，是珍惜还是挥霍自然资源，都是由一定的制度安排决定的。在传统经济发展方式中，生态环境和自然资源之所以遭到严重破坏，就是因为传统伦理支配下的制度安排鼓励人们如此行动的结果，它使人们从中得到的利益要远远大于其中的成本；在当今一些社会，如经济发达国家，人们之所以积极地保护生态环境，就是因为对制度安排进行了重大改革，它使人们从中得到的利益要大于破坏生态环境所得利益的结果。这说明，一定的伦理价值只有通过具体的制度安排才能在实践中得到执行或遵守，从而制度创新是保证生态市场经济功能发挥的前提保证。

三 生态创新的内容及其对生态市场经济的作用

生态创新，是指一个社会通过努力不断改变生态环境的状况，使它更符合人类持续发展需要的这么一种过程，或者说是为了满足人类社会持续发展及其产生的对生态产品不断增长的需要，在尊重和认识自然生态规律，并建立起人与自然和谐相处的新型关系基础上，通过对现有各种社会关系和技术手段的创新，不断地提高生态系统的生态产品生产能力，同时

① 参见杨文进《经济学与经济发展的意义质疑》，《山东财经学院学报》2004 年第 1 期。
② 前面讲到，"人类中心主义"并不一定错误，它取决于如何看待人与自然的关系，如何看待人在自然界中的地位与作用。如果将人看作是自然界中的一分子，是生命之网中的一个环节，自身的存在与发展依赖于整个环境和其他生命的生存状况，那么这种性质的"人类中心主义"并没有什么不对，也不会产生生态环境的破坏等弊端。

做到人类社会经济发展与生态环境和生态资本相互促进的这么一种过程。从理论上说，生态创新属于生态文明中一个社会满足人民群众对生态需要能力的体现或组成部分。由于这种能力不仅与生态技术有关，而且与制度安排和思想观念等也密切相关，因此在某种意义上可以说，生态创新也就是生态文明的重塑过程或深化提高过程，从而可以将它视为生态文明本身。从这个角度看，生态创新体系包括人类社会的生态文化创新、生态制度创新、生态组织创新、生态科技创新、生态系统创新、生态产业创新、生态资本创新、生态经济创新、生态社会创新等，是它们的有机统一。

生态文化创新，是指以生态学思想为基础，以可持续发展为指导，在尊重自然和自然规律的基础上，重新塑造人类社会对人与自然以及人与人之间关系的认识，或者说对原有的建立在人与自然以及人与人之间对立基础上的世界观进行变革，建立起人与自然是"地球飞船"上相互依存的组成部分，所有人的生存都取决于其是否与他人相互合作、与自然是否和谐相处的思想观念以及相应的社会文化。上面讲到，人的观念是决定生态文明处于什么阶段和朝什么方向转变的决定性因素，因而是整个生态文明的基础，所以生态文化的创新是整个生态创新体系的基础。

生态制度是指为满足社会生态需要和可持续发展要求这一目的有关的各种制度安排，如保护野生动植物、减少大气与水污染、清洁生产的法律、制度（包括激励机制等）和各种社会规范等，因此生态制度创新，也就是将生态学与可持续发展的原理与要求相结合并渗透到一切与人类生态需要满足和可持续发展有关的制度和文化中，或者说一切与生态学和可持续发展要求不相符合的制度都必须进行改革，以符合生态学和可持续发展的要求。生态制度创新是生态创新中最核心的内容，是生态创新能否实现的根本保证。这是因为，人的行为，尤其是市场经济条件下人的具体行为，是由一定的制度安排决定的。一种保护生态环境的制度安排，会使人们的行为符合生态经济的要求；而一种与生态经济要求不相符合的制度安排，则会使一些具有良好生态理性认识的人们的实际行动违反生态经济的要求。

生态组织是指与生产生态产品和生态环境保护等有关的各种组织，如企业、科研教育机构、生态管理部门等。生态组织创新，也就是这些组织为加强生态创新，提高社会对生态产品的生产能力等而进行的组织结构、组织文化、管理方式等方面的创新活动。

生态科技创新，是指生态科学与生态技术创新的统一。生态科学就是人类对生态环境、生物、动物等对象和本质及其联系等一系列具有规律性的新认识和新发现。生态科学创新，就是人类通过探索而不断加深对自然生态规律的认识，从而不断更新已有科学知识的过程。从理论上讲，生态技术就是生态科学在生态经济中的具体运用。因此生态技术创新，也就是不断地将生态科学创新的内容运用到整个社会再生产的实践过程。不过，根据现有技术创新的内容和定义，技术创新不仅是新的科学知识的运用，它还包括生产经营系统和组织的创新、开辟新市场、推出新产品、进行金融创新等方面的内容，因此它是一种比单纯地将生态科学创新的内容运用到社会再生产中更为复杂的过程。生态科技创新，则是生态科学创新与生态技术创新的有机统一。生态科技创新，是保证生态创新目标实现的手段，同时还是实现生态文化创新和生态制度创新的重要基础。因为只有对生态系统和自然规律的认识得到加深，人们对自然与人之间关系的认识才会更加正确，从而建立起正确的世界观；只有在生态技术方面取得较大进展，相应的制度安排才可能出现并且得到较有效的执行。所以说，生态科技创新是保证生态创新实现的主要手段。

生态系统（指相对狭义的生态系统，即自然界）创新，就是以生态学原理为指导，以生态科技创新为手段，对生态系统进行改造，使它朝更加健康、与人的关系更加协调、生产力更高的方向运动，以满足可持续发展和人类对不断增加的生态产品的需要。之所以要进行生态系统的创新，是因为单纯的自然生产过程满足不了人类日益增长的生态产品需要。实际上，人类进入文明社会以来就在不断地进行生态系统的创新，农业与畜牧业的革命与进化是这方面创新的典型代表。不过要特别注意的是，生态系统创新，虽然可以满足人类在一定时间内增长的生态需要，但它对生态环境进而对人类社会到底会产生什么样的影响，却是人类现有的知识所难以预测的。

生态产业，在我国往往被定义为环保产业，主要指环保科技的开发、环保设备的生产制造，以及利用这种设备与技术进行环境污染控制、处理与服务的产业总称。这种定义显然是极其狭隘的。从理论上说，生态产业也就是一切与生产生态产品与生态环境和自然资源保护（它们的本质实际上也是服务于生态产品生产的）有关的一切生产活动。它包括生产各种狭义的生态产品产业部门，如植树造林部门、旅游服务部门等，从事环境保护的部门，如环境保护科研与生产部门等。生态产业创新，也就是所有这些生态产业部门朝更加符合生态学和生态经济要求，朝提高生态产品生产效率方向运动的过程。生态产业创新的内容，不仅包括生态产业部门中各种技术的创新，而且同样包括生态生产观念、制度等各方面内容的创新。是一切有关生态产品生产与生态环境保护等有关内容，朝加强人与自然和谐相处和提高生态系统生产能力方向转变和深化过程的统一。

虽然资本作为一种价值形态，在理论上只具有量的大小而不会有质的变化。但由于一定的生态资本是与一定的生态财富或生态要素结合在一起的，而生态要素或生态财富是有质的特征的。因此从这种意义上说，生态资本也具有一定的质的特征。这正如经济资本由于对应于不同技术水平的生产资料时具有不同质的特征，从而具有不同的生产与盈利能力一样。所以要提高一个社会在生态产品上的生产能力，就必须不断地改进其拥有的生态资本的质量和组织，这也就是生态资本的创新过程。具体来讲，生态资本的创新，就是通过引进新的生态科技、新的生态产品（要注意的是，生态资本首先是由一定的生态产品或生态产品价值转化而来的）的组织方式、新的生态观念、新的生态制度等，在加强生态资本积累的同时，不断提升它的质量和在生态生产过程中资源配置的效率，以达到改善生态环境（这同时也是生态资本积累的过程）和提高生态产品生产能力的目的。

生态经济，狭义上看也就是生态产业的活动，广义上看则是整个国民经济的生态化过程，即通过生态文明的创新，使整个社会的再生产过程都符合生态学和生态经济的要求，以实现可持续发展的要求。这里的生态经济创新就是这种广义上的生态经济创新。具体地说，生态经济创新，就是用生态学原理和生态经济及可持续发展的要求，对整个经济进行改造，不断提高整个国民经济的绿色程度和资源配置效率，以保证人类三种需要之间的均衡增长，实现人类的最大经济福利。同生态产业的创新一样，生态经济的创新，也是一个与生态经济有关的文化观念、制度、技术等方面创新内容的统一过程。从经济学的角度看，上面所有的创新内容及其效果，都要体现或归结到生态经济创新中来。只有在生态经济上达到目标，这些创新，如生态文化创新、生态制度创新、生态科技创新、生态产业创新、生态资本创新等才算取得了效果；否则，这些创新将没有任何的实际意义，在实践中也难以得到有效执行。

生态社会创新，是指将生态观念、生态经济思想、可持续发展要求等思想和文化引进并渗透到整个人类社会组织和一切活动中，不断地改变社会组织和文化，使其不断地朝符合生态学和可持续发展要求的方向变动，实现人与自然、人与人和谐相处的目标，从而实现人类的最大福利目标的这么一种过程。从理论上讲，生态社会创新是生态创新的最高层次。正如生态经济创新前面的所有创新都要归结到生态经济创新中来一样，生态社会创新前面的所有创新也都要归结到生态社会创新中来，并以生态社会创新的效果来衡量其他各方面的生态创新。只有实现了生态社会创新，其他各方面的生态创新才算得到实现并且有保证。如只有实现了人类社会中人与人之间在各方面的平等，人与自然和谐相处的平等关系才能真正确立，从而生态制度、生态组织、生态经济、生态文化等方面的创新才能真正实现。所以，加强生态社会创新，是实现生态创新的最主要内容。

由于各种创新都是生态创新系统中的有机组成部分，因此它们之间存在着相当程度的相互重叠部分。也正因为如此，要实现生态创新的目标，就必须对其中的各个部分进行有机的协调，使它们之间相互适应；否则，将会因为系统的失衡而使整个的生态创新目标不能正常实现。

生态创新的本质，是要不断地改变原有生态系统的平衡状况，以提高其生产力来满足人类持续发展对它的需要。这是因为平衡系统的生产力对人类的需要来说是很低的，而人类对生态产品的需求却是随着经济的发展而不断增长的。平衡系统的生态环境显然不能满足这种需求，所以为了满足人类不断增长的需求，就必须对生态系统进行创新。自然，这种创新是要推动生态环境不断进化，使它在动态过程中实现一种相对的稳定。人们知道，从生态系统产生以来它就不是平衡的，而是在不断地发生改变，并在这种改变中不断地进化的，人类自身也是这种进化的产物。近几百年来，人类对生态环境的影响日益明显，并且基本上使生态环境朝退化的方向发展。如生态环境质量近几百年来一直在不断恶化，人类在得到更多物质产品的同时，却面临着有史以来最严峻的生态危机。生态创新就是要改变这种状况，以使人类得到数量不断增加和质量不断改善的生态产品的同时，保证生态环境朝进化的方向运动，使生命支持系统不断加强和完善，以实现人类持续发展的目标。我们知道，作为一个物种来说，人类的最大福利就是种族的繁衍和发展，而这依赖于生态系统的状况，依赖于其他物种的生存和发展状况。所以要实现人类的最大福利，就必须不断地对生态系统进行创新，使它更符合人类的利益需要。这说明，生态创新的核心内容，就是要彻底改变传统上人与自然的对抗关系，建立人与自然和谐相处的新型关系和相应的伦理价值，使环境支持系统或生命支持系统不断朝良性的方向发展，实现人类社会的最大福利。

上面讲到，虽然从特定的经济角度看，生态环境是作为生态市场经济系统的一个组成部分存在的，但在实质上作为人类社会特有的可持续发展系统则是它的一个组成部分。作为既是生产力系统组成部分又是其载体的生态环境系统来说，其状况和变化对经济发展起着决定性的作用。生态创新的内容，就是要保证生态系统能够支撑经济的可持续发展，其中最主要的是能够容纳并净化人类社会向生态系统排放的各种废弃物，保证生命支持系统不发生退化。从而在保证人类永续生存的同时，又满足可持续经济发展对各种生态资源和自然资源的需求，以满足人类不断增长的经济福利要求。所以生态创新是生态市场经济发展的物质基础和生存保证。

四　三种创新的关系

生态市场经济运动过程中的生态创新、技术创新和制度创新，实际上是生态市场经济系统对自身进行的不同形式但服从于同一目的的调整，它是为了保护系统稳定和发展，更好地满足人类利益需要的一种积极性调整，所以它们之间是互为依存的，任何一者都不可能脱离其他二者而独立存在。如没有制度创新，就不会产生技术创新和生态创新的动力和制度保证，这两种创新就难以发生，即使发生也难以持续。如从单纯的技术角度看，中国在宋朝就出现了较大规模的资本主义生产方式，但由于缺乏制度创新的保证，因此逃脱不了被封建势力扼杀的命运。同样，没有生态创新和技术创新，制度创新就缺乏实际的内容和必要的作用手段，因而也就难以实现。这正如欧文在北美进行空想社会主义制度创新时，由于缺乏相应的技术条件等，结果使其实践以失败告终，所以三种创新必须相互配合、协同发展才能取得较好的效果。

虽然作为同一系统的三种不同形式的创新，每一种创新的变革都包含或者带动其他两种创新的变革，但作为系统中不同形式的创新，它们之间也不是完全同一的。一般来说总是某一种创新先行推进，然后带动其他两种创新的跟进。如我国改革开放是以制度创新为契机的，然后带动技术创新而推动经济发展的。同时在特定的时期，某种或两种创新的推进是有可能以另外一种或两种创新的退化为代价的。如我国改革开放以来，制度创新与技术创新的推进就伴随着生态创新的退化，但这种情况不能长期持续，因为它会引起系统的失衡。如近些年来，生态环境退化而产生的一系列严重问题，如环境恶化、资源短缺等，已给我国经济发展造成了重大损失。

近几年的经济增长已弥补不了环境损失的代价，所以再不重视或进行生态创新，不仅经济发展难以持续，而且中华民族的生存也难以为继。这种情况说明，这种非协同性的创新，虽然可以使某种或某几种创新在一个短时间内实现，但它们最终会因其他创新的滞后而难以持续，经济发展的效果也比那种协同性创新差。我国生态环境恶化的状况，不仅迫使我国必须以降低经济发展速度的方式来对生态环境进行补偿，以获得新的平衡支撑点，而且也迫使我国对制度和技术进行与原来不同性质的新的重大创新。实践证明，改革开放以来的制度创新和技术创新，虽然促进了我国的经济发展，但由于它是以忽视生态创新的协同推进，以牺牲生态环境和自然资源为代价实现的，因此从本质上讲它们创新的内容是非持续性的。正是这种性质，导致了我国经济发展的不可持续性，从而迫使我国不得不进行经济发展方式的转变。在进行生态创新的同时，对制度创新和技术创新进行重大的方向性调整，以使它们满足生态创新，进而满足可持续经济发展的需要。

要取得可持续经济发展的不断推进，就要求三种创新不断地相互促进。上面讲到，某种创新的推进，如果没有其他两种创新的协调，不仅难以促进经济的可持续发展，而且本身有可能会夭折。所以说，三种创新的相互促进，是生态市场经济发展的客观要求。

第五节　生态市场经济的四种需要

经济的可持续发展过程，也就是人的需要得到满足的过程。但与传统经济发展目的不同的是，生态市场经济的发展不仅要满足人的物质需要和精神需要，而且还要满足人的社会需要和生态需要。后两种需要长期以来一直是被忽视的，由此造成需要结构的失衡，使人类福利遭受重大损失。

由于物质需要与精神需要的内容，人们已经比较熟悉，因此本节将重点分析生态需要与社会需要的内容。

一　生态需要的内容[①]

生态需要就是人类为了获得包括持续生存和满足发展需要等方面内容

---

① 本部分内容参阅了柳杨青著《生态需要的经济学研究》（中国财政经济出版社 2004 年版）的相关内容，笔者参与了该书内容的设计与构思。

在内的最大福利需要而产生的对生态产品的需要。生态需要有狭义与广义之分。广义的生态需要，包括人类为满足自身生存和发展的一切需要。这是因为人作为物质、精神、社会与生态（狭义）四位一体的生态系统，四种需要都是维持人这个生态系统必不可少的有机组成部分，所以都属于生态需要的范畴。生态需要的本质，就是维系人的内在平衡及其与生存环境之间的稳定生态关系，保证人类的持续生存和实现人类的最大福利。狭义的生态需要，则是除物质需要、精神需要和社会需要外的那部分生态需要。由于这里将生态需要作为与物质需要、精神需要与社会需要并列的一种需要，因此本书中的生态需要是狭义上的。

如同任何需要都是通过对特定产品的消费实现的一样，生态需要同样是通过对生态产品的消费实现的。生态产品不仅包括那些可见和我们能够直接感觉到的由自然界自然生产的产品，如空气、水、自然景观、生活和生产中的空间大小等，而且还包括许多无形和我们不能直接感觉的生态产品，有些内容很可能是只有我们的灵魂才能感觉到的，如对构成完整生态系统或生命之网的依赖等。人是自然的产物，人的灵魂源于自然，因此只有在自然中才能得到真正的安宁与幸福。人类灵魂归宿的自然条件的任何骚动，轻则会引起人类灵魂的不安，重则会导致人类的毁灭。所以要实现人的幸福，就一定要维持人生存的生态系统的完好性。这正如马克思所说的："从理论领域说来，植物、动物、石头、光等，一方面作为自然科学的对象，另一方面作为艺术的对象，都是人的意识的一部分，是人的精神的无机界，是人必须事先进行加工以便享用和消化的精神食粮；同样，从实践领域说来，这些东西也是人的生活和人的活动的一部分。人在肉体上只有靠这些自然产品才能生活，不管这些产品是以食物、燃料、衣着的形式还是以住房等的形式表现出来。在实践上，人的普遍性正表现在把整个自然界——首先作为人的直接的生活资料，其次作为人的生命活动的材料、对象和工具——变成人的无机的身体。自然界，就它本身不是人的身体而言，是人的无机的身体。人靠自然界生活。这就是说，自然界是人为了不致死亡而必须与之不断交往的人的身体。所谓人的肉体生活和精神生活同自然界相联系，也就等于说自然界同自身相联系，因为人是自然界的一部分。"[①] 就充分说明了生态需要不仅是对满足人类维持基本生理需要

---

①　《马克思恩格斯全集》第 42 卷，人民出版社 1979 年版，第 95 页。

的各种生态产品的需要，而且包括对维持人这个生态系统保持完好状态并且能够持续生存的各种生态产品的需要。

如同人类在物质需要和精神需要方面的情况一样，生态需要不仅指由人的生态性所产生的自然性生态需要，而且包括后天发展起来的各种社会性生态需要，这也是人与动物之间的最大区别之一。随着社会的进步，社会性生态需要的比重会不断上升。

自然性生态需要的内容，主要有对洁净水和空气的需要、对良好的自然和社会景观的需要、对优美的生活与工作场所环境（包括宁静）的需要、对一定量居住工作及休闲活动空间的需要、对保证人类持续生存所需的生物多样性和生态平衡（包括稳定的大气和气候环境等各种保持生态稳定的内容）的需要等；社会性生态需要的内容，主要是人际关系本身以及维系并决定人们之间相互关系的宗教、家庭、亲友、文化制度等一系列社会性因素。这两种需要之间是相互联系的。因为人与人的关系和人与自然的关系是相互影响和决定的。在"小国寡民"社会，人们之间的依存关系非常紧密，因此无论是产品的分配还是人与人之间也较公平。同时受地理区域的严格限制，必然会产生人与自然关系的紧密与和谐相处。进入资本主义社会后，人与人之间的关系松散，竞争造成的生产关系差别巨大，这种关系必然使人与自然处于对立的状态中。这种关系说明，要使人的生态需要得到满足，不仅需要提供良好的自然生态产品，而且必须提供良好的社会性生态产品，即必须不断地完善社会生产关系。可持续发展理论中提出或倡导的公平和共同参与思想，是这方面内容的部分反映。由于将这些社会性生态需要的内容作为社会需要对待，因此本书中生态需要的范围仅仅局限于生理性生态需要。

生态需要从性质上讲，它既是一种最基本的需要，但同时又是一种高级的需要。①

生态需要之所以是一种最基本的需要，是因为人本身是个生态系统，同时又是整个生态系统中的一个有机组成部分。因此保证一定的自然性生

---

① 参见刘思华《理论生态经济学若干问题研究》，广西人民出版社1989年版；刘思华：《当代中国的绿色道路》，湖北人民出版社1994年版；刘思华：《论生态经济需求》，《经济研究》1988年第4期；伊世杰：《消费经济学原理》，经济科学出版社2000年版；伊世杰：《论生态需要与生态产业》，《湖南师范大学社会科学学报》1998年第5期；伊世杰：《生态需要与后工业社会》，《求索》1998年第2期。

态需要的满足，是维持人这个生态系统必不可少的条件，如人呼吸不到必要含氧量的空气或喝不到一定量的淡水，就会死亡。由于自然界直接提供了满足这种需要的产品，因此在一般情况下人们是不太关心这种需要及其满足程度的。只有在物质需要和精神需要得到满足，同时生态产品在传统经济发展过程中因生态环境破坏而变得短缺和质量严重恶化时，人们才会关心生态需要。这时生态需要的满足程度不仅关系到人们的生存安全，而且因稀缺而成为衡量人们生活质量和社会地位高低的标志，因此它成为一种高级需要。

正由于对人类社会来说"稀缺的就是有价值的"，因此本属于人类最基本需要的生态需要，在今天已经逐渐成为一种较高层次的需要。人类具有的"失去的就是有价值的"天性，使生态产品在供给丰富时，生态需要往往并不成为人们关心的问题，似乎只有相对稀缺的物质需要和精神需要才是人类最主要的需要；可当物质需要和精神需要在持续的经济增长中得到较大程度的满足，人类因此开始关心生态需要的时候，生态产品的供给却因在此过程中被严重破坏而由原来的丰裕变得稀缺，要得到较高质量的生态产品就必须付出高昂的代价。如目前杭州临西湖且植被环境良好地段的房价每平方米超过 10 万元，且有价无房，是城市中心黄金地段房价的数倍；大城市的人们想要呼吸到新鲜的空气和见到洁净的水和蓝天，必须耗资费时、长途跋涉到边远的山区乡村，因此高质量生态需要的满足已成为一个高层次的消费需要。稀缺程度越高的产品需求也就在消费层次中占有越高的地位，也就是人们努力追求的并且是社会中心或政府所必须努力满足的目标，同时该过程也就是经济增长的过程。因为一旦生态产品变得稀缺，它对人类社会的经济价值就会凸显，不仅个人在这方面的支出会不断增加，而且由于生态需要具有非常强的公共性。因此为了满足这种需要，公共财政在这方面的支出比重会以更快的速度增长。

此外，生态需要还具有以下三方面的特点。

一是生态需要具有明显的公共性，即不具有明显的排他性，或者说排斥的成本太高。这正如在面对大气污染时有人指出的那样，不管是穷人还是富人，他们呼吸的空气是一样的，就说明了这种公共性。生态需要的公共性说明，生态产品供给中的大部分必须由社会中心或公共财政来满足。如生态需要中对洁净空气和水的需求、对良好景观的需求、对浓厚文化氛围和社会关系的需求等，都不是通过狭隘的市场能够完全提供的，而必须通过范围不等的社会，如居住小区的生态景观、文化氛围和社会关系等，必须由小区内的所有居民和物业管理者的共同行动来提供；一个城市的生态需要产品则须由城市政府和各种社会性组织来提供。正由于此，保护生态环境，增加生态产品供给，不仅是每个人的义务，而且是政府的主要职责。生态需要的公共性，决定了政府和各种社会性组织是生态产品的最主要供给者。由于生态需要既是一种基本需要，同时又是一种高级需要，因此随着经济发展过程中社会对生态需要满足程度要求的提高，各级政府用在满足生态需要方面支出的比重会不断提高，这也是当今各国政府正经历的事情。正因为生态需要的这种特点，所以我们说生态市场经济具有明显的促进社会共同富裕与和谐的特点。

二是生态需要的满足具有很强的外部性。即在消费生态产品时，除自己得到满足外，还能给其他人带来生态需要满足。如人们美化自己的庭院，能给邻居带来很大的满足；江河流域进行防治水土流失和美化景观的植树造林，会极大地改善下游地区人民的生态需要状况；城市小区美化环境的行动，会使整个城市的人们因生态环境的改善而受益；一个国家改善空气质量的行动，如像我国为减少二氧化硫、氮氧化物等排放的洁净空气行动，会改善世界的空气质量，从而对世界性生态需要的满足做出贡献。这种情况同时还说明，生态产品的生产也具有明显的外部性。如人们种花养草，不仅可以给自己和他人带来美感，而且能够改善生态环境，如给昆虫提供了食物、净化了空气等。自然，有时生态需要的满足也具有明显的外部不经济性后果，如使用空调制冷和制热而使自己生活舒适，对能源的消耗会产生各种污染；清洁活动中产生的垃圾会对垃圾堆放地的环境产生严重的破坏等。不过一般地说，生态需要的外部经济性要强于其外部不经济性。生态需要满足的这种特点，使一个社会可以通过鼓励人们增加对生态产品的生产和消费来提高整个社会的生态需要满足程度。

三是生态需要的消费具有极强的可持续性。因为生态资源或生态资本，对生态产品的生产具有持续不断的再生产能力，只要对它的消耗不超过这种能力，它就能够不断地向人类提供生态产品。而且在此过程中，往往还具有自我增值能力，所以生态消费对生态资本或生态资源的损耗很小，甚至还会在此过程中增加生态资本的积累，使后代人受益。一般地说，人们对生态产品的消费越多，意味着生态产品的生产也越多，从而生态资本的积累就必须越大，因此社会的可持续发展能力也就越强，子孙后代的福利就越有保障。这是生态需要的消费区别于物质产品消费最明显的地方之一。物质产品的生产，不仅会消耗资本存量，而且还会消耗大量的自然资源和对生态环境造成破坏。所以对物质产品的消费越多，社会资本（包括生态资本和精神资本等各种资本）存量的消耗也就越多，可持续经济发展的能力也就越弱。所以，加强生态需要的满足，适当减少或抑制人们的物质消费，是实现可持续发展的重要保证。

二　社会需要的内容

社会需要，① 就是人类为了获得满足自身社会属性所产生的对各种社会性产品的需要，这也就是上面所说的社会性生态需要。人类之所以会产生各种社会性需要，是因为人的本质是社会性的。因此必然会产生相应的对社会性产品的需要，如家庭的需要、社会集团交往的需要、社会政治活动的需要等，所以社会需要也是人类需要的一个重要组成部分。如果缺少这种需要，就会如同缺少精神需要一样，人就会发生退化，如长期脱离社会，就像第二次世界大战后长期流落东南亚原始森林的日本士兵那样，不仅会丧失语言能力，而且会向动物蜕变；那些长期被单独囚禁的人，因社会交往等社会性需要得不到基本满足，会发生精神状况的崩溃等，都说明了人的社会属性所产生的社会性需要的客观性和必要性。

同生态需要有广义与狭义之分一样，社会需要也有广义与狭义之分。广义的社会需要，包括各种为满足社会性工作与生活而产生的对社会性产品的需要，其中包括许多属于精神文明产品和社会性生态产品需要的范围；狭义的社会需要则仅指参加各种社会性活动的需要，本书所指的社会需要，主要就是这种狭义的社会需要。

三　四种需要之间的关系

人不仅是生态和社会的，而且还是物质和精神的。因此要使人的本性和幸福得到完全的实现，就必须使四种需要同时得到满足并且维持相对平衡，任何失衡都会扭曲人的本性而使人及人类得不到真正的幸福。因此，才会出现当今人类虽然得到了空前的物质经济福利（还有社会性的精神文化产品），但由于人的生态需要没有得到基本满足，因此当今人类内在的失衡也是空前的。这说明了人类幸福并不一定随着物质、（狭义）精神产品消费的增加而增长，正如生态学中的利比希最小因子定律一样，作为

---

① 作为一种经济范畴，"社会需要"是本书首先提出。提出这个范畴，是因为近些年来，在我国提出了政治文明这个范畴，为了与此对应，所以提出社会需要这个范畴。在此之前，社会需要往往被作为精神需要的一部分对待。

四种属性统一的人的幸福，也是由四种产品中的最小因子决定的。

虽然在一定范围内，四种需求之间存在着一定的替代关系。如在一定范围内，生态需要的减少可以被物质需要或精神需要的增加所抵消，人类进入文明史以来这种情况就一直在持续，但这种替换是有一定限度的，超过这个限度，再大的物质需要增加都难以抵消生态需要下降所造成的福利损失（任何一种需要与其他两种需要之间也存在这种关系，如物质消费下降到一定程度后，生态需求任何程度的改善都抵消不了物质消费下降所造成的福利损失，由此才会出现一些贫困地区的人民以破坏生态环境的方式来谋取物质利益的做法。精神贫困的人则会以物质财富来换取精神产品），因此才会出现当今社会经济发展方式的转换，这正说明了当今社会物质消费增长给人类带来的福利增加，已抵消不了生态消费减少所造成的福利损失，所以要实现人类的最大利益，就必须保持四种需要之间的相对平衡。

虽然我们根据人所特有的四维本质，将需要划分为四种，但由于人是这四维本性的统一体，因此决定了这四种需要以及四种产品之间的界限不是泾渭分明的，而是相互重叠的（见图3－2）。如对水和空气等有形生态产品的生态需要，同时又属于物质需要的范围；对自然和社会景观等无形生态产品的生态需要，则又属于精神需要的范围；对其他物质和精神产品的需要，又是维持人的内在生态平衡，使人保持良好生态心理的需要；对维持社会地位所产生的对物质产品、精神产品和生态产品的社会需要，则又同时属于物质需要、精神需要和生态需要的范围，所以在实际过程中，并不能在四种需要和四种产品之间做严格的区分。正因为这样，所以我们才说，要实现人的最大福利，就必须维持四种消费的相对平衡。

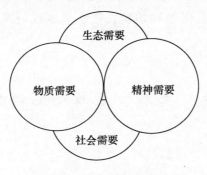

图3－2　人的四种需要

人的四维一体性质和四种产品与四种需要之间的相互重叠性，使得四种需要与四种产品之间存在着一定的替代关系，即一定量物质消费的增加可以替代一定量生态消费的减少，或者一定量生态消费的增加可以替代一定量精神消费或物质消费或社会消费的减少，但这种替换率是不断改变的。如随着生态消费下降到一定程度后，减少一定量消费所需的其他产品就要比原来更多，而且这种变化是以指数方式增长的，并且还有严格的范围限制。即降低到一定程度后，不管多少其他产品消费增加所获得的利益，都弥补不了这种产品消费减少所损失的福利。如物质消费下降到一定程度后人就会死亡，这种福利损失是其他几种消费任何形式的增长都弥补不了的。生态消费下降到一定程度也是如此，如氧气和水缺乏到一定程度，人就无法生存。

四种需要和四种产品这种既存在一定的替代关系但又有严格范围限制的特点，既决定了人类社会可以根据生态环境状况和经济发展水平以及四种需要的满足状况等条件来决定它们之间特定的相互关系，如在生态环境状况良好和自然资源丰富而物质福利低下时，通过降低丰裕而边际效用较小的生态消费，来换取较多的短缺而边际效用大的物质消费的方式来提高整个社会的福利水平等，但这种替代关系同时又决定了该选择的界限是受到严格制约的。如当今我国因生态环境恶化而使人们的生态消费下降到一个非常低的水平，经济增长部分已远远抵消不了生态环境资本的减少，因此再采取以环境来换取传统经济增长的方式已得不偿失。这决定了我国必须采取与原来做法完全相反的政策，即以物质资本来换取生态资本，以取得更好的社会福利效果。

人类活动的最终目标是为了取得最大幸福，而幸福的大小取决于四种需要的满足及其均衡程度。因此要实现人类社会生产的最终目的，就必须做到四种需要的相互促进和均衡，这也是实现可持续经济发展的基本要求。

第六节 生态市场经济的四种文明

从市场经济到生态市场经济，反映人类社会文明的进化过程。社会文明从人类的需要上看，可分为物质文明、精神文明、制度文明与生态文明。四种需要的满足，就是通过这四种文明的进步来实现的。因为人类从事经济活动的目的就是满足自己的需要，而人具有物质、精神、社会与生态四种性质，人类满足这四种需要的过程，也就是人类社会文明的进化过程，所以人的需要的满足过程，也就是这四种文明进步的过程。

一　文明的含义

文明，从严格的意义上说，就是人类从与自然的斗争中取得绝对统治地位，或者说在自然界没有了竞争对手，为保持人类进化所必需的内外部压力而转向以追求差别性生产关系为主的内部斗争后，为规范人类竞争行为而出现的一系列规范与制度。正因为这样，所以人们都认为广义的文明，就是指人类社会在政治、经济、文化等各方面，相对于"野蛮社会"或"蒙昧状态"而展现出的某种社会进步状态，就反映了文明的这种本质。从这个意义上说，文明是人类内部出现生产关系差别，即人与人之间关系不平等后的产物。那些至今仍为人们赞叹不已的精美的古代艺术品和建筑，都是为了满足这种差别性生产关系需要的产物，并且这些产品的精美程度或宏伟程度越高，其所代表社会的生产关系差别也越大。当今人类对各种产品质量精美的追求，也同样是这种差别性生产关系需要的产物。追求在这种不平等关系中的较高地位，成为推动人类文明进步的基本动力，而文明则不断地根据社会环境的变化来规范这种竞争行为。

作为文明，总是相对于某种标准所言的。文明的发展程度，也是与一定的环境密切相关的。在某种环境上先进的文明，在另一种环境下可能成为阻碍社会进步的文明。因此文明与不文明，都是相对于特定的环境而言的。如一些原始部落社会，在我们这些生活在所谓现代文明社会中的人看来，其文明是非常落后的，但他们那种人与自然和人与人之间和谐相处的文化或生态伦理，却正是我们现代社会所追求的，是可持续发展所要达到的重要目标。从这个方面看，他们的文明是先进的，而我们的文明是野蛮落后的。所以从理论上说，不存在绝对先进与落后的文明，只存在相对于一定社会环境下的文明的先进与落后。

显然，作为一定环境产物的文明，会随着环境的变迁而不断变化。文明的先进与否也就是看原来与社会环境相对应的文明，是否能够随着环境的变化而改变，并且是否能够促进社会环境朝好的方向发展。那些能够适应环境变迁而进化的文明，也就是先进的文明；那些不能适应环境变化并且阻碍环境朝好的方向变迁的文明，则是落后的文明。

文明，作为满足人类社会需要的一种产物，从其性质看，包含三方面的内容：一是人类对世界的认识，既包含着人类对自然世界的认识，也包括对人类自身的认识。与这方面内容相对应的，主要有世界观、伦理道德等内容，这些内容是社会文明的灵魂，它们支配着人类文明的其他方面。二是与世界观和伦理道德相适应的制度安排，如政治制度安排、法律制度安排、经济制度安排等，这些方面的内容，是社会文明的集中体现。三是人类满足自身在各方面需要的能力。人类从事社会经济活动的目的，是为了满足自己在各方面的需要，追求文明的进步，就是为了提高满足自身需要的能力。对各项文明的理解或认识，也应该从这三方面进行。

人类文明或人类社会文明，从需要的角度看，可划分为物质文明、精神文明、制度文明与生态文明四种。其中，生态文明是基础，物质文明是手段，精神文明是灵魂，制度文明是保证。可持续经济发展要求这四种文明相互促进。

二 物质文明

物质文明，是一个社会认识物质世界以及相应地满足其人民物质需要的能力。由于习惯上将人们对物质世界的认识作为精神文明的内容，因此物质文明的内容主要体现在满足人们物质需要的制度安排及其能力上面。

在生态市场经济中，物质文明，表现为一个社会在协调人类与自然关系的过程中，在保证生态文明不被削弱的条件下，将自然资源转换为满足人民需要的物质产品的能力，同时它还反映该社会人民之间物质消费关系的公平程度或制度安排。我们知道，在传统的物质文明范畴中，只体现人类在物质生产方面的绝对水平，其中既不存在人与自然关系的协调与和谐相处，更不存在满足人们物质需要能力的制度安排等方面的内容。显然，这种性质的物质文明，是不能满足生态市场经济发展的要求的。因为，如果没有人与自然关系的协调与和谐相处，而是像传统生产力理论那样定义生产力的发展水平，即人类改造与征服自然，生产物质产品的能力，那么这种能力越强，人类的持续发展就越没有保障，当代经济不可持续发展的原因，就是人们追求这种物质文明的结果；同样，如果没有适当的与社会经济发展水平和其他三种文明相适应的产品分配的制度安排，那么这种物质文明也同样是不可持续的。如一个社会的物质财富很丰富，但财富分配非常不公平，社会财富的绝大部分被少部分人占有和享用，社会绝大部分人生活在贫困之中，那么这样的社会，就只能被称为物质丰富或物质生产力水平较高,但却不能称其为物质文明的社会。

作为与生态市场经济相适应的物质文明,不仅应该在满足人的物质需要的同时,做到人与自然的和谐相处,而且必须做到人们之间在物质产品分配上的相对公平。这是因为如前面曾讲到的那样,只有做到产品分配的相对公平,自然资源和生态环境的永续利用才有可能,即公平性是可持续性的前提条件。所以缺少良好分配制度安排的物质文明,是不可能保证可持续经济发展目标的实现的。这说明,一个物质文明高度发达的社会,不仅具有较强的生产物质财富的能力,而且有较公平、公正的生产关系。

作为一种满足人类物质产品需要的能力来说,上面提到的提高物质产品生产能力的各种创新,都属于物质文明的内容,其他三方面的文明同样包含这方面的内容。就这方面说,各种创新,均属于社会文明的一个组成部分。

三 精神文明

精神文明,就是一个社会(占主导地位)的对待自然与自身的认识和态度,及在此基础上满足其人民精神需要的能力。

一般而论,精神需要有这四方面的内容:一是满足人们对精神文化享受的需要,其中有相当部分属于社会性的精神文化需要;二是满足人的智力和劳动技能提高的需要,以增加人们获取物质财富的能力;三是满足人类对自然世界和人类社会认识兴趣的需要,尤其是能正确地对待人与自然关系,实现人与自然的和谐相处,满足人类持续生存和发展的需要;四是为了维持社会稳定而产生的行为规范等方面的需要,其中包括社会伦理道德等内容。因为,人类从事再生产的目的就是为了满足自己的需要,作为再生产组成内容的四种文明自然也不能脱离这个范围,所以满足这种需要各个方面的内容,都属于精神文明的范围。

从具体的方面看,精神文明主要表现为一个社会认识自然世界、生产物质财富和协调人类与自然关系为目的的科学技术的水平,人民受教育的平均程度,以满足人类精神文明需要的部门占国民经济的比重,或者人们在这方面的支出占收入或总支出的比重,人们日常生活中的举止行为,调节人们之间相互关系的法律、规范、意识形态等方面的文明程度。这说明,精神文明不仅是满足人们精神上需要的粮食,而且还是维持社会稳定、调节人们之间相互关系的稳定器,是实现人与自然和谐相处的调节器,是决定社会物质财富生产能力的关键。

同样，精神文明还包括一个社会满足人类对精神文化产品需要的能力及精神产品分配方面的制度安排等内容。一个社会满足人们各种精神文化产品需要的能力，成为衡量该社会精神文明水平高低最重要的指标。不断提高一个社会满足其成员对各种精神文化产品需要的能力，则成为发展精神文明最重要的内容。同时，不断改善精神产品分配方面的制度安排，不仅使其朝公平的方向发展，而且使广大人民参与到精神产品的创造过程中来，也是精神文明的重要内容之一，是可持续发展的客观要求之一。

四　制度文明

制度文明指一个社会在管理社会，满足人们对制度产品供给需要方面所达到的水平。人们对制度产品的需要，属于社会需要的重要组成部分，在某种程度上，也可以把它们等量齐观。一个社会在满足人们对制度性产品需要方面能力的高低，成为衡量一个社会制度文明水平的重要标志。而满足社会对制度性产品需要的能力，则在很大程度上取决于一个社会领导集体统治艺术技巧的成熟程度，这也是关系到统治阶级集团整体利益的实现状况和政权稳定性的重要基础。

制度文明，主要由政治文明、法制文明、体制文明等有关社会组织与结构等方面的内容所组成。显然，政治文明在其中居于最重要的地位。

政治文明，是指人类政治生活中相对于政治蒙昧和政治野蛮而展现出的某种进步状态。它的发展程度主要通过不同时期统治阶级对于国家性质、职能、目的、组织形式及治国方略等方面的认识和实践来体现。政治文明主要由政治意识文明、政治制度文明和政治行为文明三个层次组成。

政治意识是一个包括政治意识形态、政治心理、政治道德在内的人类意识系统。政治意识文明就是这些不同层次内容的进步状态，是它们的有机统一。政治意识文明是政治文明的价值取向和价值定位，处在灵魂的地位；政治制度文明是政治文明最主要的载体和体现，上承政治意识，下规政治行为，既是政治行为文明的基础和前提，又是衡量一个社会政治文明程度的客观性尺度；政治行为文明是政治意识文明和政治制度文明在社会主体行为方式上的现实表现，任何一种文明的意识和制度，最终都要落实到该社会政治主体的行为中去，所以是否恪守政治文明规范，标志着人们在一定社会形态下从事政治活动所达到的文明程度。良好的政治文明，需要政治意识文明具有良好的"兼容性"，政治制度文明有良好的"制衡性"，政治行为文明有良好的"有序性"。兼容性指政治体制能够容忍政治意识差异的存在。因为有兼容才有差异，有差异才有比较，有比较才有鉴别，有鉴别才有选择，有选择才有进步，这是保持政治进步和政治文明的核心，所以兼容性是政治文明的基础，它是政治民主与共同参与的前提条件。对政治制度文明来说，有制衡，权力才不会被滥用和出现严重的腐败。对政治行为文明来说，有序才有效率，无序不仅无效率可言，而且会造成混乱。在实际过程中，政治文明中的这三个组成部分是相辅相成的，缺一不可。对可持续发展来说，政治民主与共同参与，是实现其目标的最基本条件，同时也是实现政治文明的基本条件。[①]

法制文明，是指人类在法律制度生活方面相对于某种标准（如与社会经济发展环境不相适应）而体现的进步状态。法制文明主要体现出一个社会在实现社会公平与公正方面的水平。这方面程度的高低，是法律文明建设水平的最重要标志。法律文明包括法律意识文明、法律制度文明与法律程序文明三个组成部分。

体制文明是一个社会在体制方面相对于某种标准而体现的进步状态。体制是一个社会制度安排的具体体现。体制文明主要表现一个社会在保持社会秩序与促进效率方面的能力。体制文明由社会（制度）体制、经济体制、文化体制、教育体制、保障体制等内容组成。

在制度文明中，政治文明、法制文明与体制文明之间是一种相互依赖与制约的关系。政治文明是制度文明的基础，法制文明是制度文明的核心，体制文明是制度文明的实现形式，三者缺一不可。同时三者中，任何一者如果没有其他二者文明的相互适应，都不可能取得大的进展。

从制度包含的内容看，上面所分析的制度创新，也属于制度文明的范围。一个社会制度创新的能力越强，反映该社会的制度文明进程越迅速。

五　四种文明之间的相互关系

就四种文明各自在社会文明体系中的地位与作用来说，在整个社会文明中，生态文明是基础，物质文明是手段，精神文明是灵魂，制度文明是保证。

从四种文明内容中可以看到，四种文明之间不仅是相互依存的，而且有很大一部分是相互重叠的。如四种文明中包含的人们对相关领域的认识

---

① 本段内容参阅了林荣林《人类社会文明体系中的政治文明》（《人民日报》2004年11月12日版）、虞崇胜《论政治文明的内在灵魂》（www.xsix.com/htm/sxgc/sxzz/2003-12-2-15548.htm）。

或认知，就都属于精神文明的范围；同样，四种文明中有关的制度安排等内容，则都属于制度文明的内容等，这种重叠关系正如四种需要之间的重叠关系一样。这种关系，决定了各种文明之间虽然都具有一定的独立性，但更决定了它们之间的相互依赖与制约关系。如在四种文明中，物质文明、精神文明和制度文明的发展程度，都依赖于生态文明的程度，因为生态环境是人类生存和发展的自然基础，人类是生态环境中的一分子，只有在生态环境能够支撑人类生存的基础上，人类才能发展起其他方面的文明来；同样，生态文明要得到维护和发展，也需要得到其他三种文明的协调，如只有当人类正确认识其与自然的关系，认识了自然世界的客观规律，并且有足够的物质、精神与制度方面的能力时，才能对生态环境进行不断创新而促进生态文明的进步。同样，物质文明、精神文明与制度文明之间也是既相互促进又相互制约的。任何一种文明，如果没有其他三种文明的协同促进，都是不可能长期持续的，这正如古代许多文明，如古巴比伦文明、古地中海文明和古丝绸之路文明等，虽然它们的物质文明达到了相当的高度，但由于缺乏生态文明和精神文明的支撑，最终都避免不了衰落的命运，就充分说明了它们之间的这种相互依存关系。

四种文明的这种关系，决定了任何两种文明之间都是相互依赖的。物质文明与精神文明的关系就说明了这点。如物质文明建设，一方面为生态文明建设提供了必要的物质与技术基础，使得生态文明的建设，尤其是生态技术的建设得以实现；另一方面则为生态文明的建设提供了社会需要的动力。没有一定的物质文明做基础，要做到生态文明是不可能的，这正如当今许多发展中国家，尽管也有实现生态文明的迫切愿望和要求，但由于缺乏必要的物质基础，或者说人民的基本物质需要没有得到应有的满足，因此使这种愿望不仅难以实现，正如必须采取以生态环境和自然资源来换取物质利益的增长，结果使生态文明在人们对物质财富的迫切要求中萎缩一样。所以高度发达的生态文明是不可能建立在落后的物质文明基础之上的。同时，如果没有物质文明达到较高的水平，人们就不会产生较迫切的生态需要的愿望。正如在低下的物质文明基础上，人们主要关心的是物质需要，生态需要则在很大的程度上被忽视一样，只有当物质需要得到较大程度的满足，属于较高层次的生态需要才会被人们重视，生态文明的建设才会由愿望变为实际的行动。这正如我国，只是在 20 世纪 90 年代中后期人们的物质消费水平达到较高程度后，社会才真正开始关心所吃的食物有害物质是否超标、所用的物品是否安全、居住的生态环境是否良好和符合要求等，从而关心生态文明的建设一样。所以说，生态文明的建设只有建立在一定的物质文明基础上，它才有牢靠的基础和实现的动力，否则是不可能实现的。

同样，物质文明建设要得到可持续的发展，也必须建立在一定的生态文明基础上。这是因为，生态文明是物质文明建设的基础和保证，缺乏生态文明的物质文明是不可能持续的，这正如许多古代文明的湮灭，都是因为缺乏一定的生态文明的支撑，生态环境遭到严重破坏而不能持续的结果，古丝绸之路的消亡、两河流域文明的湮灭、古印第安帝国的没落等，都是人们过度追求物质文明而忽视生态文明，导致生态环境不能支撑物质文明继续发展的结果。生态文明不仅为物质文明的建设提供了必不可少的环境基础，如水土保持以支撑粮食和各种农产品的生产、水环境保护对各种水产品生产的支撑、大气保护对林产品的支撑、各种环境保护对工业产品生产的支撑等，而且它还向后者输送各种建设所需的产品。如木材和各种林产品、各种自然生产的水产品、物质生产中必不可少的符合质量要求的空气、淡水、各种野生动植物等；自然界中的各种物质，尤其是各种动植物基因，更是人类对抗各种已知和未知疾病的新型药物的源泉（人类目前面临的一个重要挑战，就是大量的生物物种在我们还来不及知道，更来不及认识和了解它们之前就已经灭绝，而它们很可能是我们应付未来挑战的最有力工具）。所以，没有良好的由生态文明支撑的生态环境做基础，要实现物质文明的持续发展是不可能的。正如没有雄厚的物质文明做基础，要实现生态文明的持续发展是不可能的一样。这正如我们前面讲到的，物质文明、精神文明、制度文明与生态文明，是支撑人类社会文明大厦的四根基柱，任何一柱的不牢固，都会使人类的文明大厦倾覆。

生态文明与精神文明的关系也同样如此。生态文明是精神文明的基础，而精神文明则是生态文明的保证。生态文明不仅为精神文明提供了创造的基础，如良好的生态环境和优美壮丽的自然景观，历来都是人类精神产品创造灵感的重要源泉，也是相当部分精神文化产品的重要内容之一，而且生态文明的建设还是产生精神文明建设的动力之一。如只有在生态文明达到一定的程度，人们的生态需要得到基本满足，悬在头上的生态利剑被解除，人们才可能产生对更多、层次更高的精神文化产品的需求，精神文明的建设才可能进一步提高。因为任何时候，社会和个人所关心或关注的都是最短缺的产品。当生态需要得不到基本满足而处于严重短缺，从而使人们的幸福受到重大影响时，人们是不会关心达到一定水平后的精神文化建设的，这必然使精神文明的建设失去动力。所以说，生态文明是精神文明的基础与动力。自然，生态文明的建设也离不开狭义精神文明（指排除其他三种文明中属于精神文明内容后的这部分精神文明内容）的建设，精神文明的建设是生态文明实现的基础。因为精神文明的建设，一方面为生态文明的建设提供了最基本的动力，如只有当人们的精神文明达到较高的程度，人们才可能产生出对较高层次的生态产品的需要，从而关心并参与生态文明的建设，在一个狭义精神文明建设落后的社会——与此对应的一定是物质文明的落后，人们是难以产生出较高层次的生态需要的，也不会有对生态环境正确认识的能力，从而不可能有加强生态文明建设的要求。另一方面为生态文明建设提供了实现的条件，这是因为劳动力的质量主要是由精神文明的建设程度决定的，而生态文明的建设需要相应质量的劳动力来完成。没有高质量的劳动力，就不可能完成高层次的生态文明建设，高质量的劳动力还是产生高层次生态需要，从而是建设高度发达的生态文明的最基本条件。在一个文化贫乏、人民素质普遍低下的社会，是不可能产生高质量的生态文明的。这正如在一个文盲充斥的社会，是不可能建设高度发达的社会主义一样。再一方面就是精神文明的建设是实现生态文明建设的重要基础。因为精神文明建设程度的提高，意味着社会或人民对精神文化产品需求程度的提高。一般地说，当物质文明建设达到一定程度后，社会的消费重心会由对物质产品的追求转向对精神文化产品的追求，这是第三产业在国民经济的比重不断上升，并逐渐超过物质生产部门的最主要原因之一。而一个社会的生态文明建设，只有建立在该社会对物质消费的比重不断下降，对非物质产品，也就是精神文化产品消费比重不断上升的过程中才有可能真正实现。在一个注重物质消费，并且其比重不断扩大的社会，正如注重精神消费的中世纪欧洲封建社会，[①] 转向注重物

---

　　① 日本学者堺屋太一认为，中世纪的欧洲并不是人们认为的那样是黑暗的中世纪，而是人们对古罗马与古希腊那种过于追求物质享受而导致社会没落和瓦解反思。由对物质世界的追求转向对精神世界追求的结果，是一种正确的理性选择；而资本主义则是对中世纪注重精神世界的否定，是对古希腊和古罗马社会文化的回归，因此是否定之否定的结果。目前人类正面临一次新的否定之否定的选择。参见堺屋太一著《知识价值革命》，东方出版社 1986 年版。

质消费的资本主义社会后，生态环境遭到严重破坏和自然资源被大量消耗，生态文明被严重削弱一样。当代社会向可持续发展和知识经济社会的转换，可以被看作是对资本主义那种追求物质享受文明的新的一次否定，是向精神需要和生态需要的积极转化，因此是一次新的否定之否定。只有当人类从对物质的追求，转向精神文化和生态需要时，生态文明社会和可持续发展目标才有可能真正实现。在以物质需要为主，并且人类有较大的生产物质财富的能力时，生态文明是不可能真正建立起来的。所以说，精神文明的建设，是实现生态文明建设的重要条件。

　　同样，生态文明的建设也是精神文明建设的重要条件。在一个生态文明落后的社会，是不可能建立起真正高度发达的精神文明的。因为前面讲到，人与自然的关系，是人与人之间关系的映衬，在人与自然关系紧张，从而生存压力巨大的社会中，是不可能建立起人与人之间关系和谐的精神文明和社会制度的。历史上发生的每一次剧烈的社会动荡和国家之间的战争，几乎都是由人与自然之间的紧张关系所引起的，是大自然承载不了太多人口的结果。所以只有建立起高度发达的生态文明，人类才可能建立起发达的精神文明。这正如马克思在分析未来自由人联合体，也就是其理想中的共产主义的时候，讲道："也就是说，社会的现实财富和社会再生产过程不断扩大的可能性，并不是取决于剩余劳动时间的长短，而是取决于剩余劳动的生产率和这种剩余劳动借以完成的优劣程度不等的生产条件。事实上，自由王国只是在由必需和外在目的规定要做的劳动终止的地方才开始；因而按照事物的本性来说，它存在于真正物质生产领域的彼岸。像野蛮人为了满足自己的需要，为了维持和再生产自己的生命，必须与自然进行斗争一样，文明人也必须这样做，而且在一切社会形态中，在一切可能的生产方式中，他都必须这样做。这个自然必然性的王国会随着人的发展而扩大，因为需要会扩大，所以满足这种需要的生产力同时也会扩大。这个领域内的自由只能是：社会化的人，联合起来的生产者，将合理地调节他们和自然之间的物质变换，把它置于他们的共同控制之下，而不让它作为盲目的力量来统治自己；靠消耗最小的力量，在最无愧于和最适合于他们的人类本性的条件下来进行这种物质变换。但是不管怎样，这个领域始终是一个必然王国。在这个必然王国的彼岸，作为目的本身的人类能力的发展，真正的自由王国，就开始了。但是，这个自由王国只有建立在必然王国的基础上，才能繁荣起来。"① 显然，达到这个要求的最基本条件是生态文明。没有生态文明做基础，是不可能做到人类与自然之间合理的、靠消耗最小和最无愧于人类本性的物质变换的。

其他各文明之间的关系，也同样是这种相互依赖和相互促进的。

虽然从整体上说，四种文明是相互依存互为制约的，它们之间应该是共进退的，但由于它们各自又具有一定的相对独立性，因而在特定阶段，也可能会出现它们之间的非均衡运动，甚至会出现以一者或两者三者牺牲的方式来取得另两者或一者的进步。人类有史以来的物质文明和精神文明进步，尤其是物质文明的进步，很大程度上就是以牺牲生态文明为代价实现的。正由于此，我们才说人类文明史以来的科学技术进步史，基本上是生态环境的破坏史，结果使人类在得到空前丰富的物质和精神文化产品享受的同时，却面临着人类有史以来最严峻的生存危机。这种状况显然是不可能长期持续的，因此才产生了今天的可持续发展思想和实践。这正反映了物质文明、精神文明和制度文明，一定要建立在生态文明的基础上，四种文明之间不可偏废，否则任何一种文明都不可能持续。同时，要使生态文明得到维持和发展，就需要物质文明的手段、精神文明的灵魂、制度文明的保障等才能得到实现。没有制度文明的保障，任何一种文明都是不稳定或不可持续的；没有物质文明做手段，任何文明都是缺乏物质基础和社会动力的。如人民物质生活水平达不到一定程度，就不会产生出相应的其他文明来；没有精神文明做灵魂，其他文明就会因缺少核心内容而难以发挥应有作用。四种文明在建设过程中要相互协调和相互适应，是系统中各部分之间要相互协同和互为制约的反映，这是保持系统稳定存在和发展的必要条件，否则就会破坏系统的稳定甚至瓦解系统的存在。这种情况说明，社会文明中的任何一种文明，只有包含其他文明的内容或得到其他文明的协作，才能得到持续发展。如在物质文明的建设过程中，物质建设必须包含对生态环境保护和恢复建设的内容，包含生态物质产品生产的内容等；在精神文明建设中，则必须包含对生态环境及其与人之间关系的认识，包含对生态环境的认识并不断促使其朝生态文明建设的方向转变，包含对促进生态文明建设的科学技术的不断进步上等内容；制度文明的建

---

① 马克思：《资本论》第 3 卷，人民出版社 1975 年版，第 926—927 页。这同时还说明，生态文明是人类文明的基础，物质文明则是其中最重要的手段。

设，同样必须包含其他文明的内容，才具有客观基础与灵魂。所以说，在社会文明建设中，四种文明必须相互协调与促进。

四种文明之间必须相互协调，是人的四种需要必须得到平衡的反映。人的最基本特性是他的生态性与社会性，然而正是这两种最基本的特性，长期以来却一直被人类自身所忽视，导致长期以来片面追求物质文明建设和精神文明建设，忽视生态文明与制度文明建设，甚至以生态环境的牺牲为代价来换取单纯的物质福利建设，其结果是人的平衡被严重破坏，人被畸形发展，最终导致空前的人类生态危机。如在物质财富空前丰富的今天，返璞归真、回归自然的愿望和要求空前强烈，就充分反映了人的四种需要之间的失衡程度。四种需要间的严重失衡，说明人类从当前经济活动中得到的福利并不是最好的，如人类在得到空前的物质和精神福利的同时，却感到前所未有的生态危机和生存危机。对人类来说，种族的繁衍和发展是最大的福利，生存危机的紧迫性，说明了人类从当前经济活动中得到的实际福利是很低的，必须尽快改变这种状况。可持续经济发展思想的提出及其社会实践，就是响应该要求的结果。

显然，与物质文明、精神文明和制度文明的协调与满足能力相比，人类的生态文明目前在这方面的能力还是很低的。如我们目前仍然无法遏制生物快速灭绝的趋势，无法扭转温室效应扩张的势头，许多的自然灾害不仅不能预防，甚至不能准确地预报，一些被污染的水体，如滇池的污染也无法有效地治理。人类，尤其是发展中国家人民的许多基本的生态需要无法满足等，虽然其中有许多是制度性缺陷所造成的，但也反映了当前人类在生态文明各方面的能力都还十分弱，因此加强这方面的建设，对促进生态文明建设，满足人民群众日益迫切的生态需要等具有十分重要的意义。

六 四种文明之间的相互推进是建设生态市场经济的客观要求

从市场经济到生态市场经济反映了人类社会文明的进化过程，人类文明要取得持续的发展而不是一时的发展，四种文明就必须相互进行；否则，就会出现和历史上曾经存在过的那些片面的文明社会一样的湮灭。如古巴比伦文明、古罗马帝国的消亡，都是由于其物质文明缺乏生态文明和制度文明推进的结果。所以说，四种文明的相互推进，是建设生态市场经济的客观要求。

与传统市场经济的社会文明相比，生态市场经济的社会文明是有所不同的，即它不仅特别突出了被传统文明所忽视的生态文明的内容，而且每种文明中都包含了生态文明的内容，同时还包含了实现社会公平与公正要求的制度内容，包括了各种文明相互促进的内容等。任何一种文明，如果缺乏生态文明的内容要求和与其他文明的协调，不仅会导致该种文明的不可持续，而且会导致整个社会的不可持续。如就单纯物质文明，即人类在科学技术和生产物质产品的绝对生产力来说，当代人类在这方面的成就是空前的，但人类生态需要的饥渴程度和人类的生存危机也是空前的。而造成这种结果的原因，则不仅是生态文明被忽视，而且是制度文明存在严重缺陷的重要表现。是现行的制度安排，使人们在生态环境利用中得到的效益远远大于个人成本的结果。要使物质文明与生态文明相互适应，就需要制度文明的协作，以使人们从保护生态环境中得到的利益大于那种破坏生态环境行为所得的利益。没有制度的保障，良好的愿望就永远只能是人们的一种理想。正是在这个意义上，我们说，制度是生态文明中最核心的内容，它是决定这种文明能否成为社会实际的关键因素。这正如没有社会主义制度，社会主义就只是一种空想一样。所以加强制度文明的建设，是实现可持续经济发展要求的核心。

制度文明虽然是实现可持续发展的保障，但它也必须与其他文明的进程相适应。如果超出了其他文明的承受能力，这种制度就既不会制定，制定了也不会得到有效实施。这正如当今世界在面对日益恶化的全球性生态环境时，发达国家与发展中国家的态度和提出的环境保护标准是不完全相同的。发达国家提出的标准远远高于发展中国家的标准，为此双方进行了激烈的争论，发展中国家认为发达国家提出的标准，其目的是要限制它们的发展，而发达国家则认为发展中国家是以牺牲生态环境，损害全球共同利益来谋取自己发展的自私做法。当前我国与发达国家之间在这方面的矛盾也非常尖锐。显然，如果发展中国家按照发达国家的要求来保护生态环境和自然资源，那么就等于这些国家必须停止经济发展，因为这远远超出了它们的技术能力和承受能力，也超出了他们的生态需要利益与传统经济利益的比较。前面讲到，对一定量生态利益与传统经济利益之间的比较，在不同的经济发展阶段是不同的。一定量生态需要利益，在经济发展程度很低时是很小的，是不被社会和人们所关注的，但它会随着经济发展程度的提高而不断增加，这种特点是由它在需要上的最基本需要和高层次需要的二重性决定的。与此相反，传统经济性需要，也就是物质需要，在经济发展程度较低时的利益是很大的，但这种利益是随着经济发展水平的提高而下降的。因此，只有当一定量生态需要的利益大于物质需要利益时，人们对生态环境保护和生态需要的正确认识，才会转化为实际的态度和行动，这时相应的制度建设才可能得到深化。我国的情况就说明了这点。如在经济发展程度较低时期，由于认为经济利益大于生态利益，因此我国普遍采取了以牺牲生态环境和自然资源为代价来换取经济利益的做法。只是随着经济发展程度的提高和生态需要利益重要性的加强，我国才在改革开放之初提出要加强生态环境的保护。但真正有效的制度安排和行动则是进入 20 世纪 90 年代后的事，即使这样，90 年代以来的生态环境和自然资源损害的价值也仍然大于同期的经济增长部分。

要使人们的愿望和一定的制度得到实现，还必须有相应的使这种愿望得到实现的技术手段。如果制度要求超出了技术手段的可能性，这种制度同样是得不到有效执行的。这正如要求我国的企业达到西方发达国家那样的环境保护标准，将会使我国的相当部分企业关门一样，其结果不仅达不到保护生态环境的目标，甚至会破坏这种目标的实现。因为在一定条件下，贫困是生态环境保护的最大阻碍。也正是在这一点上，我们认为西方世界要求发展中国家保护生态环境的要求是不合理的，其表现是虚伪的。因为他们在要求发展中国家加强生态环境保护的力度时，既没有切实地帮助发展中国家发展经济以消除贫困，又没有将相应的技术无偿地提供给发展中国家。这正如有人指出的那样，西方国家在帮助降低发展中国家，尤其是非洲国家婴儿死亡率的同时，却没有将养活这些人的技术和方法传授给他们，这是造成这些国家人口快速增长和日益贫困的主要原因之一，也是造成这些国家生态环境恶化的主要原因之一，所以说，西方发达国家的要求是不切实际的，也是不可能实现的。西方发达国家只有真诚地帮助发展中国家发展经济，使这些国家走上富裕之路，同时向它们提供先进有效的生态环境保护技术等，才有可能实现全球生态环境保护的目标。这正如前面讲到的，各国人民都是"地球飞船"上的乘客，要保证"地球飞船"的安全，需要所有乘员的同舟共济，任何个别乘员的不合作，都有可能导致"地球飞船"的覆灭。正是在这个意义上，可持续发展要求实现各国人民之间及其内部的"公平、公正与共同参与"原则。

当今社会的现实告诉人们，我们已不可能返回到远古祖先那种人口稀少、自然性生态环境良好的环境中去。在可预见的相当长一段时间内，人口仍然会以较快的速度增长；同时在已经达到的生活水平基础上，也难以祈望人们降低物质生活水平来保护生态环境和节约自然资源。在这样的基础上，要实现人类的可持续发展目标，就必须不断地加强生态技术的创新和生态创新，加强其他三种文明的建设，以不断地改善生态环境和增加生态产品的供给，满足人民日益增长的生态需要。如果不能做到这点，随着人口的增长和人们，其中主要是那些发展中国家的人民对物质生活要求的提高，在生存压力不断扩大的情况下，必然会促使他们加强对自然资源的掠夺和对生态环境的破坏，结果必然是生物圈系统的崩溃和人类自身的毁灭。所以，只有不断地加强四种文明的协同性进步，提高社会的可持续发展能力，人类社会的可持续发展目标才能真正实现。

　　自然，在实际过程中，由于各种利益矛盾的存在，各种文明之间也存在着不一致甚至对立的情况，如在当今世界，发达国家要求提高生态环境的保护标准与发展中国家要求尽快实现经济发展的愿望之间，就存在着尖锐的冲突，可持续发展要求的公平与效率之间也存在着不一致。因此，如何协调各种文明之间的关系，就成为推进可持续经济发展的重要内容。

　　从上面对三种创新、四种需要与四种文明之间的关系看，它们之间是密切相关的，甚至可以说是一个事物的三个方面。① 如三种创新都属于四种文明的范围，是后者的组成部分之一，而四种需要则是与四种文明直接相对的，四种需要是产生四种文明的客观基础，四种文明则是满足四种需要的手段，这种关系，不仅决定了可持续经济发展是三种创新、四种需要与四种文明的有机统一，而且它们之间必须相互适应与相互促进，共同推动可持续经济发展目标的实现。

---

　　① 实际上，为了相互一致，也可以将精神或文化创新从制度创新中独立出来，由此使三种创新变为四种创新。

第四章　生态市场经济的内部运动

作为可持续经济发展在当前经济制度上的反映，生态市场经济不仅要求价值的正常循环，而且要求生态系统与资源环境的正确循环，这是生态市场经济与传统经济的本质区别之一。为此，我们对生态市场经济系统运动的考察，就从资源、环境、人口与社会相统一的角度来进行，以揭示生态市场经济系统正常运行的基本条件。

第一节　生态市场经济因素分析

在生态市场经济系统中，影响经济发展的基本因素主要有资本积累、劳动力、资源环境、技术进步、产品分配、对外开放、经济结构、社会制度、经济制度等。

一　资本与资本积累

可持续经济发展中的资本具有多种形态，如物质资本、人力资本、生态资本、社会资本等。为方便分析，这里所指的资本及其积累，仅是指传统意义上的物质资本（又叫生产资本）及其积累，对其他各种资本及其积累的分析，将在后面进行。

资本从物质形态上看，是生产力在发展过程中所形成的部分成果积累（其他的积累主要体现在人力资本与生态环境的改善上）；从人的利益关系上看，则代表着人类社会未来的利益保障；资本在人们之间的分配关系，代表着人们在生产资料所有制方面的利益关系或生产关系（这种关系，传统上人们把它作为阶级关系来看待。在现代社会，这种标准显然不能完整地反映实际的阶级利益关系）。作为资本利益关系体现的利息，是生产力为保存自身已有成果和进一步发展的一种经济手段。不管在任何时代，资本都是社会经济发展的物质基础，资本量的大小决定着该社会今后一段时间的发展能力。在一个资本存量少而积累能力又弱的社会，其生产力的发展水平一定是比较低而增长又缓慢的。然而，利息虽然是保存社会发展成果的必要动力，但它却又会产生人们之间利益的差别，从而使人类社会持续发展的目标难以实现。

假设其他条件不变，从资本的角度看，一个社会的经济发展主要取决于其资本存量的利用效率和资本积累的速度。资本存量对经济发展的贡献，一是看它的被利用率或就业率，两者间具有正比关系；二是看它的平均生产率，该生产率的高低，一方面取决于人们对它的利用强度，另一方面取决于它的使用结构是否与社会需要一致。当资本的利用效率一定时，经济发展速度就主要取决于资本积累的速度了。资本积累的速度，主要由社会对它的需要强度来决定。在一个资本需要强度高的社会，资本积累的速度一定是比较快的；需要强度弱的社会，资本积累速度也慢，甚至会发生资本的净损耗。实际上，从较长时期看，在市场机制的作用下，任何社会都会创造出与自身需要相一致的资本积累来。因此在一个较长时期内，经济发展过程中既不会出现绝对的缺少资本，也不会出现绝对的资本过剩。如当资本短缺时，利率会不断提高，它会使储蓄不断地侵蚀消费，同时会吸引国外资本流入以满足经济发展的需要。当资本严重过剩时，一方面会导致存量资本无形损耗的加剧，如在经济危机当中，大量的资本就因缺少需要而被大量淘汰或贬值；另一方面利率的下降会导致储蓄的减少；再一方面会导致资本流出的增加或流入的减少，因此使资本供应与经济发展需要相一致。这说明，资本是在经济发展过程中被创造和消失的，它是与经济发展的需要相一致的。只有在外部影响下，一个社会对经济发展的期望超过内部的资本积累力量时，资本才会出现比较严重的短缺。所以，资本积累是经济发展的物质基础，但资本积累的速度又是由经济发展对它的需要决定的。

在实际过程中，资本积累除了受到经济发展和社会需要的决定以外，还受到其他许多因素的影响，如分配、制度、人口等。一个社会产品分配的公平程度如何，对资本积累的大小有着十分明显的影响。一般地说，产品分配的公平程度与资本积累的关系，具有在一定范围内成正比，超过一定范围成反比的关系。因为当产品的不公平程度超过一定范围时，积累少量的资本就可获得较高的相对福利。有能力的人不会大量地积累资本，而会将大部分收入用在奢侈性消费上，收入低的大部分人则缺少积累的能力，所以该社会的积累率一定是很低的。在这种社会中，即使高收入者有积累的动力和将相当部分的收入积累起来，但分配不公产生的社会不稳定，也会阻止这部分积累转为国内资本，而会将这部分积累转移到国外。收入差距较大的南美洲，这两种情况就十分明显。即使在这些国家经济增长较快时，国内积累率仍然不是很高，在国内资本严重短缺，大量国外资本输入时，国内的资本却大量外逃。所以在这种情况下，收入分配朝公平方向运动会提高积累率。这正如收入分配较公平的东南亚各国的积累率，就大大高于经济发展水平相近的拉丁美洲各国一样。但如同任何事物超过了一定范围都会物极必反一样，分配的公平程度超过了一定范围，同样会由促进变为阻碍资本积累。因为公平超过一定范围，积累资本不能给人带来相应的物质利益，资本积累的动力就会丧失，所以超过一定范围的公平是与资本积累成反比的。

社会制度和经济体制对资本积累的影响则更明显。好的制度，能够极大地促进资本积累；不良的制度和体制，则会将已积累的资本大量消耗。改革开放以来，由于我国进行的体制改革在总体上更符合经济发展的要求，因此这段时间我国的资本积累以极快的速度进行，但同时由于我国国营企业改革严重滞后，与经济发展要求严重不符，结果经过几十年积累的大量国有资产，在此过程中不断流失或被各种方式消耗，一些企业的资产更是被消耗殆尽。

二　劳动力与人力资本

劳动力是经济发展中最主要的因素。它不仅是组成经济发展的基本要素，是经济发展中最活跃的力量，而且是经济发展的目的。人类从事经济活动的主要目的，就是为了满足自己在此过程中产生的各种需要，而满足劳动者的各种需要则是发展经济的最好手段。因为劳动力是经济发展的要素，只有劳动力的数量增加和质量提高后，经济发展才能得到实现。虽然我们在前一章指出价值和剩余价值是生产力而不是劳动的结果，但劳动无疑是其中作用最大的因素，它是推动价值生产不断增长的主要源泉，所以从价值生产的角度来看，满足全体劳动者的各种需要，是增加价值生产量的最主要手段。因为劳动者质量越高，由其组成的生产力的价值增值力也越高。所以一个社会提高经济效益的最好办法，就是不断地提高劳动者的质量，而实现这种目的的方式就是不断提高劳动者的消费水平，使其再生产能够以不断扩大的方式进行。

与资本仅有量的大小区分不同（资本只有在实物上才有质的区别），劳动不仅有量的大小之分，而且有质的高低之分。从对经济发展的作用来看，质量的作用更重要，尤其是在经济发展达到一定水平后更是如此。人们常讲，劳动是财富的创造者，科学技术是第一生产力，但真正推动经济发展和创造新财富的，只是那些从事创造性或创新劳动的高质量劳动者。科学技术的创造和利用，都是由这些人完成的。低级劳动者则是一种单纯的生产要素，虽然社会的具体财富是他们生产的，但他们却不是该过程中主动性的创造者，而是被动的生产者。所以在经济发展过程中，不断提高人口的质量水平，是推动经济发展最有力的方式。

一个社会的劳动力数量与质量，在经济学中表现为该社会的人力资本量及其积累量。单个劳动力的质量表现为人力资本的大小；社会和个人在提高劳动力质量和增加数量方面的努力，表现为人力资本投资和积累。劳动力一旦转化为人力资本后，它们之间质的区别就转化为量的大小差别了。随着生产力的发展主要依靠科技进步和劳动力质量的提高，社会的积累重心正由传统的物质资本积累转向人力资本积累。由于人力资本对生产力的推动作用要大于物质资本，因此生产力的发展速度会不断加快。

实际过程中影响人力资本积累的因素很多，如一个社会人口的数量、经济发展水平、自然资源的丰富程度、产品分配方式及其公平程度和经济体制等。与物质形式的资本积累不同，人力资本的积累，主要是通过人本身的消费来实现的，而人的消费则正是社会生产的目的，所以这种积累是没有限制的，这种情况决定了经济增长也是没有限制的。

三　土地

这里的土地，主要指那些被个人或集团占有并能给他们带来特定经济利益或者说具有市场价值的这部分土地。其中包括被人在法律上或事实上占有的森林、水域、矿藏等。那些不属于这个范围，或者说产权不能在个人之间明确划分的土地及其自然界，则属于生产条件之列。

土地不仅是各种绿色植物和动物生长与活动的载体，而且是人类生存和活动的基础。由于土地能生产出满足人类需要的物品，其数量又非常有限，因此对它的占有能给人们带来特定的物质利益，这使得土地同其他人类劳动产品一样，具有市场价格和价值。这种市场价格是它今后一段时期内收益现值的资本化表现。人们为得到土地所支付的使用成本叫作地租。虽然从形式上看，土地（不包括附属于土地的各种人类劳动产品或资本积累）是非劳动产物，是大自然对人类的赐予，因而地租和土地资本表现为一种单纯的不劳而获收入，反映了人类社会中一种不平等的社会阶级关系。但从本质上讲，地租和土地资本是在人们之间存在利益矛盾情况下，为保存土地资源生产力或永续生产力而采取的一种社会制度与利益刺激方式。在土地资源有限的情况下，如果没有地租和土地资本化的存在，就不会有人去保护土地资源及其生产力，那么土地的生产力就会在人们的利益争夺中丧失。这正如在公共草地上，为了取得个人在这上面的最大利益，人们会尽量增加在这上面的放牧数量，结果会导致草场生产力的严重退化，并会使所有人的利益都受到损害一样。所以，如果不是从单纯的阶级关系角度来看待土地所有权及其利益表现的地租和土地资本，而是从土地生产力的保护和永续利用的角度去看待这些范畴及其表现的经济利益关系，就会使我们更客观地对待这些范畴以及它们在经济发展中的作用。人们知道，相当部分的人认为，包括土地在内的财产私有制的确定，是资本主义产生的重要条件之一。实际上，它也是土地生产力得到更有效利用的前提之一。如同利息和工资，是促使资本与劳动实现优化配置的重要杠杆一样，地租也是实现土地资源优化配置的重要杠杆。只要与那些没有或不能确定产权，因而不给任何人或集团带来特定利益的公共土地和生态资源的利用情况作一比较，就会得出地租和土地资本在经济发展中的积极意义。

四　生产条件

这里的生产条件，是一个综合性很强的概念或范畴。因为在理论上，它既包括生产过程中涉及的一切自然条件，如上面狭义的土地和不属于该范围的一切生态环境，也包括一切有关的社会条件，其中包括下面要分析的各种条件。同时它还有宏观与微观之分。宏观生产条件，主要是整个社会经济活动中所涉及的条件，如生态环境、国际政治经济关系、文化制度、经济体制或模式等。微观经济条件，主要是企业生产中的各种软硬条件，如企业文化、企业内部的生产关系、劳动保护条件、生产场所周围的生态环境质量等。由于下面将许多社会条件作为独立的因素进行单独分析，因此这里的生产条件，主要是生态环境等自然条件。

生态环境的好坏对社会再生产和人民福利的影响是显而易见的。在良好的生态环境中，不仅为达到一定生产目的所需的生产成本更少，而且产品的质量会更好，人们从一定经济活动或支出中得到的福利更多。生态环境质量的恶化，则不仅会提高生产成本，降低人们的福利，而且会威胁人类的生存。今天，随着生态环境在工业经济中遭到严重破坏，生态危机和人类生存危机已空前突出，它对我国社会生产和人民生活造成的严重影响已是触目惊心。如由于生态环境恶化造成的水资源短缺和水资源污染，每年给我国造成数千亿甚至近万亿元的损失（如果把其间接影响考虑进来，可能更多），给人民生活造成极大的不便和巨大的痛苦，因水污染造成的直接与间接的致残和死亡人数也是巨大的。所以，保护好生态环境，已成为当今人类最为迫切的任务。

生态环境的价值表现形成一个社会的生态环境资本，简称为生态资本。在生态市场经济建设中，这种资本有一个最低的数量要求，当其价值量低于该数值时，该社会的经济发展将不可能持续。

五　科学技术

科学技术对经济发展的重要作用是为人所公认的。科学技术对经济发展的作用，主要表现在它能提高各要素的绩效，改进产品质量，开发新的功能更齐全的产品等；同时通过技术扩散，能提高劳动力的质量或增加人力资本积累，能改变生产方式和人们的生活方式，引起制度的创新和变革等。但同时要看到的是，科学技术引起的问题，很可能比它解决的问题更多、更严重。人类社会不可持续发展现状的很大原因，就是科学技术的进步所产生的。这说明，科学技术对人类是一把"双刃剑"。如何加强对科学技术的监控与引导，使它成为促进人类社会可持续发展的手段而不是阻碍，是人类面临的重大考验之一。

六　产品分配

这里的产品分配，主要指产品在不同阶级或阶层之间、不同劳动能力人们之间、不同地区之间等方面的分配及其公平程度和变化趋势。产品的分配状况，既受生产力决定的利益分配机制的决定，如价值规律决定的按劳动力商品价值进行的等价交换，又受社会传统上占统治地位的生产关系和社会制度决定。一国经济随生产力发展变化的可塑性越强，那么产品分配由前者决定的程度就越高，产品分配就越可能符合经济发展的要求，但却可能与可持续发展的要求越远。因为它会产生分配的两极分化，这虽然为经济增长提供了动力，但却会阻碍社会发展的可持续性。如果相反，那么产品分配由后者决定的程度就越高，产品分配距经济发展的要求就可能越远，但却可能符合可持续发展的要求（也可能严重阻碍可持续经济发展的实现）。产品分配主要受何种因素的影响，与该经济系统的开放程度和其存在时间的长短有密切关系。经济开放程度越高，产品分配由生产力决定的程度也越高。产品分配方式和公平程度状况对经济发展的影响是十分明显的。因为产品分配方式和分配结果，支配着劳动者的劳动态度和劳动效率，支配着物质资本积累和人力资本积累，同时还决定着社会的稳定程度，所以产品分配在经济发展中的作用是十分重要的。

七　对外开放

对外开放，对经济发展与可持续发展的影响很可能是十分不同的。对外开放有助于一国的经济发展，这不仅在于它能够获得比较利益，增加一个社会的静态经济福利，而且它产生的外来压力，能防止社会惰性的产生而保持活力。在这样的条件下，较不容易形成特殊利益集团，制度创新能较容易进行。在当今社会，那些开放程度较高社会进行的较大变革，往往不是来自内部而是来自外部压力的结果。能否对这种来自外部的压力进行积极反应，关系到该国的国际政治经济地位，关系到国内政治的稳定和政权的巩固，所以对外开放对经济发展有着十分重要的作用。但对可持续发展来说，如前面讲到的那样，可持续发展很可能是与开放程度成反比的。因为开放程度越高，人类内部的差异就越大，人们对特定生态环境的依赖程度就越弱，也就越不会注意保护生态环境，甚至在利益竞争中会采取牺牲自然资源和生态环境的做法来获取个人利益，所以可持续发展的目标就越难以实现。

八　社会资本

一般地说，社会资本包括各种与经济活动有关的制度、社会经济联系方式、生产组织方式、产品分配方式、公共性的科学技术、社会文化和意识形态等各要素综合所形成的社会在增加收入方面的资本化。具体来讲，则是由传统文化决定的该社会的人们的心理特征、心理素质和冒险精神、人民群众对社会普遍价值的认同感、人们之间的协作精神、政府对社会的调控能力及其效率、社会经济制度及其对变革的弹性、人民对社会政治活动参与的态度和积极性、专利制度对技术创新及其扩散的制度安排、所有制、司法体系的完善程度、宗教的内容及其对社会的影响程度、对外部变化的承受能力和反应能力、产品分配方式及其公平程度、生产方式和生产管理方式、市场建设的完善程度、消费行为和消费方式、基础设施的完善程度等所形成的综合因素对该社会收入影响的资本化。社会资本，虽然从其来源看，是四要素组合的产生，但从整个社会看，它一旦产生出来就具有很强的独立性，并不随着各要素的变动而发生相应的等量改变。社会资本的状况，是决定一定量经济要素能组合成一个多大的经济规模和产生多少可持续收入的决定性因素，它也是决定这些要素变化的核心因素，从而是决定一个社会可持续发展的关键因素。关于社会资本的内容及其作用，已有不少学者进行了分析，但目前对社会资本的真实内涵、形成的机制、其大小如何度量等一些关键内容则尚没有达成共识，这是需要经济学界今后认真研究的问题。

从社会资本组成的内容看，不仅上面的产品分配等是其组成部分，而且像目前人们热衷于讨论的制度及产权等也是其组成部分。此外，社会意识形态、文化、司法、民族精神等都是社会资本的内容，科技进步既可看作是社会资本的内容，也可看作是它作用的结果。

一个社会经济发展的快慢，主要是其社会资本变化的结果。如我国，改革开放前后的四要素存量变化不大，但经济发展的结果却完全两样，主要原因就是我们对社会资本的内容进行了变革，使大致相同的四要素组合结果产生了巨大差异。所以，对一个社会经济发展速度的解释，应主要从其社会资本的存量及其变化中去找，四要素的变化也主要是社会资本作用的结果。社会资本的存在及其作用，正是我们在前面讲到的，生产四要素一旦结合形成现实的生产力，就会发生质的变化，不仅各要素都会失去自己的本性（它们都必须服从系统的要求），而且会产生系统功能，由此再生产出比自身大的价值及相对独立于它们的社会资本。

可持续经济发展，要求以上这些因素之间相互协调。如果各因素之间出现不协调，就会导致系统的不稳定或紊乱，就会迫使系统内部进行调整而暂时中止经济的发展。

如果将以上这些因素，都抽象为纯经济因素或以价值来表示，那么可将它们分别归类为物质资本、人力资本、土地资本、生态资本和社会资本这五类资本形态，如果将土地资本与生态资本合称为资源资本或生态资本，则是四类资本形态。

第二节　自组织系统的生态市场经济

在理论分析中，生态市场经济不同于市场经济的地方，就是它不是单纯地进行经济分析，而是必须将整个生态系统纳入经济分析中。为此，就必须考察包含生态环境在内的整个系统的组织运动过程，这种过程是后面有关章节经济分析的基础。

四要素系统的有机结合，就构成了生态市场经济系统。如同一切运动的系统一样，生态市场经济系统也是一个远离平衡的自组织耗散系统，必须遵从耗散规律和协同规律。

系统是一个由相互区别、相互作用的各部分有机地联结在一起，为同一目的而完成某种功能的集合体。生态市场经济系统也是一个由相互区别、相互作用的各部分有机地联结在一起，为同一目的而完成经济功能的集合体。上一章讲到，从物质的角度看，生态市场经济系统是由生产四要素系统组成的；从社会关系看，是由生产力、生产关系、生产方式、上层建筑等组成的；从经济学角度看，则是由不同形式的价值所组成的；从物理学和化学的角度看，则是由不同形式的物质转换所组成的；从生态学的角度看，则是由能量的转换组成的；从信息学的角度看，则是由信息的变换所组成的；从系统外部看，则是由所有这些因素共同组成的统一体。自然，由于各自所反映的内容不一样，它们之间的转换关系也是不完全一样的。如在物质转换或能量转换的规模与速度下降的过程中，价值转换的规模和速度却有可能会提高。因为技术进步和管理水平的提高，可以使人类用更少的物质和能量消耗而取得更大的经济利益，但不管如何，系统内部的各种关系，都必须符合系统的组织要求。

从现实形态来看，生态市场经济系统是一个自组织系统。所谓自组织系统，就是依赖于持续不断的物质与能量的输入，来维持其有序结构存在的远离平衡状态的开放系统。物质与能量的输出输入变化，决定着自组织系统的状态和变化方向。根据热力学第二定律，任何一个孤立系统都要朝着均匀、简单、消除差别的方向发展，即任何一个孤立系统都是趋向低级运动形式发生退化。要使系统不发生退化而保持稳定，或者能够得到发展，就必须不断地向该系统输入能量，并且使输入的能量等于或大于其输出或耗费的能量，或者说输入的负熵必须等于或大于内部的增熵。这也就是耗散结构或自组织理论的核心思想。该理论通过普利高津的耗散结构数学模型得到反映，即：

$$ds = d_e s + d_i s \qquad\qquad (4.1)$$

式中：ds 代表熵的变化量；$d_e s$ 代表输入的负熵；$d_i s$ 代表系统内部的熵变或输出的正熵。

当 ds 等于 0 时，系统处于稳定状态；当其为负数时，系统处于发展中；当其为正值时，说明输入的负熵小于系统输出的熵，系统处于不断的衰退中。这种思想不仅适用于自然界的各种系统，而且同样适用于人类社会的各种系统。只不过在不同的情况下，"熵"的内容有所不同罢了，但不管是什么系统，其保持自身稳定、有序和发展的前提条件，都是从系统外输入的负熵必须大于内部增熵。这种要求同样适应于可持续发展经济系统。

生态市场经济系统，作为一个反映人与自然关系和人与人之间关系的开放式自组织系统，一方面反映人与自然间物质和能量的交换转换关系，另一方面反映人与人之间的商品交换或价值交换等各种关系。在这些关系中，它们都必须遵守热力学定律和自组织理论。如作为一个反映人与自然关系的系统来说，生态市场经济系统要保持自己的稳定和发展，它从自然界中得到的物质和能量，必须等于或大于它消耗或向自然界排放的物质和能量，否则就会不断地萎缩或只能进行缩小型的再生产；从人们之间的社会关系方面看，系统内各部分或子系统保持稳定和发展的条件，则是它们各自从市场交换或社会再分配中得到的价值量，必须大于在生产过程中消耗的价值量，否则就只能进行缩小的再生产。不仅系统中的物质、能量和价值的流量具有这种关系，而且信息等也具有这种关系。如信息系统以及对应的经济系统要得到发展，那么它消耗的信息就必须小于从系统外得到的信息；否则系统也会不断地萎缩。

虽然生态市场经济系统从不同的角度看是由不同的内容所组成的，但它们本质上是同一系统的不同组成部分，它们之间是相互转换的。经济活动的实质是它们之间的交换关系，其中尤其是物质、能量、生态环境、信息、人口与价值生产等之间的交换关系和转换过程，整个经济组织，就是依赖于持续不断的物质、能量、信息、人口和价值的输入与输出来维持其有序组织存在的自组织开放系统。

作为一个自组织系统，生态市场经济的持续发展，意味着它一方面必须保证自己从自然界得到的物质和能量大于其消费的能量，同时必须保证它向自然界排放的废弃物，小于或等于自然界的吸收能力，以保证自然界这个系统不发生退化或出现正的增熵。从价值角度看，它新创造的价值量，必须大于它消耗的价值量。在此过程中，要实现经济的可持续发展，在自然界的物质和能量供给有限（这种供应的范围受技术条件的限制，随着技术的进步，这个范围是会扩大的，或者说限制条件会放松）的条件下，它必须不断地通过技术进步（包括管理技术的进步）和组织创新等措施，以在一定甚至减少的物质与能量消耗的情况下，取得不断增加的价值供应，以使人类的福利不断增加。

第三节　生态市场经济系统中各流量间的关系

上面讲到，从不同的角度看，生态市场经济系统是由不同系统和不同的流量所组成的。如从物理学的角度看是不同物质间的转换；从信息学的角度看是不同信息间的变换；从热力学和生态学的观点看是能量的转换；从经济学的角度看是不同形式价值间的转换；从社会学的观点看是人类社会关系的变换；从人口学的角度看是人口的再生产过程等。但在实际过程中，这些内容是不断转换的。如物质和能量的运动，会转换成一定的价值运动、信息运动、人口运动和社会关系运动等，同时这些运动在一定条件下又会还原为物质和能量的运动。自然，这里并不分析所有这些内容，我们只是从持续发展的角度来分析一些主要内容之间的变换关系，同时受学识狭窄的限制，对一些内容的分析很可能是不全面的，甚至会出现一些片面和不正确的认识。

一　各部分之间的一般关系

虽然从不同的角度看，生态市场经济系统是由不同的内容所组成的，但由于它们只是同一事物的不同方面，因此它们之间存在着统一性。因为它们只是在不同的条件下，被人们作为不同的内容来对待，如在生态市场经济系统中，人与自然间的物质与能量转换关系，通过一定的社会组织形式，或者说当人们从经济利益关系来看待它们时，就转换成了人们之间的价值交换关系；这种关系通过价值的消费后，最终又变成了经济系统与自然界之间的物质和能量转换关系。这个过程从人口学或生态学的角度看，则是人口的再生产过程，或者说是人口与物质与能量的转换关系（只不过对生态学来说，它不完全等同于一般生物间的那种能量转换关系，即需要消耗多少的能量才能满足一个人的再生产需要，社会化的人，其需要远远超过了维持身体再生产的需要）。但由于毕竟是从不同的角度看问题，同时人类的福利是由多种因素决定的，不是完全由物质和能量的消耗所能衡量的，或者说两者间并不完全成正比，因此它们之间又存在着很大的差异，这一点在经济价值与物质和能量的关系上尤其明显。

系统是一个由相互区别、相互作用的各部分有机地联结一起，为同一目的而完成某种功能的集合体。在热力学定律和自组织定律的作用下，系统要保持自己的稳定存在，不仅要求输入的物质与能量必须等于或大于耗费的物质与能量，而且每一部分都必须做到这点，否则系统的平衡就会被破坏，系统就会朝脱离原有状态的方向发展。这点在可持续发展经济系统中特别重要。因为在现代生产方式条件下，随着技术的进步，人类从自然界中获取物质和能量的能力都极大地提高，因此当代人类享受到了前所未有的物质福利，但由于在此过程中忽视了生态环境保护，致使生态环境不断恶化，已严重威胁到人类的生存和经济的持续发展，所以生态市场经济系统的健康发展特别依赖于各部分，尤其是生态环境、资源、人口、社会和经济各系统间的平衡发展。这一点，从耗散结构理论能得到更好的解释。因为在一定条件下，生态环境可以被看成是经济系统的外部环境（它同时又是可持续发展经济系统的组成部分之一），随着生态环境的质量变化达到一定的阈值时，就会导致经济系统的质变。这也就是说，当生态环境的质量恶化到一定程度时，经济系统就有发生崩溃性的危机。所以保护生态环境系统的稳定或使其向良性发展，对经济的可持续发展是至关重要的。

从热力学和自组织理论来说，作为自组织系统的可持续发展经济系统，保持系统稳定存在和发展的方式，也就是使系统能量和物质的输入规模超过输出的规模（在物质与能量之间，也会出现非均衡的情况，简化分析，这里假设它们之间的变化是大致相等的）。在系统规模一定时，实现这个要求的方式有以下几种：一是物质和能量输入与输出的规模和速度都加快，但前者（输入）的速度更快；二是在原有物质与能量输出速度不变的条件下，输入的物质和能量的规模必须增加；三是输入和输出的规模都增加，但输入的速度更快；四是在原有输入规模的基础上，降低输出的速度；五是输入与输出的速度都下降，但前者下降的速度更慢。显然，可持续经济发展要求的是后两者，最好是最后这种形式，第一、第二种则是不可取的，尤其是第一种。因为正是前两种方式的长期采用而导致了当代经济的不可持续发展，迫使人类不得不转换生产方式，所以这两种方式是不符合可持续经济发展要求的。采取后两种物质和能量使用方式或自组织系统实现方式，也就是从物质和能量角度看待的可持续发展方式。

从经济学的角度看，要实现经济的持续发展，或者说使经济系统保持稳定和发展，不仅价值的生产必须超过价值的消耗，而且价值生产的总量必须不断增长。即在这里，不管是宏观还是微观，都同样要服从耗散结构原理，否则再生产就会不断地萎缩。在这方面，同物质与能量方面可以有多种方式实现系统的发展一样，经济系统的扩大再生产也可以通过以下几种方式来实现：一是价值产出与价值投入的速度都加快，产出和投入的规模也增加，但前者的速度更快；二是价值耗费与产出的规模都增加，但产出的速度更快；三是在原有投入规模不变的基础上，通过技术创新、制度创新和生态创新等，增加价值的产出；四是通过三种创新，在降低价值耗费的基础上，扩大价值的产出。可持续经济发展要求的，是价值产出的速度要比耗费的速度快，并尽可能做到在减少价值投入的速度与规模基础上，取得不断增加的价值产出。

从生态环境的角度看，要实现人类社会的可持续发展，不仅生态系统输入的物质和能量要大于消耗量，而且必须保持物种间的相对平衡，新增的物种数量必须大于或等于减少的物种数量，尤其与人类生存发展关系密切的各物种间的平衡必须被维持在一定的范围内。

从人口学的观点看，要实现经济的可持续发展，不仅要求人口数量的增长必须与社会经济发展的要求一致，或者说与生态支持系统对人口数量的承载能力一致，与社会商品供应的能力一致，而且质量提高必须与社会经济发展的要求一致。

要实现可持续经济发展，各因素不仅要满足上面的条件，而且它们之间必须相互统一。如果不统一，可持续经济发展同样难以实现。如在价值方面实现了可持续经济发展的要求，但生态环境在此过程中被破坏，超过了生命支持系统的阈值，结果不仅经济的持续发展难以实现，人类也面临灭亡的可能；或者能量消耗太快，超过了技术进步寻找替代能源的可能，同样会导致经济发展的不可持续。

二　物质、能量消耗与各因素间的关系

物质、能量、价值，它们之间虽然具有一定的统一性，都必须服从耗散结构原理，但由于它们毕竟是事物的不同方面，因此它们之间的内容又不是完全统一的，存在着很大的差异。因为价值生产虽然代表了一定物质或能量的消耗，但价值毕竟不等于物质或能量；一定的价值量，更不是与一定量的物质或能量消耗相对应。因为物质或能量都是客观的范畴，而作

为人类利益代表的价值，则是一个与人的主观感受相联系的范畴。更准确地讲，是一定的生产关系，因此使得一些消耗物质或能量少的商品价值，反而比许多消耗物质或能量多的商品的价值大，如消耗物质和能量极少的电脑软件的价值就非常大，而消耗物质和能量很多的农产品的价值就很低，就反映了这种不一致，所以在物质、能量与价值运动之间，既有统一性但又是不完全一致的。

在物质和能量输入增加的情况下，既可能出现价值量生产的增加，也可能出现价值量生产的减少，当发生整体技术退化或劳动生产率下降时就会出现这种情况。如我国"大跃进"时期，在技术含量较高的先进钢铁冶炼能力一定时，通过发展技术水平极低的土高炉来冶炼钢铁，使物质和能量被大量消耗，但由于这些钢铁的质量太差，相当部分成为废物，同时由于劳动利用发生大规模的结构性变动，产生高昂的结构变动费用，并造成成熟的农产品因无人收割而被大量浪费等而产生的巨大损失，就出现了资源与能量消耗大量增加，而价值生产下降的情况。战争中的这种情况就更加明显。

在能量和物质输入减少的情况下，价值生产同样既可能增加也可能减少。前者是当今社会的普遍现象。如 1997 年以来我国的经济增长速度一直快于能源消耗的增长；第二次石油危机以来，西方世界能源消耗的增长速度不断下降，但经济增长速度却并未下降甚至加快了。这是由于技术进步和管理水平不断提高的原因，同时也是人类福利结构变化的原因。随着人类的物质消费达到一定程度后，人类的消费重心正由原有的物质消费转向精神文化和享受等方面，而生产一定量这些商品和劳务所需的物质和能量消耗是比较少的，但它们的价值量却更大。这种趋势，随着技术进步和社会消费结构的改变，尤其是随着传统的工业社会被知识经济社会取代而会表现得更加明显。可持续经济发展的目的，就是要在物质和能量投入不变或减少的情况下，取得不断增加的价值产出，最起码必须做到价值量的增长要快于物质与能量投入的增长，同时必须使物质与能量的消耗，被控制在自然界更新能力和技术进步产生的不同物质与能量间的替代范围之内。

物质、能量消耗与人口生产间的关系，与物质、能量与价值间的关系一样，既存在正比关系，也存在反比关系。虽然人的生产需要消耗一定的物质与能量，在一定的生产方式下，维持一个人生存有其所需的最低物质与能量消耗量，因此人口数量生产与物质和能量消耗之间存在着正比关系，但一定量物质和能量消耗的产出在技术进步等因素的作用下是可以改变的。最主要的是，当今人类消耗的物质与能量数量已远远超出维持人类生存之必需。今天，不仅人类社会的产品生产是迂回式的，而且消费也是迂回式的。如今天人们生产的粮食，绝大部分不是用于直接消费，而是转化为肉、蛋、奶等畜产品；同时供人类消费的各种食品，也不是直接进入人们的餐桌，而是通过一系列的工业生产过程，被加工成了各种精美的食品后再被人类消费。随着这个过程的延长，其中消耗的物质和能量也就越多，而供人类最终消费的能量占总能量消耗的比重也就越小。或者说，以维持一个人生存所需的能量来计算，今天发达国家一个人所消费的能量，能够维持发展中国家数个甚至数十个人的生存所需。人们知道，就今天人类生产的财富来说，已远远超出了维持人类作为一个物种正常生存所需要的量，但人类并没有满足于这种现状，仍在追求更多的财富。通过改变人类的生产和消费方式，完全可以用更少的物质和能量消耗来生产更多的人口，或者说在维持现有人口规模的基础上，极大地降低物质与能量的消耗，同时又使人口的生产能满足经济和社会可持续发展的要求，这也正是生态市场经济所要达到的目的。

物质、能量的消耗和生态环境的关系，同样既有统一性，也有矛盾性。即物质与能量的消耗，既可能促进生态环境的良性变化，也可能导致它的恶性变化，不过自人类文明产生以来，后者长期占据着支配地位，尤其工业革命以来这种情况更为明显。如工业革命以来，物质和能量的消耗以指数增长，生态环境也以空前的速度恶化，以致生态危机成为悬挂在人类头上的利剑。新中国成立以来这种情况则更突出，生态危机成为我国国家安全的最大威胁。这些情况说明，工业革命中的制度安排存在着严重的缺陷。在良好的制度安排下，物质和能量消耗的增加是能够促进生态环境质量不断改善的。如将这些物质和能量的一部分，用于保护和改善生态环境方面，就可起到这种效果。可持续经济发展的目标，一是要减少物质与能量的消耗；二是要改变物质与能量的使用结构和使用方式，将一个更大的比例用在保护生态环境方面，同时改善物质和能量消耗的使用方式，降低它们对生态环境的负面影响。这说明生态环境的改善和生态系统生产率的提高，是可以同物质与能量消耗量的减少并存的。自然，生态系统生产率的提高与能量消耗的减少，意味着在总的能量消耗中，不可再生能源消耗的减少，由生态环境创造的可再生资源消耗的增加。

物质、能量消耗与信息的关系，也和它们与价值生产的关系类似。即物质与能量消耗的增加，既可导致信息的增加，也可能导致它的减少，这同样取决于在信息生产过程中对物质与能量的使用方式和使用效率。

三　价值生产与各因素间的关系

虽然在生态市场经济系统中，经济发展是以价值的持续增长来判断的，但如果没有其他各方面的协调，经济的可持续发展就是没有保障的。以下将简单地分析价值生产与其他各因素间的关系。

人口是社会系统的主体，劳动力则是经济系统中最主要的因素，同时又是经济发展的目的，因此人口生产与价值生产之间存在着统一性。如果维持一定人口生存和发展所需的价值不变，并且不考虑资本积累的话，那么人口的变化就会与价值生产的变化一致，或者说价值生产或经济增长就由人口的数量变化决定。但在实际中，每个人口所需的生存与发展价值，是随着社会经济发展和道德进步而不断变化的，并且这种需要的弹性是比较大的，这使得人口生产与价值生产之间的关系变得复杂。如人口数量的生产，既可与价值的生产成正比，也可以成反比，后者往往伴随着人口素质的下降。前面讲到，人本身也是有价值的，并且是由再生产它的价值所决定的，这种价值的高低决定着人口的质量，因此人口的生产与价值生产的关系，就取决于人口质量的变化。在经济增长中，一个社会的人力资本会增长，但其中人口的数量既可能增长，也可能下降。在人口增长过程中，既可能出现平均人力资本量的增长，也可能出现平均人力资本量的下降。出现后一情况，显然会使一个社会的可持续经济发展难以实现。出现前一情况，但人口数量增长快于经济增长时，则一定会出现不同层次劳动者之间在资本积累上的两极分化，即较少数高级劳动者及其后代的资本积累会有较大提高，而大多数低级劳动者及其后代的人均资本积累会降低。这种社会的可持续经济发展能力，显然要远远低于那种人口增长较慢，但人均人力资本积累较多的社会。如果它发生在那些生态环境比较脆弱，国际竞争能力又很低的社会，甚至会严重阻碍该社会的可持续发展，目前一些人口增长快而发展落后的亚非国家就存在这种情况。对这些国家来说，能否控制过快的人口增长，使其与经济发展和生态环境的承载能力相适应，成为决定这些国家能否实现经济发展和可持续经济发展的关键。只有在那种人口质量或人力资本积累能与经济增长速度一致或者更快的社会，经济的可持续发展才有保证。

在当今，随着微观人口效益的降低，同时人口生产的成本不断提高，技术进步速度加快使劳动力再生产时间的延长，使得增殖人口的积极性不断降低，结果造成人口增长率不断降低。一些社会甚至出现负增长的情况，这也就是价值生产和人力资本积累与人口生产之间的反比变化。在这种社会，如果不存在人口数量与生态环境承载力的问题，如西欧一些国家，人口下降将对这些社会的可持续经济发展产生消极影响。因为它会造成人口老化，会因外来人口的不断增加而改变民族结构，因此影响社会内部的凝聚力等而阻碍经济的持续发展。

随着知识经济的出现和对传统经济的不断取代，价值生产与人口再生产之间的非均衡情况会日益突出。即在价值生产不断增长的过程中，人口生产却呈下降趋势，伴随这个过程的是人们生活水平的提高、人均和总的人力资本积累的加快。由于人力资本积累在再生产过程中能带来不断增值的价值生产，因此在知识经济中以价值衡量的经济增长会加快。

虽然在知识经济中，价值的生产会不断加快，但生态环境质量将会扭转人类文明史以来不断恶化的趋势，它会在价值生产或经济增长中不断改善。这是因为，人类在长期的生产实践中认识到了生态环境质量对人类生存与发展的重要性，并在一定程度上吸取了教训，正在采取措施扭转这种趋势，可持续发展的提出就是对这一问题的反应，这是实现可持续经济发展的前提保证。使这一保证能得以实现的条件是人类知识已积累到这种程度，使人类有能力来保证这种实现。再就是随着物质消费达到较高水平后，人类的消费重心正转向非物质消费型的精神和劳务消费。如在今天，反映人们之间生活水平高低的已不再是消费物质商品的数量，而是精神文化产品和劳务的多少，这使得经济增长不再像以前那样靠不断增加的生态资源和物质投入来实现，而是靠技术进步和经济结构的改变来实现，从而使生态环境能够在经济和消费需求增长的过程中改善。所以说，知识经济的出现是实现价值生产与生态环境相统一的重要转折点。但要使它得到实现，需要各国间的共同努力。因为就知识经济来说，尤其是整体来说，目前还只是少数发达国家的奢侈品。对广大的发展中国家而言，绝大部分还没有完成工业化任务，人民的温饱问题尚没有解决，传统发展方式仍然占支配地位，价值生产与生态环境间的矛盾十分尖锐。而生态环境具有明显的整体性和全球性，这些国家生态环境的恶化，最终会在生态环境全球统一的作用下反过来影响发达国家的生态环境，使它们的价值生产与生态环境间协调的目标难以实现。所以说，虽然知识经济会改变价值生产与生态环境间的矛盾，但它需要将知识经济及其相应的生产方式和消费方式普及所有国家。这不仅需要发展中国家的努力，而且需要发达国家的援助。没有这种共同的努力，即使一些国家能够在一定时期内实现生态环境与价值生产的协调，最终也会因为整体生态环境的恶化而逆转。

在经济增长加快的过程中，人类知识积累的进步速度也会加快。伴随着人类再生产中相互依赖的加强，信息的再生产会以空前的规模扩展，即在这里，价值生产与信息生产具有明显的正比关系。实际中，价值生产过程本身就是一个信息再生产的过程，或者说信息的再生产过程也就是价值的再生产过程。但在此过程中，信息增长的速度将超过价值增长的速度。

四　生态环境与人口再生产的关系

在技术和生产方式不变的基础上，维持一个人生存所需的生态环境是一定的，或者说每个人所消耗的生态环境资源是不变的。从这种关系上讲，人口生产与生态环境质量之间存在着明显的反比关系。正是在这种关系的作用下，当今许多发展中国家的生态环境质量及其自然资源存量，都随着人口的快速增长而急剧下降。但在实际过程中，技术是不断进步的，一定资源所能生产的产品是不断增长的，因而在技术进步过程中，每个人所消耗的生态环境资源是可以改变的，同时人类的生活水平和物质消耗已达到非常高的程度。在这种资源消耗的基础上，通过技术进步可以生产出更多的物质产品，通过改变人类的消费方式和分配方式，在维持一定生活水平的基础上，可以降低物质商品消费的数量，从而降低对生态环境资源的消耗。在当今的技术条件下，是完全可以做到人口再生产的扩大与生态环境质量的改善相并存的。实际上，西方发达国家，近些年来就基本实现了人口扩大再生产与生态环境质量改善和自然资源消耗减少的一致。自然，发达国家的这种可持续发展，在某种程度上是建立在广大发展中国家的不可持续发展基础上的。因为发达国家在保护自己的生态环境和自然资源的同时，却大量使用发展中国家的自然资源来满足自己的需要，或者直接将那些破坏生态环境的产业转移到落后的发展中国家。如美国自己有丰富的石油储备而不开采，却大量进口石油及其产品来满足需求；欧洲与日本有丰富的森林资源而不砍伐，却从发展中国家，尤其是赤道国家进口所需的大部分木材资源，更甚者，发达国家除了将那些污染环境的产业转移到发展中国家，而且还将本国产生的各种严重污染环境和对人类有害的化学废弃物转移到发展中国家，结果使广大发展中国家的生态环境遭到严重破坏。由于生态环境具有世界性，发达国家虽然在一定时期内能够以牺牲发展中国家环境的方式来实现本国经济的可持续发展，但最终会因全球环境的破坏而使其目的难以实现。生态环境的全球性，决定了社会和经济的可持续发展只能建立在所有国家的共同参与和协助的基础上才能实现。

笔者曾在多处指出，从生态学或物种进化的角度讲，人类在社会生产方面的进步已完全没有了意义。因为就当前的社会生产力水平而言，已远远超过满足人类维持物种生存所需的程度。如果在产品分配上适当加以调整，可保证所有人的正常需要，同时人类在自然界中也早已没有竞争对手。生物进化是竞争所需，人类今天已没有了这种需要，所以人类当今不断地追求技术进步和经济增长，已失去了生物学意义。人类在经济上的不断进步，只会加剧人类与生态环境间和其他各物种间关系的紧张程度，会破坏人类的生存基础，最终可能导致人类自身的灭亡。这也就是说，如果不是大的自然灾害，如外来天体撞击地球而导致人类毁灭，人类最终会被埋葬在自己的经济成果之中。所以从生物进化的角度看，人类的进化和进步已没有了意义。如果人类不改变自己的生产方式和生活方式，不改变对自然的传统态度，这种情况就有可能出现。人们知道，人类目前面临的最大威胁或挑战，就是生态环境问题或灾难，而这正是人类自己所造成的。人类为了一己一时之私欲，不惜以生态环境的破坏、自然资源的大量消耗、其他物种的毁灭为代价来实现，从而将自己生存和发展基础破坏而危及自己的生存。虽然这并不是人类发展唯一可能的结果，但传统生产方式和发展方式就很可能会导致这种结果。庆幸的是，人类已在某种程度上认识到了这种后果及其产生的原因，并正在纠正这种错误。但是，认识与实际的行动并不是一回事，人类能否将这种认识付诸行动而产生预期的效果，如上面讲到的那样取决于所有国家和人民行动的协调性，而这又取决于产品和资源在国家间及国家内部的分配方式和分配结果，取决于人类能否改变自己的生活方式，其中尤其是发达国家的人们能否进行这种改变。因为他们占人口比例不到世界人口总量的 $1/4$，却消耗了世界资源的 80% 以上，如果世界上的所有人都追求这样的生活方式和消费水平，即使技术进步的速度加快，人类可持续发展的目标也肯定是无法实现的。

这些情况说明，虽然人类的技术水平和社会财富，已达到能够实现人口生产与生态环境相协调的程度，但能否真正实现人口生产和经济发展与生态环境相协调的目的，则取决于不同国家间和国家内部的产品分配方式和分配结果，取决于制度的变革和创新，取决于各国及其内部之间的协调程度等一系列因素。就目前的情况看，人类还是难以实现经济与社会的可持续发展的，人类走向危机的趋势仍然没有从根本上改变。如不仅广大发展中国家的生态环境恶化趋势仍在加强，各发达国家许多破坏生态环境的指标，如二氧化碳等会加剧温室效应的废气排放量仍在增加，许多废弃物的排放量也在增加。更严重的是，长期以来生态环境破坏所产生的不可预见性后果和不可逆性后果还没有充分暴露，它们的变化趋势对人类来说仍然是个未知数，而当今各国之间在保护生态环境方面的行动不仅未能协调，而且存在着尖锐的矛盾。发达国家不仅未能承担起应负的责任，如最发达和最富裕的美国，就拒绝在保护全球气候变暖的《京都议定书》上签字，而且在援助发展中国家发展经济和保护生态环境方面正变得越来越吝啬，这种情况都使得生态环境的发展趋势变得越来越难以捉摸。如今天，虽然发达国家人口生产与生态环境之间保持了协调关系，但广大发展中国家之间的这种关系却日趋恶化。从总体上讲，人口生产与生态环境之间的关系仍在持续人类文明产生以来的趋势。这种情况使人们认识到，可持续发展是世界所有人民的共同目标或利益，要使它得到实现，需要各国间的协作，需要所有人的共同参与，需要改变存在的制度和分配方式与分配结果。

所以说，在当今条件下，生态环境与人口生产之间的关系怎样，取决于人类的态度和制度安排。在现有的条件下，如果人类能够改变现有的制度安排和分配方式及相应的消费方式，是能够做到生态环境与人口生产间的相互协调的；如果不对现有的制度和分配方式进行变革，它们之间长期积累的矛盾则会加强，人类的命运将十分暗淡。今天，虽然有越来越多的有识之士认识到这一点并正进行不懈的努力，但由于发达国家的吝啬和目光短浅与发展中国家内部制度等方面的原因，这种矛盾仍然看不到解决的端倪。所以从全球看，人口生产与生态环境的变化趋势向何处去，仍然是个谜。

五　社会制度与各因素的关系

经济的可持续发展，需要以社会生产关系和制度的变革为前提条件。因为人的行为和行动是由一定的制度决定的，而人的行为和行动决定着经济的运动方向，所以制度决定着经济发展的方向，同时决定着可持续发展经济系统中各因素的利用状况及其变化方向。

制度决定着人们对待他们所处的自然资源和生态环境的态度，从而决定着人类社会如何利用它们。不同的制度安排，会导致自然资源和生态环境的不同利用效率和结果。一定的自然资源和生态环境方面的制度安排，是该社会对自然资源和生态环境价值认识的制度反映。那些在自然资源和生态环境制度安排上保护程度不高，从而鼓励人们以自然资源和生态环境的牺牲为代价来换取一时经济发展的社会，是由于他们认为该时一定量经济发展的社会价值要大于一定量自然资源和生态环境的社会价值；而那些与此相反制度安排的社会，则认为一定量自然资源和生态环境的社会价值要大于一定量经济发展的社会价值。一个社会对一定量自然资源和生态环境与经济增长价值孰大孰小的认识，往往与自然资源和生态环境的存量大小及质量好坏成反比，与经济发展和人民生活的水平高低成正比。一个社会的自然资源的存量越大，生态环境质量越好，那么一定量自然资源和生态环境的社会价值就越低；在自然资源和生态环境状况一定时，它们价值的大小则与经济发展水平高低成正比。在经济发展水平、自然资源和生态环境等一定时，它们价值的大小还与社会文化和占统治地位的伦理价值有关。那些注重物质享受的社会，对一定量生态环境和自然资源价值的评估，往往要小于那些注重精神和生态消费的社会。所以，建立良好的符合可持续发展的伦理价值及相应的制度安排，是实现自然资源和生态环境永续利用的重要条件。

如果说自然资源和生态环境的利用受制度决定的话，那么人口生产这方面的情况就更突出。新中国成立以来人口生产的变化情况充分地说明了这一点。如在实行计划生育政策的前后，人口生产的对比是非常明显的。因为影响人口生产的主要因素是其中的微观与宏观效益，而无论是人口生产中的宏观效益还是微观效益，都是受到制度以及相应的人口政策的强烈影响的，如人口生产中的微观效益，受到教育制度、医疗保险制度、收入政策等各种制度安排的决定，如实行强制性的 6 年义务教育与 9 年义务教育的微观效益之间就有非常大的区别等。所以，建立符合可持续发展要求的人口制度，使人口的生产与社会需要一致，是实现可持续经济发展的重要条件。

前一章讲到，一定的价值理论是一定的伦理价值的反映。一定的伦理价值反映了人类社会对人与自然关系和人与人之间关系的认识，价值理论则是这种认识在经济上的理论反映。由它们决定的社会经济政策，指导着人们在经济活动中的价值生产。如果社会伦理价值及相应的价值理论，对一定量生态环境和自然资源以及它们的生态产品给予较高的价值评价，就会鼓励社会增加这方面的生产或加强对它们的保护，那么在产品价值结构中，生态产品所占的比重就会比较高，从而生态消费在消费中的比重也会比较高，人与自然的关系就会处在比较和谐的环境中。如果情况相反，则一切反之。所以一定的伦理价值和相应的制度安排，对价值生产的方式和构成是有着决定性作用的。

第四节　生态市场经济再生产

虽然经济分析是以价值来表现一切可观察到的运动，但如此高度的抽象会将事物的许多重要特点抹杀，为了保证对生态市场经济分析的客观性，这里从包含物流、能量流、价值等较为全面并更加客观的角度来分析生态市场经济的再生产过程，后面的章节则从单纯的市场活动来分析该过程。

一　生态市场经济再生产的一般条件

人们知道，在传统再生产分析中只考虑价值的生产与平衡，只要价值的生产是以扩大的方式进行，内部各部分之间的比例保持在一定的范围内，该再生产就能正常进行。但在生态市场经济中，则不仅要求价值生产的扩大和各部分之间比例的正常，而且要求价值的生产与其他各种流量之间保持一定的比例，而且这种比例的要求更严格。如果达不到这种要求，可持续经济发展是难以进行下去的。生态市场经济对市场经济的取代，就是因为其他各种流量，其中尤其是生态环境和自然资源的流量变化不能满足其要求的产物，所以要求经济发展必须与其他各种流量相适应。

上面讲到，生态市场经济系统作为一个远离平衡状态的自组织系统，其保持稳定性的基本条件，是各种流量从系统外输入的规模，必须大于或等于系统向外输出的规模。这种关系可用下式表示：

$$dA_2/dt \geqslant dA_1/dt \tag{4.2}$$

$$dM_2/dt \geqslant dM_1/dt \tag{4.3}$$

$$dY_2/dt \geqslant dY_1/dt \tag{4.4}$$

$$dH_2/dt \geqslant dH_1/dt \tag{4.5}$$

$$dW_2/dt \geqslant dW_1/dt \tag{4.6}$$

$$dE_2/dt \geqslant dE_1/dt \tag{4.7}$$

式中：A_1 代表可持续发展经济系统输出到系统外的经消耗后变成对人类无用的能量；A_2 代表输入可持续发展经济系统的能量；dA_1/dt 代表能量耗费后向系统外排放的速度（其他各式这方面的内容与此相似）；dA_2/dt 代表能量输入经济系统的速度（其他各式这方面的内容与此相似）；M_1 代表耗费的物质；M_2 代表输入可持续发展经济系统的物质；Y_1 代表在再生产过程中消耗的价值量；Y_2 代表输入或新生产的价值量；H_1 代表在此过程中消耗的信息；H_2 代表再生产过程中生产的信息；W_1 代表再生产过程中消耗的人力资源；W_2 代表输入或新增的人力资源；E_1 代表物种在经济发展过程中减少的数量；E_2 代表物种的更新或新增数量。

如果借用耗散结构论的表达式，用 $d_i s$ 代表经济系统内部各变量的熵变，用 $d_e s$ 代表系统外或内部生产的负熵，则远离平衡态开放系统的熵变表达式为：

$$ds = d_e s + d_i s = \begin{cases} -dA_2/dt + dA_1/dt \\ = -dM_2/dt + dM_1/dt \\ = -dY_2/dt + dY_1/dt \\ = -dS_2/dt + dS_1/dt \\ = -dW_2/dt + dW_1/dt \\ = -dE_2/dt + dE_1/dt \end{cases} \tag{4.8}$$

虽然这是保持经济系统稳定和发展的必要条件，但仍然不是充分条件。因为如果能量和自然资源输入经济系统的量，超过了自然系统再生产这些能量和自然资源的速度，就会出现经济发展不可持续的结果。生态市场经济对市场经济的取代，就是因为传统经济发展对自然资源与能量消耗的速度，超过自然界再生产它们的速度，使经济发展难以长久持续的结果。所以在此，必须对可持续经济发展的条件再加上两个限制性因素，即：

$$-dA_2/dt = dA_3/dt \tag{4.9}$$

$$-dM_2/dt = dM_3/dt \tag{4.10}$$

式中：A_3 代表自然界能源的更新量（注意：这里的能源主要指能够被人类在一定技术和经济条件下加以有效利用的能源。因为就能源来说，自然界存在着取之不尽的太阳能。但受技术和经济条件的限制，除了通过农业、林业和渔业等少数产业可以直接利用太阳能外，目前人类在利用太阳能方面的能力还是很有限的。但这也说明，能源的供应并不存在绝对的限制条件，限制条件是人类的技术发展水平和经济利益）。M_3 代表自然资源的更新量。

这说明人类在再生产过程中消耗的能源和自然资源，不能超过自然界这些资源的更新或再生产能力。相对来说，非能源型自然资源的限制条件更为强烈。

对可持续经济发展形成强烈制约条件的，还有通过经济系统消耗后被排放到自然界或生态系统的废弃能量和物质，不能超过自然界的吸收和净化能力，不能导致生态环境的恶化或生态系统的退化，不能导致生物多样性的大量减少。由此得到：

$$\mathrm{d}A_1/\mathrm{d}t = \mathrm{d}A_4/\mathrm{d}t \tag{4.11}$$

$$\mathrm{d}M_1/\mathrm{d}t = \mathrm{d}M_4/\mathrm{d}t \tag{4.12}$$

式中：A_4 代表自然界对废弃能量的最大吸收净化量；M_4 代表自然界对废弃物质的最大吸收净化量。

如果满足这两个条件，意味着生态环境的质量不会恶化，可持续发展的基本条件才能够被满足。

二　从价值角度看待的生态市场经济再生产条件

上面分析的是资源、环境、人口和经济相统一的再生产条件，但生态市场经济对再生产过程的分析，并不是重复可持续发展的内容，而是从价值这个单一的角度去分析实现可持续经济发展的条件等。要完成这一任务，就必须对以上内容进行经济学抽象，即将上面包含物质（主要指自然资源）、能量、信息、人口等内容的再生产条件，转化成单一的价值再生产条件。

在进行这种性质的分析时，首先遇到的困难就是自然资源、能源、信息和人口的价值转化问题，即如何将这些不同性质而又没有完成市场化的内容转化为价值量，同时又要满足可持续经济发展的基本条件，即自然资源和能源的使用量，不能超过自然界的更新量；对废弃物的排放量，不能超过自然界最大的吸收净化能力，生态环境的质量不能继续下降等。对这些因素的量化，是目前还无法解决的，因此这里主要提出实现可持续经济发展再生产的一般条件，而不对这些内容进行具体分析。

（一）满足生态市场经济再生产要求的不可再生资源价值条件

由于一个社会的自然资源总量和生态环境的质量从横向看是一定的，它们对人类的利益也是一定的，因此可以认为它们对人类的价值总量也是一定的。自然资源包含可再生自然资源与不可再生自然资源两部分。那些不可再生自然资源，它们的价值量在现有条件下是一定的，但会随着社会经济条件改变和技术进步而改变。生态市场经济再生产在这方面的要求，就是对这些资源（对矿藏资源来说，包含探明的储量与未探明的潜在储量）的利用而造成的它们存量价值的减少，必须小于技术进步等因素而产生的资源动态价值的增加量，或者说每年资源价值的利用量，不能超过技术进步所产生的不同资源间的替代速度所产生的价值增加量，从而实现不可再生资源的永续利用，达到经济持续发展的要求。对此，可用下式表示：

$$R_2 - R_1 = 0 \text{ 或 } dR_2/dt = dR_1/dt \tag{4.13}$$

式中：R_2 代表技术进步速度所产生的不可再生资源的价值增加量；R_1 代表不可再生资源的价值减少量。

这种情况也说明，虽然就现有技术而言，一个社会的自然资源存量和价值都是一定的，但随着技术的进步，它们的量实际上是会改变的。因为技术的进步可以发现新的有用资源，或者目前使用价值和价值很小的资源，会变成使用价值和价值很大的资源，历史上煤和石油都曾经历这种变化。生态市场经济要求自然资源的消耗速度小于技术进步对新资源的发现量。

（二）满足生态市场经济再生产要求的可再生自然资源价值条件

可再生自然资源，由于它可更新正常消耗的那部分自然资源，因此可以认为现有的自然资源价值存量，每年能新生产出一个数量不变的新价值。要保持资源的永续利用，就要求对这部分资源的利用量不能超过该新价值量，即：

$$N_1 = N_2 \text{ 或 } dN_2/dt = dN_1/dt \tag{4.14}$$

式中：N_1 代表每年被利用的可再生的自然资源价值；N_2 代表每年更新或新增的自然资源价值。它是可再生自然资源总存量价值（N）的一个等比（以 I 代表该比例系数）：$N_2 = N \cdot I$。

在实际过程中，如果每年利用的可再生自然资源价值超过了这个范围，就会导致自然资源存量价值的减少。价值的减少，会降低它再生产价值的能力，而且这些能力的降低并不与其价值的减少成等比，而是递增的，即减少1%的自然资源价值存量，会使其更新能力的损失超过1%。因为自然资源的存量越大，其更新和恢复的能力就越强；存量越小，能力就越弱，所以在自然资源存量遭到破坏后，其价值的更新能力会遭到更严重的损失。要使这种损失得到弥补，就必须对自然资源进行投资，如对木材的消耗量大于自然更新量，就必须植树造林。所以在这里，可以对上式进行补充，即：

$$N_1 = N_2 + N_I \cdot j \tag{4.15}$$

式中：N_I 代表对可再生自然资源进行的人造价值投资；j 代表人造价值转化为可再生自然资源价值的比率。j 值可等于、小于、大于 1。对那些能自然生长的资源，如树木等来说，该值可大于 1；对有些资源则可能会小于 1。一般地说，其转化率与可再生自然资源价值的存量成正比，但其变化的速度更快。如当 N 下降时，它会下降得更快，也就是说，这时一定量资源价值的消耗需要更多的人造价值才能被补偿。

要特别注意的是，虽然在实际过程中，可以通过人造价值来对资源价值进行补偿，但这种补偿是有限度的，即它不能使可再生资源的总价值（N）小于某个最低量规定（以 N_e 表示），即：

$$N = N_e \tag{4.16}$$

这种要求对物种资源来说更为严格，如物种种群下降到一定量，该物种就会灭绝；物种多样性下降到一定量，生态平衡就会被破坏，地球上的生命就可能灭绝，因此在这里还必须再加上一个限制性条件：

$$nN_i = N_e \tag{4.17}$$

式中：nN_i 代表每种物种的总价值。

如果人类对可再生自然资源的使用量小于其更新量，那么其差额是转化为自然资源价值的积累，还是流失，与自然资源的性质和存量大小等密切相关。如水能未被利用就会流失；如果原有的资源存量保存完好，资源系统保持相对平衡，那么这种差额也会流失；如果资源系统原来就遭到较大的破坏，那么该差额的绝大部分会被积累起来而转化为新的资源存量价值或积累，如封山育林的效果就是如此。这说明，未被人类即时利用的可再生自然资源的新增价值，是被积累还是流失，一是取决于该资源的性质，二是取决于原有资源存量的状况。

（三）满足生态市场经济再生产要求的生态环境价值条件

非传统自然资源型的生态环境与可再生自然资源一样，也具有再生能力。在生态环境质量或价值一定时，它每年再生产的新增价值量也是一定的。从理论上讲，可持续经济发展要求对它的利用量（包括因排放废弃物而造成的生态环境破坏所产生的价值损失）不能超过该新增价值量，即：

$$B_1 = B_2 \text{ 或 } dB_2/dt = dB_1/dt \tag{4.18}$$

式中：B_1 代表每年利用或消耗的生态环境价值；B_2 代表生态环境更新或新增的价值。

像可再生自然资源价值的更新量与其原有存量价值的大小密切相关那样，生态环境价值的更新量同样是与原有生态环境价值的存量价值密切相关的。二者的变化方向相同，但更新价值变化的速度更快，尤其是当生态环境存量价值下降时会更为突出。

人类在经济活动中对生态环境价值的消耗主要来自两个方面：一是直接利用，如生产和生活中对各种生态资源的利用等；二是将再生产过程中的各种废弃物排放到生态环境系统而对其造成损失。

在现实过程中，人类对生态环境的价值利用要远远大于生态环境的自我更新价值，因此导致生态环境质量长期以来一直处于衰退状况，以致生态危机成为当今人类面临的最大挑战。这说明，以上表达式在实际上是不能满足可持续经济发展要求的。要使生态环境满足可持续经济发展要求，就必须对超过其价值更新量的部分进行补偿，并且该补偿量不少于该差额，即：

$$B_1 = B_2 + B_I \cdot \varphi \tag{4.19}$$

式中：B_I 代表社会对生态环境价值进行的价值补偿量；φ 代表人造价值对生态环境价值的转化率，它小于1。

在该式中，对人造价值之所以要乘以一个小于1的转化率，是因为当人类对生态环境价值的利用或损耗大于其更新量后，即造成生态环境破坏后，其一定量的价值损耗往往并不能用等量的人造价值来弥补，而是要更大的价值补偿。这正如再生产中投入的能量并不能被全部有效利用，有相当部分会在此过程中耗散掉，生态环境价值的损耗与人为的再生产也存在这种情况。正由于此，才会产生在经济建设过程中，注重生态环境保护与经济发展平衡的做法所付出的代价，要远远小于那种先污染后治理所付出的代价。

尽管用人造价值的投资，可以弥补生态环境价值的耗损，但这种补偿的范围比之可再生自然资源价值的范围更窄，因为它具有明显的"蝴蝶效应"，其不可预见性和不可逆性的作用更强。当它被破坏到一定程度，就会造成巨大的生态灾难，这时很可能用再多的人造价值都弥补不了其微小的损失。所以在生态环境价值的使用和补偿上，绝不能使生态环境价值的存量低于最低规定要求：

$$B - (B_1 - B_2) = B_n \tag{4.20}$$

式中：B 代表即期的生态环境价值存量；B_n 代表最低价值存量要求。只有满足这个要求，生态市场经济的目标才能实现。

（四）满足生态市场经济再生产要求的人力资本条件

人力资源的经济表现也就是人力资本。在生产过程中，人力资本一方面会不断地被消耗，其中包括有形消耗与无形消耗；另一方面也会再生产出部分新的价值。因为劳动过程，既是一个体力与脑力以及人力资本的消耗过程，同时也是一个学习和提高以及人力资本更新和创造的过程。在此过程中，不仅劳动的熟练程度会提高，而且可产生许多的技术发明，科学技术工作更是这方面的典型代表。人的知识和技巧，大部分是在"干中学"中得到的，同时人的多方面需求是在此过程中得到满足的，所以劳动过程也是一个人力资本的更新与创造过程。但在这方面，由于生理和年龄等方面的原因，在再生产过程中，一方面不断地有部分劳动力因无形和有形损耗而退出劳动过程，另一方面人们消耗的体力等需要在此过程之外通过消费得到补偿，这使得人们在劳动过程中更新和新增的人力资本价值，抵偿不了在其中损耗的人力资本价值，从而需要通过消费和投资来弥补该差额和使人力资本得到积累，以满足经济增长的需要。这样得到满足生态市场经济再生产要求的人力资本条件：

$$L_1 = L_2 \text{ 或 } dL_2/dt = dL_1/dt \tag{4.21}$$

式中：L_1 代表每期消耗的劳动力价值；L_2 代表同期新增的劳动力价值。它是同期在生产过程中通过"干中学"等方式而新增的劳动力价值（L_3）、同期通过消费而新增的劳动力价值（L_4）与同期通过人力资本投资而形成的劳动力价值之和（L_I）。

显然，当该方程两边相等时，也就是维持人口价值的简单再生产。要实现经济的可持续发展,方程式的左边就必须小于右边。该条件被满足时,说明人力资本在进行扩大再生产。

由于正常的消费支出或 L_4 在收入一定时是相对稳定的, L_3 与 L_1 这两部分在技术水平一定时也是相对稳定的。因此决定人力资本变化的最主要因素,是技术进步引起的人力资本损耗与人力资本更新关系及人力资本的投资规模。技术进步速度的加快,既会引起人力资本无形损耗的加剧,同时又会产生人力资本(通过"干中学"而实现的)更新速度的加快,该速度往往要快于前者。在决定人口价值变动方面,最主要的是对人力资本投资量的大小。上面讲到,在生态环境投资方面,一定量的投资往往只能形成更少量的生态环境价值。但在人力资本投资方面,由于伴随投资过程的接受投资对象本身还要付出一定的劳动或努力,因此一定量的人力资本投资,往往会形成一个更大量的人力资本积累。如果这种情况成立的话,式(4.21)就必须修改为:

$$L_1 = L_3 + L_4 + L_I \cdot p \tag{4.22}$$

式中: p 代表人力资本投资转换系数,它一般大于1。

由于人力资本消耗价值、人力资本更新价值、人力资本积累价值都可以看作是人力资本存量价值(L)的一个比例,因此上式也可以表示为:

$$L(\beta - a) = 0 \tag{4.23}$$

式中: a 代表人力资本的消耗系数; β 代表人力资本的更新与积累系数。

当人力资本的消耗系数与更新系数相等时,人力资本投资必须大于零才能满足可持续经济发展的要求。

(五)满足生态市场经济再生产要求的价值生产条件

市场经济的增长以价值来表示,也就是一个社会价值量的持续增长。这种持续增长的价值量,可以称之为可持续收入。可持续收入表示的是可以用来满足该社会福利需求的可支配收入的增长。

同价值生产需要一定的价值耗费为代价一样,可持续收入同样需要价值耗费。这种耗费不仅包括上面讲到的资源型自然资源价值、生态环境价值和人口价值,而且还包括人造资本价值,即物质资本价值。因此可持续经济发展要求价值生产必须满足价值产出大于价值耗费,即:

$$Y = Y_2 - Y_1 = 0 \text{ 或 } dY_2/dt = dY_1/dt \tag{4.24}$$

$$Y_1 = R_1 + N_1 + B_1 + L_1 + K_1 + J + T_t \tag{4.25}$$

式中：Y代表一定时期内的可持续收入；Y_2代表同期内取得的包括价值耗费在内的总收入；Y_1代表同时期内的价值耗费；K_1代表同期的物质资本耗费（K代表社会物质资本存量，以r代表物质资本折旧率，则$K_1=rK$）；J代表其他各种外部费用；T_t代表同期为满足技术进步要求的投入。

同时，可持续收入量必须满足各种形式资本或价值增值的需要，即：

$$Y = nN + B_3 + L_4 + K_4 + T_t > 0 \tag{4.26}$$

式中：K_4代表计划期内物质资本的积累量。

方程式右边各项资本积累之和，叫作真实储蓄或真实积累。该积累量及其内部的比例结构决定着一个社会可持续经济发展的能力。需要注意的是，不仅可持续收入和方程式右边各项资本积累之和必须大于零，而且方程式右边每项形式的资本积累都必须不小于零，尤其是生态资本和资源资本的积累量不能小于零。因为这两种资本不断增值的要求，是可持续发展提出的主要原因，更重要的是自然资源的消耗和生态环境的破坏，不仅威胁到经济的可持续发展，而且威胁到人类的生存。所以生态资本和自然资源资本在现有基础上的持续增长，是实现生态市场经济再生产的最基本要求。

在保证真实储蓄持续增长的同时，还必须保证各项资本之间的增长保持一定的比例关系。对当前社会来说，由于生态资本和自然资源资本遭到严重破坏和损耗，因此它们在资本积累中的非减性是特别重要的。虽然在一定的条件下，各类资本间存在一定的替代关系。人类经济的发展过程，就是各种资本之间不断替代的过程。如在工业革命中，主要是物质资本对劳动力的替代过程，而在知识经济和可持续发展经济中，则主要是知识资本对物质资本和自然资源资本的替代过程，是高级劳动力对低级劳动力的替代过程。但这种替代关系，已受到生态资本和自然资源资本非减性要求的严重制约，今后的经济发展，再不能像以前那样通过环境资本和自然资源资本的消耗来换取人力资本和物质资本的积累，而是要求不断将物质资本和知识资本转换为生态资本和自然资源资本。也就是说，生态资本和自然资源资本的非减性增长是决定经济持续发展的重要条件。随着以物质资本积累为主的传统工业经济转换到以知识资本积累为主的知识经济，人力资本积累和技术进步投资的增长速度会快于物质资本积累的速度。

自然，要保证再生产的正常进行和经济的持续增长，各种形式的资本间都必须保持一定的比例关系。这种比例关系尽管不是绝对严格的，但却必须保持在一定的范围内，各类资本都必须满足社会对它们的要求。从理论上说，随着人类社会增长方式的转变，推动经济增长的主要动力日益由传统的物质资本转换到人力资本和知识资本上来，社会消费重心由传统的物质需求转换到精神文化和生态需求上来，今后资本积累的重心也会由物质资本转换到知识资本和生态资本上来。

一个社会能得到多少可持续收入，虽然与该时期内的价值耗费有关，但更主要的是与该社会总资本存量的大小和各种资本的比例结构有关。在资本结构基本合理和技术水平正常的情况下，可持续收入的大小与该社会资本存量的大小存在着一个恰当的符合某个社会贴现率的比例；可持续收入的增长，则与资本总量的增长率保持一定的比例关系，因此可持续收入与各种资本的关系，可以表达为：

$$Y = (R + N + B + L + K)_t \cdot \mu \tag{4.27}$$

式中：μ 代表社会总资本的增殖系数，它大于0。

μ 值的大小，与该社会的资本结构状况、经济管理水平、制度安排、产品分配制度及其分配结果、文化传统等因素有关。这些因素的总和，构成一种独立于个别资本的社会资本。该资本的大小及质量，决定着一个社会的经济发展状况及其变化方向。

要使生态市场经济再生产顺利进行，不仅要求各项价值的持续增长和彼此间保持一定的比例，而且要求经济部门内部各部分之间保持一定的比例关系。如信息生产、各种劳务生产及内部各部分之间、物质生产及各部分之间、资源生产、生态环境生产等各部分之间保持一定的比例关系。但除了上面提到的生态环境价值生产与自然资源价值生产的非减性增长要求外，这些比例关系的限制条件并不像马克思再生产公式或投入产出表中要求的那么严格，实际经济就是在非均衡中增长的，均衡的经济结构实际上是阻碍经济发展的。由于各产业间或各产品间都存在一定的替代关系，因此任何一个部门都可优先发展，并不总是要求某一部门优先发展。在经济结构中，各部门之间总是交错发展的，绝不可能某一部门长期优先增长，因为这是违反经济规律的。一个部门如果领先其他部门增长，到一定时候，一定会出现该部门产品的供过于求，价格下降，在市场机制作用下，该部门一定会出现衰退。所以，在市场经济中，各部门之间一定是交错增长的。

第五章 生态市场经济的资源配置要求

生态市场经济的目标是通过一定伦理制度约束资源配置来实现的，并且是在市场机制的基础上进行的，揭示该活动的一般机制，是本章努力的目标。

第一节 生态市场经济资源配置的基本内容

经济活动的核心内容，就是在一定的资源基础上，通过合理的配置以取得最大的产出，实现人类的最大福利。这是因为，在文明所形成的有差异的生产关系中，不管人类的生产力发展达到何种程度，人类都面临着不可克服的"稀缺"问题。为尽可能地缓解这种稀缺，就必须合理地利用资源，以取得最大的产出。所以说，合理的资源配置是生态市场经济的最主要内容之一。

一 生态市场经济资源配置特点

同一切经济学科研究的主要内容是资源配置一样，生态市场经济理论的主要内容也是研究资源配置。但由于视角的不同，因此生态市场经济理论在这方面具有自己的特点。这些特点主要表现在以下方面。

（一）资源与产出的内涵不一样

我们知道，在传统经济学或传统市场经济理论中，只有那些能够确定产权并能通过市场交换实现货币价值的生产要素，或者说会明显影响人们之间的相对利益关系的因素，才属于资源的范围；那些不属于这个范围的公共性资源，如大气环流、生态环境、社会资本等都被排除在资源的范围外。与此不同，可持续发展经济学中的资源，是一切影响人类当前与长久福利的因素，不仅包括可市场化的资源，而且还包括一切虽然不能被市场化，但会对整个人类的利益产生影响的因素。空气质量、生态环境、生物多样性、社会资本等，都属于资源的范畴。也就是说，生态市场经济将传统经济学中被视为外部性的那部分因素包含了进来，这使得生态市场经济理论的资源内涵更丰富、范围更广。显然，资源的内涵不一样，那么成本的范畴也就不同，在一定产出基础上的效益也就不同。一般地说，一定产出基础上的成本范围，生态市场经济要大于传统市场经济。

不仅在投入方面，而且在产出方面，生态市场经济与传统市场经济之间也存在重大区别。可持续发展经济学中的产出，不仅包括传统经济学的那些可市场化的内容，而且包括那些未能够市场化，但会影响人类利益的各种外部影响，如植树造林所产生的对空气的净化、水土保持、景观改善等效益。

这说明，生态市场经济将原来那些被传统经济学作为外部影响的内容，全部纳入资源配置的分析范围，以确定一定量资源配置对人类福利的实际影响。传统经济学在这方面的分析则是不完全的，不能全面和客观地反映一定量资源配置对人类福利的影响。

自然，由于在现实条件下，许多资源和外部影响的价值还不能被准确地计量，同时涉及的因素太多、时间太长，因此极大地增加了生态市场经济资源配置理论研究的难度。

（二）资源配置的时间范围不一样

资源配置时间的考察范围，是生态市场经济与传统市场经济理论之间的又一个重大区别。我们知道，可持续发展经济学与传统经济学的重大区别之一，就是后者是从当代人的利益角度来考虑资源配置效果的好坏，而可持续发展经济学则是从代际公平，从人类作为一个物种持续生存与发展这个角度来考虑资源配置效果的好坏。一些虽然会增加当代人福利，但会损害后代人利益，并且后者的损害大于前者的利益时，将被认为是不经济的非理性行为。作为可持续发展理论在经济制度方面代表的生态市场经济，必然要反映可持续发展理论在资源配置上的这种时间特点，也就是说，它对资源配置的时间考察，是以保证人类持续生存，并且不以损害后代人利益为前提的。虽然从理论上说，除非当代人的经济活动完全不使用不可再生资源，否则其活动是不可能不损害后代人的利益的。但这并不意味着当代人就不能使用自然资源，而是在该过程中必须保证能通过一定的方式补偿这种损害。补偿的方式也就是资本积累和技术进步。资本是人类生产力长期发展成果的集中体现，同资源一样，它也能为人类带来利益。

在一定的范围内，通过资本积累能够弥补资源减少对后代人的利益损害。从某种意义上说，如果不考虑生命系统完整性对人类利益的影响，资本积累对人类利益的促进作用，显然大于资源损耗对后代人利益的损害。经济发展过程中人均收入水平的不断提高，就证明了这一点。

技术进步是缓解资源减少对人类利益不利影响的有力工具。技术进步主要通过两种方式来实现这个目标。一是提高资源的利用效率，减少一定量生产所需的资源耗费，这将使有限的资源能够在一定的时间范围内支撑一个更大规模的经济总量，从而实现人类追求经济增长的目标。二是以丰裕的资源来替代短缺的资源，这是人类解决资源短缺的最主要手段。因为，只要资源是不可再生的，那么无论资源的利用效率提高到何种程度，它都会有被耗尽的时候，所以提高资源的利用效率并不能保持人类社会经济的持续发展，只有用丰裕的资源来代替短缺的资源，才有可能做到这一点。人类社会的进步过程，尤其是经济取得质的突破而实现快速增长的时候，都是在资源替代方面取得重大进展的基础上实现的，如煤炭对木材的替代，石油对煤炭的替代等。人类目前就正处在以新兴能源来替代日渐枯竭的石油和煤炭的时代。资源替代，是保证人类社会可持续发展的最重要手段。

然而，人类也许有足够的智慧通过技术进步来克服资源约束对经济增长的限制，但人类却无法通过这种方式来解决生命之网的破裂与瓦解。对许多物种，人类耗尽努力，也只能眼睁睁地看着它们灭绝。如日本虽然拥有发达的科技并以倾国之力，但也只能在 20 世纪 90 年代徒劳地看着最后一只朱鹮死亡。更严重的是，生态系统的变化具有非常强的时滞性和不确定性，因此我们无法判断一定的经济活动对子孙后代的实际影响，这是生态市场经济理论研究中的一大困难。

（三）资源配置的价格体系不一样

在进行资源配置及其优劣判断的价格体系或价值标准方面，生态市场经济与传统市场经济理论之间也存在巨大的差别。

我们知道，传统经济学的资源配置及其优劣判断的标准，是现行的市场价格，最多是所谓的影子价格，① 但这种价格既没有反映资源及其利用

---

① 影子价格，就是反映资源在优化配置时的机会成本的价值。由于这样的价格在实际中求不出来，因此往往用自由市场中的价格来代替。

过程中的外部影响，也没有考虑它们的时间影响，即对子孙后代福利的影响，更没有考虑它们的社会影响，即公平与公正等方面的影响，因此是不完全的，不能完全反映资源配置对社会实际福利的影响。

与传统市场经济理论不同，生态市场经济理论不仅要考虑资源及其利用中的直接影响，还要考虑其外部影响、时间影响和社会影响，正因为这样，所以我们在前面特别强调，生态市场经济的价值理论在许多方面都是不同于传统的价值理论的，其原因就是生态市场经济的价值理论，必须考虑这些在传统经济学中被忽视而又在人类福利中起重大作用的因素。也就是说，生态市场经济理论中的价格体系，是反映可持续发展各项基本要求，并包含全部外部影响的体现人类最大福利要求的价格体系。这种价格也可以叫作可持续影子价格。

（四）资源优化配置的衡量标准不一样

目标不一样，资源优化配置的衡量标准也就不一样。传统经济学的目标，是取得当代人的最大福利，并且忽视产品分配关系对人类福利的影响，也不考虑资源配置中的外部影响，因此其反映的资源配置是不完全的。与传统经济理论不同，生态市场经济理论的目标是取得人类作为一个物种持续生存和发展的最大福利。要做到这点，就必须做到"公平与公正、可持续性和共同参与"等基本要求，因此不仅要考虑当代人的利益，而且必须兼顾后代人的利益；在考虑当代人的利益时，必须充分考虑社会公平与公正，其中重点是产品分配关系对社会福利的影响；同时必须考虑资源配置中的外部影响。正因为这样，所以才会产生出生态市场经济理论中特有的完全区别于传统市场经济理论的价格体系来。

从时序的观点看，当代人的福利无疑是人类持续福利中的一个重要组成部分，甚至是其中最重要的。因为只有保证当代人的福利，人类才有可能关心后代人的利益，如果当代人的利益得不到基本保证，那么奢谈人类的持续利益是没有意义的。这正如一些贫困地区的人们，为了生存而不得不破坏自己的生存环境而使持续发展的能力丧失一样，所以只有当代人的利益得到基本保证，可持续发展才有可能真正实现。但同样要看到的是，当代人福利的最大化并不代表人类福利的最大化。如果当代人福利的提高，是通过损害后代人的利益实现的，并且这种损害是不可逆的，在量上后者的损害超过前者的利益，那么这种资源配置就不仅不是最优的，而且是低劣的。当代人的做法，很可能就是这样的结果，因此才会产生出对可持续发展的要求。

(五) 资源配置的目标不一样

在资源配置的目标方面，生态市场经济理论也不同于传统市场经济理论。目标的不同，必然会产生出在资源与产出的内容、价格标准、时间维度、衡量标准等方面的不同。

一般地说，衡量资源配置好坏的标准，也就是资源配置的目标。因为行动是服从于目的的，所以衡量资源配置是否达到最优的标准，也就是资源配置所要达到的目标。虽然从形式上看，生态市场经济理论与传统市场经济理论一样，都是为了实现人类的最大福利，但二者间在对待什么才是人类最大福利这个目标方面，存在着重大区别。与传统市场经济理论仅仅是为了实现当代人的最大福利不同，作为可持续发展理论具体体现的是生态市场经济，是为了实现人类作为一个物种持续生存和发展这个目标下的人类最大福利，为了这个目标，它有时或者往往要求适当牺牲部分当代人的利益为前提，如它要求当代人在经济活动中节约资源和保护环境，都具有这种性质。

即使在对待当代人的最大福利方面，生态市场经济与传统市场经济理论之间也存在重大区别。传统经济学往往以一定资源耗费基础上的最大产出，作为当代人最大福利的标志，其中并不特别考虑产品分配对社会福利的影响。与此不同，生态市场经济则不仅要考虑一定资源耗费基础上的产出，而且必须考虑到产品分配状况对社会福利的影响。产品分配状况对社会福利的影响是非常明显的。这种情况说明，在一定资源耗费基础上，并不一定是总产出越大越好，还取决于实际的产品分配状况。如在一种能够达到最大产出的生产方式基础上，少数富人得到其中的大部分，而社会大多数人只得到其中的少部分，那么该基础上的社会福利就会很低。印度2004 年春天选举的结果就反映了这一点。以瓦杰帕依为首的人民党政府，在 6 年多的执政期间，无论是在发展经济、改善人民生活方面，还是在外交、军事等方面都取得了杰出的成绩，尤其是在经济发展方面取得了非常杰出的成绩，大选前人们普遍认为执政党会取得压倒性胜利，然而结果却是人民党联盟失败了，原因就在于改革的成果没有平等地惠及大部分人，受惠的只是少部分人。虽然广大中下层人民的绝对福利也有所改善，但比之那些少数精英来说，它们的相对福利却是极大地恶化了，所以广大人民最终抛弃了原来的执政党。这种情况正说明了社会福利是与产品分配密切相关的。

在实际中，产品分配状况不仅影响到当代人的社会福利，而且还会影响后代人的社会福利。因为可持续发展的基本前提条件之一，就是产品分配的公平与公正。只有在公平与公正的基础上，人类社会的可持续发展才有可能实现，从而实现人类社会的最大福利。所以说，产品分配决定了后代人的福利。在一个产品分配不公平的社会，不仅会阻碍资本积累，而且会导致生态环境的不断恶化和资源的严重浪费，从而严重影响后代人的社会福利。

以上情况说明，由于哲学基础和伦理价值不同，因此使得生态市场经济相比于传统市场经济，在资源配置的各方面都存在重大区别。

二　生态市场经济资源配置的基本要求

与可持续发展的基础要求和原则相一致，在资源配置方面，生态市场经济具有以下几个方面的基本要求。

（一）经济增长与环境保护相统一的要求

我们知道，生态市场经济取代传统市场经济的一个最重要原因，就是生态环境无法继续支撑传统的发展方式。在传统的发展方式下，生态环境遭到严重破坏，如温室效应日益明显、臭氧层日益变薄、空洞面积不断扩大、物种灭绝速度不断加快、空气和水污染日益严重、有毒废弃物不断增长且日积月累等，使得生态系统变得日益脆弱。当代人类最担心的，已不完全是石油等能源和各种资源的短缺，而是生命之网的不稳定。在"蝴蝶效应"的作用下，我们不知道生态系统会朝哪个方向变化。生态学家担心，人类的活动已经超出生态系统的承载能力，到时，它不仅会导致人类社会的灭亡，而且可能导致整个星球的毁灭。所以，生态市场经济资源配置的核心问题，就是要保护生态环境。

同一切制度上的经济体制都是追求经济的不断增长一样，生态市场经济也要追求经济增长。经济增长则意味着要消耗更多的自然资源，要向自然界排放更多的废弃物，这与保护生态环境是一个矛盾。但要看到的是，经济增长可以为环境保护提供不断增强的资金供给能力，可以解决因贫困而产生的环境破坏问题。实践证明，在现代经济社会中，对生态环境保护的认识及其有效实践，只有在人们的温饱和基本安全得到满足后才会真正产生，生态环境保护才可以在经济发展过程中不断得到加强。在基本温饱得不到基本满足的基础上，人们不仅不会关心，而且会以破坏自己生存的生态环境来维持生存。因为在生态环境保护与当前生存方面，后者的效用更大，这正是所有的国家在经济发展早期所经历的过程，也是目前我国和许多发展中国家正在发生的事情。所以说，生态环境的保护需要以经济发展为基础。对生态环境来说，贫困有时是比经济增长更大的威胁。不过要指出的是，虽然在经济发展不同阶段，一定量经济增长与生态环境对人们的效益不同，因而在经济发展的早期，都会出现以生态环境换取经济增长的做法。但如果在此过程中更恰当地平衡环境与经济增长之间的关系，那么各国在此过程中付出的代价就要小得多，人民得到的福利就会更大，事后付出的成本也要更小。

这种情况说明，经济增长与环境保护之间既存在矛盾，但又存在统一性。实践证明，除了加强环境立法和生态环境伦理建设，一个国家只要将其国内生产总值的一定比例，如3%用于生态环境的保护与恢复，就可以在一定范围内做到经济增长与生态环境改善相协调的结果。这正如西方发达国家自20世纪60—70年代以来在这方面的情况那样。这是因为，在生态财富与经济财富（物质财富和精神财富）之间存在着一定的替代关系，当生态环境被破坏到一定程度后，通过经济财富的投资和生态环境的自我更新，是可以在一定范围内使生态环境得到修复的，这也正是环境保护产业发展的必要性。

（二）代内公平与代际公平相统一的要求

在经济学中，公平往往指分配结果的公平，但在生态市场经济理论中，则还同时具有机会公平的内容，即它是机会公平与结果公平的统一。生态市场经济的资源配置，要求人们遵守代内公平与代际公平相统一的原则，只有这样，可持续发展的要求才能够真正实现。

代内公平，指在当代人民中间，必须做到在各方面，尤其是资源的使用和产品的分配等方面机会与结果的相对公平。代内公平包含国家之间、种族之间及其内部人民之间在资源的使用与产品分配方面的公平。我们知道，当今社会的一个普遍而突出的问题，就是在资源的占有、使用和产品的分配等各方面都存在着巨大的差异。如发达国家以不到20%的人口，却使用了世界70%以上的各种资源，其中尤其是美国，只有不到世界人口的5%，却使用了世界能源的25%以上；而占世界人口70%以上的广大发展中国家的人民，却只使用不到世界能源供给的30%。与此同时，各国内部也同样存在着各阶级、各阶层之间和不同地区之间人们在资源使用和产品分配等方面的巨大差别，如我国目前的基尼系数就已经超过 0.5，成为世界上产品分配最不公平的国家之一，这不仅与我国的社会主义国家性质不一致，而且严重阻碍我国可持续经济发展目标的实现。

代际公平，是指不同代人民之间在资源占用与使用等各方面的公平。在生态市场经济理论中，它主要指当代人的福利不能以牺牲后代人的利益为代价，最起码应该保证后代人享有的福利不低于当代人的福利。要做到这一点，取决于人类如何在不同代人之间合理地分配资源。因为人类的福利是建立在对资源的利用上的，而资源是有限的，并且相当部分是不可再生的，可再生的资源也取决于它的存量状况，所以如何在不同代人之间分配资源就成为问题的关键。在这方面，与代内公平不同的是，后代并不能与当代人坐在同一桌上来为其利益讨价还价。后代人的福利，实际上是由当代人的伦理道德所决定的，而这种保证是不完全可靠的。这是因为道德是一种制度，而制度是由当代人根据自己的利益判断来制定的，以资本主义文化为基础的道德和制度，是建立在一定量资源的当代人效用大于后代效用的基础上的（利息就是这种理论的一种解释），在这样的基础上，后代人的福利是不可靠的。

由于资源的有限和部分资源的不可再生性，而当代人要满足自己的福利需要又一定要消耗资源，这种资源的消耗则不可避免地会影响或损害后代人的利益，因此如何在不同代人之间分配资源以做到公平，就成为问题的核心，这也是判断是否做到代际公平最为困难的事。从理论上讲，除非当代人只使用可再生资源，并且对它们的使用被严格限制在可更新的范围内，否则都将被视为违反代际公平原则。然而，一方面，由于技术的不断进步，不管是可再生还是不可再生资源的存量都不是绝对的。技术进步在消耗大量资源的同时，又会将那些原来不被作为资源的东西转变为有用的资源，人类社会的进步，在很大程度上就是在这种资源的替代中实现的。在这种情况下，如何界定资源的代际公平就非常困难。一般认为，只要技术进步和资本积累对人类福利的促进使用，大于资源减少对人类福利的阻碍作用，就实现了资源使用上的代际公平。然而这项原则的实施在实际上会遇到很大的困难。因为许多资源对人类的使用价值，是随着技术进步而不断提高的，如各种不可再生的矿物资源；同时受认识的限制，人类目前还无法准确认识许多资源，尤其是动植物资源对人类的真实价值，一些目前被认为没有什么价值的资源，可能蕴含着对人类巨大的，甚至能够拯救人类（于某种疾病）的价值，而许多资源的存量具有很强的不可逆性。如一些物种的存量下降到一定程度，再先进的技术也无法避免它们的灭绝。当今许多动植物就面临着这样的窘境，而它们对生态环境很可能具有无限的价值。因为生态环境是一个系统，每一种动植物都与数十种有关的动植物保持着密切的依存关系。一个物种的灭绝，往往意味着与它相联系的数种物种的灭绝，后者又会导致更大范围物种的灭绝或退化；或者这些物种因失去制约因素而泛滥成灾，进而导致其他一些物种的退化或灭绝，其引起的连锁反应，很可能会在"蝴蝶效应"的作用下，对人类产生巨大的灾难，甚至有可能导致人类的毁灭。另一方面，技术进步也具有很大的不确定性，一些对当代人有利的技术进步，很可能会对人类的持续生存造成重大的不利影响，如当代为提高农产品产量和增强抗病虫害的转基因技术及生物工程，就可能具有这种结果；此外更不要说这些技术如果被恐怖分子或一些极端组织甚至国家用来威胁人类所带来的巨大危险。所以在实际过程中，如何评价资源消耗与技术进步之间的替代关系，是特别困难的，它往往与特定时期人们的伦理价值有关。也正是因为这样，不同伦理价值的人们，对一定量资源消耗与技术进步各自对人类福利贡献的评价是相距甚大的。这正如发达国家的人们，认为一些发展中国家采取以生态环境消耗换取经济发展的做法是得不偿失的，而后者却认为这种做法是理想的结果一样。

实际上，资源的代际公平问题，并不完全发生在资源的存量和不可再生性上面，而是发生在生态环境的不可预测性上面。因为就绝对的可用资源来说，人类的历史证明，人类在这方面还是有足够的聪明才智的。即能够通过科学技术的进步来解决资源的绝对稀缺，如提高资源的利用效率，或者是用新的丰裕的资源来替代短缺的资源等，这正如在能源方面，历史上发生的煤炭对木柴的取代、石油和天然气对煤炭的取代、核能对石油的取代一样，或者如塑料对金属的取代等，都说明了人类在这方面的才智，然而在生态环境方面，人类却面临着束手无策的窘境，这正如世界上最富裕和拥有最先进技术之一的日本，在 20 世纪 90 年代面对本国特有物种朱鹮灭绝时的无奈一样，人类目前还无法准确地预测当代人对环境造成的损害会带来什么样的后果。因此对人类来说，对人类福利甚至生存和发展影响最大的，还不完全是我们传统理解的经济资源的存量是否能够保证子孙后代福利的需要，真正核心的是当代在经济增长上的过度追求对生态环境造成的损害，是否在其正常的承受范围之内，或者说人类对废弃物的排放量是否在环境的吸纳与更新能力之内。一个众所周知的事实是，工业革命以来，整个地球的生态环境是不断恶化并呈加强的趋势，可以预期并且能够肯定的是，随着东南亚、中南美洲和非洲一些国家的逐渐崛起，尤其是占世界人口一半以上的包括中国和印度在内的东南亚国家经济的快速发展，人民生活水平快速提高，世界资源的消耗会以前所未有的速度提高，其结果必然会对已显脆弱的全球生态环境造成巨大的压力。这种压力很可能会超过其极限，届时，后代继承无论多先进的技术及其存量都无济于事。因此，不仅要保证资源的可持续性，而且要保证生态环境的可持续性，是实现代际公平的重要保证。

在实际过程中，代内公平与代际公平是相互作用的。正如在前面讲到的那样，没有代内公平作保证，代际公平是不可能实现的。因为在缺乏代内公平的社会内，人们必然会在生产与生活中，通过外部不经济的方式来获取私人利益，生态环境和资源就会因此而遭到严重耗竭和破坏，代际公平就无从谈起；同样，如果没有代际公平产生的制度安排，代内公平也是不可能真正实现的，只有在以追求人类持续生存和发展的道德和制度约束下，人们之间才可能作为"地球飞船"中的共同乘员那样同舟共济。所以说，要实现人类社会经济的可持续发展目标，就必须做到代内公平与代际公平之间的统一。

（三）三种资本相互促进与生态资本优先增长的要求

资本是一个社会自然资源（包括生态环境）存量大小和社会生产力发展成果积累的社会表现形式，显然，要实现生态市场经济发展的目标，就要求资本总量的增长和结构（在前面，根据性质将资本划分为物质资本、生态资本与知识资本这三种）的改善。

虽然在前面的分析中指出，由于不同资本之间在可持续经济发展方面具有一定的替代性，因此在一定范围内，只要做到资本总量的持续增长，就能够实现经济的可持续发展目标。但在实际过程中，这种替代性是有一定的范围的，超过这个范围，不仅会出现替代资本边际效率下降的情况，而且会导致整个资本边际效率的下降。更严重的是，它不仅会阻碍可持续经济发展目标的实现，而且会导致整个经济体系的崩溃。如当生态资本的存量下降到一定程度，也就是整个生态系统被严重破坏，并且不能维持系统的正常运转和生态资源的供给时，哪怕再多的物质资本和知识资本都难以保证人类社会经济的可持续发展。20 世纪中后期，人类社会之所以在科技进步速度加快，物质资本和知识资本积累达到空前规模，并且人们认为人类社会正由传统的工业（资本主义）经济向知识经济转换的时代，提出可持续发展思想，并且这种思想很快就被发展水平迥然不同的世界各国普遍接受而成为各国政府的共同行动纲领，其原因就在于生态资本的存量下降到一个危险的地步，它不仅严重威胁到经济的可持续发展，而且威胁到人类的持续生存。这种情况说明，要实现生态市场经济的目标，仅仅有资本总量的持续增长是不够的，还必须有结构的均衡，也就是三种资本增长的相互促进，并且保持相对均衡的状态，每种资本的存量与增长都能满足一定程度下其他两种资本对它的要求。

三种资本的协调增长与相互促进，是保证生态市场经济资源配置目标实现的必要条件，但对当代社会来说，却要求生态资本在相当长一段时间内的优先增长。这是因为，自工业革命以来，人类社会并没有做到三种资本的相互促进，而是长期来一直通过牺牲生态资本的方式来换取物质资本的积累和经济增长，以致在经济总量和资本积累达到空前规模的时候，生态资本的存量却下降到一个危险的程度。这正如改革开放以来，有人计算得出，该期间我国获得的经济增量部分，甚至要小于生态资本的损耗一样，这种情况不仅不能保证社会经济的持续增长，而且会严重威胁社会的安全。因此有人指出，我国目前面临的最大威胁就是生态安全问题，这些问题将带来一系列严重的社会政治经济问题，如水资源的污染和严重短缺，将使我国淮河以北的大部分地区的经济陷入困境，同时带来了严重的生态危机、农业危机、人口危机、社会政治危机，这些危机严重威胁国家的稳定与人民的正常生存。所以说，要实现经济的可持续发展，就必须在今后相当长一段时间内做到生态资本的优先增长。为此，不仅必须保护好生态环境，而且必须以不断增加的物质资本和知识资本投入，来换取生态资本的积累，这正如长期以来人类社会以生态资本换取物质资本和知识资本的积累一样。

实际上，对当前社会来说，在一定范围内以物质资本和知识资本来换取生态资本的优先增长，也是实现三种资本增长相互促进的一个必要条件。因为在系统的作用下，每种资本的生产率或边际生产率都取决于其他两种资本的存量。在生态资本存量日益减少且质量下降的情况下，（到一定程度）必然会出现物质资本与知识资本边际效率递减的趋势，要避免这种现象，就必须解决生态资本的相对短缺状况，使它的存量恢复到与另两种资本相互适应的程度。这正说明了目前以人造资本来换取生态资本的优先增长，是实现资源优化配置和可持续经济发展的客观要求，同时也是实现三种资本相互促进的必要条件。

（四）四种需要相对均衡与协调发展的要求

经济发展的最高目标就是促进人类的幸福。要实现人的幸福目标，除了完善的生产关系和分配的相对公平化以外，最主要的就是四种需要的相对均衡和协调发展。这是因为人是物质、精神、社会与生态四性的有机统一，人的每一性的实现，不仅要求相对应性质产品需求的满足，而且要求其他三种产品需求的满足。这正如人的精神需要，如果没有物质需要满足的保证，是不可能得到真正实现的。一个饿得发昏的人，给他再多的精神产品消费，他也享受不到其中的乐趣。所以说，要使人的四性得到实现，由此实现人的幸福目标，就必须使四种需要相对均衡和协调发展。

我们知道，当前人类面临的严峻问题，就是在物质需要和狭义精神需要得到空前满足的同时，生态资本却由于生态环境严重恶化而处在日益短缺的状况。这种短缺，不仅产生了严重的个人痛苦和社会问题，而且也使得其他三种需要消费增加所产生的边际效用不断下降，因此人类幸福并没有因物质财富与精神财富的大量增长而增长。如在生产力空前发达的今天，人类却日益为持续生存而担忧。一些原来极为普通的生态消费。如洁净的空气和水、宁静的环境等，正日益成为奢侈的消费。因生态需要得不到满足而产生的社会经济问题日益增多，要求返璞归真的呼声不时在世界各地响起，就说明因生态需要得不到基本满足，社会经济的增长并没有给人类带来相应的幸福。所以，使四种需要的满足保持相对均衡和协调增长，是实现人类幸福的重要条件。

四种需要的满足必须相对均衡的要求与当前生态需要处于严重短缺之间的矛盾说明，在今后相当长一个时期内，相对于物质需要、精神需要和社会需要的满足来说，生态需要的满足必须有一个优先增长的要求，这正如在三种资本中要求生态资本的优先增长一样。由于满足生态需要的生态产品，是通过生态资本的作用而再生产出来的，因此生态资本的短缺必然会造成生态产品供给的不足，使生态需要得不到基本满足。这说明，生态资本存量的短缺与生态需要满足的低下，是同一问题的两个方面。所以，在一定时期内，实现生态资本的优先增长，就是为了满足生态需要优先增长，促进人类幸福的一个重要举措。

（五）四种文明相互促进的要求

人的四性及其产生的四种需要满足，必然会产生相应的四种文明。要实现人的四种需要满足相互协调和共同发展的要求，就必须做到四种文明相互协调和共同发展。

前面讲到，文明一方面表现为人类对客观世界的主观认识，另一方面则表现为在该基础上的人类满足自己各种需要的能力，因此是物质世界与精神世界的有机统一。一个社会的文明程度，不仅决定了该社会如何认识与改造客观世界，而且决定了人类社会如何处理内部的各种关系。可持续发展，正是要人类社会不仅要协调好其与自然的关系，而且必须协调好人类社会内部的各种关系，因为两者之间是相互作用的。一个不能协调好人类社会内部关系，如不能做到公平、公正的社会，是不可能协调好人类与自然的关系的，可持续发展的目标也不可能真正实现。

人类文明是四种文明的有机统一。任何一种文明，如果脱离其他三种文明的支撑，都不可能实现持续发展的目标。这正如物质文明，如果没有精神文明、制度文明与生态文明的支持，就会在道德沦丧和生态环境的毁灭中消失，这正如历史上两河文明和古丝绸之路文明的消亡一样。当代可持续发展思想提出的一个重要原因，就是生态文明的发展，远远落后于其他三种文明发展的进程，这也是其他三种文明，尤其是物质文明在相当长一段时间内以牺牲生态文明为代价来换取自己发展的一种结果，这种结果最终不仅将严重阻碍可持续发展目标的实现，而且最终也将阻碍其他几种文明的进步。所以说，要实现可持续发展的目标，就必须做到四种文明相互促进和协调发展。

（六）三种创新协调发展的要求

要实现可持续经济发展的目标，还必须做到三种创新的协调发展与相互促进。这正如每一种文明要实现持续发展的目标，都必须有其他两种文明的协调支持一样，每一种创新要实现自己持续发展的目标，也同样需要其他两种创新的协调与支持。在整个社会生产系统中，生态创新是基础，技术创新是手段，制度创新是保证。只有做到三种创新的统一，整个社会经济才可能实现可持续发展的目标。任何一种创新如果没有其他两种创新的支持，都不可能实现可持续经济发展的目标。我们知道，可持续发展思想提出的主要原因，就是生态产品满足不了社会日益增长的需要和生态需

要的满足日益恶化而威胁人类生存的结果。而造成这种结果的主要原因之
一，则是生态创新落后于其他两种创新的结果，同时也是传统的以增加物
质产品为主要内容的技术创新，缺乏生态创新以及相适应的生态文明创新
的结果。所以，只有实现三种创新之间的相互促进与协调发展，人类社会
的持续发展才可能真正实现。

第二节　生产过程中的资源配置要求

任何社会的经济发展目标都是通过资源配置来实现的。只是伦理价值
指导下的约束目标不同，因而具体的资源配置优化标准也不相同。下面将
分别分析再生产各环节中的资源配置优化标准。

生产是整个社会生存的基础，生态市场经济的资源配置目标要得到有
效实现，首先必须在生产过程得到充分体现。

一　代际资源配置

生态市场经济的核心问题之一，就是要实现资源和生态环境的永续利
用。也就是说，要实现生态市场经济资源优化配置的目标，就必须在不同
代人们之间合理地分配资源。这种资源分配不仅必须保证每一代人的福利
有所改善，而且必须保证后代人的福利不低于当代人的福利。这实际意味
着每一代人的实际福利，都必须在前一代人福利的基础上有一个大于零的
持续增长。由于资源是有限的，即使保持稳态规模不变，也会消耗有限的
不可再生资源，更何况追求经济增长是当前世界各国的共同目标。因此就
产生一个经济增长与资源消耗，从而后代人占有的资源量下降之间的矛
盾。传统上，这个矛盾被认为是通过技术进步和资本积累的方式来解决
的。因为资本积累与资源之间在提升人类福利方面具有一定的替代作用，
技术进步不仅可以提高资源的利用效率，而且可以将原来不被当作资源看
待或作用很小的资源变成有巨大价值的资源。所以在这里，资源的永续利
用，也就变成了资源消耗与技术进步和资本积累之间的替代关系。生态市
场经济，要求技术进步和资本积累的增长速度，必须大于能够被它们替代
的资源的消耗速度，即 $\alpha A > \beta B$（A 代表资本与技术存量，α 代表资本与
技术存量的增长速度；B 代表现有资源的存量，β 代表资源的消耗速度）；
否则，就实现不了持续增长的要求。

　　资源永续利用的目的是实现人类福利的最大化。要实现人类福利的最大化，就必须在当代人之间以及不同代人之间合理地分配资源。如上面讲到的那样，其中的一个主要问题就是后代人并不能与当代人同坐在一张桌上来讨论双方的利益分配，它们的利益只能由当代人的伦理道德来决定。这种伦理道德的一个突出表现，就是当代人对存量资源在不同时点上的价值评价。如果给予较高的贴现率，那么反映人们认为一定量资源对当代人的利益要大于后代人的利益，一定时间后人们的利益将是不值得当代人重视的；如果给予较低的贴现率，则反映当代人比较关注后代人的利益；如果给予一个负的贴现率，则反映人们认为后代人的利益要大于当代人的利益。

　　假设资源存量是一定的，同时资源的利用效率保持一个相对稳定的提高率，该提高率也就是每个时期的资本积累与技术进步速度；人们的福利则以资源在不同时间给人们带来的效用表示，各时间的效用以某个给定的贴现率折算为现值，这样可以得到以下方程：

$$Z = \sum_{t=0}^{\infty} Z_t \tag{5.1}$$

$$U = \sum_{t=1}^{\infty} \{ u_1 [Z_1(1+\alpha)(1+i)^{-1}] + u_2 [Z_2(1+\alpha)^2(1+i)^{-2}]$$
$$+ \cdots + u_t [Z_t(1+\alpha)^t(1+i)^{-t}] \} \tag{5.2}$$

$$u_{t+1} [Z_{t+1}(1+\alpha)(1+i)^{-t+1}] \geqslant u_t [Z_t(1+\alpha)(1+i)^{-t}] \tag{5.3}$$

　　式中：Z 代表资源总量；Z_t 代表在各时点上消耗的资源量；U 代表在一个无限序列中人类得到的总效用；u_t 代表各时序点人们从一定量资源消耗中得到的效用；t 代表时间序列；i 代表贴现率。

　　对该方程组求最大值，就可得到一定资源基础上的福利最大化。

　　在这里，如果假设技术进步速度 α 不变，那么资源如何在不同代人之间的分配就由贴现率的大小决定了。由于贴现率的大小并不是一个可实证的因素，而是由当代人的伦理道德决定的，但它的大小却决定了不同代人之间在资源使用上的不同权力及其结果，因此说明了伦理道德在生态市场经济资源配置中的重要性。

　　从形式上看，不管人们将贴现率决定在什么量值上，人类从中得到的福利都是最大的，但不同的量值，对不同代人之间的利益影响却是十分不同的。上面曾指出，可持续发展思想的提出，就是针对当代人对贴现率给了一个过大的量值，结果导致人类社会经济不可持续发展的产物。反映可持续发展思想的生态市场经济的资源配置，要求当代人充分考虑到后代人的利益，考虑到不可再生资源利用的不可逆性，尤其要考虑生态环境的脆弱性。

二　代内的资源配置

在给定的每代人的自然资源分配的基础上，① 如何在既有资源基础上取得最大的符合社会伦理和可持续发展要求的最大产出，就成为生态市场经济资源配置的追求目标。

我们知道，由于技术选择的多样性和可变性，资本、劳动、土地、自然资源等之间是存在不同程度的替代性的，现代经济产生以来人类就一直在采用以牺牲生态环境和浪费自然资源的方式来替代各种具有实现市场价值的资源（会计上的成本），就反映了这点。由此在生态市场经济的资源配置中，一个最大的问题就是生态环境与自然资源的价格确定。现有的以实际市场价格所反映的各种可市场化的资源，显然没有充分反映它们在人类社会中的实际价值，如汽油的价格中就没有完全反映大气污染和温室效应的成本，当前绝大部分物质生产都存在对生态环境不同程度的损害，由此造成的生态环境成本都没有反映在产品价格中。这种情况尽管被几乎所有的人都认同，但在如何确定生态环境的价值以及如何对其进行补偿方面，都仍然没有形成社会共识，这也是不可避免的。这是因为，如前面指出的那样，价值及其代表的价格并不具有客观性，它是由一定的生产关系以及行为偏好决定的，代表不同利益与价值观的人，对同一对象的价值评价是迥然不同的。如对一定存量生态环境的价值评价，就与一国或个人的富裕程度成正比。正因为如此，所以各国在经济发展过程中的环境质量都会呈现"倒U"形的变化。也就是在经济发展水平较低时，对生态环境的评价值也低，由此认为以生态环境的牺牲来换取经济增长是值得或理性的，而在经济发展到较高程度，经济财富丰裕而边际效用不断降低，同时生态环境质量恶化而其边际效用不断增加时，各国又都采取了以经济财富换取生态财富的做法。同样，在不同价值与行为偏好的人们之间，对一定量生态环境的评价也是非常不同的。环境保护主义者认为生态环境的价值

---

① 要特别注意的是，每代人的资源分配，即使在给定的资源伦理基础，从而分配原则确定的条件下也不是不变的，因为存在着当代人以技术进步和资本积累来换取后代人的资源的情况。

可能是无限大的。因此在这种不同利益诉求的国家与利益集团之间，如何确定生态环境和自然资源的价值，是极其困难的。在这方面，人们曾提出各种有关生态环境和自然资源的定价理论，但都因种种原因而未被人们普遍接受。我们不是这方面的仲裁者，自然不可能提出被人们普遍接受的生态环境和自然资源定价准则。但我们认为，在生态市场经济实践中，各国都应该根据可持续发展的原则和要求，结合自身经济发展条件和人们福利最大化原则，使生态环境和自然资源的价格充分反映它们对人类持续生存和发展的利益。

对人类来说，任何资源都具有边际效用递减倾向，随着经济发展过程中生态环境的恶化与资源的稀缺，人类应该以更多的边际效用下降到一定程度的人造经济资源来替代自然资源，并加强对生态环境的保护，以取得更大的福利。

在此基础上，要取得最大的产出，就必须将各种资源进行合理的组合。假设一定量产出带来的效用结果在任何地区和对任何人都一样，那么最大产出的资源配置条件就是，每单位资源在任何地区的边际产出都必须一致，即：

$$\frac{\partial Q_i}{\partial Z} = \frac{\partial Q_j}{\partial Z} \tag{5.4}$$

同时，如果将资源细分为资本、劳动、自然资源等，同时给定它们的价格，并且价格充分反映其给人们带来的福利，那么资源配置则必须符合任何一种资源单位价值的边际产出都必须相等，即：

$$\frac{\partial P_k}{\partial K} = \frac{\partial P_l}{\partial L} = \frac{\partial P_z}{\partial Z} = \cdots \tag{5.5}$$

式中：Q_i 代表在不同国家或地区的产品；K 代表人造资本；L 代表劳动；Z 代表资源资本；P_k、P_l、P_z 分别代表资本、劳动和自然资源的以价值量表示的产出贡献。

要特别注意的是，生态市场经济生产过程中的资源配置，必须在物质产品、精神产品、生态产品与社会产品之间合理配置，做到单位资源配置带来的每种产品给个人与社会的边际效用相等，以实现既有资源基础上的最大福利。

显然，要做到每种资源得到最有效的利用，在确保制度完全符合公共利益的前提下，必须保证资源在各行业之间自由流动，或者说必须做到充分竞争，行业之间没有明显的障碍。自然，受技术条件等因素的影响，现实社会中是不可能做到完全竞争的。如那些存在规模经济效应的行业，不可避免地会形成一定的垄断势力，许多行业的生产具有明显的外部不经济效果，如毒品生产等会受到国家政策和法律的严格限制，生态市场经济更是要求对那些会产生严重外部不经济的生产过程进行限制等，由此生态市场经济的资源配置并不是完全自由的。但其控制的范围必须严格限制在那些社会伦理和法律不能允许的生产，外部不经济效果明显大于外部经济效果而会对社会和生态环境造成严重破坏的生产领域，同时涉及限制资源自由配置领域的法律和政策等，须是经过社会绝大部分人赞同并不会明显损害反对者的利益，因为任何违背社会普遍意志的强制，都会扭曲资源配置的效果而损害社会福利。这也就是说，合法的，可能并不是合理的，更不是符合社会大众利益的。这正如我国当前对许多领域的法律保护，如国营垄断行业的保护，就明显不符合社会大众的利益。这正如巴斯夏所说的那样，只有经过社会普遍同意并符合社会普遍法则的管制，才是符合和谐经济要求的，一切与此不相符合的管制，将严重损害效率而危及社会利益。

生态市场经济的资源优化配置，还必须满足生产结构与社会的分配结构和四种需要均衡满足的结构要求一致，以实现社会的最大福利。如果仅有生产过程的高效率，但生产与分配结构和需要结构不相一致，就会出现供给结构与需求结构之间的不一致，由此就会引起经济体系的紊乱，严重的甚至会引发经济危机和社会危机。资本主义市场经济出现的周期性生产过剩的危机，就是因此而产生的。此外，生态市场经济的结构，应能够适应可持续发展和绿色经济的要求，不断地促使生产结构重心由以大量消耗资源为主的物质生产，转向以精神文化和生态产品生产为主导的产业结构。

合理地安排产业布局，协调区域平衡发展，也是生态市场经济实现资源优化配置的要求。没有区域之间的协调发展，生态环境的保护与社会的和谐都是没有可能的。

生态市场经济要求整个生产过程符合生态学的基本要求，不仅要做到资源的高效利用并且无污染，而且能够促进生态环境的不断改善，为此能够不断地促进生态创新，使人与自然的关系日益和谐。我们知道，当整个社会普遍关心某事的时候，一定是该事成为社会主要矛盾，不是阻碍社会进步，就是可能引发严重的社会政治经济危机。人类社会当前最突出的问题，就是生态环境破坏导致的人类持续生存问题。所以，能够不断地改善生态环境、积累生态资本，不断改善人与自然的关系，是生态市场经济资源配置最重要的目标之一。

第三节　流通过程的资源配置要求

在我国，流通过程又称商品交换。它包含两方面的内容，一是产品从生产地到最终出售的整个流通过程，即流通的组织；二是产品的交换。在西方经济学中，商品的生产者与从事专业流通的组织者一样都是厂商，在性质上是一样的，因此产品从生产地到最终出售的整个流通过程都属于商品生产。流通过程仅仅指产品的交换，主要包括交换方式、价格形成机制与结算方式等内容。不过在这里，我们仍然采用国内传统对流通性质的划分，将产品从生产者到消费者的整个运输、仓储、保管、整理等都作为流通范畴。

交换方式，是一个社会在分工基础上各经济主体之间的社会联系形式，它包括商品交换方式、价格形成机制、结算方式等内容。人类社会最伟大的创造就是学会了分工协作，它使得一定劳动资源上创造的财富总量在远远大于各生产单位创造的个别财富的简单相加，使系统具有这种作用的原因之一就是交换方式。因为它将系统中分散的各部分连接了起来，使它们形成一个有机的整体，从而产生出系统效应，所以交换方式具有增加社会财富的功效。该效应的大小与交换方式的形式及其组织等密切相关。交换方式还是连接生产与分配、消费的纽带，其状况决定着再生产其他几个方面的功能和状况。交换方式不仅包括产品的交换，而且包括要素的交换以及商品与货币的交换等。

生态市场经济在流通中的资源配置，就是要通过合理的流通组织与交换方式使产生的系统效应达到尽可能的大，并且符合它的基本要求。即要满足商品流通有序高效、商品价格与价值基本相等、商品生产与社会需要一致、正确引导生产与消费、平衡市场供求、市场交换公平与公正、促进人与自然和谐等。这说明，作为连接生产与生产、生产与消费、生产与分配、分配与消费纽带的交换方式，在再生产中起着十分关键的作用。

要满足和谐生态经济的要求，交换方式或者说商品的流通过程必须做到高效率。即它本身消耗的资源必须尽可能少，流通时间必须短，信息反馈及时，生产与需求得到良好的衔接等。为此，必须建立符合经济发展要求的流通体制，建立高效率的流通机构或组织、高效率的信息传递机制、良好的符合可持续经济发展要求的引导机制、高效率的资金结算体制、公正有效的监督机制等，以实现整个流通过程中的高效率和公平公正。

社会生产的最终目的是满足社会需要，这种需要满足的程度则是由交换方式及其效率决定的。如果商品流通的环节设置不合理，信息传输渠道不畅通而导致信息失误，就会造成供求的脱节。合理的交换方式不仅能够有效地联系供求，而且也能在一定程度上调节供求和稳定价格，以实现总供求的平衡。如建立合理的储备体系和投机机制，就能够在这方面发挥一定的作用。合理的交换方式，还应该能够正确地引导消费，使消费和生产符合和谐生态经济的要求。如通过一定的政策与舆论引导，可将生产与消费的重心引导到绿色产业和产品中来，从而实现和谐生态经济的目标。

市场经济中的产品交换也就是产品的初次分配，这种分配的状况决定着资源配置的方向，反映了人们之间的生产与分配关系，所以交换方式决定着实际的资源配置和产品分配状况及其方向，决定着一个社会的不同商品生产者和要素所有者之间的分配关系，从而决定着产品分配是否公平与公正。我们知道，在资源配置的四种市场结构中，西方主流经济学是最推崇自由竞争的，原因就是他们认为自由竞争不仅能够做到产量最大、在最低成本基础上生产，而且能够做到买卖双方的平等。即消费者付出或生产者得到的恰好等于产品的成本，任何一方都不可能从对方获得除成本外的额外好处；同时，在充分选择的基础上，消费者对每种产品的消费能够做到边际效用与价格相等，生产者对要素的配置也能够使其贡献与成本相等，所以自由竞争是最能够实现资源优化配置——社会福利最大化的一种资源配置方式。[①] 生态市场经济的交换方式，更是要求供求双方在各方面的平等，价格必须充分反映交易双方的努力程度，实现产品分配的公平性，同时充分反映人与自然的关系，使自然资源和生态环境的价值能够得到充分体现和补偿。由此在这里，生态市场经济的产品交换必须满足如下条件。

[①] 在证明自由竞争能够实现资源配置最优化中，西方主流经济学犯了合成谬误的忌讳。由于个体与整体之间利益的冲突，由此自由竞争不可能实现资源配置的最优化。这方面的详细分析，请参见杨文进《政治经济学新教程》第四章，中国财政经济出版社 2009 年版。

$$\frac{P_i}{P_j} = \frac{C_i}{C_j} = \frac{U_i}{U_j} = \frac{Z_{si}}{Z_{sj}} = \frac{Z_{ai}}{Z_{aj}} \qquad (5.6)$$

式中：P、C、U、Z_s、Z_a 分别代表各种商品价格、生产该商品的生产者或社会成本、商品的个人或社会的边际效用、资源的补偿价值与资源的损耗价值。

在现代经济中，商品价值和各部门的利益是通过货币形态得到实现的。要使商品流通正常进行，就需要有高效率的结算体系和信用保证体系，以使资金的运动能够与商品价值的运动一致。因此，符合生态市场经济要求的交换方式，还应包括高效率的金融体系。在现代经济系统中，由于货币运动与商品运动的相对独立，社会生产及其结构与社会分配和社会需求及其结构决定因素的不一致，极易产生生产与需要在总量与结构间的不一致，从而会造成商品运动与货币运动在总量与结构上的不一致。这种不一致会引起宏观与微观经济运行的不稳定，所以能否建立高效有序的金融体系，就成为决定一个社会经济能否持续发展的关键。最近发生的金融危机对美国和欧洲各国经济的破坏程度，就反映了金融体系的健全程度对一国可持续经济发展的重要性。

要使生态市场经济实现以上目标，就必须充分发挥市场机制的作用，反对垄断。只有在没有垄断和强制力量的充分竞争体系中，信息的传递才能真实和快捷，供求双方的交换才能是等价的，各自付出的努力才与得到的报酬相等，初次分配才能公平合理，消费者才能获得一定支出基础上的最大福利；只有在这种体系下，生产结构与社会需要结构之间才能较好地保持一致。

第四节　分配过程的资源配置要求

产品分配是社会再生产过程中最核心的问题，是"为谁生产"的集中反映，因此是各利益主体斗争的焦点。同时，由于"为谁生产"决定着"生产什么"和"如何生产"，因此分配过程及其结果如何，决定着再生产过程的一切方面。这种情况，决定了分配关系在和谐生态经济和可持续发展中的核心地位和作用。

一　生态市场经济分配的资源配置要求

经济问题的核心是利益关系，任何利益都是通过产品分配来体现的。

在经济系统中，主要有这些分配关系：不同要素所有者之间的分配（也就是阶级之间的分配关系）；各要素所有者内部之间的分配；不同区域之间的收入分配；不同产业之间的资源分配；不同形式资本补偿与积累形式之间的分配，其中主要是生态环境或自然资本的补偿和积累与其他形式分配的关系，这也就是我们反复强调的人与自然关系的集中体现；国家之间的分配关系等。此外还有一种重要的分配关系，就是静态分配与动态分配的关系，这其中涉及实际过程中的不同要素之间的分配关系。如在动态过程中，资本所有者将其中大部分收入用于资本积累，而资本积累中的绝大部分是转化为工资，也就是工人阶级的收入，因此静态较不公平的分配也许会转化为相对公平的动态分配。正因为这样，所以在分配关系上，不仅要看形式上的分配结果，而且更要看最终用途，也就是消费上的分配结果。

生态市场经济所要求或优化的分配关系，就是社会的分配方式与分配结果，必须符合可持续发展与和谐经济的各项要求，促进经济的持续发展。

首先，生态市场经济的产品分配，必须满足公平与效率的统一。公平是实现各阶级之间、区域之间和不同阶层人们之间关系和谐的重要条件。任何社会的动荡和不稳定，都来自分配结果（与现有伦理规范要求不相符合）的不公平。正所谓"不患寡，而患不均"。改革开放前，全国人民如此贫困，且不时有饿死人的事件发生，但社会却较为稳定，重要原因就是分配结果较为公平。自然，过高的产品分配公平程度，虽然带来了社会的相对稳定，但却严重牺牲了效率。因为干好干坏一个样，甚至干与不干一个样，自然会促使人们在劳动过程中"搭便车"、"磨洋工"，所以会严重损害效率。不过，在两个极端之间，公平与效率的关系是复杂的。

从公平与效率之间的一般关系可知，[①]在宏观领域，公平与效率之间在公平程度较低时，两者间呈正比关系，即提高公平能够促进效率；但公平达到较高程度后，两者间则呈反比关系，即提高公平程度会降低效率。在微观领域，则不同的生产条件对应的公平与效率之间的关系是不同的。在一些生产方式下二者间有明显的正比关系，另一些生产方式下二者间则可能是反比关系，因此如何根据社会需要及其可能在它们之间进行相对抉择，就成为能否实现可持续经济发展目标的关键。我国改革开放前或改革开放初期，产品分配的公平程度太高，致使效率低下；改革开放以来，对

---

① 参见杨文进《政治经济学批判导论》第六章，中国财政经济出版社 2006 年版。

这种极端的分配结果进行了改革，实施效率优先的政策，使效率得到了较大幅度的提高。但在此过程中，未能协调好效率与公平的相互关系，结果使公平程度下降到损害效率的程度，如它造成了不同收入人们之间较尖锐的对抗，地区间、民族间的鸿沟在扩大，社会不稳定程度在加强，国家统一受到威胁，相当部分劳动力的再生产满足不了生产力发展的需要等，都阻碍着效率的继续提高。在宏观公平下降的同时，一些部门内部的公平程度又太高，如国家垄断行业内部的分配结果过于公平，又使人们丧失了积极性和创造性，这也阻碍着效率的提高。所以在我国，在公平与效率方面，必须解决好行业内部，其中主要是国营企业和行政事业单位内部过于公平，与宏观方面公平程度太低这两种阻碍效率提高的情况，在当前尤其要解决好区域间与民族间的分配问题。没有效率的公平与没有公平的效率，都是违反和谐生态经济要求的，同时最终是既没有效率也没有公平的。一个社会必须根据自己的国情合理地确定二者间的关系，以实现二者间的最佳动态结合。

产品的分配结果如何，不仅是一个公平与效率关系的问题，而且它还决定着社会产品能否正常实现和社会在一定经济规模基础上能获得多大的福利。这一点从以下例子中可以得到很好的说明。

假设社会只有两个利益主体（以甲、乙代表），并且只生产两种产品（以 A、B 代表），如图 5 – 1 所示。图中曲线 C 代表社会的生产可能性边界；D 代表社会无差异曲线；P 代表两种产品的相对价格曲线；G 曲线代表甲的无差异曲线；J 代表乙的无差异曲线；P' 是一条与 P 平行的价格线。

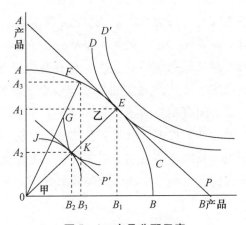

图 5 – 1　产品分配示意

由于较高的无差异曲线代表较大的社会福利，因此社会的最大福利处在无差异曲线与生产可能性边界相切（图中 E 位置）的这一点。要达到这一点，不仅要求两种产品之间的相对价格符合这种生产比例，而且要求社会产品在各层次之间的分配也必须符合这个比例（OE），即两者任何的一种分配比例，都必须保证它们之间的分配比例符合：

$$\frac{A_1 A_2}{A_2 O} = \frac{B_1 B_2}{B_2 O} = \frac{OA}{OB} \tag{5.7}$$

因为只有这种比例才能在一组给定的价格（P 曲线）上出清全部产品，并实现社会的最大福利。否则就会出现价格体系与分配比例不一致而使产品不能全部实现的问题，由此使社会福利受损。如实际的生产分配或分配比例不是在 E 位置上，而是在 F 位置上，那么就会出现这种结果。

从该例子也可以看到，产品分配结构不仅决定着社会福利的大小，同时也决定着社会产品能否得到实现。因为商品需求结构是由产品在不同收入水平人们之间的分配结果或比例所决定的，而不同收入层次人们之间的产品需求是不同的，所以产品在不同收入人们之间的分配比例决定着产品的实现程度。如果由分配比例决定的需求结构与生产结构不一致，就会导致产品实现的困难，就可能引发经济危机。生态市场经济的分配关系，就是要正确处理产品在不同所有者之间及其内部间的比例关系，实现生产结构与需求结构的一致，从而保证经济的稳定运行。

要实现生态市场经济资源配置最优化的目标，还必须处理好产业间和区域间的分配比例关系，这是经济均衡发展和实现社会公平公正的重要条件。这方面的分配是否公平，不仅关系到经济比例是否协调，而且关系到社会公平与公正，关系到社会稳定和民族团结。对我国来说，目前之所以要提出建设"和谐社会"和发展"绿色经济"，重要原因之一，就是区域分配差距不断扩大，中西部尤其是西部的生态环境日益恶化，前者威胁到我国的社会稳定、民族团结和国家统一，后者威胁到中华民族的持续生存问题。所以，协调好区域之间的分配关系，是关系国家长治久安的重大要求。

生态市场经济分配关系的一个核心问题，就是要通过分配协调好人与自然的关系。这些关系大部分通过上面的各种分配关系，如区域分配关系、不同要素分配关系等来实现，但也有部分是独立的，直接体现在人与自然的分配关系上，也就是在社会总产品中有多少用来补偿生态价值的损耗和积累。我们知道，人类长期以来不断地从自然攫取却极少对其进行补偿，更谈不上在这方面进行积累了。如果说工业革命前，人类利用自然的力量还比较有限，对自然的攫取还在自然更新能力范围之内，由此人与自然还能够相处而安，那么工业革命以来，人类利用与改造自然的力量日益强大，对自然的攫取早已超出自然的更新能力极限，致使生态环境不断恶化，并已严重威胁人类的生存和发展，要扭转这种趋势，除了减少对自然的攫取，使其有一个自然修复和更新的环境外，就是要加强对它的补偿，将人造价值变更为生态价值。这个任务已非常迫切。在今后相当长一个时期内，生态市场经济要求不断提高生态环境补偿价值在产品分配中的比例，以促使生态环境能够得到不断改善，真正实现人与自然的和谐。

二　生态市场经济分配要求的实现形式

在实现和谐生态经济的分配要求方面，不同方面和谐分配要求的实现形式或手段是不完全相同的。

初次分配方面，不同要素所有者之间的分配、要素内部不同人们之间的分配、不同产业之间的分配等，要求公平与自然的竞争环境。如产业之间的分配，只有在充分竞争的条件下，允许要素的自由流动，才可能形成不同产业部门之间的公平分配，或者说形成一个社会的平均利润率、利息率和工资率等。如果在不同部门之间实施程度不同的垄断，就会形成部门之间利益分配的不公，在这样的条件下，各要素内部之间的分配也会极不公平。这正如我国当前，由于各部门之间的垄断程度不同，因此部门之间的利益分配差别是十分巨大的，一些高垄断部门，如电力、银行、石油、烟草等部门效率极低（与国外同行业部门相比，或者与国内同性质的私营部门相比），而收入水平却极高，高度竞争性行业则与此相反，由此成为我国两极分化不断加剧的最主要原因之一。所以在不存在明显外部影响的领域，要实现和谐生态经济的分配要求，必须实行充分的竞争。也就是说，让市场竞争机制充分发挥作用，减少人为干预。自由，是产品分配公平的前提条件。对我国目前来说，反垄断，反不公平竞争，是实现和谐分配的最迫切任务。

为保证一定的效率，必须允许一定程度，甚至较大的分配差距，但必须做到消费上的相对公平，为此就需要一种将那些超过一定差距的收入转化为社会公共产品或积累的强大动力机制。为此，可以是新兴宗教伦理的作用，这正如西方发达国家日益盛行的公益慈善行为，如比尔·盖茨、巴菲特等将绝大部分资产用于社会公益慈善活动；或者是通过强大的市场竞争压力，迫使高收入者像马克思描写的那样成为资本积累的机器（而不是享乐主义的消费者），这样就可做到产品分配的较大差距与最终消费的相对公平化，不仅实现公平与效率的统一，而且实现社会和谐的目标。

自然，在保证相对和谐的分配关系方面，市场机制也存在一定的不足。在存在明显外部效应的领域，市场机制的作用不仅有限，而且可能是有害的。如在区域资源配置和产品分配方面，由于区域经济具有很强的规模经济效应，如果让市场经济自发地决定区域间的资源配置和产品分配，那么就会造成不同区域经济发展之间日益严重的两极分化。我国改革开放以来中西部差距的日益扩大，就是该机制的作用结果。同时非常明显的是，如果不加调节而任其自由发展，这种差距还会不断扩大。20世纪90年代后期的"西部大开发"战略，就是为扭转这种结果而做的努力之一。所以在区域分配方面，在市场机制作用的基础上，加以人为的调节是十分必要的。不过，这种调节的力度不能超过和谐生态经济与社会承受能力的要求，不能过度牺牲效率，必须做到公平与效率的统一。

同样，在协调人与自然的关系上，也不能完全依赖自由竞争基础上的市场机制。这是因为在生态环境和自然资源的利用上存在着生态环境基本矛盾。即生态环境的社会性要求保持生态环境的良好性，与生态环境利用所生利益的个人性之间的矛盾，这个矛盾会产生人们对其利用或保护方面利益与成本之间的不一致，从而不利于生态环境的保护。这种情况在不同区域之间更为明显。如在江河上下游之间，上游保护生态环境是要付出一定成本的，但它本身从中得到的利益则是比较有限的，大部分利益被下游地区所享有；同样，上游地区破坏生态环境的主要受害者也是下游地区，虽然从长远看，也会对上游地区造成损害，但这种损害与从中得到的利益相比是小的或较小的。如果下游地区希望上游地区保护好当地的生态环境，降低上游地区的理性行动对自己造成的不良后果，就必须对上游地区因改变自己的行为所遭受的损害进行补偿，并且必须使其因此得到的利益大于原来行为所产生的利益。由于市场机制本身并不能高效率地解决该过程中这种个别利益与社会整体利益之间的矛盾，因此需要代表社会公共利益的政府对此过程进行调节，这也是被社会公众所普遍认可的，由此说明社会在这方面的调节是符合巴斯夏所说的社会普遍规律的。

除初次分配方面之外，生态市场经济分配还要求实现全社会福利的最大化。因为经济发展的主要目的是为了实现人的最大幸福，而人类在一定产品基础上能得到多大的福利或幸福，是与产品的分配结果密切相关的。

产品的分配结果，会对社会福利产生什么影响，取决于对一定量产品在不同阶级、阶层或群体之间分配所带来效用的福利评价。通俗地说，也就是价值一单位的货币（在宏观上，分配是通过货币来进行的），对不同收入群体的人带来的福利是否一样。我们知道，新、旧福利经济学之间对此的认识是不同的。旧福利经济学认为如同一切商品具有边际效用递减规律一样，货币对人们的福利效用也具有这种特点。因此认为，将富人的部分收入转移到穷人将会明显提高整个社会的福利水平；新福利经济学则认为不同人之间的福利是不能直接比较的，从而认为不同收入人们之间单位货币的效用也没有直接的可比性，因此对分配问题采取回避态度。① 实际上，在消费福利方面，只要简单比较一下富人与穷人对待每单位货币的态度，就很容易得出穷人每单位货币的效用要远远大于富人。如富人对掉到地上的一元钱很可能不屑于弯腰去拾，而穷人则对每单位货币都非常重视，穷人对支出的每一元钱都要反复计算和比较。② 而对于同一收入阶层但存在一定收入差别的人们来说，如中产阶级内部不同收入的人们来说，货币边际效用递减的倾向则不明显，或者说人们之间的货币效用具有不可比的特点。如月收入 1 万元的人与月收入 8 千元的人之间的货币效用是没有直接的可比性的。即在同一收入阶层范围内，并不存在明显的收入边际效用递减的货币。货币效用在不同收入范围内的这种特点说明，要在一定收入基础上达到社会的最大福利，同时又保持一定的社会效率，那么收入分配的公平程度就必须限制在一定范围内，但又不能绝对公平。虽然在理论上，从静态方面看，收入分配的绝对公平可能达到福利的最大化，但过于公平则会严重阻碍效率的提高，而效率则决定着动态的福利，所以要达到动态福利的最大化，公平就不能够是绝对的，而必须是相对的。

收入分配与社会福利的这种关系，与生态市场经济要求的人们在产品

---

① 新福利经济学在分析帕累托改进时，也提出假想性补偿假设，认为受益者得到的利益大于受损者的损失，并且假设前者愿意补偿后者的损失，那么资源的再配置就是有效率的，因此实际上肯定了不同主体效用的可比较性。

② 当货币不是用于消费，而是用于增殖或创造财富时，那么每单位货币的效用，富人的可能要大于穷人的。因为在前者这里，每单位货币能够带来更多的收益。

分配上的公平要求是相一致的。只有在产品分配公平的基础上，才可能实现社会福利的最大化，同时才能做到资源的永续利用，从而实现代际公平的目标。代内公平不仅是做到一定资源基础上实现社会最大福利的必要条件，而且是实现代际公平的前提条件；而代际公平则是实现人类作为一个物种的最大福利的保证。所以说，生态市场经济的公平与公正要求是符合人类的最大利益的。

我们知道，如同不同代人之间的福利评价是由当代人的伦理道德决定的一样，当代人之间的福利也同样是由社会占主导地位的伦理道德所决定的。不同的只是当代不同利益集团的人们能够在同一谈判桌上通过政治较量来反映自己的利益要求，尽管在其中占支配地位的是那些在政治经济上拥有绝对力量的利益团体，社会的伦理道德主要反映的是他们的世界观。但为了维持社会的稳定和保持一定的效率，他们也不得不适当考虑非主导性甚至边缘团体的利益诉求，但很显然，不同力量利益团体在由伦理道德以及与其相适应的制度安排中的利益分配的地位和结果是不同的，是与它们各自在其中的力量大小成正比的。正是这种由政治经济力量来决定利益分配的伦理道德与社会制度所产生的社会分配的不公平，才产生了传统市场经济的不可持续发展。这种状况既不可能实现当前的最大社会利益，更不可能保证人类社会的持续生存和发展，所以是不符合人类作为一个物种的最大利益的，必须被符合人类社会最大利益的可持续发展伦理道德及与其相适应的生态市场经济资源配置方式所取代。

显然，不同国家或不同区域之间因生产力发展水平存在巨大差异，从而在资源的使用效率十分不同的情况下，要做到资源利用和产品分配的相对公平，就要求在国家与区域间进行大量的资源转移，即发达国家必须向发展中国家进行大量的财政转移，为此就要求对现有的社会经济制度等进行重大的变革。该过程，虽然从短期看，会严重损害发达国家人民的利益，但从长期看，他们的利益同样会改善。因为在一个分配不公平的社会中，人类的持续发展是不可能实现的，而人的持续发展则是人类的最大福利。所以说，发达国家向发展中国家的财政资源转移是符合它们的长期利益的。

虽然发达国家对发展中国家的转移支付符合它们的长期最大利益，但由于会损害它们的短期利益，降低它们在世界经济关系中的相对地位，而人类进入文明以来追求的就是相对利益，在这种机制的作用下，人类对短期利益的注重远甚于长期利益，或者即使关注长期利益，如封建世袭王朝就非常关注政权的长治久安，但由于这种政权是建立在一种不可持续的基础之上，因此注定了该祈望难以实现。这种情况决定了可持续发展实现的困难。然而，这却是决定人类能够走上持续发展道路的唯一选择。

第五节 消费过程的资源配置要求

任何社会的生产，最终目的都是满足该社会占统治地位的消费需要，因此消费在再生产过程中处于核心地位。

一 生态市场经济的消费模式

消费是通过一定的消费模式来实现的。消费模式是指"在一定的生产力水平和一定生产关系下人们消费行为的程式、规范和质的规定性，反映一定时期人们消费活动的主要内容、主要特点和主要要求，是指导人们进行消费活动，并对人们的消费行为进行社会价值判断的理论概括和重要依据"。一般认为，消费模式的主要内容有四个方面：一是它体现消费领域的主要范畴，体现人们消费行为的主要内容，包括消费水平、消费结构、消费方式等各个方面的基本态势、内在联系和发展变化，是消费这个有机整体的质的规定性的综合表现，而不是几个组成部分的简单相加；二是它是消费领域各种消费行为的综合表现，不仅反映量的规定性，而且反映消费领域的质的规定性，反映经济关系；三是它不仅应该反映人们消费行为的主要规范，而且应该反映消费领域的客观规律；四是它不仅反映消费领域的内在规律，也反映国家对消费的基本政策和指导方针，反映国家对消费的正确引导和调节等。①

生态市场经济消费模式的内容，包括反映人类对人与人和人与自然之间关系认识的由社会伦理决定的消费行为、消费倾向、消费结构、消费品选择、消费方式等内容。

人们的消费行为及其实践，是受一定的伦理支配的，因此才会产生不同文化伦理社会之间人们消费选择的巨大差异。对生态市场经济来说，消

---

① 尹世杰、蔡德容编著：《消费经济学原理》（修订版），经济科学出版社2000年版，第293—295页。

费伦理主要指人们对自身与生态环境之间关系的认识、人与人之间消费关系的认识、消费与储蓄关系的认识、消费支出结构的认识等内容。对人与自然关系的认识，是生态市场经济消费模式的核心。将人作为自然的征服者，在消费中必然追求不断增加那些会消耗大量资源和破坏环境的物质产品，最终导致人类社会经济发展的不可持续。将人作为自然界的一分子，则会促使人们保护环境，节约资源，在消费中选择那些符合该要求的产品等。生态市场经济取代市场经济的一个重要原因，就是在生态环境变化的压力下，人类伦理和行为发生改变的结果。自然，一定的伦理观念，尤其是消费伦理及其行为，既是环境变化的产物，也是消费水平变化的产物。随着生活水平的提高，原来片面的消费需求会趋向全面，原来被忽视的精神文化、社会和生态需要因此会重要起来，同时也会重视自身的生存发展，促使人们重视生态环境保护。正由于一定的消费伦理与发展水平和消费水平有关，因而才会产生发展程度不同的国家之间在对待自身与环境关系上认识的差异。

消费伦理还包括人与人之间的消费关系，它决定着社会的公平观念及其实践，同时也决定着人们在实际过程中的消费取向与消费支出等内容。如果消费伦理认为人们之间的消费应相对平等，那么高收入者的消费倾向就会比低收入者低，两者在消费结构等方面也会比较接近；如果认为消费应该与个人的收入或能力一致，那么消费倾向就会一致，但消费行为与消费结构的差异则很大，所以消费伦理在消费模式中处于核心的地位。

生态市场经济的消费需求，要求人们将物质消费需求保持在一个合理的限度内。在技术条件一定时，应将人们对物质产品的需求控制在自然资源和生态环境能够承受的范围内。不破坏人与自然的协调发展，同时各种需求应协调发展，并且必须符合社会伦理道德。这意味着，和谐生态经济中的消费是有所限制和有所选择的，而不能是任意的，因此并不是所有的需求都应该得到满足。人类今天面临的最主要问题，就是对物质需求的过度奢望导致了自然资源的枯竭和环境的破坏，生态市场经济的提出就是要扭转这种趋势，以生态和精神文化这些消耗资源少而不破坏环境的产品来满足人们的需求，在保护环境与资源的基础上，实现人类各种需求满足的均衡，达到社会福利的最大化。

和谐生态经济要求人们在消费过程中节约资源和保护环境。如尽量减少那些会大量消耗资源和破坏环境产品的消费，选择的产品不会对消费者造成伤害，在消费和生产过程中不会对生态环境造成大的损害，消费品残物的处理有利于资源的再利用，最终向自然界排放的残留物最少，或者能够自然降解而不会对环境造成严重伤害；人们在消费过程中，应根据自己的实际需要进行消费，不浪费消费品，而不应像目前随处可见的实际消费的产品数量远远超过需要量。在过多消费造成身体肥胖后，又花费巨资来减肥，或在消费中大量使用严重消耗资源的一次性产品等那样。所以，可持续经济发展的消费应该是理智的、节约资源和有利于保护环境的、结构是均衡的、支出是合理的等。这意味着，生态市场经济要求的消费模式，应该引导生产方式和流通方式朝绿色经济的方向转变。

生态市场经济消费模式，应能为经济发展提供内在的动力和符合需要的劳动力，这正如经济发展应该能够促进消费朝合理方向转变一样。消费是经济发展的动力源泉，脱离消费需求的经济发展是不可能持续的。只有消费的持续增长，经济发展才有动力因而能够不断增长。上面讲到，生态市场经济的消费应该是节约的，这是否意味着与消费的这种作用相矛盾呢？其实并不矛盾。上面讲到的节约是对物质产品消费的节约或对资源的节约，而消费需要是多方面的。今天人类消费的物质产品已达到一个相当高的程度，超出了维持人类基本生存的需要。虽然这并不说明人类对物质产品的消费不应该继续增长，但降低这方面的需求欲望并不会减少人类的福利。因为这方面的节约也就意味着其他方面需求的增长，而这些需求正是被长期忽视但对人类福利至关重要的方面，也就是精神文化、生态、保健和享受等方面的需要。相对于物质需要来说，这些需求的满足更是无止境的，它们的满足过程也就是人的能力的全面发展过程。这种发展不仅能为经济发展提供最有效的物质基础（高质量的劳动力要素），而且符合人类发展的趋势，是人类真正解放的标志，甚至是社会形态发生变化，即资本主义生产方式即将被更高级生产方式取代的标志。所以说，在物质消费上的节约，不仅不会抑制经济发展，反而会更有力地推动经济发展。但这也说明，人类必须改变消费行为和消费结构，使消费重心由传统的以物质消费为主，转向以生态、精神文化消费为主，这也是生态市场经济的标志之一。

生态市场经济对消费模式的又一重要要求，就是必须做到消费结果的相对公平。上面讲到，在实现生态市场经济目标方面，分配结果的公平并不是最重要的，最重要的是消费结果的公平。因为只有消费才是社会的最终目标，才是实现社会和谐的重要保证。一些分配结果并不公平的社会，如美国、日本等，社会的稳定程度却较高，部分原因就是它们的消费结果较为公平。如日本富翁与穷人在住房（面积）上的差距并不大，美国富翁的早餐与穷人的早餐也没有太大差别，原因是它们的分配结果受到宗教伦理和市场竞争的再调节，所以最终消费结果的差异被大大缩小了；另一个重要原因，就是西方发达国家原来由私人支出的消费中的相当部分，转变成了公共支出的消费，如医疗支出、教育支出、社会服务支出等，这也极大地缩小了不同收入人们之间的消费水平差异。我国当前面临的问题，不仅是收入分配差距过大，更主要的是消费差距过大。如占人口大部分的贫困阶层为温饱而苦苦挣扎，不时为食品价格的涨落而操心时，① 少部分富裕阶层却在进行极尽奢侈的炫富性消费，以致在我国的人均收入仍很低时，我国却即将成为世界上最大的奢侈品市场，数千万的豪车和别墅供不应求，致使整个社会形成一种普遍的"仇富"心理，成为影响社会稳定的一个重要因素。所以，改变这种状况，做到消费的相对公平，是实现和谐生态经济和可持续发展目标的基本要求。

　　生态市场经济的消费模式有一个特别重要的内容，也就是要实现物质消费、精神消费、生态消费与社会消费四种需求的同步或相对均衡的满足，其中尤其是在今后相当长一个时期内，生态消费需求要有一个更快的增长。因为可持续发展、生态文明、生态需要、生态生产、生态市场经济等内容的提出，就是缘于在长期追赶物质消费需要的同时，一方面因生态消费需求被忽视，另一方面因生态环境破坏导致生态产品供给大量减少，② 致使人们的生态需要得不到基本的满足，生态市场经济对市场经济取代的目的，就是要改变四种需要之间不相协调，尤其是生态需要得不到基本满足的状态，以提高社会和个人的福利水平。

---

　　① 受恩格尔定律的支配，当人均收入达到一定程度时，用于食品支出的比例会下降到一个较低的水平，这时人们对食品价格的变化将变得不敏感。

　　② 为写作本书，笔者来到江西宜春温汤镇。在新旧千年之交时，这个处在传说嫦娥奔月之地——明月山下且拥有天下第一温泉的小镇，尚是一个充满田园风光之地，在笔者眼中就是一个世外桃源，这也是吸引笔者不远千里在此购房的主要原因。然而到笔者写作此书时，大规模开发的星级酒店、商品房，做作的仿江南风格的街道，现代化的公路，最要命的是花费数千万投资改造使原来那条蜿蜒曲折小桥流水的河流变成了一条大水沟，田园风光已茫然无存，值得留恋的吸引力大为减退。

二　生态市场经济的绿色消费

绿色消费，是目前在世界各国比较流行的一个观念和行动，它包含两方面的内容。一是所消费的各种产品，必须符合人的生理和生态需要，不会对人产生各种有害影响。就目前来说，它主要指所消费的产品，不包含各种对人体有害的农药残留物和各种化学物质与放射性物质。如食品不包含对人体有害的农药与化学残留物，服装舒服透气且不对人体有害，所用的各种物品对人身安全等。二是消费过程和消费后的残留物与废弃物不对环境造成危害，如各种废弃的包装物能够被回收再利用或者废弃后不对环境造成损害，即它能够自然降解而又不对环境产生污染等，同时这些产品在生产过程中符合节约能源和资源的要求等。如西方绿色消费者提出消费三要求：一是不购买污染环境的产品，包括过多包装，用后会变成污染物，生产时会制造污染，或者使用时会造成浪费或污染的产品；二是不购买经过多重转售或代理的产品，因为当产品辗转到达使用者手上时，除了价钱会更昂贵外，在运输方面也会耗用大量能源，间接影响环境；三是减少购买由第三世界人民承担原材料供应及生产工序的产品，因为生产这些产品不仅破坏了第三世界国家人民的居住及周围的自然环境，同时也破坏了全球的资源。

在当今世界生态环境遭到严重破坏和自然资源大量耗竭，人们生活在有害物质环绕环境中的时代，强调绿色消费是非常必要的。它对于改变人们的消费观念、保护环境与资源是有着非常重要的意义的。但同时我们也认为，这样的绿色消费观念还是比较狭隘的。一是它仅将绿色消费局限于目前市场上流通的经济性产品，而没有包括各种非市场性的公共性消费品，而在当前消费中对环境影响最大和对人体造成严重损害的，恰恰是那些非个人性和非市场性的产品，如空气、水等的消费上。二是它仅仅关注人们消费的产品是否对人体有害和产品的生产与消费过程是否会损害环境，而没有关注人们消费本身的量是否合理、所消费的产品的功能是否超出了生理或生态需要的范围。我们知道，工业革命以来造成生态环境被严重破坏和自然资源被大量消耗的最重要原因，就是因为人类对物质产品量的需要的不断增长和质量的不断提高，这使得为维持一个人生存所消耗的生态环境和自然资源大量增加，远远超过保持一个人身体健康所需的水平。如对发展水平超过了温饱的国家来说，当今人们所摄取的能量和营养早已超过了身体正常所需的水平，超重现象极其普遍，不仅使减肥行业非常兴旺，而且也严重损害了人们的身体健康；同时对几乎所有产品的质量和精美要求，都远远超过了这些产品本身的功能。如衣着，当今人们追求的已不是它所具有的生理，即保暖功能，也不是一般的审美功能，而是由生产关系决定的精细，即加工的深度；如食品的要求也是如此，如我们不是直接食用最符合生态要求和环境保护要求的谷物，而是将其中的大部分转化为肉、奶、蛋类，并且还要继续对这些转化的产品进行一系列的所谓"深加工"，在经过了无数的工序，消耗了大量的资源和劳动后，才被人类食用。然而令人悲哀的是，当今世界的所谓"经济增长"，正是建立在这种迂回程度不断提高的基础上。可以说，当今社会的一切环境与生态问题，都是人类对超出自身生理和生态需要的物质产品的无限欲望的贪婪所造成的。因此，人类必须有效地抑制自己的物质消费欲望，从以物质财富消费为中心的物欲主义，转向节约资源、保护环境并且有利于人类生理与身体健康的生态消费与精神文化消费为中心的生态主义。只有这样，可持续发展的要求和人类的持续生存与最大幸福才能够真正实现。

绿色消费是实现生态需要的一个重要方面。作为生态消费重要组成部分的绿色消费，它的实现程度，显然决定了生态消费以及生态需要能在多大程度上得到满足。绿色消费同时还是推进生态需要满足程度不断提高和实现可持续发展的重要手段。

绿色消费虽然是消费者的一种行为，但这种行为会影响甚至决定整个社会再生产过程的行为和目的，使它们符合生态环境保护和自然资源永续利用的要求，以实现社会可持续经济发展的目标。因为消费是社会生产的最终目的，虽然市场经济直接的生产目的是利润，但厂商如果要达到实现利润的目标，它生产的产品就必须符合由消费者行为决定的市场需要，否则利润目标就不可能实现，所以市场经济的再生产过程的行为目标最终是由该社会占统治地位的消费行为决定的。所以说，绿色消费不仅是保证生态需要得到满足和实现可持续发展的重要基础，而且是达到这个目标的重要手段。

绿色消费是通过绿色消费行为与绿色消费模式实现的。

绿色消费行为，就是人们的一切消费活动，即消费者的行为方式、方法、行为过程及其变化等都受生态意识的支配。关于生态意识，苏联学者B. 基鲁索夫在《生态意识是社会和自然最优相互作用的条件》一文中，提出生态意识是根据社会和自然的具体可能性，最优地解决社会和自然关系的观点、理论和感情的总和。生态意识的形成，来源于人们对以往人类活动中违反生态规律带来的严重后果的反省，来源于对现存严重的生态危机的觉醒，来源于对人类未来发展的关注及对后代的责任感，来源于对地球生态系统整体性的认识等。生态意识具有这些特点：一是"全球意识"或"全球村"意识。它提醒人们，全世界各国人民是生活在同一个地球上的公民，生态保护是全人类的共同利益，同时地球上的所有生命形式都是人类的伙伴和朋友，它们的生存应该受到人类的尊重等。二是生态意识的主体是人和社会，它的客体是人与自然的关系，它所反映的是对象的整体性和综合性，所强调的不是单个自然现象的联系，而是各种自然现象以及作为"人—社会—自然"复合生态系统的相互联系与相互作用，并充分考虑该系统的多样性和差异性。三是它关注长期性的生态意义，更着重于未来，即它在反映人与自然的关系时，要求不仅注意自然界变化以及人与自然变化的最近结果，而且特别注意这种变化的长远结果。四是从它反映社会存在的方式来看，生态意识的产生不受过去理论结构的限制，它是人类在人与自然关系上认识的重大突破。五是从它反映的目的来看，生态意识有更鲜明的意识形态特点，如传统意识形态强调人对自然的改造，无限制地利用自然，而生态意识则强调要限制人的这种努力，认为人类利用和改变自然应该有一个限度，超过这个限度将会导致生态潜力的破坏。而生态潜力是经济潜力的基础，它一旦被破坏，任何经济制度都不可能保持它的稳定性，所以必须将人类对自然的利用和改造限制在一定范围内。① 生态意识从产生以来，已经对人类的行为方式产生了重大影响并已进入到伦理价值的范畴中。如破坏生态环境和滥捕野生动物，被认为是一种极不道德的行为，保护生态环境正成为全社会人们生活和工作中的日常守则，同时影响到各国政府、企业和个人的战略制定及其行为。受生态意识决定的绿色消费行为，也就是人们在消费过程中的行为方式、行为方法、行为过程等一切活动，都必须体现生态意识的内容和要求，即必须具有"共同、整体、有限、发展"的特点与要求。

　　作为"共同、整体、有限、发展"生态原则的体现，就是要求人们

---

　　① 关于生态意识的内容和特点，主要参阅了余谋昌《生态文化论》（河北教育出版社 2001 年版）等著作。

作为消费者在消费过程中的一切行为，都必须体现生态环境和自然资源的公共性和整体性特点，从整个系统循环的角度来认识和对待自己的消费活动对地球生物圈的影响，而不是从一时一地的角度去对待自己的消费活动。一些从一时一地角度看待的对生态环境有利的行为，从整体看却很可能是对生态环境极其不利的行为。如用化学方法治理污水，虽然洁净了被治理的污水，但化学制品的大量使用却很可能造成更严重的污染。因为根据生态学关于一切事物都必然要有其去向的法则，化学制品与污水中有害元素结合的残余物，是难以用目前比较经济的方法加以去除的，所以从系统循环的观点看，它很可能造成更严重的环境污染。"有限"的原则，从生态消费的角度看，它要求人们对各种物品的消费都必须节制和适量，不应该超出维持人正常再生产所需的生理与生态需要，超出这个范围不仅对人本身没有什么好处甚至有害外，而且还会对生态环境造成严重损害。因为"地球村"的资源供给和对污染的容纳能力都是十分有限的。人类只有节制自己对消费，尤其是物质产品消费的无限欲望，才能够与地球的承载能力相一致，人类的持续发展目标才有可能真正实现。"发展"的原则要求人们根据生态环境和技术条件的变化而不断地调整自己的消费行为，其中包括消费伦理的变化等。在消费中不仅要考虑自己以及当代人的福利，而且要考虑整个社会和后代人的福利。生态经济学和可持续发展经济学与传统经济学最大的区别之一，就是对社会最大福利或资源优化配置标准认识的不同。

绿色消费行为要求人们在消费过程中，购买只是为了满足人的生态需要并有利于生态环境保护；只购买那些以满足自己生理和生态需要为限的产品，并且只到那些在生产过程中保护生态环境和节约自然资源最尽力，并且生产的产品在整个消费过程中对人身和环境最有利或损害最小的厂商那里购买产品，而不购买那些尽管价格便宜，但在生产过程中对环境造成比较严重的损害，浪费资源，并且在消费过程中会对人身和环境造成损害的厂商的产品；同时在有利于保护生态环境的时间购买商品等。

绿色消费模式就是以可持续发展思想为指导，以实现人类最大利益为目标，在一定的生产力基础上最合理地配置资源，以取得包括生态产品与生态资本在内的产出与投入的最大效益，同时不断地调整生产关系，使它适应生态消费或绿色消费的要求。在此基础上通过社会舆论与政策的引导，使人们在消费活动中的一切方面，如消费行为的程式、规范和质的规定性等各方面的内容都符合生态消费的要求。

三　生态市场经济消费模式的实现形式

要使生态市场经济的消费模式得到实现，不仅需要市场的力量，也需要国家的"有形之手"，更需要宗教、伦理的力量。

在合乎社会规范和普遍规律的前提下，人们实现自身消费最大福利的方式，显然是能够根据自身的偏好和收入来合理地分配消费支出。而实现这点的前提，则是消费者有充分的选择自由（对应的是商品供求者也有充分的商品供应自由）。没有选择的自由，这正如我国改革开放前的消费者那样，是不可能做到消费支出的利益最大化的。消费是社会最终目标，消费的合理化，将促进生产和流通的合理化，提高整个社会资源配置的效果。显然，实现这个目标的基础，是充分发挥市场机制的作用。市场经济是人类反复实践而证明比较有效的自由配置资源的一种制度选择，在它的合理性范围之内，没有其他制度能够超越它。所以，要取得最佳的和谐消费效果，就必须在一定范围内充分发挥市场机制在消费选择方面的作用。

如前文在"资本"分析中指出的那样，市场机制作用的充分发挥，还是实现一定甚至较大分配差距基础上消费公平的重要保证。因为市场机制中最重要功能的竞争机制的充分发挥，会迫使资本所有者（或企业家阶级）将其获得的绝大部分收入用于资本积累，而资本积累的实质就是资本家阶级将获得的收入用于工人阶级的消费支出，所以它会带来最终消费结果的相对公平，并做到公平与效率的相对统一。上面讲到的我国富裕阶层的奢侈性炫富消费，很大部分原因是市场机制作用的发挥不够充分。如许多行业不允许民营资本进入，同时近年来经济环境恶化，迫使相当部分民营资本退出生产领域的结果。[①]

显然，市场机制的作用范围是有限的。在涉及明显外部影响方面，它

---

　　① 有部分奢侈性消费，如对高级轿车等的消费，则是税法不合理或存在漏洞的结果。因为购置豪车的费用可计入企业的经营成本而抵减部分应税利润，我国的企业所得税和个人所得税率又偏高，同时还有名目繁多的各种费用（经计算，如果企业利润再转为企业家个人收入的话，不包括各种费用，税收将超过60%），由此，购置豪车等也就成为企业避税的不二选择——其中超过一半的费用是由抵减的税收支付的。同时大部分企业家都会在折旧期（一般是5年，每年的折旧率为20%）满后将其转换到个人名下（这是笔者的一个教授同事同时又是企业家的人告诉我的，他向我解释他为什么买近200万元的豪车）。自然，过高的个人所得税，还是我国的企业家为什么个人纳税很少的主要原因之一，因为他们通过不分红和将个人消费支出企业化的形式而规避了应纳的个人税收。所以我国个人所得税的主体是中低收入的普通工薪阶层这一事实也就一点都不奇怪。

的作用不仅有限，而且在一些方面还存在严重缺陷。所以，生态市场经济要求的消费模式，不仅需要市场机制的作用，也需要其他手段，如宗教伦理和政府的"有形之手"。

在一定收入分配差距基础上实现消费结果的相对公平，除了市场机制的作用外，社会伦理（包括宗教、规范等）的作用也是十分重要的。当代西方社会日益盛行的遗产公益化倾向，就是社会伦理作用的重要表现；当代社会日益兴起的绿色消费，不使用野生动物产品等，也是社会伦理变化的重要体现。所以在实现和谐生态经济的消费模式方面，应该充分发挥积极向上的宗教伦理的建设作用。① 能否建立起与和谐生态经济消费相适应的伦理道德和行为规范，是和谐生态经济目标是否能够实现的重要条件。遗憾的是，由于传统文化伦理的被破坏，同时又没有建立起与社会经济发展要求相适应的新的文化伦理，使得我国这个具有五千年的文明古国，因此竟然成为当今世界上最缺乏伦理约束的国度，各种严重违反社会普遍伦理道德的事件充斥于世。所以，加强与生态市场经济要求相一致的伦理建设，成为我国当前建设和谐社会最迫切的任务之一。

由于精神文化产品、社会产品和生态产品的生产和消费具有明显的外部经济效果。市场机制在这方面的作用有限，因此需要发挥国家调节的作用，如由国家来充当其中部分产品的供给者。在涉及不同区域和不同收入层次人们的消费上，国家也应该发挥调节作用，如进行收入再分配，以保证生态市场经济的消费和谐要求。

扩大公共产品在消费中的比例，将是实现和谐消费的最重要内容和手段之一。扩大公共产品供给在消费中的比例，不仅可以有效地缩小人们之间在消费中的差距，而且可以为所有人提供程度更高的机会公平。因为人们之间客观上存在能力、机遇等各方面的差异，在生产力发展过程中，不同质量劳动力之间的技术进步或技术更新速度是不一致的，两者间往往具有正比关系，即质量高劳动者的技术或知识更新速度快，这意味着不同质量劳动者之间的能力差别在经济发展过程中会不断扩大。因此由市场机制决定的分配差别也会扩大。在家庭生活同一性的作用下，他们后代之间的差别也会扩大。这与和谐社会的公平与公正要求是背道而驰的，与可持续

---

① 笔者认为，那些历数百上千年并经社会反复选择而延续下来的主流宗教，是一个社会精神文明建设的集中体现和最高层次，是维系社会和谐稳定的主要力量。

经济发展要求的劳动者能力全面发展的要求也是不相符的。要使劳动力的再生产满足可持续经济发展的要求，并实现社会的公平公正目标，就必须对由市场机制决定的人们之间的消费关系进行调节，要使这种调节既符合和谐生态经济的要求又不牺牲效率。最有效的方式就是对满足劳动者能力发展等方面的需要，如教育、保健、社会参与等方面中的部分内容，以公共消费的方式来满足，并协调好社会公共消费与个人消费间的关系，以实现公平与效率的统一。同时，扩大公共产品消费的比例，也是满足人们日益增长的生态需要和精神文化需要的重要源泉。从下一章分析中将看到，建立新型的社会主义公有制，是满足这个要求的重要基础。

生态市场经济消费方式的实现形式，是以上四个方面的有机统一。它们之间既有相互促进的一面，同时也有相互阻碍的一面，协调好彼此的关系，是实现和谐生态经济目标的重要基础。

第六节　生态市场经济的结构协调

生态市场经济作为一个系统，是生产、流通、分配与消费过程的统一，为了保持系统的稳定和实现优化的资源配置，必然要求四个方面相互协调。

一　结构协调的内涵

经济正常运行的条件之一是总供求的大致均衡，而实现总供求均衡的条件则是比例结构的协调或均衡。从马克思的再生产理论知道，如果比例结构不协调，假设总供给结构与总需求结构分别是 AS（C60 + V40）、AD（C40 + V60）（C 代表生产资料或资本品，V 代表消费资料），那么即使总供求在总量上相等，实际结果也不会相等。不是表现为过剩就是表现为短缺，具体的结果与经济调节方式和比例结构的性质等因素有关。[①] 所以要实现经济运行的相对稳定，就必须做到比例结构的相对均衡。

生态市场经济的结构协调，包括了再生产各个方面及区域间相统一的比例协调。具体来说有以下几个方面。

一是产品供给结构与社会需求结构间的比例协调。这是决定再生产能

---

① 参见杨文进《经济学——经济学内容的全新探索》第三篇第二十五章，中国财政经济出版社 2000 年版。

否正常进行的关键。经济时常出现波动的原因就是因为两者间的不一致。
这是因为需求结构是由分配结构决定的，而分配结构是一种价值形式的分
配，很容易改变。如某个人得到 100 元收入，如何在各种消费支出之间和
储蓄与消费之间分配它们的使用比例？在同一时间可以做出无数种选择，
而产品的供给结构则是固定的，在短期内是难以改变的，是由物化的资本
所形成的生产结构决定的，其变化的速度是永远赶不上以货币表现并由人
的心理行为决定的需求结构变化速度的。这意味着，供给结构是由客观因
素决定的，而需求结构则是由主观因素决定的，受社会时尚、文化等方面
的影响，需求结构的变化是极其频繁的，所以两者间的一致是比较困
难的。

二是分配结构与生产结构和需求结构的比例协调。这是实现上面均衡
的必要条件。这里的分配结构包含以下几方面的内容：社会总收入在不同
收入阶层之间的分配比例；消费与储蓄的分配比例；消费、储蓄各自的使
用比例。其中第一方面的内容是决定需求结构与生产结构是否一致的关
键。因为不同收入人们之间的需求结构及支出取向是不一致的，消费与储
蓄的比例关系也是不一致的，所以这种比例关系是决定其他各种比例是否
均衡的基础。消费与储蓄的比例，是决定社会产品在总量方面能否均衡的
前提。只有当消费支出的数量与消费品的供给量一致，储蓄额与资本品的
供应一致时，总供求才能实现相对的均衡，其程度则又取决于消费支出的
内部比例是否与消费品的供给结构一致，储蓄支出的比例是否与资本品的
供给比例一致，只有它们都一致时，社会总供求才能实现真正的均衡。图
5-1 所举的例子就说明了这一点。

三是再生产各环节的资源配置均衡。从马克思的资本循环与周转理论
知道，要保证资本的正常循环，资本就必须同时并存在各环节，并且必须
成比例。

四是各产业部门之间的比例结构协调。其中包括各部门产品之间的比
价协调、各部门投资比例与各部门间的利润率结构一致。在市场经济中，
一个社会实现一定产品价值量的最好方法，就是用一定量的社会劳动去生
产这种产品。在比例正常情况下，每个部门对社会的需要都等于它对社会
提供的商品价值量，所以各产业部门间的比例协调，是保证产品价值正常
实现的前提。各部门产品之间的比价协调与否，则是前一比例是否均衡
的反映。在实际过程中，完全的均衡虽然是不可能实现的，但只要各部

门之间的投资比例与利润率一致，它就能将原有的比例失衡调整到均衡。

五是区域间的资源配置均衡。区域间的资源配置均衡也是实现生态市场经济目标的重要条件。它不仅关系到资源配置是否有效，而且关系到国家安全、社会稳定、经济发展的持续能力、生态环境保护、资源开发与供给等一系列事关可持续经济发展的重要问题。

六是公共资源与私人资源、公共消费与私人消费的比例均衡。从理论分析知道，私人资源配置与公共资源配置各自在一些方面都具有优越性，或者说各自都需要对方来弥补自己存在的缺陷。因此能否合理地确定两者间的比例关系，决定着资源配置的效率。

七是产品分配比例对应于一个最佳的公平与效率位置。这里的效率是静态效率与动态效率的统一，但以动态效率为主。实现社会公平是生态市场经济的重要目标之一，但产品分配的公平不能对效率有大的损害，否则就会对经济发展能力造成伤害，从而与生态市场经济的目标背道而驰。

八是人口与各种资源比例的一致。生态市场经济的重要内容之一就是要使人口的数量与生活资料的数量或供给能力一致，与生态环境的承载能力一致，人口质量结构与经济发展的结构要求一致。

九是经济发展与自然资源和生态环境的承载能力一致。这是生态市场经济最基本的要求。这方面的比例，包括经济发展对各种资源的需求结构与资源供给结构的一致，资源的需求和供给与环境资源的供给能力一致（自然资源与环境资源之间存在着密切的关系），经济发展过程中向自然界排放的废弃物与生态环境的净化能力一致。

生态市场经济的比例协调内容，还包括其他各种与经济发展有关的比例关系。如进出口总量与结构的协调等，同时是所有这些比例关系的统一。不过要注意的是，以上这些比例结构的均衡只是相对的均衡，而不是绝对的均衡。绝对的均衡做不到，做到了对经济发展也不是幸事。因为一旦实现了绝对均衡，经济发展就会因动力的丧失而停止，所以生态市场经济要求的均衡只是一种相对的均衡，它既要求各种比例关系保持在一定限度内，但又不能缺乏增长的动力。

二　生态市场经济的结构协调

同任何事物都是一分为二的一样，生态市场经济在实现上述比例要求时同样存在着有力与无力的一面。

（一）　市场经济对结构调整的积极作用

在保持供求相对平衡，实现经济均衡运动方面，市场机制具有强大的调节力量。这种力量与人们对市场机制这方面作用的认识完全相反。

虽然理论基础不同，但关于比例结构协调程度与宏观经济运行稳定性之间关系的结论却惊人地一致。无论是马克思的再生产理论，还是西方主流经济学的一般均衡理论和投入产出理论等，都认为宏观经济运行的稳定性与比例结构的调协程度成正比。正是依据这种结论，各国都在不同程度上实施对比例结构的调整，以保证宏观经济的稳定运行。然而，客观事实却对此进行了根本的否定。横向看，各国对比例结构的干预程度往往与宏观经济运行的稳定程度成反比，如自由程度较高的美国经济的运行稳定程度就高于干预力度较大的日本和西欧。纵向看，第二次世界大战后到20世纪80年代，被认为是"无序"的自由市场经济运行的稳定程度，就远远高于"有计划按比例"的计划经济。改革开放以来，虽然经历了数次明显的经济周期并遭受到外部经济强有力的冲击，其中包括最近的国际经济危机，但我国经济运行的稳定程度却远远高于改革开放前的计划经济时代；随着市场经济程度的提高，改革开放以来我国经济运行的稳定程度是不断提高的。这些事实很可能说明，比例结构协调程度越低，也就是被认为完全无序的经济运行的稳定程度将更高；比例结构协调较高，从而较为有序的经济运行的稳定程度将更低。

众所周知，理论与事实不符时，错误的一定是理论而不是事实。在比例结构均衡程度与宏观经济运行稳定性关系的理论上，这个结论同样是成立的。实际上，在市场经济基础上，完全均衡的比例结构不仅不可能实现，而且即使假设能够实现，它给人们带来的也将是灾难。

在理论史上，古典经济学与新古典经济学关于资源配置的均衡标准是完全不同的。前者的资源配置均衡在各部门之间利润率相等的这个位置；后者则均衡于各厂商及各部门之间边际利润率相等的这个位置。[①]　前者反

---

① 各厂商之间和各部门之间的边际收益率必须同时相等，资源配置才能实现均衡。如果不同时相等，就存在着各厂商或各部门之间通过转移资源的方式来取得（个别）利益（这种方式可能损害部门的整体利益，或者是损害其他厂商的利益）。这方面的详细分析，请参见拙著《政治经济学批判导论》（中国财政经济出版社2006年版）。产品性质和生产方式的不同，决定了这个条件不可能得到实现。

映的是市场经济优胜劣汰规律，凡是（在一个较长时期）达不到平均利润的厂商都会被淘汰；后者反映的则是外部条件一定时，作为理性人的厂商会向最理想的目标努力。由于实际中两种力量都在对资源配置起作用，因此资源配置要达到均衡就必须同时满足两者的要求，也就是各厂商和各部门之间的边际收益与平均收益都相等。然而，这个条件却是不可能被同时满足的（孙洛平，2002）。这种情况反映，市场经济的资源配置永远不可能达到均衡状态，或者说（自由）市场经济能够实现资源的优化配置，是西方学者捏造的一个神话。

从技术角度看，资源配置比例结构的完全协调或均衡是不可能实现的。这是因为，不同产品生产的技术要求不同。如有些产品的生产过程很长，需要的资本量（起始规模）非常大，建设的时间也很长；而有些产品的生产和建设过程很短，所需的资本量也很小。要做到各部门之间完全的协调，所有部门不仅必须进行同步的投资，而且各部门的投资规模，必须以其中起始规模最大部门投资完成后对各部门产品需求（投入）或实现产品（产出）的技术要求来进行，这样的投资规模是任何社会都无法满足的，即社会不可能在短期或同一时期内有如此大的投资能力；即使有这样的能力，也不可能做到建设和生产时间的一致。所以，各部门之间比例的完全一致性在技术上是不可能实现的。这也就是说，传统经济理论设计的理想状态只是理论错误所产生的一个空想。

更严重的是，完全均衡的比例结构是不利于经济增长和经济的稳定运行的。假设一个社会的经济结构达到完全的均衡，那么该社会的经济不是陷入停滞状态就是大起大落状态。这是因为，在完全均衡状态下，该社会将没有任何的新增投资机会。任何一个部门进行增量投资所得的边际收益都将是负数（供给增加会促使成本上升和产品价格下降），其中也不存在任何损人利己的机会，[①] 从而也就不会有任何新增投资的发生。没有新增投资也就没有增长，所以在完全均衡状态下，整个经济将陷入停滞状态。在这种体系下，要避免经济陷入停滞的唯一办法，就是所有部门进行同步性的投资。如上面指出的那样，这种投资能力是任何社会都不具备的，即使有这种能力，也不可能做到投资和生产过程的一致。更进一步，假设社会具备相应的投资能力并做到投资与生产步调的一致，那么它带给社会的

① 在非均衡结构中，是存在着损人利己的机会的。正是这种机会，才产生了经济的波动性。

也不是福音，而是经济运行的大起大落。因为所有部门进行同步性的投资等，那么它们之间也必然在同一时间停止投资等，所有微观部门投资规模同步性的变化，必然引起宏观经济的大起大落。这种情况可从图 5 - 2A_1、B_1 中反映出来。（A_1）中灰影部分代表原有存量，无灰影部分代表增量。B_1 中曲线代表（A_1）部分各部门的运动轨迹及它们的叠加。这也就是说，如果人类真的得到或实现了"完全均衡"理想，那么它给人类带来的不是福音，而是不幸。

　　与此相反，即经济结构非均衡（图 A_2），那么在各自供求和利润率结构非均衡的作用下，它们之间进行的非均衡投资结构及其叠加的结果，将带来宏观经济的稳定运行（见图 B_2）。

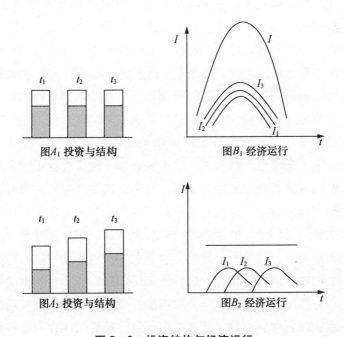

图 5 - 2　投资结构与经济运行

　　这种情况说明，过于均衡的比例结构，既会因为缺乏动力机制而不利于经济增长（经济增长必须建立在有较大投资规模及其持续增长的基础上，较大规模和持续的投资增长只能建立在较高的利润率基础上，较高的利润率只存在于非均衡结构中的短缺部门，所以较高均衡程度的比例结构不利于经济增长①），也不利于宏观经济的稳定运行。这也就是说，传统上那种认为有计划按比例的经济运行，不仅不能带来人们期望的稳定，反而会导致经济运行的大起大落，这也正是计划经济国家的实际经济运行状况。这种情况反过来则说明，一定程度的比例结构失调和相对无序的微观经济活动，反而是宏观经济稳定运行的条件。这种情况，正是混沌理论所揭示的看似无序的混沌现象中隐藏着有序的结论，这也正是市场经济最迷人的功能。这说明，在保证宏观经济稳定运行方面，市场经济的"无形之手"要远比计划经济的"有形之手"有效。

正是这一点，我们才能理解在市场"无形之手"调节下，那些看似没有任何组织性和联系性的完全自主行为决定的无数单个生产，竟能满足整个社会和所有人的几乎一切需要，而且两者间的吻合程度会如此之高，由此才能理解自身所处的这个社会的组织方式和社会联系形式。实际上，只要简单对比一下改革开放前后的社会经济组织工作及其结果，就会得到"无形之手"比"有形之手"更加有效的结论。如在计划经济时代，一切似乎都是有计划进行的，但最终结果却是整个社会生产组织和联系的极端无序，生产和生活所需的大部分商品都不能够得到正常的满足，宏观经济的运行更是大起大落。改革开放后，越来越多的商品生产由市场自发调节，那些从事不同商品生产的人，几乎完全在一种无序的组织中根据自身对经济形势的判断而独立地做出选择。然而，这种从形式上看似完全无政府状态的生产组织方式，却能极好地满足我们的各种需要。虽然其中不断地发生因决策失误而产生的生产者自生自灭现象，但整个社会的运行却能够保持基本稳定。也就是说，通过无数个别生产者不断的试错行为而为整个社会的生产稳定创造了条件。这种情况正如蜂群寻找食物时的做法：每日向四面八方派出工蜂寻找花蜜，很可能其中的绝大部分会无功而返，但只要有一组能找到食物来源，就足以保证整个蜂群的生存。这种看似无效的方式却是最有效的，而计划经济那种朝一个方向寻找的方式，却很可能导致整体的灭亡。这也许正是辩证法的精妙所在，即形式上的无序蕴含着

① 要特别注意的是，经济增长会带来经济繁荣，但经济繁荣却是会阻碍经济增长并导致经济衰退的。根本原因是经济繁荣时的利益分配是不利于企业的，而市场经济的生产是由企业组织的，所以会出现繁荣的结果是衰退。这种情况说明，无论短期还是长期，市场经济都不可能实现充分就业。长期的经济增长只能在非充分就业基础上实现（这方面的分析，请参见拙文《西方主流经济学体系中的六大矛盾》，《学术月刊》2009 年第 12 期）。

有序，而有序却蕴含着无序的辩证关系。

更重要的是，比例结构的非均衡，是经济体系保持动力的基本条件。只有在非均衡的结构中，才会产生出高低不同的利润率（部门），由此吸引投资的进入和资源不断的重新配置，从而推动经济增长。在完全均衡的结构中，是不存在吸引投资和资源再配置的条件的，因而是完全阻碍经济增长的。这种情况说明，传统上被认为是经济秩序破坏者的市场经济基本矛盾，实际上反而是推动经济增长和保持宏观经济稳定的重要力量。①

既然市场经济的比例结构运动总是非均衡性的，同时还是保持宏观经济稳定运行的基本条件，这样一来，一方面使得如何判断比例结构是否失衡变得极其困难，甚至是不可能的，开放系统频繁的进出口调节，更是加剧了这种困难；另一方面则表示结构失衡也许并不是一个特别重要的宏观经济问题，一定程度的比例结构失调甚至更有利于经济增长。

实际上，结构问题之所以并不是一个特别重要问题的原因，是因为市场机制具有对结构失衡进行调节的能力，而且如上面分析指出的那样，这种能力是十分强大的。因为市场经济是一种由资本支配的利益经济，资本是追逐利润的，而利润是由相对价格（成本价格与收益或产品价格）决定的。相对价格由比例结构决定，当某个部门处在过剩状态时，不利相对价格决定的低利润率，不仅会降低资本利润，而且在资本价值由利润决定的机制中，会导致资本的严重贬值。优胜劣汰机制就会将其中的弱者驱逐出去，所以市场经济的机制对结构失衡的调节是十分有效的。比例结构状况由利益决定的机制说明，在市场经济中，如果由受预算硬约束的企业决定资源配置，是绝对不可能出现某种产业长期脱离社会需要的均衡状态，即出现长期的过剩或短缺状态的。资本的逐利性质，决定了资源一定会由利润率低的过剩部门转移到利润率高的短缺部门。各部门的供求状况从一个较长时期看，一定是供求相对均衡的，得到的利润率也是大致相等的。

----

① 传统上被政治经济学认为属于价值规律的三大作用，即促进技术进步、优化资源配置和导致两极分化，实际上是基本矛盾的。因为价值规律的基本内容是商品价值由生产它的必要条件（或机会成本）决定和商品间必须等价交换，都是维持体系稳定的力量，而这"三大"作用，则明显是要"破坏"体系稳定的力量，是与价值规律的内容严重冲突的，所以它们是基本矛盾的作用。正是将基本矛盾的积极作用误认为是价值规律的，由此基本矛盾变得一无是处而要被人们消灭，但没有了基本矛盾这个矛盾对立面，价值规律也就同样不存在了，其作用自然是无从发挥，经济变得僵化和无效率也就不可避免。以社会主义市场经济为取向改革的核心，实际上就是让基本矛盾重新发挥作用。

　　市场经济结构调节机制的内容等，可以说明两个问题，一是各部门在经济结构中是否过剩或短缺，只能由市场来决定；二是结构调整属于市场机制有效发挥作用的范围，除非在经济发展初期或者是为了实现某些战略产业的赶超目标，政府可以对某些产业实行倾斜和管制政策，正常情况下并不需要政府过多地参与其中。政府过多地参与，只会扰乱市场秩序，反而不利于结构的调整。

　　在市场经济中，一个行业是否真正过剩，主要看该行业中的绝大部分厂商是否能够得到正常利润而得以生存下去。只有当其中的大部分厂商难以生存而面临停产或转产时，才能判断出该行业已出现过剩或严重过剩状况。一个行业一旦出现利润率较长时期低于社会平均利润率，众多厂商无法生存下去时，市场机制和资本性质的作用就会得到充分的发挥，就会将那些竞争力弱的厂商淘汰出局。这个过程，虽然会造成一定的资源浪费，甚至引起局部的经济波动。但正如熊彼特指出的那样，这是一个创造性的毁灭过程，是一个淘汰落后生产力和为先进生产力的发展开辟道路的过程。没有这种过剩引起的结构调整，就不会有不断提升的资源优化配置。整个社会的进步总是以局部的牺牲为代价实现的，没有社会代价的进步是不存在的。一些被人为或政府判定为过剩，但其中的大部分企业却能够正常生存，甚至有许多资本还想进入的行业，如石化行业、钢铁行业、汽车制造等，那么这些行业就不仅不过剩，而且还可能处在短缺状态。2009年还被我国有关政府部门判定为过剩或严重过剩的"多晶硅"，后来市场价格却暴涨了30%。[①] 所以，各行业是否过剩或短缺，只有经由市场认定，才能得到正确的结论。人为地认定一些部门是过剩还是短缺而采取不同的调节措施，最终只会扭曲资源配置。

　　结构问题须由市场解决而无须政府过度干预的最主要原因，是因为只有通过市场调节的结构问题才能够最终得到解决，而通过政府干预的结构调整往往不是最终社会所需的比例结构。这是因为，市场机制的调节是以利益为核心的，市场经济中每个人都是为了实现一定的利益目标而努力的。如果某个行业无利可图，那么在利益驱使和预算硬约束的作用下，厂商必然会脱离该行业而转移到利润更高的行业，绝对不可能出现长期过剩

---

　　① 　徐奎松：《多晶硅一年来暴涨30%，两专家持续炮轰工信部误判》，www. eastmoney. com，2010 年 9 月 17 日。

而得不到有效调节的情况；同样，当某个部门因短缺而出现高利润率，大量的资本就会涌入该行业而使其很快得到调整，这种速度往往要快于过剩产业的调整，因此也不会出现短缺长期存在而得不到有效调整的现象。所以在市场机制的作用下，任何部门都不可能长期偏离正常状态，各部门从长期看得到的收益一定是大致相等的（其中包含风险等因素）。正是在资本逐利机制的作用下，才会产生出社会平均利润率机制和优胜劣汰机制，市场经济有效配置资源的功能才能得到发挥。

与此相反，那些不是经过市场调节，而是人为或政府调节的结构，由于是以行政干预方式不是利益调节来实现的，因此不能客观反映被调节部门及其与其他部门之间的利益关系，必然会导致调节后各部门之间利益的非均衡。如会人为地提高被调节部门的利润率，扩大被调节部门与其他部门之间的利益差距。因为被调节部门中的大部分厂商在被调节前能够正常生存，说明它们能够获得一定的利润率，被调节后，许多厂商被驱赶出本行业，行业供给能力大幅减少，由此该部门必然能够获得高出市场水平的利润率。在高利润率的引诱下，大量被驱赶出的资本和其他部门的新增资本必然会重新涌入该部门，由此被调节的结构很可能会回到原来的状态。这正如我国的许多产业，如轿车、家用电器、钢铁、化纤等由政府主导的结构调整的情况那样，每次调整最终都会带来更大程度的反弹，就充分说明了政府调节作用的有限性。所以说，只有经过市场调节的比例结构，才是真正有效的。

我们知道，政府对结构等微观经济的调节，是建立在政府有充分的信息基础及其决断准确的基础上。然而客观事实证明，政府并不具有这种能力。近几年猪肉价格的大幅度波动就是政府这方面能力的表现。[①] 同时从利益关系上说，政府对一般性产业结构短缺或过剩的调节，属于利益非公平性调节，也就是着意打压某些行业而保护另一些行业的利益，而政府在

---

① 2008 年猪肉价格的大幅度上升，政府应该做的事情是对穷人进行补贴和对养猪进行抑制（或不管），而政府的对策却是对养猪进行高额补贴。肉价高涨本就使养猪拥有暴利，有暴利就会驱使人们大量进入该行业。当时大量上市公司纷纷进入该领域，甚至一些暴利行业，如 IT 行业的丁磊也抵挡不住这种诱惑而进入，政府的高额补贴无疑会强化这种行为，其结果必然导致一段时期（约 12—18 个月）后供给的严重过剩，生产者亏损严重。2010 年上半年生猪收购价格低到每公斤 9 元左右，远远低于成本；严重亏损的结果必然是生产的大量萎缩，2011 年猪肉价格的不断攀升就是其结果。遗憾的是，政府不仅没有吸取上次的教训，反而又在肉价高涨时对生猪养殖进行补贴。

利益分配上的职责是"公平"。一般来说，除了关系国家战略发展而对某些产业，如军工和关系国家长期发展的高新技术产业实行特别的保护外，政府不应该介入一般产业的管制和调节（这些都不属于国家利益的范畴）。政府的过度介入，反而会加剧产业结构的失衡，我国结构的长期失衡状态就充分反映了这一点。

同样，市场机制在调节总供求结构、区域经济结构、收入分配结构等方面也有自由积极的作用。

（二）市场机制结构调节方面的不足

在承认市场机制在产业结构等方面积极作用的同时，并不否定在其他结构调整方面的不足，尤其是在满足生态经济与和谐经济方面。如生态资本与物质资本之间的比例结构、收入分配公平化、分配结构与需求结构、四种需要之间的比例结构等，市场机制就显然相对低效，为此，需要政府加以调节。

社会需求与自然资源供给和生态环境承载能力之间的矛盾，是当今社会最突出的矛盾之一，也是产生生态市场经济要求的原因。要使它们之间的比例结构实现均衡，更是需要社会中心的调节。如必须对生产方式进行调节，使生产工艺的选择、生产过程、产品消费及废弃物处理都符合绿色经济的要求；对人们的消费行为与消费选择等进行调节，使消费符合生态经济要求；对自然资源的开采、使用、恢复等进行调节等。

在区域结构方面，市场经济支配的资源配置虽然符合短期效益最大化原则，但它与社会公平与公正的要求可能不相一致，这也需要政府根据社会最大福利原则来进行调节。

不过同样要承认的就是，虽然在结构方面因市场缺陷的存在而需要政府调节，但政府调节能起到多大作用，也是需要认真对待的，因为其中存在着政府缺陷。这正如从理论上说，计划经济可以克服市场经济的各种弊端，但计划经济产生的弊端却可能比被它克服的弊端更大一样。

第六章 生态市场经济的实现方式

要实现生态市场经济的资源配置要求，即实现人与自然、人与人之间的相互协调发展，并且这种发展是通过市场机制实现的，为此就必须有一定的实现方式。本章就是这方面努力的一部分。

第一节 资源节约基础上经济增长的实现方式

建设和谐生态经济，最终目标是要在节约资源的基础上，满足人民群众不断增长的福利需要。这显然是一个矛盾，如何解决这个矛盾，成为人类社会是否能够实现持续幸福目标的关键。本章将竭力探索求解这个矛盾的方法。

一 资源节约的含义

"节约"即少用，是相对于浪费而言的少用。资源节约，自然也就是在再生产过程中尽可能少地浪费资源。

研究资源节约，首先涉及的问题就是"资源"的范围。在这方面，虽然大部分的研究并没有对此进行明确的定义，但却无形地将"资源"的范围限定在自然资源及须消耗自然资源的对象上，但也有人将其理解为所有资源，或全要素的节约，[①] 不仅包括自然资源的节约，也包括劳动、资本等各种要素的节约。这里，我们将"资源"的范围限定在"自然资源及其衍生产品"上，主要原因有两个。一是经过长期的经济发展，相对于日益短缺的自然资源来说，资本与劳动相对丰裕，资源节约和环境保护的一个重要方面，就是用相对丰裕的劳动和资本（包括技术等人造物品）来替代日益稀缺的不可再生资源（提高资源的利用效率，也是这方

---

① 参见雷小毓《节约型社会内涵的再认识》，《光明日报》2006 年 9 月 11 日。

面的重要内容之一）；同时，在强大的市场竞争压力和获得更多利润的内在动力机制下，会驱使企业不断地提高这些非自然资源性要素的节约。所以，虽然不否认对非自然资源性要素节约的重要性，但"资源节约型社会"的主要内涵是不可再生性资源的节约。二是对劳动等非自然资源性资源的节约会阻碍经济增长。我们知道，无论是传统经济还是可持续发展经济，核心内容都是经济的持续增长。作为体现可持续发展内容的生态市场经济，自然要充分体现这种要求。要在自然资源节约的基础上实现经济的持续增长，就必须一方面以劳动和资本等人造资源来替代自然资源，以保证在资源消耗减少或不变的基础上取得更大的产出；另一方面就是大力发展非自然资源消耗产业，不断地提高它们在经济总量中的比重。而要实现这个目标，就必须在优化资源配置的基础上不断地加大对非自然资源性要素的使用。所以，生态市场经济中的"资源节约"，仅仅指对自然资源及其衍生产品的节约，对其他资源不仅不要节约，反而要大量地"浪费"。只有这样，才能在自然资源节约的基础上取得经济的持续增长，实现可持续发展的目标。

在对自然资源的节约方面，不同角度的内容是不同的。如从时间过程看，节约具有静态与动态两方面的含义。静态方面的节约，指在技术水平等不变的条件下，为达到一定行为目标而尽可能少地使用自然资源，或者是利用资源替代的方式。以某些消耗资源少的方式来替代资源多的方式。如在体温调节上，天冷时以衣物替代空调（天气炎热时减少衣物穿着，以减少空调降温的幅度等）节约电能等，以做到资源的最优利用。动态方面的节约，指通过技术进步和改变生产方式等，不断提高资源的利用效率，使同样的资源生产出更多的产品或更大的产出，如通过技术进步，提高能源的热利用效率；或者是通过技术进步，使原来非循环经济转化为循环经济等。显然，相对于静态方面的节约来说，动态方面的节约更具有持续性。

从再生产过程看，可分为生产、流通、分配与交换方面的资源节约。在我国建设"资源节约型"社会中，人们关注的重点主要是生产与消费领域，而对流通与分配领域的资源节约则较为忽视。显然，生产与消费过程是资源消耗最多的领域，但也不能忽视流通与分配中的资源节约。虽然从形式上看，分配并不直接涉及自然资源的耗费，但分配却是整个社会再生产的核心，它决定着"为谁生产"和"怎样生产"。一个分配关系不融洽的社会，一定是人与自然对抗严重的社会。在这样的社会中，不仅会出现严重的畸形消费，导致资源的严重浪费（如包装过度而形成的资源浪费，在当今社会已达到极其惊人的地步），而且不可避免地导致公共性自然资源的严重破坏（两极分化的社会，不可避免地会出现"公地的悲剧"）；分配的不合理，则不仅会导致生产结构的不合理，而且两极分化引起的资源配置不合理，更是会导致资源的严重浪费和配置的低劣化，我国目前经济结构及其资源配置的低劣化，就充分证明了这一点。流通领域的资源节约则更为重要。这是因为，在技术进步的作用下，生产领域的劳动生产率增长速度是远远快于流通领域的，其直接后果就是生产领域占经济发展的比重不断下降，流通领域的比重则不断提高，其占有和消费的资源也相对增加，所以这方面的资源节约也就更显重要。同时，相对于生产领域来说，我国流通领域节约资源的潜力也更大。因各种原因，我国目前流通领域的资源浪费现象是极其严重的。① 所以，加强流通领域的资源节约，也是实现我国经济可持续发展的重要内容。

二 传统意义上资源节约的局限性

显然，在资源供给日益紧张，因资源过度消耗而产生的生态环境不断恶化的情况下，资源节约对经济的持续发展是极其重要的。支配当前世界主流意识的"可持续发展"观念，就是在资源供给难以满足经济持续发展的基础上提出并被世界各国普遍接受的。

对企业来说，在技术等不变的条件下，通过合理配置资源，如加强资源节约等方面的管理，可以节约成本而提高效益和增强竞争力；通过技术进步等措施来提高资源的利用效率，更是企业获得垄断优势和超额利润的最重要手段。在市场经济条件下，市场的竞争压力和获得更多利润的内在欲望，使得节约资源会成为企业摆脱不了的魔咒。正是在这种机制下，整个社会资源的利用效率不断提高。

对区域和国家来说，节约资源的意义则更加明显。因为，节约资源不仅可以在一定或更少资源消耗的基础上取得更大的产出，提高整个社会的

---

① 据最近新闻报道，我国一些大城市蔬菜价格中的90%是流通费用。原因之一，是许多地方的蔬菜必须转运到山东寿光后，再批发到全国各地。其中一个典型例子，是内蒙古某地的土豆，经1000多公里运到寿光，然后再经1000多公里的运输回到内蒙古的某城市。其中原因，一是信息的不对称，二是各地方市场的蔬菜品种不同，由此形成山东寿光"买全国，卖全国"的现象。在互联网高度发达的今天，出现这种现象显然是极不正常的。

福利水平，而且可增强区域或国家的竞争力。更重要的是，可减少一定产出基础上的废弃物排放，保护生态环境，实现人与自然的和谐等。所以，对区域或国家来说，节约资源的意义远比微观主体大。当今社会面临的最大问题，就是过度消耗资源所产生的环境恶化并已经严重威胁到人类的持续生存。相对于这个威胁来说，资源问题要缓和得多。因为在解决资源短缺的问题上，人类似乎还有足够的聪明才智来应对，而对生态环境恶化产生的一系列问题，尤其是生命之网的日益脆弱及其对人类持续生存能力的威胁，人类却完全束手无策。所以节约资源以保护环境，才是人类社会的真正目的。

要特别指出的是，虽然节约资源是提高社会福利和改善环境的重要举措，但也要看到它的局限性。如从短期看，无论是生活方面还是消费方面，节约资源都有可能阻碍经济增长。这是因为，短期内在资源利用方面的技术进步是不可能明显提高的。所以，对资源的节约必然会阻碍经济增长。这种情况在经济不景气阶段表现得特别明显，如为了刺激经济增长，近年来各国政府出台了一系列大量消耗资源的政策，如汽车、农机、家用电器消费等方面的更新或补贴政策。

从长期看，现有基础上的在物质生产和生活消费中节约资源的作用也就更加有限。这是因为，只要现有的以追求人们之间在物质利益方面相对优势的社会制度不变，或者说人类追求更多物质财富享受的目标不变，那么现有生产方式基础上资源节约的意义也就极其有限。因为从长期看，任何大于零的指数增长，最终结果都是无穷大的。如有人曾形象地指出，在耶稣诞生时，以年复利3%存入1盎司黄金，那么现在世界上的每个人都能分到30颗纯金的地球。而大部分的国家，在追求更多物质产出的内在欲望和激烈的国际竞争环境压力下，并不满足于这3%（这也就是资本主义产生以来的长期平均增长速度）的增长率，我国甚至连8%的速度都被认为太低，这样的需求是我们这个星球所无法满足的；同时，所有国家都以人均消费物质产品的多少作为发展水平和富足程度的衡量指标，都希望在这些指标方面超过其他国家等。在追求更大物质产出的基础上，资源节约只是减少一定量产品的资源消耗量，但对资源总量的消耗却是不减反增的。如在技术的不断进步中，虽然近几十年来每单位产出的资源消耗量大幅度下降，但全世界资源的消耗总量却仍然在快速增长。实际上，在现有经济总量的基础上，即使保证资源消耗量的零增长，许多重要的资源，如石油、天然气、铜矿等，也维持不了多长时间。所以从长期看，现有意义上的资源节约并不能最终解决人类社会的可持续发展问题。现有制度下的资源节约，只是适当地延缓这个界限到来的时候，但却不能从根本上解决问题。

一个现实情况能够很好地说明这个问题。从现有的条件来说，西方发达国家在提高资源利用效率方面已达到很高的水平，在各方面都远远高于包括我国在内的广大发展中国家。不仅在需要消费大量资源的生活和流通领域是这样，而且在一些涉及资源消耗的琐碎小事上，如煮鸡蛋需用多大的火和多少时间上都非常计较。从这些方面看，它们似乎在"资源节约型"社会建设方面达到非常高的水平，但只要看一下它们的人均资源消耗量及近几十年来的增长速度，就会完全推翻这种认识，得出它们是最典型的"资源浪费型"社会。如它们几乎所有场所的空调，无论气温高低、是否有人在等，都是全天候开放。① 这种情况说明，现有制度和生产与生活方式上的资源节约的意义是有限的。

发生在经济学理论及其实践方面的情况，则对此做了更好的注释。经济学被认为是通过合理配置资源来解决人类社会的稀缺问题的。可如众所周知的那样，经济学产生后的 200 多年来，物质财富不断以指数式的形式增长，以至于每不到 50 年创造的财富总量，都要远远大于之前人类社会有史以来财富的总和。除了分配不公等原因所造成的部分人的绝对贫困外，从满足基本生存需要等方面看，当今世界面临的问题不仅不是稀缺问题，反而是过剩问题。如当今全世界因摄入过量营养而体重超常的人口超过 10 亿，以致当今人类因消费过多食品而致死的人数，要远远超过因营养不良而致死的人数。美国 2002 年因肥胖症致死者达 43.5 万人，一些发展中国家的肥胖症现象也越来越严重；由此产生了巨额的医疗费支出，如美国 2003 年用于治疗肥胖症的费用为 750 亿美元，而用于治疗因肥胖症而产生的疾病的开销总额高达 1400 亿美元；用于美容的支出，甚至超过食品支出；世界上每年用于或准备用于人类自相残杀的军费开支更是高达数万亿美元。然而，尽管如此富足，但经济学意义上的稀缺问题却不仅没有得到解决，反而愈加强烈。如每个人都希望得到比原来更多的财富，每

---

① 2010 年 1 月赴日本旅游，日本被认为是一个最典型的资源节约型社会，然而在空调的使用上——以中国人的标准来衡量——却极度浪费，室外寒风刺骨，室内气温却让人冒汗。

个国家都希望取得不仅更大而且比其他国家更快的增长速度，获得更多财富的激烈竞争正在人类社会的各个层次展开。所以说，在现有的体制安排下，是不可能通过所谓的合理配置资源来解决稀缺问题的（杨文进，2009）。这种情况，自然适应于现有制度下以节约资源来解决资源稀缺问题的做法，因为它们不过是同一事物的两个方面。

这种情况说明，在不改变社会生产关系和消费观念的基础上，仅仅从技术性角度的生产方式和生活方式变化来节约资源，是不可能真正解决资源稀缺和环境保护问题的。要最终解决资源短缺和环境保护问题，必须对现有的社会生产关系和消费观念进行革命性的改变，建立以马克思理想的"自由王国"社会为基础的制度和文化，同时有效地控制人口数量等才有可能实现。

三　生态市场经济增长中的消费"节约悖论"

既要保持经济的持续增长，又要实现资源的节约，以实现人与自然关系的程度，由此就产生了一个似乎不可调和的矛盾。

前面讲到，对再生产过程中不同阶段的资源节约，人们的侧重点是不完全相同的。有人将重点放在生产过程。因为该领域消耗的资源占整个社会资源消耗的绝大部分。相比于生产方面的资源消耗来说，消费领域直接的资源消耗实在是沧海一粟，炼1吨钢消耗的能源，就比我国普通家庭1年消耗的能源还多，所以资源节约的重点是生产领域。但我们知道，任何社会生产的最终目的都是满足该社会的消费需要，无论各部门生产的最终产品是什么、距离直接消费的过程有多远，都是为了满足消费需要这个最终目的的手段或过程，是这个现代生产方式为更好地满足消费需要而进行的迂回生产过程的不同环节，没有消费领域的节约，生产过程的节约就没有了动力和目的。我们知道，相对于我国现有基础上的资源利用效率来说，西方发达国家在生产过程中的资源利用效率要远远高于我国，但他们的人均资源消耗量却是我国或世界平均水平的数倍甚至数十倍。我国资源消耗中的相当大部分也就为了满足他们的消费需要，原因就是他们在消费领域的过度放纵，如毫无节制地使用空调和一次性产品等，因此它们并不是真正意义上的"资源节约型"社会。所以从长期看，消费领域的节约，才是真正意义上的资源节约，从而是资源节约的最终出路。从这个方面说，那些强调消费领域资源节约的观点，更具有战略意义。

显然，为了实现这个战略意义，就必须通过各种手段促进消费领域中

的资源节约。我国正进行的"资源节约型"社会建设，就在多方面推进
了这方面的工作。然而，如果这种消费领域的"资源节约"变成一般意
义上的"消费节约"的话，那么就会阻碍经济增长，进而阻碍生态市场
经济"资源节约型"社会建设目标的实现，最终使得资源节约和环境保
护成为空谈。因为，从"节约悖论"知道，如果人们都在消费过程中少
花钱或厉行节约，那么这种无数个人理性行为的结合，将会产生极端的社
会无理性结果，即会严重阻碍经济增长，最终使所有个人都变得更加贫
困。而贫困是环境保护和资源节约的最大阻力，所以，"资源节约型"社
会或可持续发展中的"消费节约"，只是要求人们尽量减少自然资源型产
品的消耗，而绝对不是一般意义上的"少花钱"或"少消费"。

　　上面讲到，任何社会的生产都是为了满足人民群众的消费需要，消费
既是生产的目的，更是促进生产扩张和进步的手段。追求消费的不断增
长，是人类社会进步和经济增长的最基本动力。这也就是说，经济的持续
增长和人们福利的持续改善，必须建立在消费支出的持续增长基础上。一
个缺乏持续消费支出增长支撑的社会，经济的持续增长是没有保证的。这
正如我国当前面临的情况一样。如由于消费需求不足，迫使我国的经济增
长主要依赖于投资与出口。投资，作为一种中间生产，最终是为了满足消
费等需求的，没有消费需求支撑的投资，显然是没有持续性的。在国内有
效需求不足的情况下，投资形成的庞大生产能力只能向外宣泄，而出口是
受制于人并严重依赖外部经济形势的好坏的，同时对我国这么一个大国来
说，国际市场的容量是有限的。这种依赖出口，尤其是长期贸易出超的增
长，显然是不能持续的。所以对我国来说，如何增加消费需求，不断扩大
消费支出占国民经济的比例，成为亟须解决的重大问题。我们知道，无论
是"可持续发展"社会还是"资源节约型"社会，"经济的持续增长"
都是它们最重要的目标之一，同时也是实现其他目标的最重要手段。要实
现这个目标，就必须鼓励人们多消费或多花钱（前提条件是钱能够到达
消费者手中）。

　　于是也就产生了"可持续发展"或"资源节约型"社会建设消费中
的一个矛盾，要节约资源就必须少消费，而要促进经济增长就必须多消
费，而这两者又都是它们的目标。如何解决这个矛盾，成为生态市场经济
建设中亟待解决的问题。这也就是说，要实现人与自然关系和谐的生态市
场经济建设目标，就必须找到一种既能节约自然资源又能促进经济持续增

长的发展方式和消费模式。这种方式也就是消费支出的总量必须不断地增加，但其中物质消费所占的比例及其绝对总量须不断减少。这种发展方式和消费模式是存在的，也是有可能实现的。

四　消费"模式"转换是破解增长与资源节约悖论的根本出路

显然，无论是人的本性还是人类社会进步的动力机制所需等，都要求经济能够持续地增长和人民福利不断得到改善，由此以竞争为基础的社会制度仍然必须保持。

既要取得经济的不断增长，又要做到资源的永续利用并使生态环境不断改善，因此就需要找到这么一种生产方式。其生产的产品有无限的社会需求，或者说符合人类社会不断改进福利的欲望，同时又不大量消耗资源和破坏环境。

这种产品及其生产方式是存在的，也就是以精神文化产品为重心的生产方式。这也就是说，要建立一种节约资源和保护环境，实现可持续发展目标的生产方式，就必须改变资本主义产生以来以物质享受的不断增长为追求目标的社会文化、生产方式和消费方式，转向以精神文化等非物质产品消费为重心的社会文化、生产方式和消费方式等。只有这样，才可能在节约资源和保护环境的基础上既实现经济的持续增长，又实现人类福利不断增加的目标。

将生产与消费的重点，逐渐由物质转向精神文化领域，也是马克思理想社会的目标。如他说："事实上，自由王国只是在由必需和外在目的规定要做的劳动终止的地方才开始；因而按照事物的本性来说，它存在于真正物质生产领域的彼岸。像野蛮人为了满足自己的需要，为了维持和再生产自己的生命，必须与自然进行斗争一样，文明人也必须这样做，而且在一切社会形态中，在一切可能的生产方式中，他都必须这样做。这个自然必然性的王国会随着人的发展而扩大，因为需要会扩大；但是，满足这种需要的生产力同时也会扩大。这个领域内的自由只能是，社会化的人，联合起来的生产者，将合理地调节他们和自然之间的物质变换，把它置于他们的共同控制之下，而不让它作为盲目的力量来统治自己，靠消耗最小的力量，在最无愧于和最适合于他们的人类本性的条件下来进行这种物质变换。但是不管怎样，这个领域始终是一个必然王国。在这个必然王国的彼岸，作为目的本身的人类能力的发展，真正的自由王国，就开始了。但是，这个自由王国只有建立在必然王国的基础上，才能真正繁荣起来。工作日的缩短是根本条件。"① 在今天，这样的条件已经具备。如社会生产力，尤其是物质财富的生产力已经达到非常高的程度，用较少部分的社会总劳动就能够满足各种基本需要，同时工作日和日劳动时间也明显缩短。因此人类有足够的时间和能力来从事各种满足享受和发展所需的精神文化产品的生产和消费。

我们知道，从最终目的看，人类的一切经济活动都是为了满足自己的消费需要，并不断取得更大的幸福。人的消费从属性看，分为物质、精神、生态与社会四个方面。要达到最大幸福的目标，四个方面的消费就必须做到和谐统一，否则，就会损害一定资源消耗基础上的福利水平。然而历史证明，人类在这上面还远未成熟，四个方面的消费不仅总是失衡，而且调整也总是矫枉过正的，即不是在物质上追求过度，就是在精神领域追求过度，最终都导致社会经济发展难以持续而被不断地抛弃（堺屋太一，1986）。如古希腊和古罗马，因过度追求物质享受，不仅导致土地因过度开垦而退化，物质生活难以持续，而且引起激烈的内部纷争，最终因此而解体。"一种社会形态的崩溃意味着另一种社会形态的诞生。古代社会的衰亡就意味着另一种新的社会形态——中世纪社会的诞生"。② 吸取这种教训的中世纪社会，由此将消费的重心转向精神领域，在物质消费领域则强调"禁欲"。这种转换，虽然很大程度上解决了人与自然的矛盾并缓和了社会内部的纷争，但却又过度扼杀了人的理性和技术进步，严重阻碍了经济发展；对物质生活的过度压抑，在人类需求两种力量必须相对平衡的机制作用下，必然会产生巨大的反弹力量，由此最终又被追求"理性解放"和物质欲望的资本主义社会取代。如同中世纪对古罗马的矫枉过正一样，资本主义对中世纪的社会文化制度等也同样是矫枉过正的，并且有过之而无不及。如资本主义产生以来，人的物质欲望不仅被释放，而且还不断地被加强，使得"满足欲望的手段"越来越赶不上"欲望的满足"，以致物质财富越来越以梦幻般的速度再生产出来的同时，物质财富的稀缺程度却反而越来越强烈，"人心不足蛇吞象"的现象在资本主义社会愈演愈烈。物质欲望的释放，虽然极大地推动了经济发展，使人类的物质福利水平达到古人做梦都想象不到的程度，以至于最富想象力的科幻作家也无

① 马克思：《资本论》第3卷，人民出版社1975年版，第926—927页。
② 堺屋太一：《知识价值革命》，金泰相译，东方出版社1986年版，第139页。

法想象 20 年后人类的物质福利水平。人类曾有的一切"理想社会"的物质丰富程度在它已取得的成就面前都黯然失色，但它却并未给人类带来相应的幸福。但它引起的社会忧患却是前所未有的，如人与自然的关系空前紧张，人类在拥有空前生产力和物质消费水平的同时，却日益忧虑自身的持续生存问题；国家之间和国家内部不同利益集团之间追求财富的竞争日益加剧，南北差距及社会内部差距不断扩大，因此产生的社会裂痕及一系列副作用日益明显；高度竞争产生的精神压力不断增加，精神疾病患者占人口比例日益上升，等等，都昭示着资本主义在物质财富的追求上走过头了。这些情况充分说明，尽管资本主义的生产力达到了远远超出满足人类基本物质所需的"必需和外在目的规定要做的劳动终止的地方"，但资本主义却仍然让"自然必然性的王国"以"盲目的力量来统治自己"，以破坏自己生存摇篮和发展基础的方式来满足自己对物质产品的贪婪。由此说明传统的资本主义生产方式和社会文化已经驾驭不了自身发展起来的生产力，到了对其进行彻底改革的时候了。自然，这次改革，人类将在吸取历史教训的基础上不再矫枉过正，而是要做到物质与精神的和谐统一，实现人类社会内部及其与自然关系的协调发展，达到自己最大的幸福。

满足人的四种需要，实现人类社会的可持续发展目标，显然并不抵制人在物质生活上的合理需要及其不断改善的愿望。但在许多方面，如食物、衣着等的消费或占有上，人类社会又确实需求过度了。这种过度，不仅没有给人类带来相应的福利，反而成为降低人们福利的罪魁祸首，也就是过多的物质消费产生了日益增加的"负边际效用"。如因食物摄入过多，产生了普遍的身体超重现象和一系列相关的疾病，如高血压、心脏病等，[①] 为此不仅耗费了巨大的医疗费用（这些费用已经远远超过摄取的食物支出），而且身心受到巨大的折磨，如行动不便、身体疼痛等；因食物摄取过多及质量追求，更产生了严重的生态环境问题，如过量化肥产生的水体富营养化日益严重、过量垦殖导致土地日益退化和荒漠化、农药过量使用产生的土壤污染和物种大量灭绝、食物不断（高级）转化产生的大

---

① 据报道，因食肉过多，致使我国患高血压病人 1.6 亿，糖尿病人 2000 万，另有近 6000 万人空腹血糖过高，2 亿成人超重，6000 多万人肥胖，血脂异常人数 1.6 亿。此外还有大量与摄入肉类有关的便秘、肠道癌、高血脂、动脉粥样硬化、冠心病、脑中风、痛风等疾病的病人。参见张淑红《过量肉食让 1.6 亿居民高血压》，《浙江日报》2010 年 6 月 3 日第 16 版。

量废弃物成为大气破坏的重要因素①等。为追求身体舒适而过度使用空调，不仅消耗宝贵的能源，破坏生态环境，而且使人不知春夏秋冬，因此不断地降低人类抵抗各种疾病的能力，药物的滥用更是加剧了这种现象。大量使用汽车代步，不仅会消耗大量的能源并产生严重的环境问题，而且身体的运动功能减少也产生一系列健康问题。

从某个角度看，因物质生活的日益改善，人的寿命在不断延长，似乎证明人类由此得到的福利是不断增加的。但我们知道，任何物种的最大利益，都是保持物种的持续生存，人类作为一个物种也同样如此。从这方面看，人类不仅没有因此受益，反而深受其害。因为，在有限的数代人寿命不断延长的背后，是人类作为一个物种持续生存能力的急剧下降，如反映人类持续生存能力最重要指标的生殖率（如男性的精子活动率、排精总数及精液量等），近几十年来呈快速下降态势。近20年男性每毫升精液的精子数量下降一半多，以致发达国家有近20%以上的夫妇没有生育能力。以这样的趋势发展下去，用不了200年，人类很可能就要亡种灭族，其中的原因，既有摄入营养过量而致的肥胖和因汽车代步而缺少运动导致的体质下降等原因，也有过度使用资源导致的环境恶化等。无论哪一方面，都是因为人类无节制物质消费而过度攫取资源破坏环境的结果，所以从这些方面看，物质福利的不断增长并没有实现人类福利改善的目标。这种情况说明，节制一定的物质消费，不仅不损害人类的福利水平，甚至有可能提高人类的福利水平。因为当前相当一部分国家的物质消费已超出边际效用为正的界限，所以减少部分物质消费反而会提高人们的福利水平。否则，我们就无法理解，为什么可持续发展观念会在如此短的时间内，就被发展水平完全不同的国家普遍接受的这个事实。

显然，改革不合理的国际制度，缩小南北差距和各社会内部分配差距，做到财富的公平分配，是实现物质消费节制的重要条件。我们不能指望发达国家的人们（和各社会内部的富人）在享受极丰富物质消费的同时，却以节约资源和保护生态环境的名义来约束发展中国家的人民（和各社会内部的穷人）追求相同物质福利的愿望。在这方面，那些已经享有过度物质福利而导致福利损失的国家或人们，完全可以减少部分物质消

---

① 据说牛释放的甲烷，已成为破坏大气臭氧层的罪魁祸首。世界银行前任首席环境顾问罗伯特·古德兰博士和世界银行研究员杰夫·安享甚至认为，牲畜及其副产品排放的温室气体占世界总排放量的51%。

费，用来帮助提高后进国家和穷困人口的物质福利，最终结果将是所有国家和人民物质福利水平的改善。财富分配和消费的相对公平化，是实现人类社会可持续发展的基本条件（杨文进，2002）。

在合理节制物质消费的同时，要保持经济的持续增长并使人们的福利水平不断提高，就需要精神文化等非物质产品的生产和消费能够持续增长。这是能够实现的。相对于物质产品来说，精神、生态等非物质产品的生产和消费特点，决定了它们有更大的发展空间。如这些产品中，相当部分的生产过程与消费过程是相统一的，如戏剧表演等，也就是说，它们生产过程的迂回程度更短，生产与消费的联系更紧密（由此产生的总供求联系和比例结构关系也更紧密，更不会出现供求总量和结构的失衡，经济的运行将更稳定等），生态产品的生产不仅是保护和改善生态环境的，也是增加可再生资源存量的；更主要的是，精神文化和生态等非物质产品的消费，属于比物质消费层次更高的消费。由于满足较高消费层次的产品的收入与价格弹性更大，因此它们的市场需求空间也更大，从而它们在消费结构中的比重会随着经济增长而不断地提高。也就是说，当经济发展水平达到一定阶段后，主要满足基本生存和安全需要的物质产品的生产与消费占经济的比例会不断下降，而满足人的社会需要和自我价值实现需要的精神文化产品的生产与消费占经济的比例会不断扩大。我们知道，"自我价值实现"的需要，是个人和社会发展的最高目标。这个目标实现的过程，也就是精神文化产品生产和消费相统一的过程，由此决定了整个社会对精神文化产品需求的无限性。这种无限性，决定了经济增长的无限性。这说明，将整个社会生产和消费的重心由物质产品转到精神文化产品，不仅不会阻碍经济增长，而且给经济增长带来了更加无限的发展空间，所以会更加促进经济增长。正是在这个意义上，我们将"资源节约型"社会的资源，局限在"自然资源"上，对劳动力及其人造资源，不仅不要节约，反而要大量地"浪费"；同时消费的"节约"，也只是局限在对资源消耗型产品的节约，对非资源消耗型产品，即满足精神和能力发展的精神文化产品等，则必须尽可能地"奢侈"，只有这样，才能真正实现资源节约与经济增长之间持续的和谐统一。

实际上，在资源约束和消费层次提高作用下，人类已经逐渐在向以精神文化产品消费为主的方向转移。如随着经济的发展，非物质产品生产占国民经济的比重不断提高，许多国家这方面的比重已经超过物质生产，部分发达国家第三产业占到国民经济的比重甚至超过 70% 。只不过，大部分国家的这种转换仍然建立在对物质产品需求不断增长或过度增长的基础上，发达国家的经济结构转换，很大程度上是建立在从较后进国家大量进口物质产品的基础上实现的;① 更主要的是，它们并没有改变对物质产品过度消费的文化制度、生产方式和消费方式，每个人消耗的资源量，是发展中国家人均资源消耗量的数倍至数十倍，而且仍呈增长趋势。这种情况也就是上面讲到的，发达资本主义国家虽然在物质生产力方面已经达到远远超出满足人类基本生存需要的"必然王国"的界限，但在文化制度、生产方式与消费方式方面，却并没有摆脱它的桎梏，仍然让它以"盲目的力量来统治自己"，由此说明现有社会制度和生产方式的局限性。人类只有摆脱这种局限性，才可能从现有的"必然王国"进入到理想的"自由王国"，由此资源节约和环境保护与经济持续增长的和谐统一目标才能真正实现。

以上分析说明，只要对以物质欲望满足为追求目标的资本主义文化制度及其生产方式进行合理的扬弃，抵制过量并实际降低人们福利的物质产品消费模式，建立物质需求与精神需求满足和谐统一的文化制度及其生产方式和消费方式，不仅可以做到资源节约与经济持续发展的和谐统一，而且能够实现人类社会的最大福利。当这个目标实现的时候，人类也就从现有的"必然王国"进入到"自由王国"。

要指出的是，虽然从现有生产力水平和技术条件来说，人类已经具备"两个王国"间进行转换的条件，但要真正实现这种转换，却是十分艰难而漫长的过程。因为它需要彻底变更现有的社会制度和生产方式，重新调整现有的利益分配关系，因此必然会遭到那些在现有文化制度和利益分配中占有优势地位人们或国家的强烈反对，所以决定了这个转换过程是艰难而曲折的。不过，经济发展与资源环境之间矛盾产生的历史必然性和人类追求更大福利目标的坚定性，决定了人类社会一定会朝着这个方向不断地前进。

显然，精神文化产品的生产过程，也就是劳动力的消耗过程，同时也是人们满足自身需要的消费过程，更是提高劳动力质量和能力的再生产过

---

① 这种情况说明，由于经济结构和发展层次不同，因此进行不同国家之间每单位（美元）产出所耗资源量的横向比较是没有意义的。这种比较的结果差异，只代表发展水平上的不同，并不充分表示资源使用效率的差异。

程，因此是社会生产目的实现与实现手段相统一的过程。正是在这个意义上，我们说"资源节约型"社会中的"资源节约"不仅不包含劳动力等人造要素，反而要尽可能多地（符合社会生产目的前提条件下）消耗它们；消费领域则要在节约物质产品支出的同时要尽可能多地增加在精神文化产品上的支出。由此才能在节约资源的基础上保证经济的持续增长，实现人类社会的可持续发展目标，人类社会才能从"必然王国"进入"自由王国"。

第二节　市场经济的资源节约与环境保护功能

既然是市场经济，那么显然，各种目标的达到都需要通过市场机制来实现，即使是社会中心或政府对微观主体某些行为的调节或限制，也大多如此。

一　消费模式的转换需要市场机制功能的发挥

虽然说消费模式的转变，最主要的是靠社会制度和伦理价值的改变等，但市场机制功能的有效发挥也是必不可少的。这不仅因为，我们所说的消费模式转换本身就是在市场经济的基础上实现的，更主要的是如前面讲到的那样，社会经济和谐的前提条件是个人选择的充分自由，这种自由只能通过市场交换来实现。所以，实现生态市场经济目标的消费模式的转换，须臾离不开市场机制作用的发挥。自然，这种功能的发挥是建立在政府与市场相结合的基础上。

政府与市场结合对消费模式转换的作用，是通过政府根据建立可持续发展与和谐经济的要求，根据各种产品对资源的耗费量与对生态环境的损害大小等来确定其价格中所含税负的多少，或者对某些促进资源节约与环境保护以及具有明显外部经济的产品进行财政补贴，然后，人们根据由此形成的市场价格来进行自由选择。显然，在这样的价格机制作用下，为了实现自身的最大利益，同时在社会伦理和制度的引导下，人们必然会选择耗费资源少和对环境损害小的产品，同时如上面指出的那样，会以减少边际效用已很低的物质产品的做法来换取边际效用较大的生态与精神产品，由此实现消费模式的转换。

实际上，即使没有政府对此过程的干预，市场机制也具有这种功能。

如随着资源的逐渐稀缺，价格会不断提高，由此促使整个社会不断加强对这些资源的节约，或者以更丰裕的资源来替代它们；同时物质产品单位货币消费边际效用的减少，人们会转向单位货币消费边际效用更大的生态与精神文化产品。正是在这种机制的作用下，整个社会的生产与消费重心正在逐渐转向非物质产品领域。由此随着经济的发展，物质生产的比重正不断下降，而非物质生产的比重则不断提高，就充分反映市场机制在促进消费模式转换方面的功能的作用。正因为这样，所以我们反复强调，在当今社会，任何社会目标的实现都离不开市场机制功能的发挥。

自然，在确认市场机制功能方面，并不否定它的局限性，其中最主要的就是它达到目标的过程可能太过漫长，或者说调节的时效性与社会经济发展目标不相符合。① 一些涉及国家之间或全球性问题的资源配置，市场机制的作用则极其有限，因此需要能够代表社会绝大多数人利益的政府来对此加以调节。正是这个原因，所以我们认为，在实现可持续发展与和谐经济目标方面，政府与市场的结合是最有效的方式。只不过在这里，与传统调节这两者结合不同的是，政府的调节作用限制在改变各种市场参数方面，但不改变市场机制的一般功能，即不通过行政方式来干预市场。

二　市场机制在资源节约上的作用

在确定经济结构与消费模式或消费结构转换的前提下，节约资源或提高资源的利用效率，是实现生态市场经济目标的重要保证。

"资源节约"，也就是通过经济与技术等手段，不断提高资源的利用效率，使一定量资源投入获得的产出不断增加（或者是为获得一定产出而不断减少资源的投入）。我们知道，在有效配置资源方面，或者说提高资源的使用效率方面，市场经济已经被证明是最有效的方式。因此，经济学视角中的"资源节约型"社会的建设，就是有效发挥市场经济在配置资源方面的基础性和主导性地位，通过价格机制和竞争机制，使资源有效配置到各行业的过程。

人类社会是个利益社会，人的行为受利益导向的支配。在资源的利用上，从经济学的角度看，各利益主体是"节约"还是"浪费"资源，主要看哪种方法能够提供更大的经济利益。一般而论，市场机制会对那些节

---

① 第二次世界大战后，计划经济在独立后发展中国家受普遍推崇的原因，就是因为靠自发的市场机制是无法有效地缩小与发达国家的差距的。通过政府强有力的干预，则是可以缩小这种差距的。

约资源的行为进行奖励，而对浪费资源的行为进行惩罚。因为，节约资源也就是降低成本，使行为者获得更大的经济利益，竞争力因此会不断提高；而浪费资源则是提高成本而降低收益，竞争力会因此下降甚至会被淘汰。所以，在优胜劣汰机制和人的趋利避害行为的作用下，市场经济具有内在的不断提高资源利用效率的趋势。

实际上，从经济学的角度看，并不存在绝对稀缺的资源。资源问题，只是一个价格选择问题。只要发挥价格机制的作用，资源问题是可以得到有效解决的。如随着石油资源被不断地消耗，人们都在担心今后某个时候会出现能源短缺。实际上，这种担心是多余的。因为，即使假设技术水平不变，当石油的价格水平超过 100 美元一桶时，各种可再生能源，如风力发电等，就获得了市场竞争能力；当每桶价格达到 150 美元时，太阳能发电就获得了竞争能力。所以，某种资源的短缺与否，只是相对于某个价格水平而言的。随着价格水平的上升，不仅这种资源的供给会增加，需求会减少，利用的效率会提高，而且各种替代资源会不断地涌现出来。所以，只要市场机制的作用不被扭曲，就不存在绝对稀缺的资源。

在资源利用方面，凡是让市场机制充分发挥作用的领域，相对于经济发展水平和经济结构来说，我国的效率应该说还是比较高的，[①] 在许多方面，如一些废弃物的回收利用，如废旧塑料、纸张、金属等，我国的效率要远远高于发达国家。这是因为，这些资源在我国的市场价格较高，而回收资源的成本却因劳动价格低下而很低廉，[②] 所以，这些资源在我国的利用或再利用效率是非常高的。

从这个角度看，资源利用上的"浪费"或"不节约"，一定是市场机制被扭曲，价格机制作用没有得到充分发挥的结果。如我国当前矿藏开采中的资源严重浪费现象，是矿藏资源的价格被扭曲，没有真实反映资源的真实价值；如承包权太短、资源产权不明确、政策变化无常、地租过低等，致使人们采取竭泽而渔的方式开采。我国能源中使用的低效率，与我

---

① 　许多人在进行资源利用效率的国际比较时，往往以欧、美、日等发达国家为参照系，得出我国在资源利用方面低效率的结论。这种比较，忽视了两者间的经济结构和发展水平差异，因此是没有实际价值的。

② 　2009 年上半年在电视新闻报道中，看到东欧的一条河流几乎被各种废弃的塑料瓶堵塞，这种情况在中国当前却绝对不会出现，因为它们在我国是一种具有很高市场价格的重要资源，每天都被许多人专职搜寻，即使偏僻的地方也不被放过。

国长期以来对能源价格的高度控制密切相关。农业中过量化肥使用产生的低效率和对环境的严重污染，是政府对化肥巨额财政补贴的结果。各地对水资源的大量浪费或使用中的低效率，是水资源的定价过低，没有反映其真实稀缺程度的结果。市场经济是一个生产者之间相互竞争的场所，在优胜劣汰机制的作用下，各行为主体是不会也不敢"浪费"资源的。因为，市场经济条件下的资源使用是需要成本的。如果人们在生产过程中浪费资源，成本就会高于其他生产者，优胜劣汰竞争机制作用的发挥就会将其淘汰。所以，只要市场机制能够充分发挥作用，资源的利用效率就会在经济发展过程中不断提高。所以，市场机制有一种迫使人们不断提高资源利用效率的内在压力。这种机制，正是马克思所揭示的资本主义具有内生性技术进步原理的体现（杨文进，2004）。政府在这方面所要做的，就是强化市场机制在提高资源利用方面的效率。如对节约资源的行为（技术研发和推广等）给予信贷、财政等方面的资助，以提高行为者的收益或降低成本，政府甚至可以直接承担这方面技术进步所需的大部分成本。

从经济发展的过程看，市场经济中的资源利用效率是一个不断提高的过程。这个过程，既与资源供给的丰裕程度及其价格水平的变化相对应，也与资源利用上的技术水平提高相一致。在经济发展水平较低时，自然资源往往相对丰裕而价格水平低下，同时技术水平也较低，因而会用较多的自然资源消耗来换取一定量的经济财富；随着经济发展水平的不断提高，各种资源会因消耗而逐渐变得稀缺，市场价格因此会不断上升，利用资源的技术在竞争规律的作用下会不断进步。所以，在市场机制的作用下，资源的利用效率会不断提高。正因为这样，所以我们看到各国的资源利用效率，都是与经济发展水平成正比的。

虽然市场机制在配置资源方面是有效率的，但在提高资源利用效率方面，政府同样可以有所作为。因为，政府可以通过各种手段，调节资源利用过程中的成本与收益。如提高某些资源的使用税，对提高资源利用效率的行为，如实施循环经济的生产方式和技术进步等进行资助，降低他们生产过程中的成本等，将能够使市场经济在提高资源利用效率方面的功能得到更有效的发挥。所以，现代"资源节约型"社会的建设，是市场与政府有机结合的过程。

有一点要指出的是，虽然市场机制和政府的结合，可能明显提高资源的利用效率，但在竞争性的全球经济中，如何保证后进国家，如我国在资源利用上的有利地位，却是对发展中国家政府的一种严峻考验。因为，受技术条件限制等，在同样的价格水平上，单位资源产出效率，后进国家必然落后于发达国家。因此在竞争性的全球经济中，后进国家难以与发达国家竞争。所以说，即使政府参与资源利用效率方面的市场机制作用，在全球性的资源中，发展中国家会处在一种特别不利的位置。当今发展中国家，在全球性竞争环境下对资源的利用，是以牺牲环境和劳动者的利益，来获得与发达国家竞争的资本的，如我国改革开放以来，走的就是以牺牲自然资源和生态环境、广大劳动者利益的做法，来获得经济发展与出口竞争力的。如何找到既有效达到节约资源而又保证国家竞争力的方法，是对发展中国家的一种智慧考验。

三　市场机制在环境保护上的作用及其局限

实现人与自然的和谐，环境保护无疑是其中最重要的内容之一。我国目前正进行的"环境友好型"社会建设，就是这方面的体现。

（一）市场机制的环境保护功能

从经济学的角度看，环境保护也是一个成本与收益的选取问题。也就是生态环境对整个人类是有价值的，并且在一定范围内具有价值自我再生能力，同时人类投资能够增加该价值存量并提高其价值增值能力。但人类活动在许多方面会对生态环境造成损害而减少生态环境的价值存量，甚至损害其价值修复或再生能力，因此产生社会成本。"环境友好型"社会，就是在人与生态环境的关系上，要做到生态环境的价值存量及其再生能力，在经济发展过程中不仅不减少，而且能够不断增加。

我们知道，资源节约与环境保护在很大程度上是一个事物的两个方面。因为资源的利用，对环境来说就是废弃物的产生。资源利用效率的提高，也就意味着减少一定量经济活动所产生的废弃物，由此减轻对生态环境的损害，所以资源的节约也就是生态环境的保护。如上面指出的那样，在提高资源利用效率方面，市场机制是最有效的手段。由此说明在这个方面，市场机制对保护生态环境具有不可替代的作用。

除了在资源利用上对生态环境的保护功能外，在可市场化的生态环境上，市场机制也具有非常重要的作用。因为市场价格具有反映资源稀缺程度及人们偏好的功能。当生态环境遭到破坏而变得稀缺，从而人们的生态需要得不到满足，生态产品的边际效用提高时，它们的市场价格就会不断提高。一些地区退耕还林、还草，就是这种功能发挥的表现；各国或各地区经济发展过程中环境的"倒 U"形变化就反映了这种情况。

因为，在经济发展水平较低时，生态环境质量较好，供给丰裕。在供求规律的作用下，一定量生态环境的经济价值较低，而一定量经济货物的价值则较高。所以，以丰裕而价值较低的生态环境来换取一定量的经济财富，会被整个社会认为是有利可图的理性行为。正是在这种思想的指导下，几乎所有发达国家都经历了以一定量生态环境的牺牲来换取经济发展的做法。随着经济发展水平的不断提高，一定量经济财富的（人们心理评估的）价值下降，而一定量的生态环境产品则变得稀缺而价值不断上升。这时，以生态环境的牺牲来换取经济增长的做法，对社会来说将变得得不偿失。反而以一定量经济财富的牺牲来换取生态环境的改善而变得有利可图。这种情况说明，一定量生态环境的社会价值，是随着经济发展水平的变化而改变的。由此对处在不同发展水平阶段的人们来说，对同一生态环境资源的评价值是相去甚远的。如每公顷亚马孙热带雨林的价值，20世纪 90 年代，发达国家专家的评价是每年超过 100 万美元，而当地居民的评价则不到 400 美元（他们的实际行为是毁林种小麦，收益是每公顷约 400 美元）。由此，才会出现同一时间，发展中国家在以环境牺牲为代价换取经济发展时，发达国家则在限制某些产业发展来换取生态环境的改善。

对同一生态环境或一定量生态环境产品的评价差异，不仅发生在不同发展水平的国家之间，也发生在同一国家经济发展程度不同的地区之间、同一地区富裕程度不同的人们之间。如在我国东部沿海地区，因经济发展水平达到较高程度，正在投巨资进行生态环境的保护与改善；中西部地区，则因经济发展水平较低和为赶超东部地区，正在大力度地实施以环境换发展的做法（东部许多污染环境而被关闭的产业正在大量地向中西部地区转移）。同一地区内，不同富裕程度的人们所生活的周围生态环境质量差别同样惊人，如印度孟买的富人生活在生态环境良好的环境中，而穷人则生活在污水横流、垃圾遍地的贫民窟中。不过，这种情况也反映出，市场机制可以在小范围内，也就是产权能够较好界定的区域内发挥作用，在大的涉及不同利益集团而其中关系又难以协调的范围则难以发挥作用。

（二）市场机制在保护生态环境方面的局限

市场机制虽然具有保护环境的积极作用，但也存在着一定的局限性。这是因为，市场机制有效发挥作用的前提是产权的明确界定或使用上的排他性。而生态环境却恰恰是产权不易或不能界定的对象，它具有强烈的公共性和使用上的不可排斥性。因而在这方面难以有效地发挥作用，这种公共性，是造成不同范围主体，如国家、区域与个人之间在生态环境利用上的行为相互矛盾的主要原因。

　　虽然从经济学或市场选择的角度看，对环境采取任何态度，对任何经济行为人或经济主体来说都是效率选择问题，即在生态环境的利用上必须满足收益大于成本的原则。但由于"资源"与"环境"对不同行为主体的内涵不一样，因此使得对它们利用的原则也十分不同。这是因为，"环境"对不同行为主体来说的内涵是十分不同的。如对社会整体来说，它是一种有价值的"资源"，对它的利用，是一种成本支出，但对微观个体来说，它却是没有市场价值的，不属于"资源"的范围，对它的利用，不仅不是成本的支出，反而可能是收益的来源——环境对私人资源具有替代作用。因此对微观主体来说，"资源"与"环境"利用的经济原则是十分不同的，可在市场经济中，对环境的利用正是由这些"环境无价值"观念的微观主体实施的，为降低生产过程中的"资源"投入成本，会驱使他们展开对（自身）"无偿性"环境的使用，由此导致生态环境的破坏而产生巨大的社会成本，不可避免地会导致"公地的悲剧"的结局，使得人类社会难以在此基础上达到环境利用的有效目标。① 所以，人类社会在"资源"与"环境"利用上的原则是十分不同的。这种情况说明，在"资源"利用上有"效率"的市场机制（包括资本），在"环境"的利用上是相对无效的。原因就是对"生态环境"利用所产生的利益全部由行为者所得，其中的成本却由社会公众承担。其中的好处非常诱人，会促使所有人都采取这种外部不经济的生产方式，所以不可避免地会导致生态环境的恶化。

　　显然，要避免生态环境利用上"公地的悲剧"的结局，就需要解决"生态环境"利用上所产生的利益个人性与成本社会性之间的矛盾。解决

---

　　① 据《中华工商时报》2009 年 5 月 31 日报道，国际环保组织绿色和平发布最新报告，指称金光集团为满足生产纸浆和棕榈油的需求，在印度尼西亚廖内省大面积破坏泥炭地森林，每年排放出高达 1.13 亿吨的二氧化碳，按照碳市场研究机构 PointCarbon 对于二氧化碳平均价格的预测，金光集团每年就欠下"碳债务"高达 33.9 亿欧元，约合 320 亿元人民币，而其还没有包括金光集团在其他地区毁林所造成的碳排放。据了解，金光集团在印度尼西亚廖内省控制了超过 78 万公顷的油棕和浆纸种植园。2001—2006 年，廖内省大约有 45 万公顷原始森林被砍伐，用来满足金光集团 APP 的纸浆需求，这相当于 4 个香港特别行政区的面积。

的方法，就是要让每个人对环境利用所产生的收益与付出的成本相一致。

在这方面，市场机制可以发挥一定的作用，如通过价格形式提高个人使用环境资源的经济成本（根据排污量大小所收取的"排污费"就是这方面的例证），降低人们在生态环境利用上的好处，如对那些较多使用公共资源或污染环境的生产者收取资源使用费，或更高的所得税等，但应该承认其作用是有限的，而且成本高昂，最主要的是，它不能有效解决对生态环境利用上的利益个人性与成本社会性之间的矛盾。正因为这样，才会出现虽然小范围的生态环境可以通过投资来改善，但大范围的生态环境，如整个孟买的生态环境质量，则一定取决于社会的和谐程度。这也正如我国当前，虽然东部地区因经济发展到较高程度而在实施经济换环境的政策。但由于整个国家内部不同地区之间存在着比较严重的收入分配差距，因此整体的生态环境呈继续恶化的态势。这说明，没有区域之间分配上的公平与和谐，整体的生态环境是不会明显改善的。这种情况，在我国则更加突出。因为，我国在地理上是一个西高东低的整体，维系东部经济发展命脉的主要河流全部发源于西部高地，收入分配差距的扩大，必然会驱使西部地区实施以牺牲环境换取经济增长的对策。由此产生的环境污染、水土流失、河流干涸等生态灾难，会对东部中下游地区形成致命的伤害。所以，收入分配差距的扩大，会严重阻碍我国"环境友好型"社会的建设。这同时也说明，大范围的生态环境，是不能够建立在局部地区以投入换环境的基础上的。

解决生态环境利用的利益个人性与成本社会性之间矛盾最有效的手段，是建立"收入分配高度公平化"的和谐社会。收入分配的高度公平化，说明人们从公共性生态环境利用上获得的个人利益几乎为零——必须被全体社会成员平均化。因此人们也就没有破坏生态环境的动力机制，生态环境才能够得到保护。如果没有收入分配公平化的制度保证，每个人、每个地区，甚至每个国家，追求收入分配相对优势地位的努力，就会促使人们竞相利用公共性的环境资源来攫取个体利益，由此生态环境的破坏，或者说人与自然的对立，也就不可避免。

我们知道，收入分配是一个社会经济制度中最核心的部分，分配问题，是一个社会经济制度与体制的选择问题（从理论上说，制度和体制选择，也是一种社会成本与收益的比较问题）。所以，与"资源节约型"社会建设主要是个效率选择问题不同，"环境友好型"社会的建设，是一个社会经济制度的选择问题。

　　笔者曾反复强调，人与自然的关系，是人与人关系的映衬，或者说，人与人之间的关系，是人与自然关系的基础。只有人际关系和谐，人与自然的关系才会和谐。人际关系和谐的前提，是产品分配的公平或相对公平。在产品分配差距较大的社会，人与人之间的关系是比较紧张的。因为在这种社会，为追求相对优势的地位，会促使人们之间展开激烈的社会竞争，所以会产生比较紧张的社会关系。为在紧张的社会关系中获得较好的社会地位和经济利益，通过以公共资源来换取个体利益的行为也就不可避免，人与自然关系的紧张也就不可避免。只有在社会关系和谐或相对和谐的社会中，生态经济基本矛盾的作用才能够得到较充分的遏制，人与自然的关系才有可能和谐。这种情况说明，"环境友好型"社会的内涵，不仅应该包括人与自然关系的和谐，而且应该包括人与人之间关系的和谐，是它们二者的有机统一，其实质也就是建设"和谐生态经济"社会。正因为这样，所以我们看到，当今世界，凡是人与自然关系比较紧张，也就是生态环境状况比较恶劣或者是处在恶化过程中的地区，一定是人与人之间关系严重对立的地区，如中南美洲、非洲地区、东南亚中的印度尼西亚和菲律宾等。改革开放以来的我国更是这方面的典型，如我国分配上的基尼系数已接近0.5（有人计算得出超过0.5，甚至达到0.6），是世界上收入分配最不公平的国家之一。80%以上的金融财富掌握在极少数人手中，由此也成为我国生态环境质量不断恶化的罪魁祸首，以至于我国当前最大的国家安全问题，竟然是生态环境的不断恶化。如整个华北、东北和西北，面临着荒漠化的威胁；淮河以北的耕地，面临着盐碱化日益加重的威胁；所有的大江大河，都存在程度不等的污染。那些收入分配比较公平，从而社会关系比较和谐的社会，如日本、西欧等，人与自然的关系也比较融洽。由此可以得出，生态环境不断恶化的地区，一定是社会生产关系恶化的地区；而生态环境不断改善的地区，则是社会生产关系日益完善的地区。

　　这种情况说明，虽然经济发展水平与生态环境质量之间具有"U"形特征，但在同样的经济发展水平上，生态环境的质量则取决于收入分配状况，二者之间呈正比关系，也就是收入分配相对公平，社会和谐程度较高的国家或地区，生态环境的质量，或者说人与自然的关系要更和谐；而收入分配差距较高，从而社会和谐程度较低的国家或地区，生态环境的质量要更差，人与自然的对立也就会更加突出。正因为这样，所以才会出现上面讲到的小范围的生态环境可以通过投资来改善。但大范围的生态环境，如整个孟买的生态环境质量，则一定取决于社会的和谐程度。

　　从趋势上看，生态环境的有效保护依赖于收入分配差距的缩小和经济发展水平的不断提高。因为经济发展过程中收入分配的公平程度具有与经济发展和环境质量关系同样的"U"形特征。即经济从不发达到发达过程中的一定范围内，收入分配的公平程度会下降，而当经济发展达到较高水平时，收入分配的公平程度就会提高，① 同时经济发展水平也会随着时间而提高的，所以，就一般性来说，"环境友好型"社会的建设程度，是随着经济发展水平而一同提高的。

　　这个过程，也是与生态环境利用上的市场原理相一致的。因为，随着收入分配的公平程度在经济发展过程中的提高，生态环境基本矛盾的作用也就被日益削弱。也就是微观个体从牺牲环境获取个人利益的行为中得到的实际收益也越来越小，这也就是利用生态环境基本矛盾作用的激励机制的不断减弱。所以，微观个体会减少对环境的损害。

　　不过要注意的是，在经济发展达到一定程度后，收入分配会趋于公平的这种现象，是在市场机制能够充分发挥作用，也就是不受垄断和特殊行政干预，同时社会中心有意推进"社会和谐"建设的基础上而实现的。情况如果不是这样，如在经济发展过程中形成众多的垄断势力和分利集团，即如 19 世纪末期或者 20 世纪初期就达到相当水平的南美洲一些国家，20 世纪80—90 年代达到相当水平的东南亚一些国家，或者是当今的一些非洲国家那样，那么整个社会收入分配的公平程度，不仅不会随着经济发展水平的提高而提高，反而会不断下降。我国改革开放以来的情况也是这样。所以，经济发展过程的"环境友好型"社会的建设程度，并不是一个完全自发的过程，而是一个市场机制发挥作用与政府努力的共同结果。也就是说，在推进"环境友好型"社会的建设过程中，政府的努力是至关重要的。如在资源配置过程中，破除一切阻碍市场机制和资本积累

──────────

　　① 这种过程的主要原因，是在经济发展程度较低时，生产更多财富成为社会的主要目标，"效率优先"会成为社会的主要选择，同时这个阶段的经济发展主要依赖于物质资本的投入，所以会出现分配差距的扩大；当经济发展到较高程度时，"稀缺"问题得到缓解，社会关注的焦点会转向"财富的分配"和"社会公平"，同时经济发展的重心转向依赖于人的素质和积极性，所以分配的差距会逐渐缩小。

作用发挥的垄断势力，积极推动产品分配的公平化等，是实现"环境友好型"社会建设目标的重要保证。

还有一点要特别指出的是，后进国家不仅在资源利用上因各方面落后于发达国家而处在极端不利的地位，而且在环境方面遭受到更加不利的局面。因为，世界性的环境和谐，需要世界性的社会和谐。而当今世界的一个明显特征就是国家之间的竞争日趋激烈，发达国家利用环境负担的转移来获取国家利益，发展中国家则因经济发展需要而不得不承受这方面的压力，因此在发达国家的环境日趋好转的同时，发展中国家的环境却在不断地恶化。所以从这个角度来看，发展中国家在建立"环境友好型"社会方面，不仅会受到国内因经济不发达而产生的各种阻力，而且会受到发达国家的不利竞争而阻力重重。相当长一段时间内，资源的过度消耗和环境恶化的趋势仍将不可避免。

第三节　市场机制下的循环经济

市场机制在促进资源节约方面的一项重要功能，就是它会在不同范围内促进循环经济的实施。

一　循环经济的经济学含义

"循环经济"，就是在满足成本效益原则的前提下，利用生态学原理，对经济活动中的有限资源不断地进行循环利用，高效率或无浪费地使用资源。具体地说，"循环经济"就是在再生产过程中利用生态经济原理，将上一生产过程或工序所产生的废弃物，转变为下一生产过程或工序的投入品，以使资源得到最充分的利用，同时尽可能少地产生或不产生对环境有害的废弃物的这样一种生产方式。如工业生产中对水的利用，当水在生产过程中被各种化学产品和重金属污染后，经过特殊工艺处理，将这些化学产品和重金属分离出来，不仅可以使水得到洁净而能够重新使用，而且可以回收具有重要经济价值的化学产品与重金属。要特别指出的是，循环经济的主要内容虽然是资源的循环利用，但其本质却是"经济"，更确切地说，就是资源的循环利用必须满足"收益大于成本"的经济性原则；否则，资源的循环利用就不可能实现。

　　然而，在国内外对"循环经济"范畴的众多定义及其内容的理解上，①却大都放在资源的循环利用和节约上面，"经济"内容或被忽略或被置于极其次要的地位。如果说这种情况局限于早期提出"循环经济"概念的工程技术人员尚可理解的话，那么在当今为"循环经济"寻找政策依据的经济理论研究中出现这种情况，或者说一成不变地沿袭该概念的内涵却是极不正常的了，明显违反经济学的本质。这是因为，在人类社会，尤其是在市场经济社会对资源的利用以及对环境的保护，都是服从于人的经济利益的，对经济利益的追求才是决定资源配置的关键。而经济学正是从人的利益关系去看待和研究人类社会的一切行为的，并以产出是否大于投入从而来确定行为结果的好坏的。所以，经济学角度的"循环经济"内涵是不同于技术角度的"循环经济"的理论的。

　　我们知道，以今天的技术水平来说，已经可以做到将几乎所有的有形资源加以回收利用的程度。因此确实如科学家或工程技术人员所说的那样，"只有放错地方的资源，而没有绝对的废弃物"。如果单从技术条件说，完全可以做到将各种燃烧气体中产生大气酸雨的"硫"的零排放。但我们知道，无论技术多么发达的国家的实际排放都没有做到这一点，也就是说，技术能力与实际排放之间存在着巨大差距，原因就是"零"排放的技术使用不能满足人类社会的"经济性"要求，所以暂时还不被人类所利用。这是因为，各种废弃物的回收在达到一定程度后存在着极其明显的成本递增倾向。如将煤炭燃烧排放气体的脱硫量由90%提高到95%，那么成本将上升一倍以上；要在此基础上再提高2个百分点，则成本的增加又需要一倍以上；而要达到100%的脱硫，则成本会成为任何社会都无法承受的天文数字。在我国正被大量关闭的达不到一定规模的造纸厂、电镀厂等，也不是缺乏相应的污染治理技术，而是这些技术的利用满足不了经济性或规模经济的要求。如要使各种排放物达标，那么这些企业将出现严重亏损，甚至投入企业的全部收入也满足不了治理污染的要求。这说明，循环经济并不是单纯的技术上的资源循环，而是符合经济要求的资源循环。如果不能满足这种条件，那么无论技术水平达到何种程度，这些"被放错地方的资源"就只能成为污染环境的废弃物。其原因，就是人类

――――――――

①　参见赵云君、文启湘《我国发展循环经济的理论研究综述》，《经济学动态》2006年第1期。

社会的资源配置不是完全由技术决定，而是由经济原则支配。无论是各种废弃物的排放或保护环境的标准，还是各种资源的循环利用等，都是如此。因此，那些被利用过的资源或废弃物是否能够被重新利用，从而资源循环是否能够实现，取决于它们的回收与使用成本是否小于新资源的获得与使用成本是否在社会的承受能力范围之内；否则，循环经济不仅不能实现，甚至原有的循环经济也会因此而转变为非循环经济。如东方的传统农业就是一种典型的循环经济，几乎没有任何废弃物的产生，① 但它们最终却被非循环的石化农业所取代，原因就是各种废弃物的循环利用成本及其效益低于资源非循环利用的石化农业，以致原来作为农业肥料和有机物投入的各种废弃物成为污染环境的元凶。② 这种情况，显然从技术方面得不到合理解释。由此说明，循环经济的核心是经济利益，而不是单纯的技术问题。资源循环的技术，只有在它能够带来比非资源循环技术更大的经济效益时，才会被采用。现在一些地区正由石化农业向生态农业的回归，就是因为社会经济条件的变化，使得后者在经济上更有竞争力。

不仅资源能否循环利用取决于经济原则，而且社会在制定各种废弃物的排放标准时，也是根据排放一定量废弃物所产生的各种社会成本与社会为减少这些废弃物排放量所承担成本之间的关系来确定的（由于实际中污染所产生的各种成本难以准确计量，因此损失的计量具有很强的规范性），只有当后者小于前者时，社会才会提高废弃物排放的社会标准，由此减少废弃物的排放。也正是这种原因，使得各国的排放标准都是根据各自在这方面成本收益情况的改变而不断调整的。这说明，循环经济与非循环经济的界限并不是泾渭分明的，而是根据社会经济条件的变化而改变的。

自然，强调"循环经济"的经济核心本质，并不是否定技术的作用，而是指在市场经济社会，技术是服从于经济要求的。这种情况，不仅在循环经济中存在，而且在各个方面都是如此。如许多在技术上先进的生产方式，如"铱星移动通讯"等，因经济性差而竞争不过适应性技术而遭到

---

① 秸秆作为牲畜的饲料，牲畜的排泄物又作为农田的肥料；由人消费而产生的各种排泄物也通过同样的方式循环等。

② 在我国许多地区，原来被农民作为重要资源的"秸秆"，由于劳动力成本提高等原因而造成处置成本的增加，因此收获后大多被一焚了之，结果不仅造成严重的环境污染，而且在许多地区还影响客机航班的起降。

淘汰的例子，在现代社会是不胜枚举的。只有当先进技术在经济上能够超过传统技术时，它才会在社会实践中取代后者。因此，才会出现许多最先进的技术，要经过相当长的时间才能成为社会的"普适"技术，那些不能满足这个要求的技术则会被淘汰（在人类发明的各种新技术中，绝大部分因达不到这个要求而被湮灭，真正能够被有效利用的只有少部分）。

二　循环经济的实施条件及演进过程

正是因为循环经济的实施需要满足经济上的成本收益原则，所以才决定了市场机制会在其中发挥重要作用。同时从循环经济的内涵知道，循环经济的实施是需要一系列条件的，如果不能满足这些条件，循环经济就不可能实施，甚至原有的循环经济也会转换为非循环经济，如传统农业被石化农业的取代就说明了这一点。

一般来说，循环经济的实施条件主要有：技术的成熟度及其适应性、资源供给的数量约束程度、资源的市场价格、企业的生产规模、产业的聚集、社会化的资源统筹利用、国家对环境保护的规制等。显然，在市场经济条件下，任何条件最终都必须体现在其收益大于成本的基础上。只不过在这里，厂商与社会或政府之间的成本和效益内涵存在着重大差异。

这些条件在实际过程中，是随着经济发展而不断变化和成熟的，它们通过下面这些方式得到实现。

（一）技术进步中的循环经济

虽然在市场经济中，任何技术的使用都要满足于收益大于成本的要求，但技术进步则会不断地改变再生产过程中的成本收益关系，使得一些原来满足不了循环经济的生产方式被转化为循环经济。如技术进步使得许多原来不可被利用的废弃物成为宝贵的资源，如原来严重污染环境的煤焦油，因技术的进步而成为重要的资源；许多原来严重污染环境的产业，如造纸业等，因技术的进步不仅做到资源的不断循环利用，而且做到了有害废弃物的零排放等。在某种意义上可以说，资源的循环利用和生态环境的保护，只有通过技术的不断进步才能够不断完善，从而一个社会的循环经济，必然是随着技术的进步而不断演进的。由此才使得许多非循环经济的产业，如水资源、造纸行业、钢铁行业等，都在技术的进步中逐渐转变成循环经济。

显然，任何社会的技术进步都是一个渐进的过程（对单个企业或行业来说，可能存在着技术上的突变），因此循环经济也是一个渐进的过程。这是因为，资源供给由丰裕到短缺的过程是一个渐进的过程，所以克服资源短缺或者说实现资源循环利用的过程也是一个渐进的过程，资源再利用的经济效益也是一个逐渐显现的过程。所以，由经济利益关系决定的循环经济技术进步也必然是一个渐进的过程。市场经济中，决定资源利用方式的是利益关系。在资源供给相对丰裕从而价格低廉的时期，这方面循环经济技术投入的产出效率是很低下的，所以技术的进步速度必然缓慢。如果石油资源的供给像 20 世纪 50—60 年代那样丰裕而廉价，那么提高能源利用效率和发展替代能源的动力就小，各种可循环利用能源，如太阳能、核能、风能等的技术进步速度也就较慢，因为它们竞争不过是非循环经济生产方式；只有在能源价格较高且供给紧张的社会条件下，循环经济技术进步及其应用的效益明显，这方面的技术进步速度才会加快，同时也只有在这种条件下，新技术的运用才因具有经济竞争力而得到推广。正是这种机制，决定了稀缺程度不同资源利用方面技术进步速度的不同，即各资源循环利用的技术进步程度是与该资源的短缺程度及相应的市场价格高低成正比的。由于任何资源的短缺程度与市场价格都是随着经济发展程度的提高而加强的，因此决定了各种资源利用技术的进步程度也必然是不断加快的。如近几十年来，随着石油、煤炭、水等资源短缺程度的加强，这方面的技术进步速度也是不断加快的，因此使得这些资源的利用效率不断提高。在市场竞争过程中，只要资源的短缺能够通过市场价格得到反映，追求资源利用上（或是提高资源的利用效率，或是寻找新的替代资源）的技术进步，就会成为各国政府或各厂商之间身不由己的内在动力与外在压力，技术进步就会成为一种自然的过程。

技术的进步是一个渐进的过程，还存在各产业之间是相互关联的。技术的进步是一个相互促进而又相互制约的关系，如某个产业的技术进步或突破，会使得相关产业的技术变得落后，因而会促进其发展。这正如工业革命中的纺纱技术的突变而使得织布技术变得相对落后，因此会促使后者进行技术变革；在后者的技术变革取得突破前，纺纱技术将停滞在原有的水平上而难以继续改进。由于各产业之间的协调需要时间，因此整个社会的技术进步虽然会有起伏变化，但整体而言是渐进的。与此相适应，循环经济的演进必然也是渐进的。自然，随着经济增长过程中资源短缺程度的不断提高和环境保护意识的加强，以提高资源利用效率和保持生态环境为主要内容的技术进步速度会不断加快，由技术决定的循环经济的演进过程也会加强。

正是伴随技术的不断进步，循环经济才得以不断地扩大（工业革命以来，循环经济经历了一个"U"形过程）。可以预料的是，伴随着经济发展过程中资源的日益短缺和社会保护环境意识的加强，这方面的技术进步会不断加强。如当今的环境保护技术不仅扩大到如何回收有用的资源和保护环境，而且已延伸到产品的设计过程中。不仅做到生产过程不浪费资源和污染环境，保证产品使用的清洁高效，而且做到产品使用后废弃物的有效回收和循环利用等。所以在此过程中，循环经济的深度与广度都会得到极大的加强。

（二）　规模经济演进中的循环经济

要做到资源的循环利用，不仅需要相应的技术，而且需要生产和资源利用的单位规模达到一定的要求。一般地说，两者间具有正比关系，即生产单位资源利用的生产规模越大，循环经济的实施效果越好。这是因为，在现代生产方式条件下，任何资源的循环利用都需要一定的物质技术条件和工艺流程，从而需要相应的成本投入，如果企业的生产规模或资源再利用的规模太小，就无法承担所需的成本费用，这正如我国目前被大量清理整顿的造成严重环境污染的"五小"企业。并不是缺乏相关的治理技术，而是因为它们的生产规模太小，承担不了相关的治理费用，所以不得不被政府强令关闭或迁移。同时，一些有用资源的再利用也需要达到一定的规模，如发电厂余热、炼油厂废气、造纸厂的废碱等的回收利用，都要求企业生产规模达到相当程度后才可实施。著名的杜邦化学公司创造"3R 制造法"，① 不仅要求企业的生产规模达到相当程度，而且要求整个生产的产业链足够长。这说明，只有企业或资源利用的规模达到一定程度时，循环经济生产方式才有可能得到有效实施。在一些污染行业，各国政府确定的起始规模，往往也就是满足污染治理所需的经济规模。自然，如果单个企业自身的规模满足不了循环经济的规模要求，那么将这些达不到循环经济规模要求的企业在区域上集中起来，进行统一的污染治理或资源再利用，也能够满足循环经济的规模要求。这也就是说，要做到循环经济，就要求资源的利用和再利用必须达到一定的规模要求，这种规模要

---

① 即把 3R［Reduce（减量化）、Reuse（再使用）、Recycle（再循环）］原则与化学工业实际相结合所创造的一种循环经济生产方式。

求可以是单一的生产单位，也可以是众多生产单位在空间上的集合或聚集。

　　由于任何社会单位生产及其聚集的规模都是随着社会经济的发展而逐渐演进的，因此决定了一个社会的循环经济也必然是随着社会经济规模的扩大而不断深化的。受生产技术、资金和市场等方面的限制，在经济发展水平较低的阶段，企业的生产规模必然是较小的；同时受技术、资源价格等方面的影响，除了传统产业外，整个现代经济的循环经济水平必然是较低的。因为在这样的小生产规模条件下，单个企业所产生的可再生资源废弃物的排放量必然是较小的。不仅回收的经济意义不大，而且回收的成本将非常高，再加上受到循环经济技术不足和社会经济条件（在经济发展水平较低时，资源环境的社会评价值低，社会对实施循环经济的要求不高）等限制，所以循环经济的规模必然是较小的，水平大多局限于一些具有较高经济价值而技术要求不高的资源回收利用上。但是这种情况会随着社会经济的发展而改变。因为在市场经济优胜劣汰和技术进步所产生的规模经济作用机制下，一方面企业的规模会不断扩大，由此产生的具有经济价值的废弃物的规模会扩大，当它们达到一定程度时，废弃物的回收将变得有利可图；另一方面在经济发展过程中，实施循环经济的社会条件会不断改变。如不仅资源的市场价值会不断提高，而且环境的社会价值也会不断提高，社会对生态环境的保护力度会不断加大，以资源再利用和环境保护为目标的循环经济会逐渐成为一项有利可图的事业，这方面的产业会不断地从原有的产业中分爨出来并不断壮大。

　　循环经济在规模经济扩大的过程中发展，既有废弃资源排放单位生产规模扩大所产生的大规模资源再利用的规模经济，如钢铁厂的废钢渣和废热的再利用、各种牲畜集中屠宰中的废弃物利用等；或者是某些废弃物的排放规模达到一定程度，使得通过社会化的专业回收或处理（如一些城市建立企业化的污水处理企业，以计量收费方式收集各企业排放的污水）在经济上变得有利可图或社会因此变得能够承受；或者是将那些产生严重资源浪费和污染环境而又无力进行循环经济生产方式的中小企业在空间上的集中或聚集达到一定程度，从而使得废弃物的处理和资源的循环使用能够达到循环经济的起始规模要求，等等。总之，循环经济的技术经济条件要求，无论是资源的回收、处理还是再利用，都需要以一定的规模为基础，由此我们看到各行业中规模不等的企业之间的循环经济程度往往也是不同的。一般地说，两者间具有明显的正比关系。由于一个社会的生产单位，尤其是中上游物质生产单位的规模，是随着市场竞争和经济发展而不断扩大的，因此决定了一个社会的循环经济也是逐渐加强的。

（三）产业聚集演进中的循环经济

显然，要求所有会在生产过程中产生各种有用的废弃物和污染环境的企业都达到循环经济的规模要求是不现实的。因为受生产方式、市场需求等因素的限制，有不少企业的规模经济程度是很低的，其中的一些甚至是受到高度限制的，所以不可能所有的生产企业都达到循环经济的规模经济要求。但这并不说明这些企业因此不能够实施循环经济生产。解决的方式是有的，也就是将分散的这类企业在区域或空间上集中起来，建立专业化的废弃物回收和污染物治理组织，以实现区域性的循环经济生产。这种循环经济，又叫作产业聚集中的循环经济。

产业聚集中的循环经济主要有两种形式，一种是将那些产生相同有用废弃物或污染环境物质的单个生产规模达不到循环经济要求的生产企业在空间上集中起来，同时配置专业化的废弃物利用单位，或者是污染物的治理单位，以达到区域内的循环经济和清洁生产。如我国许多地区近年将区域内的"五小"工业企业迁移到专门建立的工业园区，进行统一的废弃物和污染物的回收治理，实现了区域内生产的循环经济。

产业聚集中循环经济的另一种方式，也就是将各生产中可用废弃物的排放单位与再利用单位在区域上集中起来，以实现资源的循环利用。循环经济的核心内容，就是原来被作为废弃物并会污染环境的排放物被作为资源而得到再利用，这个要求显然是专业化分工基础上的单个企业无法完全做到的，或者说要做到这点，就需要企业的规模无限大并涵盖所有废料与副产品回收与利用的生产领域，生产链因此会变得非常长；否则，任何厂商都无法通过资源循环方式消解生产过程中产生的所有废弃物，同时也是违反专业化分工协作要求的。解决这个矛盾的方法之一，就是建立区域化的资源再循环体系，也就是将废弃物的排放单位与利用单位在空间上有效集中，做到区域上的产业聚集。如发电厂的余热要得到有效利用，就要求那些能够利用余热的单位紧靠电厂。这正如著名的丹麦卡伦堡生态工业园区中的发电厂、炼油厂、制药厂和石膏制板厂之间，通过贸易方式把其他企业的废弃物或副产品作为本企业的生产原料，建立起工业循环和代谢生态链关系，使各种废弃物都得到有效利用，节约了资源，保护了环境，提高了企业效益。这种情况说明，产业的地域集中，是实施循环经济的最基本要求。只有这样，才能降低资源再利用过程中的成本，使得循环经济方式变得有竞争力而得以生存。

显然，一个社会各产业间在空间上的聚集程度越高，产业链也就会越长。由此不仅会促进商品交易成本的大量下降，而且废弃物再利用的经济性效果也就会越高。被利用的比例也就会越高，从而循环经济的程度也就越高。不同的产业聚集程度，决定了不同的循环经济发展水平。一般地说，两者间具有明显的正比关系。由此我们看到，规模越大的区域经济或城市，其资源的再利用率程度越高，污染物的治理率自然也更高；而一些小城镇，尤其是乡村集镇，除了极少数的资源，如饭店的泔水等能够得到部分再利用外，各种废弃物和污染物基本上都是不加任何处理就直接排放。因此在我国，环境污染的程度与城市规模成反比的状况普遍存在。

由于任何区域经济中产业的聚集程度及内部产业链的完整程度，都是随着社会经济发展水平的提高而不断加强的，因此决定一个社会各区域内的循环经济程度也是不断提高的。这种情况说明，要提高一个社会的循环经济程度和生态环境质量，应该发展大中城市和程度较高的聚集经济为主，避免大量小城镇的无序建设。

（四）分工协作演进中的循环经济

解决单个企业在实施循环经济方面规模经济不足和产业链不长，同时也是解决区域经济在循环经济方面缺陷的另一个方法，就是实施资源循环利用和污染物治理方面的社会化分工协作。这也是一个社会实现循环经济目标最根本的途径。

显然，无论各企业和区域内的资源循环利用做到何种程度，都不可能完全满足循环经济的规模要求和产业链要求。因为受技术、成本等方面的限制，任何生产都会产生程度不同的外部影响；同时在生产社会化的条件下，不仅生产过程会产生一系列对生态环境不利的外部影响，而且产品的使用也会产生这种影响。如当今遍布各地的塑料包装物造成的白色污染就是这方面最典型的例子，指望单个的企业或区域经济体去消除这些外部影响是不现实的。要解决这些问题，就需要通过这方面的社会化分工协作体系来实现，也就是建立起覆盖全社会，甚至国际性的专业化的废弃物回收与加工利用体系，如德国双轨制回收系统（DSD）① 等。没有这样的资源循环利用的社会化分工协作，靠企业或区域经济内部的努力是不可能做到较高程度的资源循环利用的。如靠企业自身消除其产品使用过程中对环境造成的不利影响，或者是回收使用后的废旧产品及其包装废弃物，其成本是任何企业都无法承受的；处理所需的规模经济要求也是单个的企业和区域经济体所无法承担的。只有依靠社会化的专业分工协作，才有可能做到。

我们知道，专业化分工越细（生产的迂回过程也就往往越长，与此对应的必然是协作化程度越强），整个社会生产单位商品的劳动生产率也就越高，这种情况同样适用于社会化的循环经济。受废弃资源的量和技术等方面的限制，一些企业和区域经济体是无法对自身产生的废弃物进行有效再利用的。这或者是废弃物的再利用量达不到起始规模要求，或者是缺乏这方面的技术（如核废料的处理等），或者是受到资源禀赋差异产生的比较成本的限制等。只有通过社会化，甚至国际化的分工协作，由此大规模地提高资源再利用的劳动生产率，才有可能更大幅度地提高资源循环利用的程度。如作为初级制造业中心的我国，就成为世界上大部分废旧钢铁、塑料和纸张的再处理中心；法国则成为世界上的核废料处理中心之一，等等。

社会分工协作的程度越高，处理废弃资源或污染物的单位成本就越低，废弃资源的再利用就越有利可图，就会有更多的废弃资源进入再利用的过程；由此产生的规模效应则会进一步降低这方面的成本或增加收益。因此会带动更大规模的资源再利用，从而会形成一种互动式的良性循环。由此我们看到，一个社会的专业化分工协作程度越高，则该社会的循环经济程度，或者说各种资源的再利用程度和污染物的净化率程度也就越高。如在我国改革开放以来的经济发展过程中，随着社会分工协作程度的加强，废弃物的回收利用已经成为一个十分庞大的产业，吸收了上千万的劳

---

① DSD 是德国一个专门组织对包装废弃物进行回收利用的非政府组织。它接受企业的委托，组织收运者对他们的包装废弃物进行回收和分类，然后送至相应的资源再利用厂家进行循环利用，能直接回用的包装废弃物则送返制造。DSD 系统的建立大大地促进了德国包装废弃物的回收利用。例如政府曾规定，玻璃、塑料、纸箱等包装物回收利用率为 72%，1997 年已达到 86%；废弃物作为再生材料利用，1994 年为 52 万吨，1997 年达到了 359 万吨；包装垃圾已从过去每年 1300 万吨下降到了 500 万吨。

动力。但这种循环经济的程度，比之发达国家来说，则又落后许多。

显然，一个社会的分工协作程度是一个渐进的过程，或者说是随着社会经济发展的程度而不断提高的（它们本身就是推动经济发展的手段），这种情况决定了任何社会的循环经济程度也都是一个渐进的自然过程。在这个过程中，企业、区域与社会的良性互动会不断地加强。

（五）社会进步中的循环经济

一个社会的循环经济，不仅是在产业演进的过程中不断深化的，而且还是在社会进步中发展的。循环经济事业，只有得到社会各方面的支持，才有可能实现。

上面讲到，能否实施循环经济，取决于它与非循环经济之间的成本收益关系，即哪种生产方式能够给厂商或者消费者带来更大的经济利益。这种竞争力，不仅取决于市场机制自发调节的成本与收益关系，而且取决于人类社会对这方面认识及其采取的相应对策。如社会的环境保护意识浓厚，就会提高环境保护的力度，加大对那些采用外部不经济生产方式的处罚力度，或者通过财政和金融手段奖励和扶持循环经济和清洁生产方式，因此就会加强循环经济生产方式的竞争能力；如果像我国目前这样为稳定物价而人为地抑制石油产品价格，不仅会导致石油资源的低效率使用，而且会打击新能源和可再生资源的利用及其技术开发等，从而阻碍循环经济生产方式的发展。

社会的环境意识等，显然是决定循环经济生产方式能否有效实施的重要条件。这不仅因为社会政策决策在很大程度上受到社会环境意识的支配，而且人们的消费选择也是受此决定的。资源和环境保护的意识强，人们就会选择那些在循环经济方式下生产的产品，排斥那些破坏生态环境和浪费资源生产方式下生产的产品。正因为这样，所以当今的企业，尤其是环保意识高涨下的西方发达国家的企业，无不注意自己的环境社会形象——因为这决定着它们产品的市场和利润。

显然，同企业的规模、区域经济的聚集程度和社会的分工协作程度等是随着社会经济的发展而不断提高一样，一个社会在资源利用和环境保护方面的意识和政策等也是随着社会经济的发展而不断进化的。之所以如此，是因为资源的稀缺程度、生态环境的社会评价值、人们的资源与环境保护意识等，都是随着社会经济发展程度的提高而不断加强的。如在改革开放时，我国人民的生活极度贫困，同时环境质量也相对较好，因此人们对经济性财富的评价值极高，对生态环境的评价值极低，认为以生态环境的牺牲来换取货币性经济发展是一种极其自然的事情，说明我国人民那时的环保意识极其淡薄。环境价值概念被排除在理论分析和政治决策之外，获得货币性的产出，成为整个社会追求的唯一目标；只有在经济发展达到一定程度后，温饱问题得到解决而开始注重生活质量时，整个社会才开始关注生存环境问题，由此开始逐渐转变以生态环境换取货币性经济增长的意识和做法，甚至愿意以牺牲部分经济发展来换取生态环境的改善。但很显然，由于发展水平的限制，我国与西方发达国家在生态环境和资源保护的社会意识和政策力度方面还存在巨大差距。正是这种差距，使我们看到，西方发达国家正不断地将在它们内部受到严格限制的污染产业和资源高消耗产业向我国转移，而我国东部又将一些原有的污染和资源消耗更严重的产业向西部地区（还有就是向比我国落后的周边国家）转移。

这种情况说明，工业革命以来的循环经济的发展条件是随着社会经济的发展而不断完善的，是一个渐进的客观过程，由此整个社会经济就是一个循环经济程度不断加强的过程。

在实施循环经济中，国家或政府对资源利用和环境保护的政策无疑居于核心的地位。这是因为，无论是企业还是区域与社会，其实施循环经济的成本与收益，都在不同程度上受到国家在这些方面政策和法律的影响。如国家对资源利用和环境保护的要求程度提高，就会明显增加循环经济中的成本；国家如果增加对某些资源使用中的政策补贴，如我国对农药和化肥的财政补贴，将降低循环经济中的收益（相反，国家通过税收等提高紧缺资源的市场价格，则会提高这些资源循环利用的经济效益）。所以，国家政策对各经济主体是否实施循环经济及其程度起着支配性的作用。这说明，如果一个社会要有效地实施循环经济，就要求政府在资源利用与环境保护方面的政策能够与之相适应。如在成本方面，政府必须大力降低企业与区域实施循环经济的成本，如通过财政或金融支持，鼓励循环经济的技术创新，对实施循环经济的投资及其运行成本进行补贴或减免税收等；在收益方面，可通过提高各种资源的价格，尤其是公共产品性资源，如水、电、燃料等的价格，以改善实施循环经济生产方式厂商的收益。提高污染物的排放标准或者较大幅度地提高排污费，也是促进循环经济的有效政策。

以上情况说明，在市场经济基础上，循环经济并不是单纯的技术选择问题，而是一个成本收益问题。但其中的成本收益关系并不是一成不变的，而是会随着市场机制推动的技术和社会进步等因素的演进而不断改变，从而使循环经济的深度与广度不断加强。在推动资源利用效率提高的同时，也促进生态环境的保护与改善。所以说，市场机制具有明显的生态经济意义。

第四节　生态市场经济对和谐经济的作用机制

生态市场经济不仅具有促进资源节约和保护生态环境的功能，而且具有促进社会和谐、增进社会绝大多数人利益的功能。这种功能同样来自市场机制及其集中代表的资本。

一　生态市场经济对和谐经济的促进作用

传统上，市场机制被认为是导致两极分化的原因，两极分化显然是与和谐经济的内容背道而驰的。然而从第二章对资本性质的分析中可以看到，这种认为显然是不完全客观的。因为判断一种社会现象是推进还是破坏社会经济和谐的标准，一是看它是促进还是阻碍资源优化配置，即是促使还是阻碍经济增长，和谐社会经济的重要内容之一就是促进经济增长；二是看它是促进还是阻碍社会上绝大部分人的福利，即因此受损的是大多数人还是少数人。从第一个标准来看，市场经济无疑是促进经济社会和谐的。市场经济的最大功能之一，就是它有推动经济增长的不竭动力。正是在这种机制作用下，市场经济产生以来社会财富始终以指数式的速度增长，整个社会的绝对福利水平提高到古人想象不到的程度。从第二个标准看，在短期，根据上面判断社会福利是否改进的依据，也许无法做出准确的判断。但从一个较长的历史时期看，市场经济也无疑是促进社会经济福利不断改善的。如随着经济的发展，在市场经济较完善或竞争较充分（没有受到官僚垄断集团明显阻碍）的国家，社会经济结构都由"金字塔形"向"橄榄形"转变。这说明，在市场经济的发展过程中，受益的是绝大部分人，受损的是较少部分人。即使这些相对利益受损的人，绝对福利也是持续改善的。同时根据库兹涅茨的经济发展与收入分析"倒 U"形理论也知道，虽然在短期，市场经济的发展会导致整个社会福利的受损，但在长期，则会明显地改善整个社会的福利水平。所以从大的方面来说，市场经济是明显促进社会经济和谐的。这些，在再生产过程中的各个环节都可得到体现。

从生产过程看，社会经济的和谐程度表现为以下几个方面：一是生产者之间的关系是否平等自由，生产者是否能够根据自身的需要和判断来合理地配置资源，资源配置过程中是否存在垄断而使自身的愿望难以实现等；二是要素供给者之间的关系是否自由平等，各要素供给者是否能够根据自身利益和市场需求状况来合理地出售要素；三是要素需求者（厂商）与要素供给者之间的关系是否自由平等，彼此之间是否能够合理地选择对象，是否受到垄断的阻碍等；四是资源配置的结果是否符合整个社会需要，最终的产品供求是否一致，从而各生产者是否获得必要的利益等。虽然从各个方面看，市场经济的资源配置结果都不会是完美的，都会存在一定的缺陷或弊端，如市场竞争不可避免地会产生垄断，从而使这四个方面的资源配置不能达到理想的状态。但要注意的是，人类社会永远不可能达到完美程度的和谐，是否和谐，应该是与原来相比是否有所改进并处在不断的改进过程中。与人类历史中的其他资源配置条件和结果相比，即使是与曾被人们认为比市场经济高级和优越的计划经济相比，市场经济在生产过程中的各个方面，显然要更优越和更和谐。前面讲到，市场经济资源配置的初始条件，就是参与市场交易各方之间的产权明确，彼此间处于完全平等的地位，能够自由地选择交易对象和交易结果等，这无论是对奴隶社会、封建社会还是计划经济体制下的资源配置来说，无论对交易者还是整个社会来说，都是一种明显的帕累托改进。正是这种改进，使得人们能够根据自身能力和兴趣合理地选择职业和商品供给，使资源能够合理地利用，由此极大地促进了社会经济的发展。没有这种和谐及其帕累托改进，人类社会是不可能在这短短的两个世纪发生如此惊人变化的。对我们这些经历计划经济和市场经济两种对立体制的人来说，比之全民性的计划经济，市场经济的和谐程度不知要高多少倍。虽然市场经济改革以来，中国出现了日益巨大的两极分化趋势，贫富差距越来越大。但要清楚看到的是，这种结果并不是市场经济本身带来的，反而是我国市场经济制度不完善的结果。要消除这种现象，也必须在很大程度上依靠市场机制功能的全面发挥来实现。自然，我们也清醒地认识到，在这四个反映和谐程度的标准方面，市场经济也是存在缺陷的，即它在发展过程中有可能会导致垄断的出现，由此破坏这四个方面的和谐程度。即使没有人为的垄断，在技术进步推动的规模经济作用下，一些领域也不可避免地会出现垄断。正是这个方面的缺陷，才要求政府对市场过程进行必要的干预。

从交换或流通过程看，社会经济的和谐程度表现在以下几个方面：一是商品出售者之间的关系是否平等，其中包括商品出售者与各种流通中介组织、批发机构与零售者之间的关系是否平等；二是商品购买者之间的关系是否平等，也就是说他们之间的货币价值是否是相等的，他们在购买商品时是否会受到对方的明显干扰等；三是交易双方的地位是否平等，他们各自能否根据市场供求自由地选择交易对象和价格等，各自付出的价值与得到的收益是否能够相等，即能否实现等价交换；四是最终的交易结果，是否能够实现和促进整个社会的资源优化配置和最大社会福利等。从这些内容看，市场经济也明显地优于其他经济形式或体制。我们知道，在封建社会和计划经济体制下，不同性质商品生产者之间的地位是十分不同的。如计划经济就明文规定国营企业出售商品的利润率要高于集体经济；在当今，我国保留的国营企业在生产和获得银行信贷支持等方面明显优于其他企业；计划经济下的商品需求者，尤其是消费者之间更是没有任何平等的地位可言，他们与商品供给者之间的关系也是非常不对称的。在这些因素的影响下，整个经济的资源配置结果自然是严重偏离社会最大福利状态的。与之相比，市场经济中商品交易各方及其内部之间关系的平等程度，显然是最高的，在选择方面也是最自由的。而如巴斯夏所指出的那样，平等与自由是实现经济和谐最重要的条件，所以市场经济达到的资源优化配置状态甚至社会经济的和谐程度等无疑也是最优的。这也就是说，市场经济是和谐经济的最有效实现形式。

从分配过程看，社会经济的和谐程度体现在以下几个方面：一是各市场主体获得的收益是否与它的社会机会成本相一致；① 二是参与分配的各方的地位是不是平等的；三是最终的分配结果是否会促进大部分人的利益，或者说社会中占多数地位人的所得份额是否会有所提高。这里要特别说明的是，市场经济或资本主义经济的分配结果有两种表现形式，一是价值分配形式，也就是一个社会以货币计量的总产出（即所谓的国民生产总值）在不同人们之间的分配结果；二是以最终产品，尤其是消费品形

---

① 在分工协作的社会化联合生产中，得不到各具体要素对社会总产品的贡献，因此分配是否公平，从劳动贡献角度是得不到答案的。这说明无论是社会主义经济理论中的"按劳分配"，还是西方主流经济学中的"按要素贡献分配"的理论，在逻辑上都是不成立的。

式表现的总产出在不同人们之间的分配结果。在市场经济中，这两种分配结果是十分不同的，或者说两者之间的差异非常大。市场经济的一个典型特征，就是价值分配表现的差距要远远大于产品分配的差距。这是因为，市场经济的高收入者会将他们收入中的大部分用于社会的新增投资（部分是通过企业的直接投资形式完成），他们实际消费占收入的比例远低于中低收入者；由于资本积累的本质就是积累者将获得的收入（中的大部分）交给工人花费，因此市场经济的实际分配差距要远远小于以价值形式表现的差距。这也就是说，市场经济的消费公平程度，要大大高于收入分配的公平程度。

　　显然，在产品分配的各个方面，比之其他经济体制，市场经济的分配是更加公平合理的。这是因为，相对而言，在参与分配方面，各利益主体是以相对自由和平等的地位参与的，并且相互间进行较充分的竞争，各要素的价格和各厂商的最终所得能够较好地反映各自的机会成本。如通过市场竞争，各（相同质量的）要素能形成一个相对稳定的平均价格，资本之间的竞争则产生平均利润率，各厂商之间，尤其是不同行业之间的最终所得也是大致相等的。同时，原来被个别厂商所得的因技术优势或技术垄断形成的超额利润，在竞争机制的作用下会被不断地社会化或外部化，这也就是个别企业优势利益的社会化或平均化，这显然是促进社会公平与社会经济和谐的。更主要的是，在竞争机制和资本主义积累规律的作用下，市场经济以最终产品表现的分配结果的公平程度要远远高于以价值表现的分配结果。所以，从各方面看，市场经济同它在生产和流通领域的作用一样，都是促进社会经济和谐的，因此是建设和谐社会经济的重要力量。

　　消费是社会的最终目标，消费结果是否和谐是衡量整个社会经济是否和谐最重要的标志。在消费领域，衡量市场经济是否和谐的衡量标准是：是否不断地推进消费结果的公平；在人们收入或支出一定的情况下，得到的福利是大是小，即人们是否能够实现一定支出情况下的福利最大化。关于第一个标准，上面讲到，市场经济最突出的一个表现，就是它通过内部经济的外部化和资本积累，会不断地提升整个社会的消费福利水平，同时会推进整个社会消费结果的公平化，使其远远高于收入分配的公平程度，所以这个方面，市场经济明显具有不断推进消费和谐的作用。在第二个标准方面，只要与其他形式的经济体制或模式相比较，就会发现，市场经济是最能实现消费者利益最大化的经济体制。在其他经济体制下，如计划经济或封建庄园经济，消费者的选择是受到严格限制的，其中不同消费者的限制程度是巨大的，不同消费者手中的单位货币价值实际上也是不相等的，如权势者的单位货币价值明显高于普通老百姓，这反映消费者之间没有平等。与之相比，市场经济中的消费者选择的限制程度是最小的，最关键的是消费者之间的限制程度是相同的，也就是说他们在消费上的地位是相对平等的，他们之间单位货币价值也是基本相等的。所以说，在第二个标准方面，市场经济也是一种促进消费和谐的重要制度。

从以上内容可见，无论在哪个方面，比之历史上曾有的各种经济体制，在实现社会经济和谐方面，市场经济都是一种较优秀的经济体制，因而是建设和谐社会与和谐经济的重要力量。

二　资本在和谐经济建设中的作用

市场机制对和谐社会的作用是通过资本力量实现的。

从第二章对资本内容的分析中知道，资本是现代社会中最具有革命的力量，市场机制的各项功能的发挥都依赖于资本的作用。在促进和谐经济与生态经济方面也是如此。

（一）资本对和谐经济的促进作用

我们知道，在生产组织过程中，不同要素所有者在生产过程中的相对地位决定着不同的社会经济制度。如以人身控制为主导的生产方式，对应是的奴隶社会；以土地控制为主导的生产方式，对应的是封建社会；以资本控制为主导的生产方式，对应的是资本主义市场经济。在人类已有的三种生产方式和社会制度中，在推动经济发展和社会进步方面，资本主义市场经济的力量被证明是最强大的。所以在马克思历史唯物主义判断生产关系性质的标准面前，资本无疑是最进步的力量。

在促进社会中大多数人的经济利益方面，如第二章指出的那样，资本的作用过程就是一个惠及社会上大多数人利益的过程，是一个社会共同富裕化的过程。其中的作用机制表现在以下几个方面。

一是通过资本积累方式，不断地将高收入者或企业的利润转化为普通劳动者的收入。这种转化的强度，与市场经济的竞争程度成正比。这也就是说，将企业或资本利润转化为社会大众福利提高的最有效途径，就是不断地反对各种形式的垄断，加强资本和企业间的竞争，同时防止食利阶层的出现。这种方式也是保证资本获得更多利润的最重要途径。也就是说，通过加强市场竞争的力量，不仅是强化资本积累转化为社会福利的重要途径，也是提高资本利润的重要途径。因此在这个方面，社会福利的提高和资本利润的提高是互为促进的。

二是通过有限的有效需求与技术进步作用的产品供给无限增长之间的矛盾，在价格和供求机制作用下，使社会产品分配结构的重心不断地向普通民众倾斜。资本支配下的市场经济的一种重要矛盾就是，在优胜劣汰竞争机制的作用下，为获得更多（超额）利润和保持已有存量资本价值的内在欲望与残酷的市场竞争压力，会迫使企业之间进行以技术进步为主要内容、以提高劳动生产率为目标的激烈竞争，而在提高劳动生产率方面最有效的方法，就是采用标准化和批量化的大规模生产方式。因此随着标准化、批量化大规模生产方式被越来越广泛地使用。商品供给数量会以指数式的速度增长，但这种以越来越大规模生产出来的产品却会遇到日益严重的有效需求问题。这个问题包括结构失衡与总量失衡两个方面。从结构上看，这些标准化和大批量生产出来的产品，主要是供普通老百姓使用的。假设社会只有工人与资本家两个阶级，那就是供工人阶级消费的，但资本家阶级支付给工人的工资却明显购买不了这些产品，因为其中的相当部分是利润（和利息、地租和资本折旧），资本家阶级却又不消费这些产品，所以会出现这些商品供求结构的严重失衡。从总量上看，不断加快的技术进步速度和劳动生产率的不断提高，意味着产品总量的规模以不断扩大的速度再生产出来，但资本主义有效需求的增长却是相对固定的，约等于社会平均利润率，这样就产生了产品供给快速增长与有效需求增长有限之间的矛盾。这两个矛盾的解决，部分是通过资本积累方式，即原有工资既然购买不了供给的产品，那就通过资本积累方式不断地增加工人的购买能力，以解决部分商品的有效需求问题；另一部分，很可能是更主要的部分，则是通过价格调节来实现的，结果也就是商品价格的持续下降。正是在这种机制的作用下，资本主义产生以来，以单位劳动衡量的几乎所有商品的价格都是持续下降的，这种趋势不仅未改，而且（随着资本主义全球范围的不断扩大）在加强。如果说，资本主义产生以来有什么商品价格是持续上升的话，就只有一种——劳动。正是在这种机制的作用下，不仅普通大众的生活水平得以不断提高，而且以最终产品分配衡量的社会公平程度也不断提高，由此使得整个社会的和谐程度不断提高。与一百年前相比，当前主要资本主义国家的社会和谐程度是当时人们难以想象的。

三是通过市场竞争所导致的企业内部利益不断外部化。在市场竞争的压力下，各企业都会进行以改进产品质量和提高劳动生产率为主要内容的技术创新和制度创新的竞争，新的技术和产品会在模仿、改进的过程中不断扩散，由此将部分企业的技术创新和利益不断地转化为社会公共利益。

四是通过经济发展过程中社会分工协作程度的扩大和加深而实现。前面讲到，人类社会战胜自然取得统治地位的重要原因之一就是分工协作，它通过无限扩大人的脑量而不断地提高劳动生产率，扩展生产的广度和深度，使得社会产品以不断扩大的规模再生产出来。一个社会分工协作的广度和深度，是与资本推动的市场经济的进程相一致的。

正是在资本这些力量的推动下，人类不仅基本摆脱了传统意义的饥饿和贫困，同时摆脱了困扰人类数千年的马尔萨斯周期，而且极大地改善了社会经济结构，使中产阶级成为占人口绝大部分比例的主导阶级，传统社会典型的"金字塔形"结构由此转变为"橄榄形"结构，社会经济和谐程度不断提高。

资本在推进和谐经济方面的另一个重大贡献，就是它将传统社会由出身和职业等世袭制度决定人们社会地位的社会竞争体制，转变成了主要以能力大小决定人们社会地位的竞争制度，为人们之间的竞争提供了人类历史上最开放和最公平的舞台。我们知道，在某种意义上，各尽所能地施展才能对人们的意义和福利，要远远高于一定量的物质福利。因为从消费层次理论知道，追求自我价值的实现，是比一定的生存和安全更高级的消费层次，所以以能力为基础的公平竞争制度，显然是建设和谐生态经济社会中的一项十分重要的内容。

资本价值由它所获得利润的大小决定的机制，决定了市场经济的财富必然会集中到有能力的人手中，然而获得这些财富的人的目标却又不是消费或具体财富，而仅仅是货币或符号（自然还有相应的权力、荣誉和地位等），这就决定了资本主义最终的产品分配与收入分配是十分不同的，即以价值为表现形式的收入分配，有可能会表现为较大的差距，① 但比最终产品，尤其是消费品的分配比例要公平得多。正因为这样，市场经济的收入分配与最终产品分配的结果是十分不同的，产品分配的公平程度要远远高于收入分配。

———————————

① 不过长期统计证明，资本主义的长期分配比例保持相对稳定，工人收入所占比例略有提高，其他各种宏观比例，如利润率、资本产出比例、资本工资比例，即有机构成等基本保持稳定。

资本的逐利本性和其价值由所获利润大小决定的性质，决定了资本之间肯定是一个弱肉强食的领域。这个领域从某个角度看，尤其对那些竞争能力弱小的人或企业来说，显然是十分残酷的，但从整个社会看，却是促进资源优化配置，推动社会经济不断发展，提升整个社会福利水平的。实际上，我国目前正极力推进的结构调整，淘汰落后产能，就是希望能够充分发挥资本的这种功能，以提升我国经济的整体水平和绿色竞争能力。遗憾的是，受种种原因限制，其中主要是受不同性质资本之间竞争的限制，至今未能有效地实现这个目标。

自然，资本与和谐经济之间也并非没有冲突或矛盾，在许多方面，两者之间的矛盾还比较尖锐。马克思揭示的资本主义经济的各种弊端都与资本有密切联系。如两极分化，尤其是部分人的贫困化，个别生产的有计划与整个社会生产的无政府状态之间的矛盾，生态环境基本矛盾等，都是资本在一定条件下的必然结果，同时其中的许多矛盾或弊端是资本自身无法解决的。如少数低质量劳动者的贫困化问题，资本追求个别利益的有计划性与整个社会生产的无计划性之间的矛盾；在公共产权界定困难条件下，对生态环境利用所得利益的个人性与损害的社会性之间的矛盾等，都是资本和市场经济自身难以解决的。或者所需的时间太长，超出了生态环境和社会所能容忍的时间限度等，需要社会对此加以调节。

上面讲到，如果抛弃意识形态的束缚，单从资本量与结构来看，几乎没有任何人对资本持否定态度。因为经济的增长，实际上也就是资本量的增长及其利用效率提高的结果，只是在不同领域，人们关注的重点不同，因此对资本的结构要求有所不同。和谐生态经济、生态经济、绿色经济和可持续发展等与其他经济学科在资本结构上的不同，不仅是它要求三种资本（其他经济学科的资本只有物质资本、知识资本两种）结构协调，而且要求今后相当长一段时间，生态资本必须优先增长。实际上，从资本结构关系看，资本最终会对和谐生态经济的发展产生什么影响，主要看它的结构安排是否符合和谐经济的要求。

（二）资本对生态经济的促进作用

自资本统治人类社会经济以来，一个众所周知的事实就是生态环境质量的日益恶化和自然资源的日益枯竭，因此人们很自然地会将其归罪于资本的贪婪本性。这并非没有道理，但如第三章分析中指出的那样，这并非市场经济的本质。虽然市场经济不可避免地会产生一些与和谐生态经济不一致甚至对立的弊端，但其中的主要原因是由社会意识决定的制度和资源配置的初始条件造成的。市场经济作为一种配置资源的工具，它会对社会造成什么影响，是由社会意识决定的制度和各种初始条件决定的。它只是朝着既定方向努力罢了，虽然其中可能会走过头，即出现矫枉过正的现象。正是这种机制，决定了社会意识和制度发生变化，即由传统的工业经济转向和谐生态经济时，它会成为实现这个目标的最有力手段。资本的性质和作用，决定了它在实现绿色经济方面，同样会是一种以积极力量为主的因素。

作为一种以价值增值为目标的资本来说，它本身是没有价值道德判断标准的。它只以投入一定的资本是否能够获得一定的利润为配置标准，因此资本会对社会造成什么影响，完全取决于社会施加其上的约束力量。这些力量，包括社会伦理、规范和习俗、法律和国家政策、宗教、社会舆论等，此外还包括由社会政策和传统形成的资源配置的起始条件。如生态环境和公共资源的定价、历史文化和宗教道德等因素综合作用下形成的劳动平均工资和利率水平等。在生态经济或绿色生产方面，资本会起到什么样的作用，即它是推动绿色生产的发展，还是促进黑色生产的发展，完全取决于这些约束力量和资源配置的起始条件。如上一章指出的那样，传统上市场经济之所以会起到挥霍自然资源和破坏生态环境的作用，是由社会伦理、社会需要和资源配置的初始条件引导的。传统社会伦理认为世上万物都是供人利用的，而当时物质需要的紧迫程度远远高于生态需要和精神文化需要，因此使得自然资源和生态环境的市场价格极低甚至没有价值。在它们与私人要素存在明显替代关系的作用下，必然引导资本大量消耗这些低价值的公共性资源，最终造成当今人们极不愿意看到的结果。这种情况说明，资本主义产生以来在生态环境和自然资源方面造成的灾难，是一定历史时期社会伦理道德、文化和制度出现缺陷的结果。资本只是在此过程中受贪婪本性驱使而放大了这种效应，但这不是资本本身内在的罪恶。这种情况说明，在绿色经济或黑色经济方面，资本的作用性质是中性的，也就是说，它会对生态环境和自然资源造成什么影响，完全取决于社会意识和社会主要矛盾支配下的社会需要。它只是对这种需要做出能动的反应，所以它的实际影响，只是一定社会制度安排的体现。

资本作为一种逐利工具，它的配置方向既然是受社会意识和社会需要支配的，那么随着社会主流意识和社会需要重心的改变，资本显然会对此做出积极的反应。正如上一章分析市场经济与绿色生产的关系讲到的一样，随着绿色思潮的兴起，绿色需求和生态需求不断增加，绿色产品价格不断上升，市场已经对此做出积极的反应，如绿色生产的比重不断提高等。记得改革开放前的 20 世纪 70 年代，因食品匮乏，人们对食品几乎是完全不讲究品质的，不仅死鸡、死猪等全被食用，而且用剧毒的农药毒杀各种野生动物以供食用；随着改革开放后温饱问题的逐渐解决，人们开始讲究营养，但对所吃食品是否污染还不重视；只是随着环境污染在工业化过程中的不断加强，国外对我国出口商品，尤其是食品绿色壁垒的不断提高，在"出口转内销"的外来压力和国内越来越多因食品污染而致人大量死亡和伤残的情况下，① 我国人民才开始关注食品安全问题。正是随着这种转变，在资本逐利的推动下，绿色生产在我国目前处于方兴未艾之势。不仅食品产业越来越重视产品安全，注重全过程的绿色保证，而且涉及一切人身安全的产品也同样如此。在社会舆论的压力下，企业，尤其是较大规模企业的绿色生态安全意识日益提高，社会责任不断加强。其中最主要的是，随着资源配置过程中约束条件的改变，如生态环境的价格正在不断提高，② 各种私人性质的自然资源，如石油和各种矿物的市场价格已由原来的廉价而变得相对昂贵，由此使得一些原来严重污染环境的排放物而具有了回收的经济价值。随着这些约束条件的改变，原来制度安排下导致自然资源浪费和生态环境破坏的资本力量，正在新的制度安排下转变成节约资源和改善生态环境的急先锋。

资本在"颜色"生产方面的性质说明，在建设和谐生态经济的过程中，完全可以充分发挥资本的"逐利"本性，只是在此过程中要明确给出它着力的方向，也就是将绿色社会道德和伦理以制度和规范以及反映这些要求的资源配置初始条件施加于资本运动的方向上，以保证它运行的轨迹。那么资本性质就会在建设和谐生态经济建设中发挥巨大的作用，其力量将超过其他一切人为的经济方式。

在确定资本运行轨迹的基础上，资本能够在建设生态绿色经济方向发挥多大的作用，一是取决于资本总量的变化，资本总量的变化决定着经济

---

① 影响最大的就是前几年发生的"三鹿"奶粉事件，以至于经济条件稍好一些的家庭至今都不敢给婴儿使用国产奶粉，全部转向进口奶粉。

② 表现主要是排污费和各种硬性的环保标准，达不到标准将被强行关闭和改造等。这标志着原来模糊的公共产权正在变得相对明晰。

总量的增长；二是资本的结构，这往往是更主要的。因为不同性质的资本对生态环境的影响是不同的，如物质生产，即使采取绿色生产和循环经济，仍然会消耗程度不等的资源并会对生态环境造成一定程度的损害（资源的消耗就是废弃物的制造与排放），而（狭义）生态产品生产，则不仅不会对生态环境造成损害，反而会明显改善生态环境，增加自然资源储量等。所以，资本的结构安排，才是决定绿色生产方向和程度的关键。正因为这样，所以我们反复强调，在资本积累中，要加强生态资本的积累，使它在今后相当长一个时期内的增长明显快于物质资本，同时加强生态需要的满足，这是促进生态资本积累的最强大动力。

所以，只要合理利用资本的逐利本性，在绿色文明制度的约束下，资本本质就会在建设和谐生态经济社会方面发挥巨大的作用。这正如在传统"黑色"制度安排下，资本成为生态环境破坏的元凶一样。

第七章　生态市场经济的能力建设

作为一种为实现人与人和人与自然之间关系程度的社会经济制度及其实现手段的生态市场经济，要使它更好地达到自己的目标，就必须加强它的能力建设。这是我们由市场经济转换到生态市场经济更主要的任务。

第一节　生态市场经济能力的含义及内容

确定生态市场经济能力的含义及其基本内容，是对其分析的前提条件，因此本章的分析就从此开始。

一　生态市场经济能力的基本含义

生态市场经济能力，就是一个社会在保护生态环境并满足资源永续利用基础上，以市场经济为基础，运用各种能够支配的资源，来满足社会成员各种需要的能力。这种能力，依赖于该社会拥有的各种资源大小及其统筹力。这些资源包括人力资源、自然资源、科学技术进步、经济体制、社会的应变能力、系统的协调力等。也就是说，生态市场经济能力是一个多因素的综合系统，它一方面取决于各因素或各要素的数量与质量，另一方面取决于将各因素协调起来共同推动经济持续发展的能力。

生态市场经济能力，是一个静态与动态相统一的过程。虽然从静态看，一个社会的经济发展能力是一定的，它表示在现有条件下，一个社会推动经济发展能力的大小，但这种能力是可以通过建设而不断加强的（自然也有可能会不断变弱）。

生态市场经济能力的构成，按照系统科学的观点，主要包括两个方面：经济系统内部的能力和系统发展环境的能力。

经济系统内部的能力，是由经济系统的组成要素及其结构与功能状况所决定的经济再生产能力，是人类协调自身内部及其与自然之间关系满足自身需要力量的总和。它既包括现实的社会生产力，也包括潜在的社会生产力。它主要由这几部分组成：一是该社会的劳动者利用和创造知识协调自身与自然关系，并且生产出各种使用价值与劳务的力量，即人力；二是生产过程中所积累的由过去劳动创造的生产资料，即物化劳动或物质资本；三是在生产过程中通过一定技术的劳动方式所实现的全部知识力量，即科学技术力；四是一个社会将各基本要素组织起来转化为现实生产力的力量，即协作力与决策力；五是人们在生产时所利用的土地和其他自然资源对经济产出的贡献力量，即自然力或自然生产力；六是一个社会利用外部力量来推进本国可持续经济发展的能力，即国际协作力。一个社会经济系统内部的发展能力，是所有这些力量的有机统一。

生态市场经济系统发展环境的持续能力，是指经济发展所需的生态环境资源可持续能力和社会环境资源可持续利用能力的统一。

经济发展所需要的生态环境的可持续能力，是指由自然再生产过程所决定的自然生产潜力和由生态平衡规律所制约的生态环境平衡自我调节能力。它主要包括四个方面的内容：一是自然资源的可持续利用能力。它主要由对可更新资源的利用是否超过了它的可再生速率，对不可再生资源的利用是否超过了其他资本形式对它的替代速率等来表示。二是环境污染吸收和净化能力。它主要以污染物和废弃物排放是否超过了环境的承载能力来表示。三是生物的多样性。它主要以生物的灭绝速度，是否超过了生物的创新速度，从而生物多样性是减少还是增加来表示。四是生态系统平衡的自我维护和稳定能力。这主要以维持生态安全，保持生态系统相对稳定并向着有利于人类社会发展方向运动的能力等来表示。

经济发展所需要的社会环境的可持续能力，是指由社会的上层建筑和意识形态所决定的社会进步、社会公正、社会稳定、公共安全保护能力和人类行为过程中的自我调节能力。它包括社会生态伦理决定的人与自然关系的认识、社会生产目的、人们的消费观念、人类再生产能力或生育观、人类对自然的认识水平、人类的文化习惯与行为道德规范、公众的环境风险与环境影响意识、由政治民主决定的公众参与程度等。在决定生态市场经济发展能力方面，社会环境的可持续发展能力往往是决定性的，因为它决定了人们的行为及其行动方式，人的行为及其行动方式则决定了一个社会的经济发展方向和效果。所以在生态市场经济发展能力系统中，社会环境的持续发展能力是起支配地位的。

从来源说，生态市场经济能力有两种，一是自身形成，二是外部注入。自身的能力形成，主要包括物质资本与人力资本的积累、生态文化的形成等。外部注入，是指引进国外的资金、技术、人才、观念等，以提升本国的发展能力。对后进或追赶型国家来说，这个来源是特别重要的。在当代，任何一个社会经济发展能力的培养，其来源都包含这两个方面。这是因为，当代社会经济发展能力涉及社会生活和科学技术进步的每一个方面，任何一个社会都不具备全面的资源和技术条件，所以都需要通过外部注入（引进）的方式，来加强自身的能力建设。

为方便后面的分析，这里将生态市场经济能力的内外构成因素归纳如下。

（一）自然资源和环境质量的存量与更新能力

这方面的能力，既包括下面将提到的资源承载能力和环境缓冲能力，也包括经济发展过程的环境稳定能力、资源再生产能力等。一般情况下，自然资源的丰度不仅与其数量（主要是可再生资源）的更新能力一致，而且与环境的质量及更新能力一致。自然资源和环境质量的存量与更新能力，是可持续经济发展的物质基础。这个基础越厚实，一个社会生态市场经济能力也就越强。市场经济为生态市场经济所取代，就是因为这个基础被严重破坏，人类社会经济难以持续的结果。所以说，加强自然资源和环境质量的存量与更新能力，是实现生态市场经济建设目标的重要条件。

（二）人力资源的再生产能力或人力资本的积累能力

人力资源的再生产能力，包括数量与质量两个方面。数量指一个社会拥有的具有适应可持续经济发展基本要求的劳动力数量；质量指劳动者劳动能力的高低。在经济分析中，质量一般以每个劳动者所拥有的人力资本量的多少来表示。一个社会的人力资本，也就是劳动力数量乘以平均的人力资本量。在现代经济发展过程中，不仅要求人口的数量生产必须适应社会经济发展的需要，而且更要求人口的质量必须适应和满足生产力发展和科学技术水平提高的要求。在当今，对广大发展中国家来说，制约经济发展的主要障碍，一方面表现为人口的数量增长太快，过多的人口不仅消耗了经济发展的成果，而且消耗了大量的自然资源，导致生态环境的破坏；另一方面表现为人口质量太差，不能满足竞争性经济的质量要求，以致在与发达国家的竞争中，差距不断扩大。这种扩大的差距，反过来又加强了人口数量的增长，由此陷入人口与贫困间的恶性循环。由于在整个可持续经济发展系统中，人力资源是唯一具有主动性和创造性的能动性因素，因此人力资源的状况及再生产能力，对一个社会生态市场经济建设的状况起着决定性的作用。

（三）物质资本存量及其积累能力

一个社会的物质资本存量及其质量状况，是该社会生产力长期发展的保存成果之一，是社会经济可持续发展的物质基础。它们的丰度与质量，反映了一个社会经济发展的基础是否牢固，从而决定着该社会经济发展可持续能力的强弱。物质资本不仅是一个社会经济发展的重要手段，而且在生态市场经济建设中，在一定范围内，它们与自然资源和生态环境或生态资本之间具有一定的替代性。如通过物质资本的投入，既可以替换部分自然资源和生态环境，也可以直接转化为自然资源存量的增加和生态环境质量的改善等，所以加强物质资本存量及其积累能力的建设，是实现生态市场经济建设目标的重要内容。

（四）科学技术存量及其发展能力

这里的科学技术不仅包括自然科学技术，而且包括社会科学技术。在促进可持续经济发展方面，社会科学的作用不仅不比自然科学小，甚至要更大。这是因为，社会科学是人行为的灵魂及其行动的指南，它支配着人的行为方式和行动效果。自然科学是由人的行动方式支配的，是一种被利用的工具。它被如何利用，是由社会科学支配的人的行为决定的。所以说，在生态市场经济能力建设中，社会科学的作用是支配性的。一个不重视社会科学的社会，不仅是一个缺乏文化的社会，而且是一个没有灵魂和缺乏凝聚力的社会，因此必然是一个不可持续发展的社会。加强社会科学创新能力，是一个社会保持活力的基本条件。技术出生产力，管理同样出生产力，而且是更重要的生产力。改革开放以来，我国管理水平不同企业间的兴衰成败就充分说明了这一点。

在生态市场经济系统中，科学技术是最具有革命性的因素。它的发展不仅会推动经济的发展，而且会不断更新劳动力的质量，同时会引起生产方式和生产关系的变革。虽然在不合理的环境中，它也可能导致生态环境的恶化，但在现代社会管理体制下，它却是最终解决资源短缺和环境恶化的最重要手段和希望所在。科学技术的进步还会促使一个社会的物质资本积累在无形损耗加剧的过程中快速扩张。

（五）社会生产组织方式及其自调整能力

它是指一个社会已达到的生产管理水平及其进步能力。在一定的资源条件下，一个社会或生产组织所能达到的生产力，是由要素的组织方式所决定的，或者说，要素生产力的大小是由管理水平所决定的。不过在这里，决定要素生产力大小的管理水平，不仅指生产过程中由技术和社会关系决定的劳动组织方式及其相应的生产关系，而且包括产品的分配方式及其结果。因为后者决定着人们在生产过程中的劳动积极性和劳动者的再生产能力。所以它同样是构成"管理"的重要因素。

（六）社会经济制度及其变迁能力

它主要是上面提到的决定经济发展的社会环境可持续能力。在整个生态市场经济能力中，它往往是一种支配性因素。因为社会经济制度决定了人们的行为方式，而行为方式决定了人们的行动方向及其效果的好坏。这对于整个社会来说尤其如此（有理性个体的博弈，结果却很可能导致整个社会的极端无理性），所以它决定着整个生态市场经济能在何种程度上实现自己的目标。在某种程度上，可以说"制度决定一切"。这种情况，可以解释我国改革开放前后迥然不同的经济发展状况，其原因就在于我们变革了原来那种严重束缚人们创造性的体制，使整个生产力得到快速发展。遗憾的是，在可持续发展和可持续发展经济学的研究中，人们却并没有给予社会经济制度足够的重视，而将注意力主要放在强调对自然资源的节约和生态环境的保护上。这虽然是非常重要的，但如果没有相应制度的变革，那么这些措施就不可能真正得到实现。所以说，加强社会经济制度的建设，使它们更加符合生态市场经济的要求，是实现社会经济持续发展的重要保证。

（七）决策能力

决策能力是指一个社会在面对众多信息和复杂社会经济形势时，能够把握社会经济的正确发展方向并引导社会前进的能力。一个社会的决策能力，取决于多方面的因素，如社会对信息的鉴别处理能力、决策者的素质、决策咨询制度的完备程度、社会的凝聚度等，其中社会的凝聚度是最关键的因素。因为只有在内部团结、利益相对一致的情况下，一个社会才可能对内外部环境的变化做出正确的判断，从而决策才可能是有效率的。在一个内部纷争的社会，各方利益不一致，各自对什么是决定自身利益的判断依据不同，彼此之间的激烈竞争，必然不可能使社会做出有效的决策。所以说，社会凝聚度是决定一个社会决策能力大小的最重要因素。正因为这样，所以可持续发展特别强调"公平、公正与共同参与"原则，这是实现可持续发展的制度保证。

（八）社会协作力

指一个社会将各因素聚集起来，能够实现多大生产力的能力。从系统论知道，在要素一定时，一个社会能取得多大的生产力，就取决于系统内将各要素组合起来的能力了。组织方式不同，一定要素发挥的生产力是不同的，这正如一些企业由不同的人管理，就会产生出不同的效率一样。所以说，提高一个社会的协作力，是加强可持续发展能力建设的重要内容。社会协作力的大小，由该社会的伦理道德、管理水平、产品分配的公平程度、政治民主、决策能力、生产方式、社会制度等一系列因素决定，要提高一个社会的协作力，就必须加强这些方面的建设，并且使它们之间相互协调。

（九）国际协作力

由于自然资源和生态环境都具有全球性，各个国家之间山水相连、气流相通，如果没有有效的国际合作，要防止大气和水资源污染，是完全没有可能的；同时各国之间在技术、资源、资本、管理经验等方面存在着密切的依存关系，每个国家在经济发展能力方面的供给与需求之间都不会是完全平衡的，都需要进行国际间的能力输入与输出之间的协调。在面对可持续发展的各种挑战中，正如联合国在《21 世纪议程》中所指出的那样，没有一个国家能够单独应对。这说明，要实现可持续经济发展目标，就一定要加强国际协作。正因为这样，所以联合国在《21 世纪议程》中特别指出："要建设本国能力以实施 21 世纪议程，各国必须同联合国有关组织以及发达国家一起做出努力。国际社会在国家、分区域和区域三级、市政当局、非政府组织、大学和研究中心、商业机构以及其他私人机构和组织也可以协助这些努力。个别国家务须查明优先领域，确定各种方法来建设能量和能力以实施《21 世纪议程》，同时考虑到本国的环境和经济需要。为了增强获得技术和转让技术的机会以及促进经济发展必须进行机构建设、政策分析和发展管理，包括评估各种可能的行动方向，为此就需要在个人和机构两级掌握技能、知识和技术窍门。技术合作，包括与技术转让和专门知识有关的技术合作，涉及旨在发展或增强个人和集体能量和能力的各种各样的活动。技术合作应当以长期能力建设为目的，并且必须由各国自己进行管理和协调。技术合作，包括与技术转让和专门知识有关的技术合作，必须源自和联系一国本身的环境与发展战略和优先事项，而且发展机构和政府也必须确定经改进的前后一致政策和程序来支持这一进程。唯有如此，这种合作才会有成效。"作为可持续发展实现形式的生态市场经济，要提升自己的能力，自然需要加强国际合作的能力建设。

生态市场经济能力，是上面各构成因素的协同总和。

同样，在前面分析中反复强调的构成生态市场经济重要内容的三种文明相互促进、三种资本相互增值、三种创新相互作用、四种需要相互满足、三种可持续性相互协调等内容的建设，也是生态市场经济能力的重要组成部分。

二　可持续收入是衡量生态市场经济能力高低的集中体现

上面对生态市场经济能力建设的分析，都是从物质产品与劳务供给的角度，即从生产力的角度进行的。但如前面所讲到的那样，在经济学分析中，这些"物质"的生产力必须转化成以"价值或货币"衡量的"经济力"。只有进行这种转换，生态市场经济能力才有比较准确的衡量标准，因此才能够反映人类在这方面努力的成效。因为，在异质品生产方式下，物质性质的投入品与产出品是完全不同的，它们之间是没有直接的可比性的，因此无法确定人类一定活动的效率。所以，只有将它们都转化为无差异的"价值"范畴，才能将复杂的社会经济活动，统一为可以计量和比较的范畴，从而确定这些活动是否有效（是否有效，只是相对于人类利益并针对某一特定的伦理价值而言的）。这说明，要从经济学角度研究生态市场经济能力，就必须通过一定的便于比较和计量的具体指标来反映，这个指标就是一个社会的可持续收入。用"可持续收入"而不是"收入"作为衡量标准，是生态市场经济与市场经济之间的本质区别之一。

可持续收入，是一个社会不会消耗资本存量而可被消费的价值量，或者说是不会减少总资产水平所必须保证的收入水平。这是因为，资本存量是一个社会可持续经济发展的基础，这个基础如果被消耗，那么要取得不断增长的可持续收入是不可能的；同时，生态市场经济的核心内容之一，就是要保持当代人和后代人的福利不仅不降低，而且能够不断改善。因此要求每个时期的收入都必须达到一定水平，要做到这点，资本存量就不能减少。所以说，可持续收入必须是不会减少资本存量而必须保证能够实现的收入水平。

　　在取得可持续收入方面，不仅要求总的资本存量不能减少，而且要求那些代表支持生命系统及其他重要环境资源的生态资本不能减少，必须被严格限制在其自我和社会更新能力的范围内。这是因为，市场经济之所以要被生态市场经济取代，并不是总的资本存量下降，而是生态资本被减少到一个危险的程度，其将严重阻碍可持续收入的增长，所以迫使人类不得不从物质资本存量建设转向生态资本存量建设。在此范围内，只要某种形式资本的减少，能够为其他形式资本的增加所弥补（在这种转化中，必须充分考虑不同资产形式间由于数量变化引起的边际价值变化情况），那么社会资本总量就并不会因某种具体资本的减少而下降，这个社会就可以实现经济持续发展的目标。

　　在生态市场经济能力建设过程中，可供一个社会长期消费的，也就是该社会在一定时期创造的总收入，减去这些资本消耗或折旧以及那些为维持这些资本存在和完好，或者说其活动既不增加资本存量也不能供社会消费的这些价值耗费。如对环境破坏后的恢复费用、石油污染后的清理费用以及为了预防环境破坏发生的预防费用等。根据这种方法，我们将一个社会生态市场经济建设要求的可持续收入以下面式子表示：

$$Y_t = Y_2 - Y_1 > 0 \text{ 或 } \mathrm{d}Y_2/\mathrm{d}t = \mathrm{d}Y_1/\mathrm{d}t \tag{7.1}$$

$$\text{其中：} Y_2 = (GDP + E + N) \tag{7.2}$$

$$Y_1 = R_1 + N_1 + B_1 + L_1 + K_1 + J + T_t + X + D \tag{7.3}$$

由此得到一个社会的可持续收入表达式：

$$Y = Y_2 - Y_1 = (GDP + E + N) - (R_1 + N_1 + B_1 + L_1 + K_1 + J + T_t + X + D) \tag{7.4}$$

　　式中：E 代表非市场化的外部经济；N 代表未市场化的各种收入；D 代表其他各种外部不经常损耗；X 代表维持各种资本存在与完好的费用。

　　显然，在衡量一个社会的可持续收入中，最困难的是生态资本折旧的计算，在目前的技术经济条件下，尚未找到有效的方法。

　　由于经济发展过程不仅是一个经济质量改善的过程，也是一个经济总量增长的过程，生态市场经济的发展过程更是如此。要实现这一点，不仅要求资本总量必须随着这个过程不断增长，而且更要求可持续收入有一个长期相对稳定的增长速度。显然，随着社会资本总量的增加和经济活动的增长，社会总资本的恢复成本也会随之上升。若假设其增长与社会总资本增长速度一致，那么可得到下面衡量一个社会的可持续收入的表达式。

$$Y_{t+1} = GDP_t(1+g) - (R_1 + N_1 + B_1 + L_1 + K_1 + J + T(+ X + D)_t(1+r)$$

$$(7.5)$$

其中，必须满足 $g \geq r$。

同时，$Y'_{t+1} = \dfrac{Y_{t+1} - Y_t}{Y_t} \cdot 100\% > r$。 $\qquad\qquad(7.6)$

式中：Y' 代表可持续收入增长率；r 代表为能实现可持续收入稳定增长的资本增长速度；g 代表保证可持续收入稳定增长所必需的国内生产总值增长速度；t 代表时间序列。

可持续收入的增长，即 Y' 量值大小，也就是一个社会生态市场经济能力的主要体现。该量值越大，反映一个社会生态市场经济能力越强；量值越小，则反之。上面我们论述的生态市场经济能力的各个具体方面或要求能力的大小，都必须通过可持续收入的大小来反映和体现。

显然，一个社会的可持续收入及其增长率，是由上面分析的各种因素所决定的。因此可持续收入及其增长率，可以用下式表示：

$$Y = f(a, b, m, \cdots, n) \qquad\qquad(7.7)$$

式中：a、b、m、n 等代表上面提到的各种影响可持续收入的因素。

因此，要加强生态市场经济能力，就必须加强对这些影响可持续收入因素的建设，同时要加强它们之间的协作力的建设。

关于生态市场经济能力建设，市场制度的建设无疑是其中非常重要的一个方面。但因下一章专门分析生态市场经济体系建设，因此本章对其能力的建设暂不包括这方面的内容。

第二节　生态市场经济能力建设

虽然生态市场经济可以用可持续收入增长率的大小来表示，但可持续收入增长率是由多种因素决定的，它们是一个有机的系统。因此要提升生态市场经济能力，就必须从整个系统的建设着手。

一　生态市场经济能力建设的系统性

生态市场经济能力是一个系统工程，要加强其能力的建设，也必须从整个系统建设着手。没有整个系统的推进，能力的持续提高是不可能的。如在系统演进中，如果没有制度的变革、结构的协调等，单纯的资本积累是不能保证生态市场经济建设目标的实现的。

生态市场经济的能力建设，要求技术进步与环境保护和资源的开发利用要求相一致；人口的增长必须与生态环境和自然资源的承载能力相一致；资本积累必须与技术进步的速度和要求相一致，与劳动力的增长相适应；各种资本积累的比例必须协调；再生产各环节的资源分配必须协调；社会的生产方式、交换方式、分配方式与消费方式，必须满足可持续经济发展的基本要求，并符合环境保护和资源节约的原则；生产结构、各种产品的比价、产品分配比例（包括在各阶层的分配比例及其消费与积累的比例）、消费结构比例之间必须相一致；国际贸易与国际合作能使这些关系更加协调，制度的变革必须保证并促进它们不断改进等，只有整体的推进，生态市场经济能力建设的目标才能够真正实现。

我们知道，协调出"剩余"。从价值生产的角度，我们将这种创造社会剩余的或社会价值与单个价值之差的能力叫作社会协作力，如果以价值来表示，那么可称其为社会资本。虽然如前面说到的那样，目前对社会资本的具体内容及其决定因素等还不十分清楚，但它是上面所分析的所有内容的函数则是无疑的。因为这些内容的有机结合不仅组成了经济系统，而且形成了系统的功能结构，所以也就形成了社会资本。社会资本或者说系统的功能结构，是决定生态市场经济能力大小最重要的因素，它远比前面所分析的所有单个因素的作用都更重要。我们常看到资源禀赋条件相当或相同的国家或企业之间，其生产力或经济发展状况迥异的情况，其主要原因就是因为各自的社会资本不同的结果。

社会资本的内容说明，要提高一个社会生态市场经济能力，不仅要在提高各要素的质量与数量、处理好再生产各环节的关系等方面进行努力，而且必须在提高它们之间的相互协作力上努力，这是更加重要的。因为从系统论和协同进化理论知道，系统的稳定和发展状况，取决于系统内各要素和各子系统之间的协同进化程度。所以要实现系统的最大生产力和持续发展，就必须使各部分之间保持协调的比例和进步速度。

生态市场经济建设的内涵说明，它是一个庞大的综合系统。要提高生态市场经济能力，其建设也同样是个庞大的系统工程，这需要社会全体成员的协作，需要所有人的共同参与。正由于此，才使得可持续发展必须是所有人参与的共同事业。

二　经济增长是提高生态市场经济能力的重要条件之一

生态市场经济虽然反对以贫富悬殊和以资源掠夺性开发为特征的经济增长，但适度经济增长仍然是生态市场经济最主要的内容。没有适度的经济增长，社会物质财富不很充足，就谈不上发展；而没有以发展做基础的社会，自然更谈不上经济的可持续发展。因为要实现经济的持续发展，就要求包括物质资本和知识资本在内的资本存量的不断增长。而没有一定的经济增长做基础，要做到这点是不可能的。所以经济增长是生态市场经济能力建设最重要的内容。

经济增长是社会物质财富日趋丰富的标志，只有在一定增长的基础上，人们才能摆脱贫困，才能消除与低下的经济地位相联系的被统治和被依附的意识，对精神文化和生态产品的需求才会强烈起来，从而对生态环境和自然资源的保护才会不断地得到加强，生态市场经济建设的目标才能真正实现。在一个开放而又贫穷的社会，生态环境和自然资源的经济价值是很低的，在与经济产品的竞争中，是得不到保护也得不到有效利用的。这也就是说，没有经济发展和人民生活的改善，特别是最基本的生活需要无法得到满足的话，就无从谈起资源和环境的保护，生态环境也就不能体现自身的价值。比之经济增长对资源和环境的破坏来说，贫困与愚昧的破坏性更大，所以生态市场经济的建设绝不可能建立在贫困、饥饿和生产停滞的基础上。只有在物质生活水平达到一定程度后，人们的需求重心转向精神文化和生态产品，因此追求生活的质量时，生态环境和自然资源的价值才会得到充分的尊重，它们才能得到有效保护。反过来，只有建立在该社会追求的重点是精神文化和生态产品等这些非物质产品时，经济的持续增长才有可能真正实现。也只有在这个基础上，生态市场经济的核心价值——生存、自尊与自由，才可能得到充分的体现和实现。所以说，经济增长是生态市场经济能力建设的重要基础。

自然，经济增长本身并不等于生态市场经济能力的提高。如过去那种以破坏生态环境和消耗大量自然资源并且导致严重社会矛盾为代价的经济增长，在实际上就是严重损害生态市场经济能力的，这同时也是阻碍经济增长本身的。正因为这样，才会出现传统市场经济向生态市场经济的转换。这说明，经济若要取得长期稳定的增长，就必须以可持续经济发展能力的建设为基础，没有这种能力的存在和加强，经济增长就会如无泉之水一样枯竭。

三　促进可持续经济发展的能力建设

由于生态市场经济能力建设是一项庞大的系统工程，因此促进该能力建设的措施也应该是系统的。

可持续经济发展能力，从组成情况看，是由要素、各部分或子系统以及它们的集合所组成的，因此，加强其建设也应该从这几方面进行。具体说来，有以下几个方面。

一是加强对生态市场经济系统要素的建设。在这方面的主要内容有：改善生态环境质量，在节约不可再生资源的基础上，不断提高它们的利用效率；改善可再生资源的生产能力；加强人力资本建设，在控制人口数量的基础上，不断提高人口质量，改善人口结构；增加资本积累并提高其利用效率等。

二是加强生态市场经济系统的微观机制建设。这方面建设的主要内容，就是要建立起适合市场经济要求而有效率的企业制度。企业是经济系统中最基本的子系统，是组合要素的第一层次，同时又是社会财富的具体生产者，所以其效率的高低对整个经济的效率有着决定性的影响。

三是建立高效率的市场经济体制。既然是以市场经济为基础，加强市场经济体制的建设无疑是提高生态市场经济能力最主要的内容。在市场经济中，资源的配置、产品的流通、分配、消费等都依赖于市场机制，只有建立起良好的市场经济体制，企业才能在有序的竞争环境下不断地进行技术创新、组织创新和制度创新，从而才能实现资源的优化配置。在建立高效率的市场经济体制中，产权制度建设和行为规范制度建设是其最重要的内容。因为市场经济是建立在不同社会分工商品生产者之间的交换行为或交换契约上面的，而这种交换行为赖以顺利进行的基本条件，就是明确的产权关系和公认的市场行为准则。产权界定是形成不同利益主体的基础，不同利益主体则是市场经济的基本要素。只有产权明确，人们才会进入市场交换领域，并为自己的利益去竞争，从而市场机制的作用才能发挥。要使这种竞争公平有效，就必须有一套公认的并能得到实施的满足各经济利益主体需要的市场行为准则。所以市场经济的产权建设和行为规范准则建设是市场经济体制建设中的两个最主要的方面。在产权建设方面，应根据社会政治经济条件的改变而不断调整。建立高效率的市场机制，必须加强各项与市场机制有关制度和行为规范的建设，同时要加强政府对市场机制的引导与必要的调节，以解决市场机制在外部性等方面的不足。

　　四是加强科技创新能力。科技创新是提高生态市场经济能力的重要手段。人类认识自然和协调自然的能力，都是建立在科学技术进步的基础上。虽然我们曾反复讲到，科学技术进步也曾是造成人类社会经济不可持续发展的重要因素，但其根源却在于原来不适宜的社会经济制度，科学技术只是被人类利用的一种工具，它会对人类产生什么影响，取决于人类如何利用它。只要制度正确，科学技术就会造福于人类，所以人类要实现自己的可持续发展目标，就离不开科学技术的进步和创新。

　　五是建立与生态市场经济要求相一致的社会制度。必须建立符合生态市场经济要求的伦理道德规范、司法体制等，这也是市场经济体制发挥作用的前提条件。因为缺乏符合可持续发展与和谐社会要求的社会伦理道德规范，就不会产生相应的市场行为准则，而缺乏有组织的权力系统与司法体制，市场行为准则就不可能得到有效的遵守，市场机制的作用就不能得到有效发挥。所以说，建立符合可持续发展与和谐经济要求的社会制度，是市场经济体制发挥作用的前提条件和保证。

　　虽然从系统的层次性看，生态市场经济能力的建设主要是从以上五个方面进行的，但其实质则可归纳为要素建设与制度建设，制度建设又是其核心。因为要素的建设是由制度的建设状况决定的，这正如上面说到的，人们对生态环境是破坏还是保护，是由一定的制度内容决定的一样，所以制度建设是生态市场经济能力建设的核心。虽然这并不是说制度决定一切，因为制度也是由一系列因素决定的，其中包括生态环境的现状及对人类的实际或潜在的影响等。但制度的重要性却是不容置疑的，所以不断完善社会经济制度，是提升生态市场经济能力最有效的方式。

　　在促进生态市场经济社会经济制度建设方面，最重要和迫切的任务是对文化伦理进行变革，或者说修正原有的价值取向。其主要内容就是将传统的把人与自然作为对立面的伦理观念，转变为人与自然相统一的伦理观念，将追求物质消费作为幸福的目的，或将消费多少物质产品作为衡量幸福大小标准的伦理观念，转变为珍惜资源，均衡与适量消费，实现人与自然间和谐统一为标准的幸福观念。前面讲到，在传统的伦理观念作用下，虽然人类得到了空前的物质消费，但人类也因此面临着最为迫切的生存危机，而人类的持续生存是人类作为一个物种来说的最大福利。这意味着，当代人在得到更多物质产品的同时，福利却可能下降了，人类几乎正在印证一个古老的箴言——通向坟墓的道路是以良好的愿望铺就的。变革人与自然关系的伦理道德，实际上就是变革人类代际关系的伦理道德。因为在讨论代际公平时，后代人是不可能与当代人同时出现在谈判桌上来讨论相互之间的权利与义务的。它只能建立在当代人或由历史形成的道德选择上面，并通过这种道德规则对当代人的行为进行约束（从历史上看，当代人得到的资源和环境，也是前一代人在一定的道德规范约束下的结果）。如果当代人消耗过多的资源和导致生态环境破坏而使社会经济不可持续发展，也就意味着人类伦理道德沦丧或制度退化。因为生态环境遭到破坏只是伦理道德沦丧或文化退化的一种表象，所以伦理道德的变革是建立良好的生态环境的前提条件，从而是实现生态市场经济目标的社会保证。

在变革人与自然关系伦理道德的同时，必须变革人与人之间的伦理道德。其中包括集团之间、国家之间、民族之间的伦理道德，也就是对代内公平的观念进行调整。人与人之间的关系是人与自然关系的反映，或者反过来说也成立。这是因为在两极分化的社会是不可能实现生态环境的永续利用的。记得 2001 年在中央电视台看到一则电视报道，称宁夏和内蒙古等地不少农民因挖甘草而导致土地严重沙化或退化，最终破坏了自己的生存基础。记者采访发现，农民也都知道这种后果，然而他们却不得不进行这种竭泽而渔的行为。因为干旱不仅使农作物绝收，而且需要钱从外地运水（解决饮水问题），挖甘草则是解决眼前饮水和生活的唯一选择，所以这是他们不得已而为之的行为。在人的生存与生态环境保护的两难选择面前，生态环境保护只能为人的生存让路。所以说，人类的共同富裕是生态环境保护的最有效方式。现行的公平观念显然不能满足这种要求。近几十年来，国家之间，尤其是南北之间的贫富差距日益扩大，大部分社会内部，其中尤其是发展中国家内部的差距也在扩大，如我国改革开放以来这方面的差距就已扩大到了危险的程度。这些结果，不仅造成国际社会日益严重的对抗，而且许多国家内部的矛盾也日益尖锐，其结果不仅阻碍了经济发展，而且对生态环境造成重大破坏，严重威胁可持续经济发展目标的实现。所以要实现生态市场经济的目标，就必须对现有的代内公平或人际关系伦理进行调整，使其符合可持续经济发展的要求。

要建立人与人之间和人与自然之间的和谐关系，人口生产观念的改变也同样是必不可少的。在一个人口增长快，人口生产的宏观边际成本大于宏观边际收益，从而人口生产与社会需要和生态环境承载能力之间出现严重矛盾的社会，人类内部及其与自然之间的关系都不可能是协调的。这种情况在那些人口增长快的发展中国家得到明显的反映。历史上人口危机引起的社会动荡和环境破坏都证明了这一点。所以，改变人口生产观念及其相应的社会伦理，是提高生态市场经济能力的重要方面。

根据社会道德伦理或价值观来建立相应的社会制度和经济体制等，从而促进整个社会制度的创新，也是制度建设的一个重要方面。如加强政治文明的建设，以做到可持续发展要求的共同参与等。

四　生态市场经济能力的建设过程

生态市场经济能力的建设，既是一个社会生产力水平不断发展和提高的过程，也是一个社会人口、资源、经济、环境之间关系不断更新和重建的过程。

可持续经济发展，强调经济发展不仅要从当代人和子孙后代之间各种关系相互协调的角度出发，更要从环境资源的供给能力出发，在环境容量允许的范围内进行开发。在人类社会发展的过程中，人类改造和适应自然的能力是不断增强的，其生产力水平的提高直接表现为劳动生产率的提高。例如，传统农业条件下 1 个农业劳动力可养活 3—5 人，至多 10 余人；而在现代农业条件下，则可养活百余人。与此对应，人们对于物质和文化产品的消费需求，也随生产力水平的提高而有更高的要求。例如，在落后的生产力水平下，人类的生存发展主要以解决温饱问题为目标；而在发达的生产力水平下，人们则更加追求舒适和生活质量的提高。可持续经济发展能力的提高，不仅注意发展生产力，而且更注意人们需要的变化，使之在不断提高的新水平下保持供需间的平衡。

从消费的角度看，生产力发展和人类生活水平的提高意味着资源消耗的增加。例如，发达国家人均消耗的产品与劳务，其中特别是能源，往往是发展中国家的数倍甚至数十倍，但对资源消耗的增加，并不直接等于资源的枯竭。因为人们在发展生产力的同时，不仅增加了人类与自然之间相互协调的力量，同时也意味着扩大了资源的范畴。科学技术的进步，使原来一些不可利用的自然物质和能量，成为新的生产资料和生活资料的供应来源；使一些原来利用效率很低的资源，经过综合利用，可以发挥更大的效率；通过对原有生物品种的人工改造、人工培育，可以形成生产率很高的新的生物品种，使土地的生产力更大，提供更多的生物产品；通过发明和创造，合成更多的人造产品，可以替代自然产品；以再生资源替代非再生资源，可以使有限的自然资源满足人类更多的需要。生态市场经济能力的提高，意味着在生产力进步的基础上，提高了资源的承载力。

人类文明一经产生，自然界就不再是一个按照缓慢节奏进行演化的纯自然系统，而是逐渐"人化"的物质世界。生产力的发展，使人类对于自然界的作用和影响日趋深刻。人类在发展生产力的过程中，一方面增加了向自然界的废物排放，使森林被砍伐、物种减少；另一方面人类进行生态创新，亦逐渐学会改变地球表层的天然生态系统，通过生物品种改良，提高其生长对环境的适应能力，增强其对有害物质的吸收和净化能力。人类的生存发展，在不断地打破天然生态平衡的同时，也在逐渐学会建立新的人工生态平衡；在向自然界输入废弃物的同时，也在通过对生态环境的保护性投资而增加生态环境的容纳能力，如可以通过环境工程技术，对污染物进行无害化处理，可以使有限的环境容量支撑起更大的经济系统。因此，生态市场经济能力的提高，也意味着环境容量的增大，生态平衡自我调节的能力增强。这种情况，使得经济发展能够在一定范围内与生态环境改善相同步。

人类社会发展的过程，是经济增长的过程，是生产力发展的过程，也是人与自然的关系不断协调、平衡和优化的过程。可持续经济发展能力的增强，也就是人类协调与自然关系，满足自身需要能力的加强。

生态市场经济建设的过程，同时还是人类社会关系和社会制度不断完善的过程。因为要提高生态市场经济能力，就必须使社会各方面的制度建设向"公平、可持续与共同参与"的方向运动，这就要求不断地变革现有的社会生产关系和制度，即不断地进行各种制度创新。这个过程必然是传统的社会制度向新社会制度的演变过程，当这种变革达到一定程度，量变就会转化为质变，新的生产关系和社会制度就会在此过程中诞生。

五 优化结构和管理创新是提高可持续经济发展能力的关键

生态市场经济能力的形成与发展，是人口、经济、科技、资源、环境各大要素矛盾运动的结果。它要求在"生态—社会—经济"三维复合系统中，通过合理配置各种资源，改善组织管理水平，不断提高系统的有序程度，使之达到优化与和谐，促进社会进步、经济发展、资源开发和环境保护协调一致、协同运行，使其系统功能实现整体大于部分之和，产生巨大的、可循环与可持续的发展效果。

优化生态市场经济系统的结构以提高能力，必须保持较高程度的部门多样性，使国民经济专门化生产与综合发展相结合。对整个国民经济发展体系而言，要建立起能够对其整体起到支撑作用和对其他产业具有巨大带动作用的支柱产业。对于某一个产业部门而言，要限制同一产业内无规模经济优势、低投资效益、低水平的重复建设，限制同一产业的盲目扩张。要根据要素贡献最小限制原则，对制约可持续经济发展能力的"瓶颈"加以重视，全力克服。例如，我国现阶段经济的发展，不仅要因地制宜建立起各地各部门经济多样化的结构，以资源或产品的深加工和多层增值来提高经济产出，而且要注意克服区域经济结构趋同，产生"诸侯经济"的弊端；还要在发展第二产业，推进工业化的同时，重视巩固和加强第一产业，发展第三产业；在提高企业内部经济合理性的同时，要注意维护发展其外部经济合理性；在重视生产性投入的同时，更要重视基础设施的建设；在重视生产要素增量扩大的同时，亦要盘活生产要素资产的存量。要尽可能地调动一切积极因素，来推进国民经济的持续高效快速发展。

第三节　福利深化是提高生态市场经济能力的重要手段

从历史过程看，经济发展是一个不断持续的过程，人类福利则是在此过程中不断得到提高的过程，并且在实际过程中，两者之间是相互促进的。如经济发展是人类福利得以提高的前提条件，福利增加则不仅是经济发展的目的，而且更是经济发展得以实现的手段或动力。没有人类福利的增加，经济发展不仅不可能得到实现，而且会不断地衰退，这种情况决定了福利深化是推动生态市场经济能力建设最有效的方式。

一　福利深化的含义

人类从事经济活动的最主要目标，就是得到其中的福利，因此福利必然会对整个的经济活动发挥重要甚至决定性的作用。

所谓福利，就是人们在生产与生活中得到的满足。它是外部世界对人身体和精神的刺激，引起人心理和身体变化的心理反应。福利作为人们在生产与生活中得到的满足，既可能是正的，也可能是负的。如当企业发生亏损时，企业家的福利就是负的。由于这种满足，是人们对外界活动施加个人之上所引起的一种心理反应，因此它既有一定的客观性，但又有很强的主观性，会使一定事物给人的福利满足，依承受者对这一事物感受程度的不同而不同。如一块面包，具有一定的营养成分，可满足人的消费或饥饿需要，单就这方面说，从面包消费中得到的福利具有客观性；但每个人在不同的时间或在同一时间，由于对面包的需求程度是不一样的，所以它给人带来的满足程度又是不一样的。福利的这种内容，一方面反映福利的来源是多方面的，既有物质方面的，如物质财富的消费、财富的占有等；也有精神方面的，如良好的家庭关系、和谐的邻里关系、情感的交流与理解、自然界的美好风光等，即那些一切能够引起人心理变化的因素，都可称为福利因素，另一方面反映福利具有很强的主观心理性，虽然这并不完全否定福利具有一定的客观性，在相同的环境下，不同人之间的福利还是有一定可比性的，否则就失去了对它进行研究的意义；但同时也说明，这种可比性是有严格限制条件的。由于福利的内容过于宽泛，因此这里仅限于经济福利，即能够"价值化"的那部分福利。

所谓"福利深化"，是指在一定产品或资源总量基础上，通过一定方式促进福利的同时，实现生产力或经济的最优化发展。简言之，福利深化就是指福利不断增进并推进经济发展的过程。这也就是说，经济发展是使人们福利增进或使人民需要得到满足的物质基础；而满足人民在此过程中的各种需要，则又成为推动经济发展的最有效手段，从而两者间互为手段和目的，福利深化就是这种福利增加与经济发展互为促进的统一。那些单纯追求发展而忽视人民福利提高的发展战略或模式，如我国改革前的计划经济，或者单纯为了满足人民需要而使经济发展受到阻碍的做法，如当前的一些西欧国家，其福利深化的效果都不会太好，它们都会因失去来自人民追求利益和利益差别的动力，而使经济发展陷入停滞。

福利深化的内容说明，福利深化不仅是社会福利提高与经济发展的持续过程，是可持续经济发展能力提高的过程，而且是社会制度和经济体制不断变迁的过程。这同时也说明，任何一种生产方式和相应的社会制度，都具有其特定的历史适应性，超过这个范围就会走向自己的反面。这一特点决定了在福利深化过程中，任何社会制度和经济体制都只具有历史的暂时性，而不具有历史的永恒性。随着客观条件的变化，要实现不断持续的福利深化，就必须不断地对那些在此过程中逐渐显得落后的社会制度和文化意识形态进行主动的调整，否则将阻碍这一过程的顺利实现。由于一定的社会制度及其相应的文化意识形态等，是与过去形成的一定利益分配关系紧密相连的，因此要对这些内容进行变革，就意味着必须对传统上已有的分配关系进行调整，或者说要以牺牲那些传统上在利益分配中占有优势地位人们的利益为代价。显然，这种要求必然会遭到这些人的强烈反对。虽然不管这些人如何反对，在生产力决定生产关系和其他各种因素作用的力量下，这种改革是一定会发生的。但它却说明，福利深化的过程，绝不是一个容易实现的过程，而是一个充满斗争和曲折的过程，是不同人们之间对利益的竞争过程。在实际中，通过社会中心有意识的主动调节，虽然可以减少该过程中的摩擦，从而较顺利地实现全社会的福利深化，但斗争却是不可避免的。

二　影响福利深化的因素

福利深化是一个福利增进和经济发展之间相互促进的过程。其中，影响它们实现程度的因素很多，如有制度的、有要素方面的还有心理方面的等。下面就对其中的一些主要因素进行分析。

（一）个人激励

社会经济的发展动力，最终来自内部人民的积极性。这种积极性的大小，是与一定的激励机制密切相关的，或者说与人们从其活动中可得到报酬的大小相关。因为在经济社会，人们从事经济活动的最主要目的就是实现其利益需要。所以积极性的大小，是与人们从中可得到利益的多少成正比的。自然，在不同的生产方式下，这种正比关系的程度是不同的。如在现代协作劳动生产方式下，个人积极性与生产效果联系不很明显的情况下，这种联系的程度就较轻；而在个体劳动或那些协作劳动，个人积极性与生产成果联系很紧密的生产中，这种联系就非常明显。由于这种不同，决定了在不同生产方式中，必须采用不同的激励机制，以达到尽可能大的社会生产效率。

前文对"公平与效率关系"的分析，核心内容也就是分配与激励机制的关系，或者说是分配与劳动者生产积极性的关系问题。不管是在微观方面还是在宏观方面，公平与效率之间的关系都是如此，只是它们各自体现的方式不同而已。在任何社会或任何制度与体制下，个人的积极性都是生产发展的最主要动力源泉。但在不同的社会和经济制度下，个人的积极性却因受到该制度制约下的分配方式及其结果的不同而有所差别。这说明，通过对一定社会制度和经济体制的改革，从而调整公平与效率的对应关系，是可以提高个人积极性和推动经济发展的。

前面讲到，现代社会人们在不断地追求绝对福利增加的同时，更希望相对福利能不断改善。对前者的追求，成为推动经济发展的永恒动力。虽然在此不能对其做出好坏的价值判断，因为从目前生产力达到的水平来说，如果不考虑社会财富的分配状况，现有生产力足以满足人们正常的温饱需要而有余。由于人类已处于地球的主宰地位，没有了竞争对手，从物种上看，已不存在达尔文所说的那种"物竞天择，适者生存"环境，因此从生态方面看，已没有必要追求生产力的不断发展。适当调整财富的分配，维持现有的人口与生产规模，将能更好地协调人类与环境的关系，因此就不会出现日益引起人们关注的人类生存与持续发展问题。正是人类不满足于已取得的这些成就，追求财富的不断增加，才导致这些威胁人类生存的问题出现。就这方面看，虽然我们（这些受过马克思主义教育的人）常说，看一种社会制度优越与否的标准，就是看其在何种程度上促进生产力发展，但这种发展的目的却是值得怀疑的。因为对那些发达国家来说，其对人民的满足程度，早已远远超过维持其正常生存需要，尤其是超过了与周围环境协调的范围，这种发展反而会破坏这种协调。悲观地说，人类文明的毁灭，很可能是人类自身的成就所致。人类永不满足的贪婪之心或者说生物本性，既是推动社会进步和生产力发展的永恒动力，但又可能是导致生态失衡，从而最终毁灭人类自身的主要原因。

对相对福利提高的追求，对经济发展会产生两种不同的作用力量。对提高个人相对福利，使自己处于尽可能高的地位，是促使人们不断进取的最主要动力。这正如前面曾指出的那样，当社会的福利满足超过温饱需要时，人们对相对福利的关心将甚于对绝对福利的关心，只有当努力的结果有可能使自己处于更高的相对福利地位时，人们才会有积极性，如果达不到这个目标，积极性就会因此丧失，要维持这种动力，就需要社会的相对福利有一定的差距。只有在这种体制下，人们才可能以自己的努力实现其目标。但由于社会整体的经济发展，需要全体人民普遍的积极性，可持续发展更需要全体人民的共同参与，同时一种生产方式的变革，若要比旧生产方式更能促进生产力的发展，并顺利实现这种变革，就需要它能提高社会绝大多数人的绝对福利和相对福利，只有这样，才能得到多数人的拥护而顺利实现，同时促使人们积极地参与，使经济取得较快发展。因此，相对福利的差别就不能太大，并且必须在经济发展过程中不断得到改善，结果就出现相对福利在促进经济发展方面的矛盾情况。如从动力机制来说，它需要以相对福利有较大的差别为基础，但从需要满足与可持续经济发展的关系看，又要求相对福利的差别不能太大，并且要随着经济发展的过程而不断缩小，因此就产生了可持续经济发展在这方面的两难选择。

在实际中，劳动者的积极性及其生产效率，不仅与一定的分配关系有关，而且与个人选择有关。这种选择既包括就业、流动方面的选择，也包括收入支出和消费方面的选择自由。正因为这样，所以马克思将共产主义理解为个人的自由联合体。在一个限制人民择业自由的社会中，人们的特长不能有效发挥，兴趣被抑制，人民的积极性必然不高。同样，在人们收入一定时，人们能在多大程度上实现自己的福利，是与消费选择的自由程度密切相关的，当这种选择受到较大限制时，不仅福利会受到损害，而且会影响生产积极性进而降低生产效率。

（二）生产者选择

生产者选择，包括两方面的内容，一是生产者或厂商对生产要素和生产方式的选择，二是对生产方向或生产什么的选择。自然，对后者的选择是在法律允许范围前提下进行的。在实际过程中，生产者的生产效率或积极性，如同个人的积极性是与这些选择自由的大小密切相关的一样。当这种自由被严重限制时，厂商将不能根据市场和社会需要来有效地配置资源，能力不能有效地发挥，利益也不能得到充分实现，积极性就会丧失，这就如同我国改革开放前的企业情况一样。

人们知道，生产力发展和社会需要具有不断变化的特征。生产者作为生产力的细胞和满足社会需要的具体承担者，要跟上这种变化，就必须根据市场情况不断地调整自己的资源配置，在满足社会需要的同时，尽可能地实现自己的利益目标。要实现这点，它们就必须有较充分的选择权。没有这种选择权，如像产品经济条件下的厂商，或者是像我国"一五"时期的非公有制企业那样，生产者由于不能根据市场变化来自由和有效地配置资源，利益不能通过自己的努力来实现，结果不仅会导致资源配置效率的下降，而且会使生产者的积极性丧失。由于生产者是社会生产的主体，没有他们积极性的发挥，经济发展就失去了最基本的动力基础和源泉。这种动力丧失对经济发展的阻碍，比之个人积极性的丧失更可怕。因为在现代生产方式中，生产者或企业的积极性，往往是个人积极性的前提条件，个人是作为企业生产过程中的要素而起作用的。没有生产者积极性的发挥，个人的积极性也就失去了发挥作用的基础。

由于市场经济条件下的生产者目的，是为了取得尽可能多的利润，利润是成本与收入之差，因此要在实际的生产过程中实现其目标，一是尽可能地降低成本，二是增加收入。对生产要素和生产方式的选择，就是为了尽可能地降低生产成本，对生产方向的选择，则是为了取得尽可能多的收入。只有在这两方面给予生产者选择自由时，生产者才能根据市场变化有效地配置资源，从而实现自己的利益。如果这些选择自由被限制，其实现利益的路途就被堵塞了，在这种情况下，积极性自然也就会丧失。正是在此机制的作用下，我国的计划经济在进行到一定阶段后，由于没有来自生产者和个人的积极性，而不得不进行改革。

（三）产品分配

在决定社会福利与经济发展过程中，产品分配可以说具有决定性的作用。因为它是整个经济机制的核心因素，决定着人们利益的实现程度，决定着每个人的绝对福利和人们之间的相对福利，决定着社会的物质资本积累和人力资本积累，决定着个人和生产者的生产积极性，决定着福利深化的状况。

从人们对相对福利的重视和可持续经济发展的要求看，要提高可持续经济发展产品分配中的效率，并以此作为推动可持续经济发展的手段，它要求比传统经济发展更高的产品分配公平程度，这也正是可持续发展要求的"公平原则"的体现。只有在一个相对公平的环境中，才可能做到"共同参与"，生态环境的可持续利用目标才有可能实现。

（四）资本积累

这里的资本积累，包括物质资本积累、生态资本积累和知识经济积累。资本积累对经济发展与社会福利增加的重要作用，是人所公认的。在自然资源一定时，社会的经济发展速度和福利增加速度，主要取决于物质资本和人力资本的积累速度。一般地说，在这些资本的利用效率不变时，它们之间具有正比关系。不过，由于资本积累既是未来消费的积累又是眼前消费的扣除，因此在这上面存在着正反两面性，当积累率过高，就会牺牲较大的当前消费，当这种牺牲超过一定程度时，也会导致效率的下降。同时，资本积累会对福利深化产生什么影响，还同时取决于积累资本的效率。如果效率低，则不仅起不到福利深化的作用，反而会阻碍这个目标的实现。如在 20 世纪 50—80 年代，我国的资本积累率与日本相差无几，但由于我国资本的使用效率远远低于后者，以致在 20 世纪 50 年代初两国几乎相等的国民经济规模上，到我国改革开放时，日本已成为世界经济强国，而我国却仍在为摆脱贫困而苦苦挣扎。

（五）对外贸易

从国际贸易理论知道，在国内资源一定时，通过对外贸易，参与一定程度的国际分工，将增加一国可得到的产品总量，从而促进该国的经济发展和福利深化。我国改革开放以来，在经济发展与改善人民生活方面取得的巨大成就，就与我国在该期间大力发展对外贸易有密切关系。自然，对外贸易对一国社会深化到底会产生什么样的影响，取决于该国的经济发展水平、贸易策略、对外开放的程度和步骤等一系列因素。对策不当，也可能会对该国的福利深化产生重大的阻碍作用，如可能沦为发达国家的经济附庸等。

（六）社会与经济制度

社会与经济制度或体制，在福利深化方面往往具有决定性作用。因为上面提到的各种与福利深化的因素，它们对福利深化的具体作用，都与一定的社会与经济制度有密切关系。如个人激励，其中与激励大小有关的产品分配、个人职业与消费性选择等因素，都与社会经济制度有关；产品分配方式及其结果，生产者选择等，更是经济体制的有机组成部分；资本积累，同样受到社会制度的严重制约，前面说到，在一个制度不完善的社会中，资本积累是受到严重抑制的，所以社会和经济制度，是决定福利深化状况的最主要因素。

关于社会制度对经济发展和社会福利的作用，德国古典经济学家李斯特在其不朽巨著《政治经济学的国民体系》中曾作了充分的说明，如他说："不论何处，不论何时，国家的福利同人民的努力、道德与勤奋总是成正比的，财富就随着这些因素而增进或减退，但是个人的勤奋与俭约、创造与进取，如果没有内政上的自由、适当的公共制度与法律、国家行政与对外政策，尤其是国家的团结和权力这些方面的支持，就绝不会有任何重大的成就。""缺少了自由制度以后，公民个人方面无论怎样地勤奋、俭约、富有创造力和智慧，也不能有所弥补。历史还教导我们，个人的生产力大部分是从他所处的社会制度和环境中得来的。"[1] 对此，我国在这方面应有更深的体会。如在新中国成立以前，由于受世界列强的盘剥和国内封建势力的阻挠，民族资本普遍不活，致使国民经济发展缓慢，人民福

---

① 李斯特：《政治经济学的国民体系》，陈万煦译，商务印书馆 1961 年版，第 98 页。

利的改善更是艰难；改革开放前，由于经济体制与生产力的发展要求不相
适应，致使国民经济活动日益丧失，经济增长更是对人民福利的异化；改
革开放以来，在同样的资源条件下，仅仅由于社会经济制度发生了一定程
度且不很完全的变化，就使生产力如雨后春笋般涌现出来，就充分说明了
这一点。

其他影响福利深化的因素还有很多，如生态伦理、文化传统、政治体
制等，对此不一一分析了。在实际过程中，这些因素是相互影响、共同作
用于福利深化的。

三　福利深化是提高生态市场经济能力的重要手段

任何社会，经济发展的动力都来自人民对经济利益不断增长的追求，
并且一个社会只有当它能使绝大部分人的福利有所改善时，经济发展的目
标才能够实现。因为，一个社会的经济发展要得到实现，必然要求社会绝
大多数人的参与，要做到这点，就必须使他们的福利能够在此过程中不断
改善；在那种经济发展成果只为少数人享有的社会，经济发展的动力必然
不足，并且是不可持续的。所以说，生态市场经济的福利深化，就是通过
福利改善的方式来推动经济发展，并且由经济发展来改善人民福利。

在经济发展过程中，满足人民不断增加的需要，不仅是人们从事生产
的目的，而且是促进经济发展的最有效手段。因为，一方面劳动力是生产
要素，是生产力的有机组成部分，其数量和质量决定着生产力的发展状
况，而劳动力数量与质量的再生产状况，是由他们消费产品的多少决定
的，所以他们的消费状况决定着生产力或经济发展的状况；另一方面可持
续经济发展的能力，取决于该社会人们的劳动积极性和创造性，这同样取
决于人们在产品消费中的满足程度，从相对福利理论知道，这种（社会
性的整体）满足程度是与产品分配的公平程度成正比的，所以在经济发
展过程中，不断地改善产品分配关系，是提升生态市场经济能力的最有力
手段。

经济福利深化的过程，也就是上面所讲到的各种影响福利深化因素的
建设过程，这些因素的建设过程，也就是生态市场经济能力提高的过程。

一个社会的生态市场经济能力，取决于该社会在何种程度上实现了可
持续发展的"公平、可持续与共同参与"原则要求，而福利深化的过程，
正是一个社会不断向"公平、可持续与共同参与"目标的运动过程，如
福利深化要求不断地调整动态过程中的产品分配，向更公平的方向运动，

而要使这种"公平原则"得到实现，就要求该社会在政治等各方面实现"公平原则"和"共同参与"原则，只有在此基础上，资源利用的"可持续性原则"才能得到实现。所以，一个社会的福利深化过程，也就是该社会实践可持续发展原则的过程，从而是加强生态市场经济能力建设的过程。

福利深化中的福利，不仅包括人们在收入与经济消费过程中的福利，而且还包括人们在生态消费、社会参与、劳动过程、人际关系等方面的福利。这些福利决定着人们对生态环境的态度或价值取向、生产积极性、技术创新的动力等几乎所有与经济发展有关的问题。所以福利深化过程，也就是对上面分析的生态市场经济各个方面和整个制度进行变革和创新，不断改善人们的福利和推动经济持续发展的过程。这种情况说明，福利的改善既是生态市场经济建设的目的，同时更是它的作用动力。只有福利的改善，人们才有生产的积极性，并为经济发展提供更好的物质条件（劳动力质量的提高和人力资本积累的增加），生态市场经济建设的目标才可能得到实现。所以在这里，生态市场经济建设目的成了自己发展的最好手段。生态市场经济建设中的福利深化，就是目的与手段之间的相互促进和相互转化。这种情况说明，生态市场经济能力的提升与福利深化的过程是同一的，即生态市场经济能力建设需要福利增进作为自己的要素和动力源泉，更需要它作为自己的追求目标；而福利深化同样需要生态市场经济能力提高作为自己实现目的的手段和物质基础，并且需要生态市场经济能力建设推动的社会制度变革来为它的实现提供社会保证。

第四节　生态市场经济能力评价

正确地评价一个社会或国家生态市场经济的能力，是正确制定经济发展战略、科学地进行目标管理与行动决策的前提。

一　生态市场经济能力的评价标准

虽然从系统的角度看，生态市场经济能力包含多方面的内容，但从经济学来说，集中体现其能力大小的标准就是该社会的可持续收入能力。因此，可持续收入的增长状况是评价一个社会生态市场经济能力的核心指标。

　　可持续收入虽然是评价生态市场经济能力的最好标准，但由于实际过程中经济活动的复杂性，这单一标准不便于人们在实际过程中的操作管理，因此它还需要有一些更具体的评价标准来加以补充。根据上面的分析，我们认为生态市场经济能力的评价标准，还有如下这些。

　　一是物质资本的存量及其增长速度。社会的资本存量决定着一个社会现有的增长能力，而增长速度则决定着该社会以传统方式衡量的经济增长能力，而且是该社会的人力资本和自然资源与环境资本积累的物质基础。一个社会的人力资本积累和自然资源与环境的保护与改善，是不可能建立在物质资本严重短缺和不断被消耗的基础上的。因为，物质资本的短缺程度太高，就会出现以人力资本、自然资源与生态环境的牺牲来换取物质资本和经济增长的做法，这种情况正是一些发展中国家的普遍做法。只有物质资本相对丰富，才可能以物质资本来保护和增加相对短缺的生态资本和人力资本。

　　二是人力资本的存量及其增长速度。正常情况下，社会总资本存量与增长速度之间也具有一定的正比关系。我们知道，在各要素中，人力资本是最具有生产力的，从价值生产能力角度看，只有人力资本才具有价值增殖能力。所以一个社会的人力资本状况，对该社会生态市场经济能力建设具有决定性的影响。

　　三是生态资本的存量及其更新能力。这是一个社会的生态资本存量及其增长速度或持续能力的最主要部分，它构成了可持续发展能力五大系统中的两大系统，即"生存支持系统"与"环境支持系统"，它的存量及其质量的好坏，显然对生态市场经济能力的大小起着决定性的作用。

　　四是三种资本间的比例及其协调情况。社会生产力是三要素间的有机统一，其大小不仅与每种要素的数量有关，而且与各种要素间的比例及其协调状况有关，三要素间不仅要保护数量间的比例，而且必须保持一定的质量组合、空间组合和时间组合的要求，才能形成有效和优化的生产力。如果各要素间不成比例或者配置状况不协调，受"瓶颈"规律的作用，一些要素就不能得到有效和充分的利用。如自然资源丰富，但物质资本和劳动力供应不足，或者劳动力数量丰富但质量太差，自然资源开发利用程度就低，其利用效率也就低下。三要素间的数量比例及其协调状况，决定着每种要素的利用率，同时决定着每种要素及全部要素的生产率。

　　五是已达到的科学技术水平及其进步速度。科学技术是可持续经济发展系统中具有高度渗透性的因素，它的进步，不仅可以提高各要素的质量和生产率，而且还会改变生产方式和社会组织形式、人们的思想观念等，会导致整个社会的不断变革。虽然现代经济发展中的许多问题，都与科学技术的进步有密切关系，但在今天，解决这些问题的主要手段，却只能依赖科学技术的进步。因此，科学技术的发展水平与进步速度是可持续经济发展能力的重要组成部分。

六是产权和市场制度的完善程度。一个社会要取得较好的可持续经济发展，不仅要有较丰富的各种资源，而且还要有能保证这些资源得到有效利用的社会条件，其中产权制度和市场制度是当今两种最重要的社会条件。没有完善的产权制度，资源就会被滥用，没有完善的市场体制，资源就不能被配置到最符合社会需要和较高效益的地方。这正如我国计划经济条件下，由于缺少这两种保证资源有效利用的制度，结果造成我国的各类资源利用效率极低，浪费严重。因此，一个社会的产权制度和市场制度状况，也是反映该社会生态市场经济能力的一个重要指标。

七是管理水平及其应变能力。这方面的能力，包括微观管理水平和宏观管理水平及其应变能力，但后者居于更重要的地位。一个社会的要素状况、科学技术状况、产权与市场状况，只是表明一个社会的生产潜力或可能性，而它们的结合实际能达到多大的生产力，则取决于该社会已达到的管理水平和其对社会环境的应变能力。因为今天的生产，不是简单生产方式中那种以家庭为主的单个生产，而是以许多生产要素被集中起来进行协作性的大生产。同时从整个社会看，今天的经济活动也不是简单生产方式那种自给自足为主的自然经济，而是各部分之间存在密切关联、相互依赖的商品市场经济。在这种条件下，一定资源条件下的社会生产力，就取决于该社会对这些要素的组合方式，或者说管理水平。管理水平的不同，同样要素组合成的生产力是不同的。

八是一国经济的国际竞争能力。一国经济的国际竞争力既是相对的，又是绝对的。前面讲到，自然资源的有限性与人类社会对资源需求的无限性，是生态经济和可持续经济发展中的基本矛盾。在这个矛盾的作用下，在一个相对封闭的经济系统中，一国经济的发展必然要严格受制于系统内自然资源的约束。但在开放性经济系统中，由于自然资源和其他资源可以在不同国家间进行流动，因而一国经济的发展既可以相对不受这种限制，也可能受到更严格的制约，这取决于该国经济在国际上的相对与绝对竞争力。竞争力强，就可通过输入其他国家的各种资源来发展本国的经济，甚至可以因此保护国内的自然资源，以使本国取得更大的可持续经济发展能力，这正是今天许多发达国家的做法。它说明，发达国家在经济增长过程中可持续经济发展能力的加强，有相当部分是通过削弱落后国家的可持续经济发展能力来实现的。竞争力弱的国家，自然资源不仅要受到本国经济的重压，而且受到外国的掠夺，由此会严重削弱该国的可持续经济发展能力。所以在经济发展过程中，不断增强本国经济的国际竞争力，是提高本国生态市场经济能力的一个重要方面。

九是社会内部的稳定性及凝聚力和集体应变能力。我们知道，一个社会内部的稳定程度如何，是决定该社会经济能否正常发展的关键。在一个内部不稳定的社会，不仅难以进行各种形式的资本积累，而且已积累的资本也会被大量消耗，这不仅适应于物质与人力资本，而且也适应于生态资本。所以保持社会政治经济活动的稳定，是经济发展的最重要的基本条件。社会的稳定程度取决于许多因素，但其中最主要的则是产品在不同利益人们之间的分配公平程度、社会保障体系的完善程度、社会民主法制的完善程度等。为此，要提高一个社会的稳定程度，就必须不断加强经济与政治的民主建设。但是，社会稳定虽然是经济持续发展的前提条件，但却不是充分条件。因为，如果这种稳定而使一个社会趋向僵化，如像西欧一些国家目前的情况那样，它就不仅不能有力地促进经济的持续发展，而且会严重阻碍该目标的实现。所以，只有那种既能保证社会的相对稳定，而又使社会有足够的集体应变能力的社会，才能真正保证和实现经济的可持续发展。一个社会的集体应变能力，取决于许多因素，如社会内部不同成员间在发展过程中利益的相对一致性，外部世界对该社会竞争压力的大小等因素。

十是国际协作力。国际协作力是反映一个国家或社会，利用外部资源来解决内部问题的能力。该能力的大小，对一国可持续经济发展能力的大小起着十分重要的作用。

此外，一个社会的四种文明程度及其相互促进力量、三种创新及其相互推进的能力、五个统筹之间的协调、保持国家安全的能力等，也都是决定一个国家或社会生态市场经济能力大小的标准指标。

由于我们认为可持续收入是一个社会的生态市场经济能力的集中体现，因此上面这些因素就只能通过它们各自对可持续收入的影响来实现。这也就是说，可持续收入是上面所有这些因素的函数。

第八章　促进我国生态市场经济建设

加强生态文明建设，创建和谐社会，是我国当前社会经济建设的重要任务，其在经济领域的体现就是生态市场经济系统建设。生态市场经济是一个庞大的体系，它的建设更是一项系统的庞大工程。

第一节　加强我国生态市场经济建设的必要性

要使生态市场经济在我国社会经济建设中发挥应有的作用，就需要加强对我国生态市场经济系统的建设。

生态市场经济是当今世界的一种必然趋势，是我国不得不面对且必须接受的一种客观事实。从国内自身来说，倡导生态文明、建设和谐社会是我国当前社会经济发展战略的重要组成部分。同时改革开放几十年来经济持续的高增长，不仅带来了生态环境的严重破坏和资源耗损，而且产生了一系列严重威胁社会稳定的因素，迫使我们必须改变经济增长的社会发展方式。

一　我国生态市场经济建设的外部压力

人类社会是由低级向高级不断演进的，市场经济也是如此。如导论中指出的那样，市场经济发展到一定阶段，在内在机制与社会进步等力量作用下，必然会过渡到生态市场经济。在西方发达国家，这个过程从 20 世纪 60 年代甚至更早就已开始，进入 80—90 年代后更是明显加快。

如果说在西方发达国家，这是一个历史的客观过程的话，那么对广大发展中国家来说，则显然还没有达到这个阶段。因为对后者来说，以物质生产为主的传统经济发展任务仍然没有完成，与发达国家相比，人民生活水平还处在较低水平，对生态环境和社会生活质量的评价值仍然较低，所以还没有完成传统市场经济的发展任务。然而，正如弱国无外交一样，后进国家是不能完全主宰自己的发展方式与道路的。在世界经济一体化的作用下，所有国家都被卷进所谓的世界经济洪流中，而这种洪流是由发达国家的发展历史支配的。随着西方发达国家完成传统经济发展的任务，其经济模式由市场经济进入生态市场经济，那么与生态市场经济相适应的经济制度和规则便会自然地在世界流行。如与发达国家经济发展水平相适应的生态市场经济的一系列规则，如环境保护规则、碳排放规则、产品安全规则、劳动标准和工资标准规则、贸易规则等，无论发展中国家是否愿意，都必须接受这些制度与规则。如近几十年来，发达国家制定了一系列针对环境、劳工、安全等方面的国际贸易规则，并利用这些规则来打击追赶型国家的竞争压力。

作为一个后进的追赶型国家，改革开放以来，我国经济虽然取得了快速增长，但我国仍然没有完成传统市场经济的发展任务。如城市化还没有完成，工业化的成果也没有为全体人民所享有等，然而在世界经济一体化的作用下，我国却不得不遵守由发达国家根据它们发展水平和利益制定的国际贸易规则，发达国家也不断地利用这些规则来对我国进行各种贸易制裁，为了在国际贸易中取得更好的效益，我国不得不融入其中。所以，尽管生态市场经济对我国来说也许太早，但在国际经济现代化的趋势下也不得不接受这一事实。

二　我国建设生态市场经济的内部客观性

生态市场经济的建设虽然有来自外部的压力，但更主要的还是我国经济发展的客观需要。这种需要来自我国日益严峻的生态环境、社会内部的严重对立等。进入 2000 年以来，我们陆续提出要建设"两型社会"（即"资源节约型社会"与"环境友好型社会"）、和谐社会，倡导生态文明，最近又提出要建设"美丽中国"，实现"中国梦"。我们知道，在我国，当政府提倡什么的时候，该问题就一定是当前社会最严峻从而需要迫切解决的问题，由此反映我国无论是在生态环境、资源供给，还是社会环境等方面的问题都已十分严重，迫使我们不得不提早进入生态市场经济社会。

在生态环境方面，正如中国政府白皮书《中国的环境保护（1996—2005）》所指出的那样："中国是世界上人口最多的发展中国家。20 世纪70 年代末期以来，随着中国经济持续快速发展，发达国家上百年工业化过程中分阶段出现的环境问题在中国集中出现，环境与发展的矛盾日益突出。资源相对短缺、生态环境脆弱、环境容量不足，逐渐成为中国发展中的重大问题"。因此，尽管"中国政府和中国人民为保护环境付出了巨大努力。但是，中国政府清醒地看到，由于中国正处于工业化和城市化加速发展的阶段，也正处于经济增长和环境保护矛盾十分突出的时期，环境形势依然十分严峻。一些地区环境污染和生态恶化还相当严重，主要污染物排放量超过环境承载能力，水、土地、土壤等污染严重，固体废物、汽车尾气、持久性有机物等污染增加。21 世纪头 20 年，中国人口将继续增加，经济总量将比 2000 年再翻两番，经济社会发展对资源的需求不断增加，环境保护面临的压力越来越大"。[①] 我国生态环境的基本状况是"总体在恶化，局部在改善，治理能力远远赶不上破坏速度，生态赤字逐渐扩大"，如水土流失面积不断扩大，程度日益加深。据 1992 年卫星遥感测算，中国水土流失面积为 179.4 万平方公里，占全国国土面积的 18.7%，北方地区沙漠、戈壁、沙漠化土地已超过 149 万平方公里，约占国土面积的 15.5%，并且 80 年代以来，沙漠化土地以年均增长 2100 平方公里的速度扩展，"谁来养活中国"正成为世界关注的焦点；水污染程度日益恶化，中东部（包括整个沿海地区）的主要水系基本被不同程度地污染；空气的污染程度则是世界上最严重的，对洁净水源和空气的渴求成为大部分人的奢望；食品安全日益突出，重大食品安全事件则是层出不穷；如此等等，生态环境方面的问题可以说是不胜枚举。其后果表现，就是人与自然的关系严重对立，人们的生态需要得不到最基本的满足，人自身的和谐目标无法实现。正因为生态环境遭到严重破坏，为追求生活质量而促使移民倾向的日益突出。因为，当前我国的食品已不是有无污染的问题，而是污染有多严重的问题。空气与水的质量之差，在世界上也是屈指可数的，"天蓝蓝、水蓝蓝"已经成为很多人可望而不可即的"梦想"。所以，为追求更好的生活质量，尤其是为小孩的成长寻找一个更安全的场所，促使很多人加入到移民大军中。关于中国的生态环境问题，几乎在每天的新闻中都可见到，因此这方面的问题无须赘述。所以，生态环境和资源等方面的情况，决定了我国必须要尽快从市场经济向生态市场经济转换。

在社会经济方面，则是社会政治经济等各方面的两极分化，或者说二元化趋势日益加强。如官僚和富裕阶层与广大工人农民之间的政治权力差距日益扩大，产品分配中的两极分化则更为典型，代表财富分配差距的

---

① 引自中央政府门户网站（www.gov.cn），2006 年 6 月 5 日。

"基尼系数"，目前官方公布的就达到 0.5（这还不包括不同收入群体所享有的各种社会福利。有些非官方机构或人员的研究则认为可能超过 0.6。因为"调查证明，城镇居民收入中没有被统计到的收入估计高达 4.8 万亿元，遗漏主要发生在占城镇居民家庭 10% 的高收入户，占全部遗漏收入的 3/4"①），而且近十多年来每年增加 0.01，由此中国已从改革开放时世界上最公平的国家变为最不公平的国家之一。这种情况正如最近新华社发表的《中国贫富差距正逼近社会容忍红线》一文中所指出的："当前我国城乡居民收入比达到 3.3 倍，国际上最高在两倍左右；行业之间职工工资差距也很明显，最高的与最低的相差 15 倍左右；不同群体间的收入差距也在迅速拉大，上市国企高管与一线职工的收入差距在 18 倍左右，国有企业高管与社会平均工资相差 128 倍。北京师范大学收入分配与贫困研究中心主任李实从 20 世纪 80 年代起参与了 4 次大型居民收入调查。他说，收入最高 10% 人群和收入最低 10% 人群的收入差距，已从 1988 年的 7.3 倍上升到 2007 年的 23 倍。"而"收入高低靠的不是聪明才智和勤奋劳动，而是靠'抢身份'和'抢行业'。如果能'抢'到电力、电信、石油、金融、烟草等垄断行业，或是'抢'到公务员和事业单位身份，就等于'抢'到了高收入、高福利、高阶层"。同时，由于个人所得税起征点偏低，使得本该成为纳税主力的高收入阶层却往往成为漏税逃税大户，而不该纳税甚至应该成为政府补贴对象的中低收入阶层却成为纳税的主力。如在个人所得税中，中低收入的工薪阶层的纳税额占税收总额的 65% 以上，而高收入者的纳税额占税收总额只有 30% 左右。与此形成明显对照的是，美国 10% 的最高收入者缴纳个人所得税占全部个税比重的 80% 以上。"世界银行报告显示，美国是 5% 的人口掌握了 60% 的财富，而中国则是 1% 的家庭掌握了全国 41.4% 的财富。中国的财富集中度甚至远远超过了美国，成为全球两极分化最严重的国家。"② 因此可以说，改革开放以来的中国是当今世界传统社会向现代社会转型过程中"二元化"现象最为突出的典型。这种二元化的结果，也就是社会内部不同阶级、阶层、区域等之间的对抗日益严重，社会不安全程度也日益加强，犯罪率不

---

① 资料引自新华社《中国贫富差距正逼近社会容忍红线》，中国经济网，2010 年 5 月 10 日。

② 《新华社研究员：中国基尼系数实已超 0.5 财富两极分化》，《经济参考报》2010 年 5 月 21 日。

断上升，处于社会底层的人们日益失去对未来的希望。这种两极分化的结果，也就是人与人、人与社会之间的关系日益紧张。如社会仇富心理十分普遍，对官僚权势集团更是仇恨交加，普通民众对政治极其冷漠；另外，官僚权势集团对全国民众的剥夺则是达到赤裸裸肆无忌惮的地步（有报道称，官员腐败的灰色收入高达5.4万亿元），这正如《中国基尼系数达0.5超警戒线社会处"危险"状态》一文所指出的："近几年来，大企业特别是金融业领域高管与广大职工的收入差距明显扩大，特别是国企、央企管理层自己给自己定的天价薪酬而造就的暴富者群体，已经引起国人的强烈不满。据统计，我国现有央企155家，央企管理层年薪动辄数十万元、数百万元甚至上千万元，而大多数员工月工资一两千元，差距悬殊。新近发生职工罢工和流血事件的通化钢铁集团，据职工们反映，企业高管年薪上百万，而不少工人每月工资仅300元。如此巨大的收入差距，不仅严重脱离我国国情和基本收入分配原则，而且有违公平。"造成这种结果的原因在于"由于我国政治体制改革滞后，对权力没有形成有效约束，腐败官员的比例逐年扩大，动辄贪污受贿几百万元甚至几千万元的官员呈增长之势。不少官员或通过审批项目和提拔官员大举敛财，或在各类企业中拥有干股分红，让拥有官股保护的企业获得暴利的同时，却使通过正常渠道办事的普通守法企业步步艰难，使社会的整体运行效率大大降低。这种现象会直接动摇我党根基，加大民众的离心力"。"前些年的国有企业贱卖使许多有权者获得了暴利，而大多数工人失业或收入下降。近几年的土地买卖，也在不断上演少数人暴富而大多数农民被严重剥夺的过程。许多农民在失去土地的同时失去今后的生活来源，增加了社会的不稳定因素"。"此外，股市也成了最大的扩大贫富差距的工具。通过不公平的发行制度，公众投资者比大小非等机构的持股成本高出十几倍，超高市盈率发行使股市在成批制造亿万富豪的同时，却使亿万股民辛苦积蓄一生的财产遭受重大损失。这样的制度形成了对一部分人明显的利益输送，而对上亿股民、基民则构成财富掠夺，使大多数投资者的消费能力受到重创"。"另据社科院近日的一项调查显示，此次4万亿元刺激计划，由于投资主要集中在重工业、基础设施行业，主要是资本密集型，创造的就业机会较少。由于更多资源流入强势企业和部门，对中小企业形成进一步的挤压。据统计，2009年上半年，占全国企业总数1%的国企获得全国借贷的91.2%，而民营企业仅获得8.2%"。这种情况说明，造成这种结果的原因，是制度性和系统性的。要改变这种状况，必须对现有的政治经济体制进行重大变革。这种分配状况及其制度，使我国成为当今世界上最不公平的国家之一，与我国号称的体现"公平实质"的"社会主义"制度极不相称。更严重的是，各方面的差距不仅有扩大趋势，而且有凝固化趋势。如近 10 年来，不同阶层成员之间的交流变换比之前 20 年要缓慢得多，由此产生的社会怨怼极其强烈。司法不公、官员腐败、行政不规范，长期以来一直是社会诟病的对象，也是产生社会不稳定的最主要根源，更是导致我国富裕阶层对国内政治经济环境缺乏信心，大规模向海外移民、获取绿卡和转移资产的重要原因。因为在现今的政治与法律格局下，政府可以将当地任何一家企业或任何一个企业家置于死地。因两极分化和腐败导致的奢侈浪费之风昌盛，加剧贫富阶层之间的对立，仇富、仇官成为社会中下阶层的普遍心理等，使得社会犹如处在火山口上，不知火山会在何时爆发。"维稳"由此成为政府工作重中之重，"和谐社会"才会被政府提上议事日程。

持续性的经济结构失调（实际上还有社会结构失调），也是我国经济发展过程中的一个长期痼疾。然而，改革开放以来，我们几乎每年都强调要进行结构调整，但结构失衡的问题却不仅未见减轻，反而呈愈演愈烈之势。根本原因，不是市场的无序，而是政府干预的结果。我们知道，在市场经济中，在资本追逐利润和优胜劣汰的机制作用下，不可能出现长期的同性质结构失调，即某种过剩或短缺的产业长期存在及并存。如果出现这种情况，那么一定是市场机制的功能受到限制，它或者是垄断，或者是政府的强制干预。在我国，则是两者的有机结合。

众所周知，在我国存在供给短缺与长期过剩的产业，一定是国营企业占主导地位并受到国家政策严格保护的产业，如电信、石油、电力、钢铁、石化等，在这些领域中的过剩行业，如果存在民营企业，那么也一定是该行业的国营企业效率太低，以至于尽管行业存在过剩甚至严重亏损状态，但民营企业仍然能够凭借有效的管理等而取得较高的收益，如山东日照钢铁集团，在 2008 年全行业严重亏损时，仍然能够取得较高的利润，就充分反映了这种情况。一般来说，在我国长期存在较严重过剩状态的行业，往往是国营企业占主导地位但又允许部分民营企业存在的行业，如钢铁、石化、机械加工等，原因就是其中的国营企业效率太低，使得民营企业能够在整体过剩状态下取得一定甚至较高利润。这些行业的国营企业之所以能够生存并使行业长期保持产能过剩状态，则完全是政府，其中主要是地方政府有意识扶持的结果。它或是为了一定的财政收入，或是为了保持一定的经济总量，或是为了维持就业等。如果非国营企业占主导地位，是不可能长期保持过剩状态的，因为预算硬约束机制会将其中的大部分淘汰。如果某行业长期存在短缺，如石油、电力等，则一定是高度垄断的结果，这些行业一定是国营企业占绝对主导地位，或者是政府严格控制了该行业的主要资源，如房地产中的土地供给等的结果。

我国的产业结构之所以长期存在失调，或者说某些产业长期存在短缺与过剩的并存局面，就是因为政府过度干预或保护的结果。然而，在结构调整方面，我们依赖的却不是市场经济的"无形之手"，而是政府的"有形之手"，效果则是有目共睹的——总是以失败告终。这是因为，政府在调节过剩产业过程中，总是以保护国营企业为目标，同时地方政府又以促进地方经济增长为取向，结果就是该淘汰的无法淘汰。其中因国营企业低效率所潜伏的巨大利润又促使众多的企业进入，所以是越调整，行业过剩状态就越严重。在此过程中，即使政府下决心压缩过剩产能，也不是以效率为取向，而是以所有制为取向，结果往往是最具竞争力的民营企业被强行压缩。其中最典型的案例，当属2004年的江苏"铁本"事件和2009年的山东日照钢铁事件，前者被强行取缔，后者则被当地政府强制命令由低效率的山东钢铁兼并。近两年山西煤矿的整合，也是这方面的典型案例。低效率国营企业所潜伏的巨大利润，必然会促使各种力量想方设法进入这些行业；促进地方经济增长，则会促使地方政府成为这些体制外企业的"保护伞"。所以，最终必然导致政府越是对过剩产业进行调节，这些产业越是过剩的状态。显然，那些长期短缺的行业，则一定是高度垄断的结果，如石油、电力、通信等。其中的许多行业，至今仍然不允许民间资本涉足。为了维护自身的垄断利益，这些行业已经与官僚集团结合而组成了强大的利益同盟，阻碍对它们的改革和民间资本的进入，它们已经成为阻碍我国改革深化的最大力量。

这些情况说明，要解决我国经济结构长期失衡的问题，政府的"有形之手"必须让位于市场的"无形之手"，并且国营企业应该退出一切竞争性行业和那些能够由市场调节的基础性行业，让市场机制充分发挥作用。

与此同时，一个作为后进的追赶型国家，我国在国际经济环境中同样处在一种十分不利的地位。一方面作为进入市场经济不久的国家，尽管几十年来经济取得了快速增长，但市场经济体系的建设却仍然十分落后。如市场体系还不健全，市场法制尚不完备，无法可依，有法不依，执法不严，人情执法的情况尚比较普遍，行政不规范，由此使得企业的经营环境尚不理想。在这种市场经济的各项基础建设尚处在初级阶段，企业经营环境尚较恶劣之时，国际与国内形势却又迫使我国不得不从传统的市场经济向生态市场经济转换。为此不仅需要加强生态市场经济建设，而且还需要加强市场经济制度的建设。这必然增加我国经济转型的困难，但内外部环境和我国经济发展的目标，却又迫使我们不得不迎接这种挑战。

加强生态市场经济建设，不仅是我国建设社会主义的客观需要，而且还是与我国的传统伦理价值观念相一致的。建设人与自然和人与人和谐相处的社会，是我国传统文化追求的目标。弘扬中华传统美德，提升中国在国际中的软实力，需要我们加强传统文化和伦理的建设，而建设生态市场经济在一定程度上就是这种需要的反映。

自中央提出建设"美丽中国"后，绝大部分人将其理解为美化自然环境，也就是植树造林、保护生态环境、整治城市和乡村景观等，实际上，这种理解是极其狭隘的。"美丽中国"不仅包括优美的自然环境、良好的城乡景观，更应该包括反映社会进步趋势的社会伦理、人民优秀的基本素养和良好的行为举止等人文内容。客观地说，除了空气和水质量呈下降趋势外，城乡景观、生态植被等，近一二十年来的成就是非常巨大的。东部一些城市的硬件建设与发达国家的差距已不明显，某些方面甚至比国外更"发达"（高楼更多、城市更繁华等），居民生活的便利程度与国外发达国家的差距也很小，但中国和中国人在外国人眼中的形象，却显然与这些发达和漂亮的硬件建设成就不相符合。从国家层面来说，逐渐富裕起来的中国，虽然给世界经济增长带来了活力，但对中国崛起的担忧和围堵也与日俱增。原因是中国政治的透明度低，同时缺乏宗教伦理的约束，人们不知道日益崛起的中国会将强大起来的力量投向世界的哪个方面，是与欧美强国争夺势力范围而引起世界动荡，还是积极参与世界和平的建设？在这种没有方向感的情况下，防范和围堵中国崛起也许是人们最明智的选择。对国人来说，以西方眼光衡量的中国人的行为举止是不甚光彩的，是以自我为中心而忽视公共利益的。如在公共场合大声喧哗、随地吐痰、乱扔垃圾、不爱惜公共设施、炫富攀比等；同时中国人缺乏宗教信仰，并且缺乏法律意识，因此中国人在外国人眼中是无法无天什么都敢干的人，难以获得西方人的信赖。由于亲身来过中国的外国人毕竟是少数，大部分人对中国人形象的直接感觉是从接触到的中国人的行为举止的观察中得到的，而到国外旅游购物的相当部分人的行为举止极像"钱多人傻"的"暴发户"那样，而国人的形象也就是中国的形象，这种形象即使以我们中国自己人来衡量也是非常糟糕的。中国历史上就有"十年树木，百年树人"的谆告，比起快速崛起的经济来说，我们的文化与人们的行为修养是远远落在了后面，所以"美丽中国"建设的核心是社会文化与人的行为。

前面讲到，生态市场经济不仅包含了生态文明的自然关怀内容，而且还包含了人文关怀的内容。为此，在生态市场经济建设中，不仅要处理好人与自然的关系，而且还要处理好人与人之间的关系。人与人之间关系的状况，不仅包含产品分配的公平状态，而且还包含人与人之间的相互信赖。信赖依赖于透明的制度、良好的行为举止、彼此的尊重等。然而，正是在这些方面，我们却缺乏最基本的诚信，以至于我们这个具有五千年文明史且以"诚信待人"为行为指导的"礼仪之邦"，最缺乏的却是"信任"。如民众与政府彼此间缺乏信任，生产者之间以及他们与消费者之间缺乏信任，民众对中介机构缺乏信任，等等，其表现就是假货泛滥，人们对几乎一切都持怀疑态度，等等。显然，在这样的基础上，不仅生态市场经济的建设目标难以达到，市场经济的建设目标也难以实现。

所以，从以上分析可见，无论从哪个方面看，我国内部各方面的关系及其建设状况，都要求我们加强生态市场经济各方面的建设。

第二节　加强我国的生态市场经济建设

生态市场经济是个系统，对它的建设必然也是一项系统工程，涉及社会、经济、环境等各个方面。

一　加强我国生态市场经济伦理建设

"人类由于生育过度和滥用土地已陷入了生态陷阱。由于偏重实用科学，人类一直是在靠借债度日。现在整个世界的债款即将到期。偿还势难久延。所幸我们在偿命和全世界惨告破产之间还有抉择的可能。勒紧裤带接受一个长期而艰苦的重建时期，总比等待灾难来临毁灭我们的文明要明智得多。在残酷无情的事实面前，我们没有别的选择。除了我国坚决而勇敢地掌握自己的命运外，其他一切都无济于事。为我们的文明重新获得生态自由是一项繁重的任务，需要经常采取难以实行和给人们带来不便的措施，要花许多许多钱。……采取严厉的措施是不可避免的。最最要紧的是，我们必须改变我们的思想。要想免于毁灭，就必须放弃为自己而生活的一切思想。"[1] 改变思想之所以如此重要，是因为它是决定人们行为的指南。

　　我国虽然有历史悠久的反映人与人和人与自然和谐相处的"仁爱"、"天下为公"与"天人合一"思想，但却被新中国成立后的"以阶级斗争为纲"、"人定胜天"思想所湮没甚至泯灭。在"人定胜天"思想的指导下，大自然惨遭涂炭，以至于到改革开放时，青山绿水踪迹再难寻觅；在"阶级斗争时时讲、天天讲"的摧残下，中国传统的人与人之间和谐相处的"温良恭俭让"，被冷冰冰的猜忌斗争所取代。改革开放所激发出来的极度物欲，在政府单纯追求经济增长的思想指导下，遍体鳞伤的自然界和传统伦理遭到更加严重的摧残。一些人、一些地方或企业为一己之利，或者是不惜破坏一个地区或流域的生态环境，或者是不惜以牺牲千万人的健康甚至生命为代价（如三鹿"三聚氰胺"、苏丹红一号、"红心"鸭蛋、北京"福寿螺事件"、致癌"民工粮"、毒甲醇终变夺命毒酒、大头娃娃事件、金华火腿毒农药事件、酒鬼酒的塑化济事件，等等），对权贵和金钱的崇拜支配着整个社会。可以说，我国是当前世界上唯一一个没有反映人类社会基本价值伦理的社会（传统伦理被新中国成立后的无数次政治运动，尤其是"文化大革命"所摧残；其间建立的不成熟的伦理则被改革开放以来的"物欲"和"金钱崇拜"所取代）。这种没有共同伦理价值约束人们行为的现象，虽然在改革开放过程中，极大地促进了人们的创造性，推动了经济增长，但也助长了整个社会的无序现象，以至于各种谋财害命和破坏生态环境的严重事件层出不穷。更主要的是，由于缺乏共同伦理道德的认同，整个社会像一盘散沙，贫富对立造成的社会分裂，随时有可能将我国的现代化进程中断。所以，加强生态市场经济伦理道德的建设，成为我国今后相当长一段时间最艰巨的任务。

　　在加强生态市场经济伦理建设方面，除了要加强我国优秀的尊重自然

---

① 威廉·福格特：《生存之路》，张子美译，商务印书馆 1981 年版，第 267—269 页。

的"天人合一"伦理、尊老爱幼、诚信爱人等传统伦理建立外，还必须吸收反映人类进步趋势的当代国内外一切优秀的伦理。其中包括反映人类追求精神和谐的宗教等方面，除了加强舆论宣传等外，加强反映人与人和人与自然和谐关系的宗教建设，也是生态市场经济的重要内容。

二　加强生态市场经济制度建设

由于人们的行为及其行动方式都是由一定的制度安排决定的，因此制定出符合生态市场经济要求的制度安排就显得尤为重要。

在市场经济体制下，现行经济制度主要是通过市场经济来表现，所以改革的重点自然也是对市场经济体制的变革。由于市场经济主要是通过各因素的变化来起作用的，因此对市场经济制度的变革，也主要是通过对它的各因素参数的改变或调节来实现的。通过对各因素的调节，使它们符合生态市场经济建设的要求，或引导人们的行动向生态市场经济要求的方向努力。

我们知道，传统制度最大的弊端是它破坏生态环境和自然资源，并会导致社会内部严重的两极分化，因此对市场经济制度的改革重心也应放在这上面，但应保持它促进效率的优势。要避免市场经济对生态环境和公共性自然资源的破坏与浪费，就必须改变它们没有市场价格的制度安排，使它们对社会的价值价格化。使它们价格化的方式可以有多种。一是将那些可以明确产权的生态环境和自然资源的产权明确，并且这种产权最好通过招标形式落实到能够维护其利益的个人或集团手中。为了自己的利益，他们必然会更尽心地保护好生态环境和自然资源。二是对那些会造成环境损失的活动征收环境补偿费，并且该费用不低于环境损失，或者是通过税收形式调节人们的行为，使人们采用外部不经济方式得到的利益小于成本。三是利用法律，对那些会造成严重外部不经济和动植物灭绝的活动进行严格禁止或取缔。四是通过强有力的舆论宣传，对人们的行为加以引导，如引导人们的消费转向绿色产品，由物质消费转向精神文化和生态消费等，使整个再生产向可持续经济发展的方向运动。良好的制度安排，能够促使人们在日常的生产与生活中自觉地保护自然资源和珍惜自然资源。

在发挥市场经济个人能动性和创造性的前提下，建立起符合协作原则或集体主义的制度安排。这不仅因为现代社会面临的危机需要全体人民同舟共济，而且协作出剩余，良好的协作能够创造更多的社会剩余。良好的社会协作，需要建立更公平与更公正的社会制度，没有公平与公正，社会就会走向对抗而不是合作，社会对抗则会造成船倾人亡。由于市场经济是强调机会公平的一种制度，而机会公平的前提是人们之间起始条件的公平，起始条件的公平则必须建立在分配结果的相对公平上。没有结果的公平，机会的公平就是一句空话，这正如让一个四肢不全的人与一个运动健将进行体育比赛一样是没有任何公平性的。所以，要真正实现市场经济的机会公平原则，就必须首先做到结果的相对公平。为此，就必须对现有的市场经济制度进行调节，其中主要是对分配制度进行改革，通过再分配调节人们之间在初次分配方面过大的差别，为人们公平竞争提供条件。

对产品分配的调节，还是保证再生产各环节比例协调的重要条件。因为现有制度安排的生产手段与生产目的之间存在严重矛盾，只有通过社会的调节才能使该矛盾得到缓解，才能保证再生产的正常进行。

生态市场经济的制度安排，不仅应该能够克服传统制度的缺陷，而且还应该具有一定的弹性，能够适应环境的变化而不断地调整，并且调整的成本不能太高。要做到这一点，制度安排就必须能够对社会利益集团的行为及权力进行限制，如现代西方社会对垄断的限制和打击一样。所以建立民主的政治经济体制是十分必要的，这也是实现公平与公正，进行产品再分配的必要条件。

生态市场经济的制度安排，必须能够保证技术创新符合人类社会伦理要求。因为技术本身是中性的，它对社会经济会造成什么后果，取决于人们如何利用它们，这又决定于社会在这方面的制度安排，所以一定的制度安排决定着技术创新的性质和技术的利用方式及其后果。生态市场经济的制度安排，既应该有足够的动力推动技术进步，同时又使技术的利用符合人类的道德规范，不对人类社会造成大的损害或潜在的威胁。

要使制度安排得到实施，就必须建立起完备的符合生态市场经济要求并且具有高度可操作性的司法体系。没有这样一种司法保证，生态市场经济社会的建设目标是不可能实现的。正由于此，司法体系的完备与公正程度，成为衡量一个社会可持续经济发展能力的重要条件。

"乱世用重典"，为了尽早扭转我国当前严重阻碍生态市场经济建设的各种不良行为，加强处罚的力度，如像新加坡对随地吐痰进行高额罚款那样，将是一种有效的方式。

三　加强生态环境建设

市场经济向生态市场经济的转变，最主要的原因就是生态环境和资源满足不了传统经济发展的需要，因此生态市场经济建设的核心内容之一，就是要实现生态环境与社会经济的协调发展。所以，加强生态环境建设，为经济发展提供坚实的环境资源基础，成为生态市场经济建设的重要内容。这方面的工作，在我国的生态市场经济战略方面显得尤为重要。因为历史和自然条件等方面的原因，与世界各国或平均水平相比，我国生态环境的严酷程度和资源的短缺程度是非常高的，已经成为制约我国可持续经济发展的最重要因素。因此加强生态环境建设，保证可持续经济发展的环境资源需要，成为我国最紧迫的任务。

要使我国的生态环境满足生态市场经济建设的需要，就必须不断地加强生态环境建设，改变传统的以生态环境来换取经济增长的政策和制度，转而实行生态环境与社会经济协调发展，甚至在一定时期以经济财富来换取生态资源财富的政策和制度。因为环境问题已经成为我国安全的最大威胁，所以加强环境建设，不断增加生态资本积累，应成为我国今后相当长一段时间生态市场经济建设的主要任务。

四　加强分配制度建设

我国目前是个比较典型的二元化经济社会，而且随着结构调整和经济增长方式的转变，如果没有分配制度的重大调整，二元化的趋势将愈演愈烈。这种结果对我国的生态市场经济建设是十分不利的，它会产生人民之间、区域之间、阶层之间、民族之间的对抗，会导致社会的不稳定，甚至有可能导致国家的分裂，由此成为经济发展与社会和谐的最大阻力。所以只有进行分配制度改革，才能保证结构调整的顺利进行和推动经济发展。

调整分配政策，缩小人们之间的收入差距。在这方面，应建立以社会保障为主要内容的再分配政策。如建立最低收入保障制度，建立健全社会养老保障、医疗保险等保障体系，并将其覆盖到全社会而不仅仅是城市；建立超额累进税制和开征遗产税等来调节人们之间的分配差距；建立区域再分配制度，保证区域之间人们的收入差距控制在一定范围内；建立环境补偿制度，做到环境保护区域与环境受益区域之间的利益均衡等，以实现人们之间、区域之间、阶层之间和民族之间在分配上的相对公平。

笔者认为，目前西部开发的重点应放在对西部的分配调节上，即应以缩小东西部之间的收入分配差距为重点，而这一点是难以通过短期内西部经济发展的方式来实现的。因为在目前市场供给过剩的情况下，西部没有发展的市场空间，所以只能通过对它们的财政补助或区域间分配关系的调整来实现。东西部之间分配关系的调整是我国目前最迫切需要解决的问题之一。再一个就是生态环境的保护。为了使这二者得到统一，可通过对中西部大规模的生态环境保护投资方式，来解决短期内的区域分配问题。如通过对中西部大量低收入农民的直接雇用或补助，动员它们进行国土整治，开展荒山绿化、沙漠绿化、退耕还林还草等。① 我国目前一方面存在大量的失业或潜在失业问题，尤其是中西部广大农牧民因缺乏就业机会而处于贫困之中；另一方面需要大量的劳动力进行荒山沙漠的整治，但因缺乏相应的财政金融政策而无法实现，所以只要我们改变政策，就可大量增加劳动就业，缩小东西部之间的分配差距，同时使中西部的生态环境得到明显改善。

五　重建社会主义公有制

笔者曾反复强调，长期以来被我们视为社会主义基础的生产资料公有制，并不符合马克思社会主义公有制理论的逻辑发展需要，而且它们在长期的实践中已经完全异化为少数官僚垄断集团攫取全国人民剩余的工具。所以必须对它们进行彻底改革，建立起符合社会主义生态市场经济要求的新型公有制。这种公有制，是以产品分配的公平化为导向，以产品和剩余产品的公有制为基础，以其他形式公有制为辅助的公有制。

根据这种要求，我国的公有制建设是非常落后的。如我国产品分配的公平化程度是世界上最低的国家之一，产品与剩余产品公有化的程度也不高，更主要的是，由国家权力收集的这部分产品，绝大部分被用于少数利益集团，真正用于民生的比例很低；而生产资料经营与所有方面的所谓公有制，更是被少数人或利益集团用来盘剥全国人民。这些都说明，我国虽

---

① 据中国新闻网（http：//www. sina. com. cn，2010 年 8 月 18 日）《国家林业局：10 年来退耕还林达 4. 15 亿亩》一文报道：1999—2009 年，全国累计实施退耕还林任务 4. 15 亿亩，其中退耕地造林 1. 39 亿亩，荒山荒地造林和封山育林 2. 76 亿亩。工程范围涉及 25 个省区市和新疆生产建设兵团的 2279 个县、3200 万农户、1. 24 亿农民。根据现有退耕还林政策标准和已完成任务测算，退耕还林中央总投入将达 4300 多亿元。其中到 2009 年年底中央已投入 2332 亿元，2010—2021 年中央还将继续投入 2000 多亿元。国家将无偿向退耕户提供粮食、现金补助。粮食和现金补助标准为：长江流域及南方地区，每亩退耕地每年补助粮食（原粮）150 公斤；黄河流域及北方地区，每亩退耕地每年补助粮食（原粮）100 公斤。每亩退耕地每年补助现金 20 元。粮食和现金补助年限，还草补助按两年计算；还经济林补助按 5 年计算；还生态林补助暂按 8 年计算。补助粮食（原粮）的价款按每公斤 1. 4 元折价计算。补助粮食（原粮）的价款和现金由中央财政承担；退耕还林、宜林荒山荒地造林的种苗和造林补助款按每亩 50 元标准，由国家提供。

然是以公有制为基础的社会主义，但实际的公有化程度却是非常低的。不仅远低于发达国家，而且低于许多远比我国落后的国家。由此可见我国是个公有制建设非常薄弱的国家，所以重建并加强我国的公有制，是十分必要的。

在这方面，在加强产品和剩余产品公有制建设，或者说提高它们的公有化程度方面，应特别加强整个社会产品分配公平化方面的建设，使基尼系数有一个持续性的下降。在经济发展到一个相当水平后，我们应该有这种能力。对生产资料经营与所有方面的公有制，则应根据市场经济的基本要求及其缺陷来进行合理的配置，如依照政府不与民争利的原则，政府及其经营的企业应该退出一切竞争性行业和已经能够进行市场化竞争的基础性行业，如汽车、钢铁、石油、交通运输等领域。一方面为市场的有序竞争创造条件，另一方面破除日益强大的官僚垄断利益集团，在那些确实需要政府供给产品，如各种公益性产品等，也可通过政府埋单企业供给的方式，以提高政府支出的效率。

六　改革农村土地制度

农村问题，可以说是我国目前诸多问题中最尖锐的问题之一，同时也是阻碍生态市场经济建设最突出的问题之一，而这些问题的根源之一就是不合时宜的农村土地制度。因为土地是农业生产中最主要的生产资料，其制度的不完善必然会对农村经济造成严重的阻碍。所以要推进农村的生态市场经济社会建设，就必须对土地制度进行改革。

我国农村当前存在的问题主要有这些：小块土地造成的农业劳动生产率增长缓慢，远远低于其他产业劳动生产率的增长速度，从而造成一方面与国际市场相比的农产品价格高，另一方面则是与其他产业相比的农民收入增长缓慢，城乡、工农的收入分配差距从 20 世纪 80 年代后期以来一直在不断扩大。农民收入增长缓慢，必然造成农民消费的不足，这种不足不仅使农民的劳动力再生产难以满足经济发展的需要，而且会对其他产业的发展造成严重的阻碍，当前农民消费不足（或无能力消费）对经济的影响就非常明显。狭小的土地经营面积，促使人们在经营中采取外部不经济的方式，如大量使用农药等，同时也使农民无力抗拒其他人，如工矿企业等因采用外部不经济方式对农田的损害等。产权的不明确和承包期的有限，使得经营行为出现短期化，造成土地肥力不断下降，并使土地沙化、盐碱化趋势不断加剧，水资源大量破坏，结果使农村生态环境不断恶化。

土地经营面积狭小与经营期的有限，在农村劳动力严重过剩和机会成本极低的情况下，必然会出现普遍的以劳动替代资本的情况发生，从而阻碍农村资本积累。同时会严重阻碍农村资源的重新配置。不明晰的产权，造成农村各级政府向农民乱收费和乱摊派，增加农民负担，从而造成农村干群关系紧张。因为农民赖以谋生的土地所有权和控制权，被掌握在农村各级政府手中，这是各级农村政府向农民收取各种费用的基础，而农民却毫无抗拒的能力，这使得农村政府几乎可以毫无顾虑地向农民摊派，由此引发农村干群关系的紧张。这些问题都是现行的与市场经济要求和农民利益不相符合的土地制度造成的。

众所周知，我国现行的土地制度是计划经济的产物。虽然在改革中实行了土地所有权与使用权及部分经营权的分离，但土地所有权与控制权却基本未变。同时，20多年来，土地分配与使用的方式，即按原有人口平均分配使用土地及按土地面积向农民提取各种费用的政策也基本未变。这种政策不可避免地会造成上面提到的一系列弊端。虽然最近延长了土地的承包权，从而部分缓解了土地经营中的行为短期化问题，但它并没有解决长期存在的经营规模小、资本积累低、劳动生产率不高，从而农民收入提高缓慢、农村干群关系紧张等这些关系农村经济发展的根本问题，所以长期以来存在的农村问题依然如故。这些情况说明，要从根本上解决农村问题，就必须解决土地问题。因为土地是农业生产中最重要的生产资料，土地所有制形式决定了农业的生产方式。在现代市场经济下，只有经营者自身掌握土地的产权，才能根据社会需要不断地进行生产要素的重新组合，实现资源的优化配置。在农业生产中要取得资源的优化配置，同样要求农民掌握土地的产权。但在20多年的改革中，在对其他方面的产权进行了比较彻底改革的同时，却不对农业生产中的土地产权进行变革，仍保留为建立计划经济体制而设计的土地制度，这不可避免地造成土地制度与社会主义市场经济要求之间的尖锐矛盾，由此产生上面提到的一系列问题。在这方面，人们忽视了在计划经济的土地制度上，是不可能建立起社会主义农村市场经济制度的，结果必然导致我国社会主义市场经济制度的不完善，阻碍经济的正常运行。所以，只有改革现行的土地制度，建立起与社会主义市场经济要求相一致的土地制度，也就是由农民自己掌握所用土地产权的土地制度，或者说"耕者有其田"这种共产党在长期的土地革命中奉行的正确的土地制度，才能从根本上解决我国的农业和农村问题。只有在这种基础上，农业生产要素才能不断地进行重新组合，经营规模才能在人们的分化和行业间的转换中不断扩大，资本积累才能以不断扩大的规模进行，技术进步速度才会加快，土地的肥力和生态环境才可能得到保护和改善，农业劳动生产率才可在此基础上不断提高，农民的相对收入才可能由此增加，从而形成一个不断扩大的农村市场，成为推动我国经济增长的一个力量；农村各级政府向农民乱摊派的基础才会丧失，干群关系才可能得到改善。

我国之所以在对其他各种生产要素的产权进行改革的同时，却仍维持计划经济的土地制度，同样是受传统公有制观念束缚的结果，怕由此失去农村社会主义性质。但通过上面的分析已经知道，放弃这种公有制，不仅不会削弱，反而会加强我国农村的社会主义性质。因为继续保持这种公有制，将阻碍农村生产力的进步，妨碍我国生态市场经济社会建设目标的实现，会导致农民的相对甚至绝对的贫困化，会恶化农村干群关系等，从而与社会主义是解放生产力和完善生产关系的目标相背离。所以只有改革这种所有制，才能为农村的生产力解放和生产关系的完善开辟道路，才能真正地促进我国农村社会主义建设。实行由经营者自己掌握土地产权的土地制度，不仅是建设社会主义市场经济的要求，是从根本上解决我国农村问题的关键，而且也是共产党在实行计划经济之前长期奉行，并得到广大农民拥护的正确政策。目前，是重新向农民兑现这项政策的时候了，它是我国建立社会主义市场经济，促进农村生产力发展和完善农村生产方式的必然要求。自然，为了防止新兴地主阶级的出现和土地的不合理使用等，应在法律上明确规定，不从事农业经营的人不得拥有耕地和不允许土地的任意抛荒等。

七　按产业性质改革国营企业

企业是现代社会的生产组织者和财富的生产者，因此企业的效率和创新精神如何，是决定一个社会经济可持续发展的重要因素。我国企业，尤其是国营企业效率低下，如它在国民经济中只占1/3左右的比重，但却占用了国民储蓄或者银行贷款的绝大部分（70%—80%）。它们像个无底洞一样，吞噬了绝大部分的积累，而在一个宏观资金使用效率低下的社会，是不可能实现经济的持续高速增长的，它们资金利用上的低效率已成为阻碍我国经济持续发展的重要因素。

改革开放以来，建立政企分离的企业制度就一直是我国企业改革的目标，但实际的结果却难尽如人意。之所以会发生这种结果，是因为人们忽视了国营企业是不能实行政企分离的，同时在当前所有制基础上也是做不到政企分离的。因为从理论上说，政府之所以要举办国营企业，是由于市场经济存在着一些它自身无法克服的弊端，需要政府通过国营企业这种形式来解决，所以国营企业执行了一种特殊的政府职能。如果对国营企业实行政企分离，国营企业的行动由企业行为支配，那么就失去了政府举办国营企业的目的。政府就没有必要兴办国营企业，所以国营企业是不能实行政企分离的，而必须实行政企合一，尤其是在国营企业的经营目标和经营方向上，政府必须对国营企业实行严格的控制，但在具体管理上可以实行企业化经营，以提高国营企业的效率。国营企业不能实行政企分离，同时在公有制基础上也做不到政企分离。因为在现代，公有制的利益代表是由政府来承担的。为了维护所有制的利益，政府必然要对企业的经营管理进行干预，否则就失去了其作为所有制法人代表的作用，所以只要所有制形式不变或政府作为公有制利益代表的身份不变，不管国营企业采取何种资产管理形式，如原来的承包制，还是现在的股份制，都避免不了政府对国营企业的干预与管理。

国营企业不能实行政企分离，但我国的国营企业又必须实行政企分离。因为如上面讲到的，我国国营企业效率太低，严重阻碍了经济发展，同时其范围太宽，远远超过了执行政府职能的需要，所以必须对它们进行改革，对那些不属于执行政府职能的国营企业实行彻底的政企分离。这样就产生了一方面国营企业不能实行政企分离，另一方面又必须对大部分国营企业实行分离的矛盾。解决这个矛盾的唯一办法就是根据国营企业的产业性质，对它们实行不同性质的改革。对那些执行政府职能的公益性事业企业和具有垄断性质的基础性产业，同时无法进行市场化改革的企业，仍保留其政企合一的国营企业性质；对那些不属于这个范围的竞争性行业企业和那些具有一定甚至较强垄断性，但有较强替代性和内部竞争性的基础性国营企业，则将它们转为民营，这样就能够解决国营企业不能实行政企分离。而我国的大部分国营企业又必须实行政企分离的矛盾，从而能够实现政府不在市场上与民争利的原则。

这里需要反复强调的是，生产资料公有制虽然是公有制体系中的一个组成部分，但却是层次最低、作用最小的公有制。因此绝对不能以这种性质的公有制作为我国社会主义的基础，当它在实际中成为阻碍社会经济发展的力量时，就必须放弃甚至打碎它。国家权力高于公有制权力以及公有制的多层次性，决定了一个社会完全可以在生产资料私有制的基础上建立起高度发达的公有制。

八　加强政府建设

日益明显的两极分化，本应为全国人民谋福利的公有制和国营企业，实际上却转化为对全国人民巧取豪夺的工具等情况说明，我国的政府是没有很好地履行基本职责的。所以，加强政府建设，是我国建设生态市场经济社会的重要保证。

我国政府在执行职能中的一个明显错位，就是该管的没有管好，不该管的管得过多。后者如产业结构调整、国营企业经营等，效果自然是南辕北辙。在很多方面，政府已经成为少数利益集团的保驾护航者，如以行业管理为标准设置的政府机构，基本上是充当行业利益的保护者，而不是市场竞争秩序的维护者。如电信管理局、航空管理局等政府部委对各自所属企业利益的维护，使政府成为市场垄断最主要的维护者和制造者。它们极力反对市场竞争，反对其他行业，尤其是民营企业进入所管辖的领域，从而成为阻碍技术进步和效率提高的最主要因素。最近不断出现的所谓不同行业和地区的振兴规划，就带有明显的为利益集团服务的痕迹。因为政府在产业发展方面的一个基本职责，除了极少数关系国家安全和发展战略的产业外，就是保证各产业之间发展环境的相对公平，同时保证政策的稳定性，而不是如我国目前这样的朝令夕改和厚此薄彼。实际上，世界各国的实践证明，几乎所有产业政策的效果，不是失败就是效果不明显。如我国的汽车战略、钢铁战略、计算机战略等，都被证明是失败的。为了实现社会公平，协调区域发展，对少数落后和民族地区实行一定的倾斜性政策是必要的。但如目前遍及全国几乎所有地区的振兴规划，则不知其意义何在。实践证明，除了极个别地区因特殊政策和特殊环境而获得特殊发展机遇外，绝大部分地区的发展及其差异都不是政府规划的结果，而是自然选择的结果。在这方面，政府应将主要力量转到维护社会公平公正上，着力解决日益明显的两极分化问题，加强环境建设和监管，满足社会公共产品的供给等；在产业发展及其进入标准方面，政府不应该设立规模和企业性质的限制，而只应是环境标准和公共安全的监管。

政府机构庞大、行政效率低下、腐败严重也是亟待解决的问题之一，由此产生的行政成本高昂，是我国的财政收入难以为民所用的重要原因之一。数万人追逐一个公务员职位，本身就是政府腐败的体现，它反映政府为自身员工安排了远远超过其他行业员工太多的福利，每年数千亿的公款消费支出、汽车支出、优厚的住房和医疗保障，加之规模更加宏大的灰色收入等，都反映了政府的系统性腐败。所以，精简政府机构、改革政府权责、规范政府行为和收入福利等，是建设生态市场经济社会的重要内容，也是其成败的关键之一。

九　加强人力资本建设

当代世界经济的一个主要矛盾，就是生态环境保护与国家竞争对人口数量的要求之间存在着尖锐的冲突。从生态环境保护的角度考虑，应限制甚至大幅度减少人口增长。因为当前人类社会面临的最大问题之一，就是人口数量与生态系统承载能力之间的矛盾，而缓解这种矛盾最有效的方法之一，就是大幅度减少人口增长；甚至绝对地减少人口数量；但为满足国家之间竞争和经济增长的利益，则又需要各国保持一定的人口数量增长；否则，国家竞争力就会因此下降（人口增长率下降的日本、俄罗斯、德国等国在国际竞争中地位的相对下降就反映了这点），而追求国家之间的相对优势竞争力，是当今各国追求的共同目标。所以在这方面，生态环境保护与国家利益之间存在着尖锐的矛盾。如何协调这方面的矛盾，实现社会经济的持续发展，成为考验世界各国人民智慧高低的重要标准。

我国人口建设方面同样面临生态环境保护与经济发展和社会稳定之间的严重矛盾。从生态环境与人口数量的关系看，我国生态环境的承载能力十分沉重，因此限制人口增长成为十分迫切的任务。但我国同时又面临人口老龄化的沉重负担，如果延续目前的独生子女政策，那么十几年后的老龄化问题将十分突出，不仅每个适龄劳动人口的负担将非常沉重，[①] 而且还会产生一系列极其严重的社会问题。同时从国家之间竞争的角度看，对我国经济的持续发展和国家竞争力等都会造成十分严重的不利结果。所以从这个角度看，适度增加人口数量，放松生育管制等就显得十分迫切。实际上，从某个角度看，我国农村地区和城市民工的超生现象，是对我国人口生产的重大贡献；但从人力资本等角度看，这种状况则对我国经济的持续发展十分不利。因为受家庭生活同一性和城乡差别等方面的影响，这些

---

① 五年前，笔者曾询问一个任某房地产公司总裁的同学关于房价走势的问题，他回答中国的房地产要不了十年，就会进入持续衰退的过程，原因之一就是届时每个现有城市居民中的未成年人可继承四五套房子。

家庭出身人口的平均质量是较低的。这种情况发展下去，必将严重影响我国整体的人口素质，其产生的社会后果也十分严重（其中的相当部分新增人口在现行政策下会处于社会边缘）。所以，目前这种城市紧、乡村松，高级劳动力紧、低级劳动力松的人口生育政策，对我国的人口总量和结构发展、人力资本积累等都是十分不利的。改变这种政策，适当放松人口生育管理政策的同时，节制乡村和流动人口的过度生育行为是十分必要的。

在调整人口生育政策的同时，加强教育建设，如尽快将9年制义务教育提高到12年，加强对低收入层次大学生的资助力度，对不同层次劳动力开展全方位的培训和再培训，着力提高劳动力的平均质量，是我们建设生态市场经济的最根本保证。

显然，要使一定的人力资本投入能够取得较好的效果，对现有的死记硬背的应试式教育体制和教育方法进行改革是十分必要的。中国人很聪明也很勤奋，但国内却培养不出有世界影响的科学家和工程技术人才，对当代社会的科学技术进步鲜有贡献，根本原因就是教育体制和教育方式落后，[①] 所以，改革教育体制和教育方式，培养创新型人才，是我们实现生态市场经济建设的重要任务。

生态市场经济建设，作为一个系统工程，除了加强上面提到的各种建设外，还必须加强生产方式转换、科技进步、外贸体制、政治体系、社会文化工程等方面的建设，同时保证各项建设之间的相互协调等。总之，生态市场经济建设是一项庞大而复杂的系统工程，要完成这项任务，就必须开展同样复杂的系统工程，从各方面协同推进生态市场经济建设事业。

---

① 国内大学，尤其是名牌大学热衷于各种大学排名，我国政府也提出要建设世界一流大学。然而，现代大学（之鼎）是由"大学自治、教授治校、学术自由"三足支撑的，根据这个标准，可以得出"中国无大学"的结论。中国的高等院校，只是"高等学衙"，而不是真正意义上的"大学"。连可比性都没有，又如何排名？即使有排名，意义又何在？没有大学，如何能出"大师"？

参考文献

1. ［奥］陶在朴：《生态包袱与生态足迹——可持续发展的重量及面积观念》，经济科学出版社 2003 年版。

2. ［法］弗雷德里克·巴师夏著：《和谐经济论》，许明龙译，中国社会科学出版社 1995 年版。

3. ［美］A. 迈里克·弗里曼著：《环境与资源价值评估——理论与方法》，曾贤刚译，中国人民大学出版社 2002 年版。

4. ［美］保罗·霍肯著：《商业生态学——可持续发展的宣言》，夏善晨等译，上海译文出版社 2001 年版。

5. ［美］丹尼尔·A. 科尔曼：《生态政治——建设一个绿色社会》，梅俊杰译，上海译文出版社 2002 年版。

6. ［美］D. 梅多斯等著：《增长的极限》，李保恒译，商务印书馆 1984 年版。

7. ［美］房龙著：《人类的家园——我们生活的这个世界的故事》，何兆武等译，东方出版社 1998 年版。

8. ［美］赫尔曼·E. 戴利著：《超越增长——可持续发展的经济学》，赵旭等译，上海译文出版社 2001 年版。

9. ［美］加勒特·哈丁著：《生活在极限之内——生态学、经济学和人口禁忌》，张真等译，上海译文出版社 2001 年版。

10. ［美］罗伯特·艾尔斯著：《转折点——增长范式的终结》，戴星翼等译，上海译文出版社 2001 年版。

11. ［美］莱斯特·布朗著：《环境经济革命》，余慕鸿等译，中国财政经济出版社 1999 年版。

12. ［美］莱斯特·R. 布朗著：《生态经济——有利于地球的经济构思》，林自新等译，东方出版社 2002 年版。

13. ［美］莱斯特·R. 布朗著：《B 模式》，林自新等译，东方出版社

2003 年版。

14. ［美］米海娄·梅萨罗维克、爱德华·佩斯特尔著：《人类处于转折点》，梅艳译，生活·读书·新知三联书店 1987 年版。

15. ［美］杰瑞米·里夫金：《氢经济》，龚莺译，海南出版社 2003 年版。

16. ［美］唐纳德·沃斯特著：《自然的经济体系——生态思想史》，侯文蕙译，商务印书馆 1999 年版。

17. ［美］唐奈德·H. 梅多斯等著：《超越极限——正视全球性崩溃，展望可持续的未来》，赵旭等译，上海译文出版社 2001 年版。

18. ［美］威廉·福格特著：《生存之路》，张子美译，商务印书馆 1988 年版。

19. ［美］詹姆斯·格莱克：《混沌：开创新科学》，张淑誉译，上海译文出版社 1990 年版。

20. ［日］大茂男著：《可持续经济发展的道路》，张京萍译，中国农业出版社 2000 年版。

21. ［日］堺屋太一著：《知识价值革命》，金泰相译，东方出版社 1986 年版。

22. ［英］埃里克·诺伊迈耶著：《强与弱——两种对立的可持续性范式》，王寅通译，上海译文出版社 2001 年版。

23. ［英］大卫·皮尔斯著：《绿色经济的蓝图（1）》，何晓军译，北京师范大学出版社 1997 年版。

24. ［英］大卫·皮尔斯著：《绿色经济的蓝图（2）》，初兆丰等译，北京师范大学出版社 1997 年版。

25. ［英］大卫·皮尔斯著：《绿色经济的蓝图（3）》，李巍译，北京师范大学出版社 1997 年版。

26. ［英］大卫·皮尔斯著：《绿色经济的蓝图（4）》，徐少辉等译，北京师范大学出版社 1997 年版。

27. ［英］大卫·皮尔斯、杰瑞米·沃福德著：《世界无末日——经济学、环境与可持续发展》，张世秋译，中国财政经济出版社 1996 年版。

28. ［英］伊恩·莫法特著：《可持续发展——原则、分析和政策》，宋国君译，经济科学出版社 2002 年版。

29. ［英］亚当·斯密著：《国民财富的性质和原因的研究》，郭大力等译，商务印书馆 1981 年版。

30. ［英］朱利安·罗威、大卫·路易士著：《环境管理经济学》，王怯生译，贵州人民出版社 1985 年版。

31. 克尼斯等著：《经济学与环境——物质平衡方法》，马中译，生活·读书·新知三联书店 1991 年版。

32. 世界环境与发展委员会著：《我们共同的未来》，王之佳等译，世界知识出版社 1989 年版。

33. 世界银行：《1992 年世界发展报告：发展与环境》，中国科学院——清华大学国情研究中心译，中国财政经济出版社 1992 年版。

34. 世界银行环境局 J. 迪克逊等著：《扩展衡量财富的手段》，张坤民等译，中国环境科学出版社 1998 年版。

35. 约翰·A. 狄克逊等著：《开发项目环境影响的经济分析》，夏光等译，中国环境科学出版社 1999 年版。

36. 陈大夫：《环境与资源经济学》，经济科学出版社 2001 年版。

37. 陈鸿清：《生存的忧患》，中国国际广播出版社 2000 年版。

38. 蔡拓：《可持续发展——新的文明观》，山西教育出版社 1999 年版。

39. 刁晶辉、王淑芬：《生物圈：生命的呼救》，辽宁人民出版社 1991 年版。

40. 董锁成：《中国百年资源、环境与发展报告——1950—2050 资源、环境与经济演变和对策》，湖北科学技术出版社 2002 年版。

41. 范金：《可持续发展下的最优经济增长》，经济管理出版社 2002 年版。

42. 国家环境保护局自然保护司：《中国生态问题报告》，中国环境科学出版社 1999 年版。

43. 何强等：《环境学导论》（第二版），清华大学出版社 1994 年版。

44. 洪银兴：《可持续发展经济学》，商务印书馆 2000 年版。

45. 黄娟：《生态经济协调发展思想研究》，中国社会科学出版社 2008 年版。

46. 黄正夫：《可持续发展与生态经济学》，中国环境科学出版社 2000 年版。

47. 韩强：《绿色城市——人类生存环境与重建家园》，广东人民出版社 1998 年版。

48. 吴季松：《循环经济——全面建设小康社会的必由之路》，北京出版社 2003 年版。

49. 李欣广：《可持续区域经济发展论》，中国环境科学出版社2002年版。

50. 李云才：《塑造未来——中国21世纪可持续发展之路》，气象出版社1997年版。

51. 刘传江等：《经济可持续发展的制度创新》，中国环境科学出版社2002年版。

52. 刘大椿、岩佐茂：《基于中国传统与现实的回应》，中国人民大学出版社1998年版。

53. 刘培哲等：《可持续发展理论与中国21世纪议程》，气象出版社2001年版。

54. 刘仁胜：《生态马克思主义概论》，中央编译出版社2007年版。

55. 刘思华：《企业经济可持续发展论》，中国环境科学出版社2002年版。

56. 刘思华：《理论生态经济学若干问题研究》，广西人民出版社1989年版。

57. 刘思华：《当代中国的绿色道路——市场经济条件下的生态经济协调发展论》，湖北人民出版社1994年版。

58. 刘思华：《可持续发展经济学》，湖北人民出版社1997年版。

59. 刘思华：《刘思华选集》，广西人民出版社2000年版。

60. 刘思华：《绿色经济论——经济发展理论变革与中国经济再造》，中国财政经济出版社2001年版。

61. 刘思华：《刘思华文集》，湖北人民出版社2003年版。

62. 刘思华：《刘思华文集——可持续经济文集》，中国财政经济出版社2007年版。

63. 刘思华：《生态马克思主义经济学原理》，人民出版社2006年版。

64. 刘燕华、李秀彬：《脆弱生态环境与可持续发展》，商务印书馆2001年版。

65. 刘燕华、周宏春：《中国资源环境形势与可持续发展》，经济科学出版社2001年版。

66. 凌亢：《中国城市可持续发展评价理论与实践》，中国财政经济出版社2000年版。

67. 林卿：《农地制度与农业可持续发展》，中国环境科学出版社2000年版。

68. 林卿等：《可持续农业经济发展论》，中国环境科学出版社2002年版。

69. 林卿：《世贸组织框架下闽台农业资源整合与优化配置》，中国农业出版社 2004 年版。

70. 林卿：《农地利用问题研究》，中国农业出版社 2003 年版。

71. 柳杨青：《生态需要的经济学分析》，中国财政经济出版社 2004 年版。

72. 雷毅：《深层生态学思想研究》，清华大学出版社 2001 年版。

73. 廖福霖：《生态文明建设理论与实践》，中国林业出版社 2001 年版。

74. 赖德胜：《关注浪费》，中国财政经济出版社 2001 年版。

75. 绿色工作室：《绿色消费》，民族出版社 1999 年版。

76. 马传栋：《可持续发展经济学》，山东人民出版社 2002 年版。

77. 马传栋：《资源生态经济学》，山东人民出版社 1995 年版。

78. 马传栋：《城市生态经济学》，山东人民出版社 1989 年版。

79. 马传栋：《可持续发展城市经济发展论》，中国环境科学出版社 2002 年版。

80. 贾华强、翁天真：《经济可持续发展的人力资源开发》，中国环境科学出版社 2002 年版。

81. 贾华强：《可持续发展经济学导论》，知识出版社 1996 年版。

82. 牛文元：《2000 中国可持续发展战略报告》，科学出版社 2000 年版。

83. 牛文元：《持续发展导论》，科学出版社 1994 年版。

84. 聂晓阳：《保卫 21 世纪——关于自然与人的笔记》，四川人民出版社 2000 年版。

85. 欧阳志远：《生态化——第三次产业革命的实质与方向》，中国人民大学出版社 1994 年版。

86. 潘家华：《持续发展的经济学分析》，中国人民大学出版社 1997 年版。

87. 潘云：《中国大地的压力》，山西经济出版社 1996 年版。

88. 钱存瑞、丁勋民：《世纪之光》，京华出版社 1998 年版。

89. 钱阔等：《自然资源资产化管理——可持续发展的理想选择》，经济管理出版社 1996 年版。

90. 钱易、唐孝炎：《环境保护与可持续发展》，高等教育出版社 2000 年版。

91. 沈满洪等：《经济可持续发展的科技创新》，中国环境科学出版社 2002 年版。

92. 沈满洪：《生态经济学》，中国环境科学出版社 2008 年版。

93. 沈满洪：《资源与环境经济学》，中国环境科学出版社 2007 年版。

94. 沈国明：《国外环保概览》，四川人民出版社 2002 年版。

95. 苏志平、徐淳厚：《消费经济学》，中国财政经济出版社 1997 年版。

96. 孙怀智：《生态经济与持续发展》，中国统计出版社 1992 年版。

97. 石士钧等：《可持续国际经济发展论》，中国环境科学出版社 2002 年版。

98. 肖序著：《环境成本论》，中国财政经济出版社 2002 年版。

99. 滕藤主编：《中国可持续发展研究》，经济管理出版社 2001 年版。

100. 魏全平、童适平等：《日本的循环经济》，上海人民出版社 2006 年版。

101. 王冰冰等：《循环经济：企业运行与管理》，企业管理出版社 2005 年版。

102. 王丽红、龙保正：《沉疴：中国生存的悲歌》，中华工商联合会出版社 1999 年版。

103. 王松霈：《走向 21 世纪的生态经济管理》，中国环境科学出版社 1997 年版。

104. 王沅等：《黑色绿色的岔口》，山西经济出版社 1996 年版。

105. 许晓峰等：《资源资产化管理与可持续发展》，社会科学文献出版社 1999 年版。

106. 许涤新：《生态经济学》，浙江人民出版社 1987 年版。

107. 俞海山：《可持续消费模式论》，经济科学出版社 2002 年版。

108. 余谋昌：《生态哲学》，陕西人民教育出版社 2000 年版。

109. 尹世杰：《消费需要论》，湖南出版社 1993 年版。

110. 严立冬：《经济可持续发展的生态创新》，中国环境科学出版社 2002 年版。

111. 严立冬等：《绿色农业导论》，人民出版社 2008 年版。

112. 严立冬等：《绿色农业生态发展论》，人民出版社 2008 年版。

113. 严行方：《和谐经济》，中华工商联合出版社 2008 年版。

114. 杨家栋、秦兴方：《可持续消费引论》，中国经济出版社 2000 年版。

115. 杨文进：《经济可持续发展论》，中国环境科学出版社 2002 年版。

116. 杨文进：《投资经济学》，中国财政经济出版社 1998 年版。

117. 杨文进：《论马克思的宏观经济学》，中国财政经济出版社 2004

年版。

118. 杨文进：《持续发展经济学教程》，中国环境科学出版社 2005 年版。

119. 杨文进：《政治经济学批判导论》，中国财政经济出版社 2006 年版。

120. 杨云彦：《人口、资源与环境经济学》，中国经济出版社 1999 年版。

121. 姚愉芳、贺菊煌：《中国经济增长与可持续发展——理论、模型与应用》，社会科学文献出版社 1998 年版。

122. 《中国 21 世纪议程——中国 21 世纪人口、环境与发展白皮书》，中国环境科学出版社 1994 年版。

123. 中国科学院可持续发展研究组：《2002 中国可持续发展报告》，科学出版社 2002 年版。

124. 中国科学院可持续发展研究组：《2003 中国可持续发展战略报告》，科学出版社 2003 年版。

125. 中国 21 世纪议程管理中心、中国科学院地理科学与资源研究所：《可持续发展指标体系的理论与实践》，社会科学文献出版社 2004 年版。

126. 中关村国际环保产业促进中心：《循环经济：国际趋势与中国实践》，人民出版社 2005 年版。

127. 周长城：《中国生活质量：现状与评价》，社会科学文献出版社 2003 年版。

128. 周宏春、刘燕华：《循环经济学》，中国发展出版社 2005 年版。

129. 周毅：《中国经济与可持续发展》，吉林教育出版社 1998 年版。

130. 周海林、谢高地：《人类生存困境》，社会科学文献出版社 2003 年版。

131. 朱启贵：《可持续发展评估》，上海财经大学出版社 1999 年版。

132. 朱其训：《和谐经济论》，人民出版社 2007 年版。

133. 朱幼棣、胡若隐：《我们家园的紧急报告》，时代出版社 2000 年版。

134. 白玲：《环境核算体系研究》，中国财政经济出版社 2003 年版。

135. 张兵生：《绿色经济学探索》，中国环境科学出版社 2005 年版。

136. 张帆：《环境与自然资源经济学》，上海人民出版社 1998 年版。

137. 张坤民：《可持续发展论》，中国环境科学出版社 1997 年版。

138. 张耀辉：《消耗经济学——中国工业化过程中的消耗战略》，经济管理出版社 2002 年版。

139. 张春霞：《绿色经济发展论》，中国林业出版社 2002 年版。

140. 臧立：《绿色浪潮——中国企业面临环境挑战》，广东人民出版社
1998 年版。

141. 陈南岳：《城市生态贫困研究》，《中国煤炭经济学院学报》2002 年
第 5 期。

142. 陈南岳：《我国农村生态贫困研究》，《科学·经济·社会》2002 年
第 1 期。

143. 陈建辉：《论生态文明与可持续发展的关系》，《林业经济问题》
2002 年第 2 期。

144. 陈少英、苏世康：《论生态文明与绿色精神文明》，《江海学刊》
2002 年第 5 期。

145. 高长江：《生态文明：21 世纪文明发展观的新维度》，《长白学刊》
2000 年第 1 期。

146. 刘思华：《我国经济和社会发展战略目标理论的新发展》，《生态经
济》1986 年第 2 期。

147. 刘思华：《生态经济价值问题初探》，《学术月刊》1987 年第 11 期。

148. 刘思华：《论生态经济需求》，《经济研究》1988 年第 4 期。

149. 刘思华：《论可持续发展的客观依据与深层逻辑》，《生态经济》
1999 年第 2 期。

150. 刘思华：《中国经济的可持续发展道路——论社会主义市场经济与生
态环境协调》，《中南财经大学学报》1995 年第 4 期。

151. 刘思华：《生态文明与可持续发展问题的再探讨》，《东南学术》
2002 年第 6 期。

152. 刘思华：《马克思再生产理论与可持续经济发展》，《马克思主义研
究》1999 年第 3 期。

153. 刘思华：《中国经济的可持续发展道路》，《中南财经大学学报》
1995 年第 4 期。

154. 李金昌：《试论资源可持续利用的评价指标》，《中国人口·资源与环
境》1997 年第 3 期。

155. 李成勋：《可持续发展理论的先声——马克思论人与自然之间的物质
变换》，《当代经济研究》2000 年第 11 期。

156. 梁琦：《构建生态消费经济观——兼评我国适度消费理论》，《经济学

家》1997 年第 3 期。

157. 蒲勇健：《可持续发展指标的一种理论构造方法》，《数量经济技术经济研究》1998 年第 4 期。

158. 阮敏：《和谐社会的经济学解释》，《当代经济管理》2008 年第 5 期。

159. ［苏］包洛夫斯基赫：《经济学中的生态问题》，《生态经济》1986 年第 4 期。

160. 苏贤贵：《生态危机与西方文化的价值转变》，《北京大学学报》1998 年第 1 期。

161. 孙彦泉：《儒家生态伦理思想的现代价值》，《前沿》2002 年第 2 期。

162. 王泽应：《生态经济伦理学论纲》，《江苏社会科学》2001 年第 2 期。

163. 向玉乔：《生态经济伦理导论》，《湖南师范大学社会科学学报》2001 年第 1 期。

164. 叶文虎、仝川：《联合国可持续发展指标体系述评》，《中国人口·资源与环境》1997 年第 3 期。

165. 尹世杰：《论生态需要与生态产业》，《湖南师范大学社会科学学报》1998 年第 5 期。

166. 尹世杰：《生态需要与后工业社会》，《求索》1998 年第 2 期。

167. 尹世杰：《论知识经济与生态消费》，《经济评论》1999 年第 6 期。

168. 尹世杰：《略论生态文明与构建和谐社会》，《湖南商学院学报》2008 年第 5 期。

169. 尹德洪：《和谐社会的经济学分析》，《东华理工大学学报》（社会科学版）2008 年第 3 期。

170. 杨文进：《生态经济学的现状及发展对策》，《生态经济》2001 年第 3 期。

171. 杨文进：《关于资本本质与内涵的一种解说》，《经济评论》2003 年第 2 期。

172. 杨文进：《论宏观公平与效率的关系》，《当代财经》1997 年第 6 期。

173. 杨文进：《人口再生产的经济行为分析》，《当代财经》1998 年第 3 期。

174. 杨志：《对循环经济研究的理论思考》，《教学与研究》2007 年第 11 期。

175. 赵云君、文启湘：《我国发展循环经济的理论研究综述》，《经济学动态》2006 年第 1 期。

后 记

虽然在生态环境形势日益严峻与环保意识日益加强的背景下，生态市场经济正逐渐取代传统市场经济而成为当今世界资源配置的主流，但对这方面的系统研究却仍然是个待开垦的处女地。在这样一个领域中，虽然可以享受没有约束的欢快，但要在一个短时间内独自揭示它的奥妙则是极其困难的。这也就是虽竭尽全力如期完成了本书的写作，其中也得到了一些新的收获，但诸多不足也是肯定无疑的。在此敬请学界同仁和读者提出宝贵意见，共同促进我国的生态市场经济研究。

本书原是作为得到某出版社巨资和国家出版基金资助的某大型丛书中的任务之一而于三年前完成的，因出版时间问题而变换出版社，所以有些具体资料会显得"陈旧"，但这些并不改变本书的基本结论。

由于近些年同时承担了与本书内容高度关联的可持续发展、和谐经济、生态经济等方面的任务，因此本书一些内容不可避免地会与作者此前出版的其他著作的内容有一定的重叠，但作者保证除注明引用之外的所有内容都是作者独有的。

本书在写作中得到中南财经政法大学教授、中国生态经济教育委员会主任刘思华先生多方面的指导，同时肯允本书变更出版社；我所在浙江工商大学经济学院以及院长何大安教授为本书写作提供了良好的条件和资助；生态经济领域的许多同仁提出诸多的良好建议；我的家人为本书的写作提供了各方面的支持；最感动的是本书编辑的敬业态度，他们的辛苦付出使本书许多错误得到纠正并为本书增色不少。在此，向他们表示最诚挚的感谢。自然，本书的一切责任由作者承担。

杨文进

2015 年 10 月 18 日于西子湖畔